法理学讲义

Lectures on Jurisprudence

李拥军 ◎ 主　编
侯学宾　刘雪斌　杨　帆 ◎ 副主编

图书在版编目(CIP)数据

法理学讲义/李拥军主编. —北京:北京大学出版社,2023.8
ISBN 978-7-301-34282-4

Ⅰ.①法… Ⅱ.①李… Ⅲ.①法理学—教材 Ⅳ.①D90

中国国家版本馆 CIP 数据核字(2023)第 147772 号

书　　　名	法理学讲义 FALIXUE JIANGYI
著作责任者	李拥军　主编
责 任 编 辑	孙维玲
标 准 书 号	ISBN 978-7-301-34282-4
出 版 发 行	北京大学出版社
地　　　址	北京市海淀区成府路 205 号　100871
网　　　址	http://www.pup.cn　新浪微博:@北京大学出版社
电 子 信 箱	zpup@pup.cn
电　　　话	邮购部 010-62752015　发行部 010-62750672　编辑部 021-62071998
印 刷 者	河北滦县鑫华书刊印刷厂
经 销 者	新华书店
	730 毫米×980 毫米　16 开本　27.75 印张　484 千字 2023 年 8 月第 1 版　2023 年 8 月第 1 次印刷
定　　　价	88.00 元

未经许可,不得以任何方式复制或抄袭本书之部分或全部内容。
版权所有,侵权必究
举报电话: 010-62752024　电子信箱: fd@pup.cn
图书如有印装质量问题,请与出版部联系,电话: 010-62756370

内容简介与编写说明

本教材的书名为"法理学讲义",是诸位编者在长期的法理学课程教学中提炼出来的知识图谱,是长期教学经验的总结。本教材设计了新的编写体例和结构。全书设置"绪论""基础原理篇""历史发展篇""运行实施篇""价值体系篇""外部关系篇"6个部分,除"绪论"外共设20章,分别为法的概念、法的要素、法律的渊源和效力、法律体系、法律关系、法律责任、法的历史、法律演进、法治现代化、法的制定、法的实施、法律程序、法律方法、法的价值概述、法的基本价值、法与人权、法与社会、法律与市场经济、法律与文化、法学实证研究。同时,每章设置"章前提示""原理阐释""阅读材料""经典案例""金句法谚""习题精选"6个栏目,体系完整,条理清晰。其中,"原理阐释"部分参考了国内诸多权威教材,尽量采用通说,有的地方附有必要的图表和特别提示,努力使知识点尽可能条理化,便于学生阅读和理解。

本教材还附有与"原理阐释"相配套的参考资料,该部分由"阅读材料""经典案例""金句法谚""习题精选"组成。其中,"阅读材料"来源于编者和其他国内名家所写的比较经典的随笔、杂文或优秀学术论文的节选。"经典案例"为能够反映本章知识点或与其核心内容有直接关联的案例、实例或故事,并配有必要的说明。"金句法谚"是能够表达本章核心观点的经典表述,为了便于检索和引用,编者标明了出处。"习题精选"为考核本章知识点的练习题,绝大部分是编者在长期的教学中编写和使用的试题;这些习题大部分为材料分析题,小部分为选择题,构思比较巧妙,具有很强的知识综合性;材料分析题实行"一题数问型""一题一问型""数题并联型"等命题技术并用;选择题则以案例或故事的形式来编写题干,在一个题干中尽量蕴含多个知识点,强调以间接形式体现知识点以及习题设计的趣味性。

  本教材顺应本科学生学习的特点,言简意赅,重点突出,通俗易懂,具有很强的实用性。本教材编写体例新颖,内容丰富,对于国内其他兄弟院校的法理学教学具有一定的参考价值。

  本教材由吉林大学法学院李拥军教授任主编,侯学宾教授、刘雪斌副教授、杨帆教授任副主编。具体分工如下:李拥军负责"绪论""基础原理篇"(第一—六章)"历史发展篇"(第七—九章)内容的编写工作;侯学宾负责"运行实施篇"(第十—十三章)内容的编写工作;刘雪斌负责"价值体系篇"(第十四—十六章)内容的编写工作;杨帆负责"外部关系篇"(第十七—二十章)内容的编写工作。本教材由李拥军教授先行确定编写体例与内容框架,并负责最终统稿、补充和完善。吉林大学法学院侯明明讲师、内蒙古大学法学院赵力讲师、中国民航大学法学院卢刚讲师参与了部分章节内容的编写工作,吉林大学法学院法学理论专业博士生杨德敏、于洁阳和硕士生李翰正做了认真细致的书稿校对工作,在这里一并向他们表示感谢。

编　者
2023 年 1 月

目录

绪论 / 001
    一、法学概论 / 001
    二、法理学的对象与性质 / 002
    三、中国法理学的具体面相 / 004

一、基础原理篇

第一章　法的概念 / 017
    一、"法"和"法律"的语义分析 / 017
    二、法的本质 / 022
    三、法的基本特征 / 025
    四、法的作用 / 031

第二章　法的要素 / 044
    一、法的要素释义 / 044
    二、法律概念 / 045

三、法律规则 / 046

四、法律原则 / 052

第三章　法律的渊源和效力 / 062

一、法律渊源的概念 / 062

二、法律渊源的种类 / 063

三、当代中国法律的正式渊源 / 065

四、当代中国法律的非正式渊源 / 068

五、法律的效力范围 / 069

六、正式的法律渊源的效力原则 / 072

第四章　法律体系 / 084

一、法律体系的概念 / 084

二、法律体系与相关概念的区别 / 085

三、法律部门及其划分标准 / 087

四、当代中国的法律体系 / 089

第五章　法律关系 / 100

一、法律关系的概念 / 100

二、法律关系的种类 / 102

三、法律关系的主体 / 104

四、法律关系的客体 / 106

五、法律关系的内容 / 108

六、法律关系的产生、变更和消灭 / 109

第六章　法律责任 / 119

一、法律责任的概念 / 119

二、法律责任的构成 / 121

三、法律责任的种类 / 124

四、法律责任的认定和归结 / 126

二、历史发展篇

第七章　法的历史 / 143
　　一、法的产生的基本条件 / 143
　　二、法的起源的一般规律 / 145
　　三、法的历史类型 / 145

第八章　法律演进 / 162
　　一、法律演进概述 / 162
　　二、法律继承 / 163
　　三、法律移植 / 167
　　四、法制改革 / 169

第九章　法治现代化 / 181
　　一、法治现代化的含义及特征 / 181
　　二、法治现代化的目标 / 182
　　三、当代中国法治现代化的启动方式与特点 / 183
　　四、中国法治现代化道路的主要特征 / 184

三、运行实施篇

第十章　法的制定 / 195
　　一、立法的概念 / 195
　　二、立法体制 / 197
　　三、立法原则 / 198

第十一章　法的实施 / 209
一、法的实施 / 209
二、宪法的实施 / 211
三、执法 / 211
四、司法 / 213
五、守法 / 216

第十二章　法律程序 / 227
一、法律程序的基本概念 / 227
二、法律程序的调整方式 / 228
三、正当法律程序 / 229
四、正当法律程序的价值 / 231
五、程序正义 / 232

第十三章　法律方法 / 240
一、法律方法的基本概念 / 240
二、法律方法的基本特征 / 241
三、法律发现 / 242
四、法律解释 / 244
五、法律推理 / 247
六、法律论证 / 249
七、司法数据处理 / 250

四、价值体系篇

第十四章　法的价值概述 / 267
一、法的价值的概念 / 267
二、法的价值体系 / 269

三、社会主义法的价值体系 / 271
　　四、法的价值冲突与整合 / 273

第十五章　法的基本价值 / 293
　　一、法与安全 / 293
　　二、法与秩序 / 296
　　三、法与自由 / 300
　　四、法与平等 / 303
　　五、法与正义 / 306

第十六章　法与人权 / 326
　　一、人权的概念 / 326
　　二、中国特色社会主义人权思想 / 330
　　三、法对人权的保护 / 332

五、外部关系篇

第十七章　法与社会 / 357
　　一、法与社会的一般原理 / 358
　　二、法社会学的学科立场 / 359
　　三、法与社会治理 / 360

第十八章　法律与市场经济 / 375
　　一、市场经济与法治的一般关系 / 375
　　二、法经济学的视角 / 378
　　三、经济风险与法律应对 / 381

第十九章 法律与文化 / 391
- 一、法律与文化的一般原理 / 391
- 二、社会主义法与法治文化 / 392
- 三、法律与道德的联系和区别 / 394
- 四、法律与宗教 / 395

第二十章 法学实证研究 / 408
- 一、法学实证研究的概念 / 408
- 二、法学实证研究的方法论问题 / 411
- 三、法学实证研究的规范意义 / 414
- 四、实证研究对于提升法律职业技能的意义 / 417

参考文献 / 433

绪　论
Preface

章前提示

　　法理学是现代法学学科体系中的一门重要学科。它侧重研究法律的一般性、普遍性问题，主要包括法哲学的基本问题、有关法律运作机制的基本理论问题、法与其他社会现象的关系问题。法理就是讲法之"理"，法之理就是法的内在合理性，而法的内在合理性表现为法律规定应该符合生活的逻辑和人性的法则。法理学是法学的一般理论、基础理论、方法论、意识形态。中国当代法理学呈现出文化法理学、实践法理学、生活法理学、部门法理学的样态。

原理阐释

一、法　学　概　论

（一）法学的研究对象

　　法学是以法律现象为研究对象的各种科学活动及其认识成果的总称。作为一门系统的科学，法学必须对其研究对象进行全方位的研究。

　　1. 历时和共时

　　法学既要历时性地考察法的产生、发展及其规律，又要共时性地比较各种不同的法律制度，总结它们的性质、特点以及它们之间的相互关系。

2. 内在和外在

法学既要研究法的内在方面,即构成要素、内部联系和调整机制,又要研究法的外部方面,即法与其他社会现象的联系、区别及其相互作用。

3. 微观和宏观

法学既要从微观的角度对法律规范、法律体系的内容和结构以及法律关系、法律责任的要素进行研究,又要对法的价值、精神、意识、历史走向等宏观方面进行研究。

(二) 法学的分类

我们通常从以下角度来划分法学:

1. 从法律部门的角度划分

由于法被划分为宪法、行政法、民法、刑法、诉讼法等不同部门,与之相对应,法学就有宪法学、行政法学、民法学、刑法学、诉讼法学等类别。同时,对于各部门法总体进行研究的科学构成法理学、法律史学、比较法学。

2. 从认识论的角度划分

从认识论的角度出发,可以将法学划分为理论法学和应用法学。理论法学综合研究法的基本概念、原理和规律等;应用法学主要研究法的具体应用的技术、方法、规则、理念,如各个部门法学、司法学、立法学等。

3. 从法学与其他学科关系的角度

从法学与其他学科关系的角度出发,可以将法学划分为法学本科和边缘法学。法学本科是以法学自身内容为研究对象的学科,如刑法学、民法学、立法学;边缘法学是由两个学科交叉整合而成的学科,如法律政治学、法律社会学、法律经济学等。

二、法理学的对象与性质

(一) 法理学的对象

在现代法学学科体系中,法理学是一门重要的学科。法理学不同于其他法学学科之处在于,它侧重研究法律的一般性、普遍性问题。法理学主要研究的问题大致有三类：(1) 法哲学的基本问题；(2) 有关法律运作机制的基本理论问题；(3) 法与其他社会现象的关系问题。

（二）法理学的性质及其在法学体系中的地位

法理学的性质以及在法学体系中的地位可以概括为：

1. 法理学是法学的一般理论

法理学思考和研究法律现象的一般性、普遍性问题，而不是法律现象某一领域或方面的具体问题。所谓一般性问题，是指向整个法律体系的、在整个法律运行过程中的以及古今中外各种类型的法律制度在各个发展阶段中普遍存在的问题，譬如法的概念、法的作用、法的价值、法与道德的关系、法与科技的关系等。

2. 法理学是法学的基础理论

法学的各门学科都为人们提供关于法的知识、理论。法理学不同于其他法学学科之处在于，法理学提供的不是法的具体的、实用的知识，而是法的抽象的、基础的理论。

法理学的理论之所以具有基础性，不仅因为它们是关于法的根本性、普遍性问题的理论，而且因为它们是一定时代的法的精神、理念的表达。法理学的一项重要功能，就是通过捕捉和表达所处时代的法的精神、理念，为当时的法律体系、法学体系的建立寻求思想基石，或者为法律制度和法学的变革提供精神推动力量。

3. 法理学是法学的方法论

法理学是法律世界观和法学方法论的统一，能够提供一系列研究法律现象的基本方法。法理学所提供的科学理论往往构成人们进一步认识和理解法律现象的科学思路和方法。其中，法学方法论是法理学的重要研究内容。由于研究方法是否正确和有效对法学研究至关重要，作为法学之基础学科的法理学，越来越重视对法学方法论的研究，努力为法学建立起科学的方法论。

4. 法理学是法学的意识形态

所谓意识形态，是指思想家们根据所在阶级或集团的利益在政治、法律、经济、社会、教育、艺术、伦理、道德、宗教、哲学等领域构建起来的思想体系。法理学受一定的意识形态的影响。事实上，不论何种流派的法理学，都会自觉不自觉地以一定的意识形态为基础。同时，法理学本身就是意识形态的重要组成部分，它提炼和浓缩了法学的一系列基本立场、观点和方法,是法学的基本思想路线和认识论,具有政治方向的意义。

三、中国法理学的具体面相

法理学是研究法理的学问,而法理具有丰富的含义。

法理表现为法之道理、法之原理、法之公理、法之情理、法之理论、法之哲学、法之价值,等等。

法理就是讲法之"理",法之理就是法的内在合理性,而法的内在合理性表现为法律的规定应该符合生活的逻辑和人性的法则。法之理在法外,法之理在生活。法的生命力的根源在于它对生活逻辑的尊重和遵守,违背生活常理的法律注定是没有生命力的。

法理学应该是形而上的,应该为"道"。但是,法的本质功能在于解决人与人之间的纠纷,所以法理学不能离开具体的人。因此,研究法律的人只有深入生活才能找到这样的"理"。我国古代思想家慎到说得好:"法,非从天下,非从地出,发于人间,合乎人心而已。"①正因为法调整的是人与人之间的关系,它是为解决现实社会中人与人之间的纠纷而产生和存在的,是维护现实社会秩序所必需的,因此法必然是实践层面的,生活层面的。孔子说:"道不远人。"②生活是法学研究的不竭的源泉,法理学只有回归到生活的层面,它才具有生命力。

既然法理学不应该离开实践,不能远离具体的人,应该根植于人的生活,不能把纯粹的思维训练当成终极目的,因此法理学就不应该仅仅追求一种"孤独的深刻"。它所呈现出来的不应该总是一副刻板的面孔,不应该总是保持一种自娱自乐、自说自话的样态。它应该是一种流动的、沟通的、鲜活的、富有生命力的、不断更新的法理学。

(一) 文化法理学

它应该是一种充分体认和关怀民族文化的法理学,是一种将文化传统作为寻求法之理的丰富资源宝库,将其与现代的价值和精神以及人类共同的善品追

---

① (战国)慎到:《慎子·德立》。
② 《中庸·第十三章》。

求进行深度融合的法理学,因此,它是一种古今融通意义上的"文化法理学"。

(二)实践法理学

它应该是一种充分关照和回应法律实践的法理学,是一种从法律实践中提炼、总结、归纳、反思、升华出来的,同时又能给实践提供理论指引的法理学。它不是纸上谈兵,而是言之有物的法理学。因此,它是一种理论与实践互动的"实践法理学"。

(三)生活法理学

它应该是一种面向人的实际生活寻找问题的法理学。它要像自然科学家那样在民众的日常生活中思考法之理、发现法之理、检验法之理、证明法之理,而不应该像专利发明家那样在人的生活之外发明、建构一种孤独的法之理。因此,它是一种学术与生活相交流的"生活法理学"。

(四)部门法理学

它应该是一种充分关照部门法中的具体制度的法理学。它力求避免法学理论离开具体的制度进行空洞的说教,强调法学理论为具体的部门法研究提供有针对性的理论指引,对具体的法律现象予以反思,提高法理学对具体制度的回应能力。因此,它是一种一般理论与具体制度相衔接的"部门法理学"。

阅读材料

法理学不应止于追求孤独的深刻[①]

李拥军

当年古希腊第一哲人泰勒斯面对苍穹,细数星辰,因为太用心,不小心掉到了井里。他的女仆嘲笑他说:你连眼前的水井都看不到,即使数清了那虚无缥缈的星星有何意义呢?泰勒斯答道:正因为我看不到眼前的水井,我才是泰勒斯;正因为你能看到眼前的水井,你才是女仆。这个故事告诉我们的是,哲学需要那样的超凡脱俗。

---

① 原载于 2020 年 6 月 15 日"咸鱼法学"微信公众号,标题和少量内容有调整。

发端于钻研哲学的"学术","academic"或"academy",来源于古老雅典之城市墙壁之外的一个圣所,柏拉图在这里高谈阔论并启发他的追随者,在这里人们进行追问、反思。因此,无论是"哲学"还是"学术",从其本源上讲,都应该是思维层面的训练。所以,从这一点上说,哲学和学术都应该是小众的、务虚的、高端的、深刻的。

通常来说,法理学必将是哲学的,也必将是学术的。正因为它是哲学的、学术的,它又必将是深刻的,而这种深刻伴随的必然是晦涩、抽象、务虚、小众、形而上、超凡脱俗。作为法哲学的法理学,如果仅从哲学的层面来讲或许应该如此,但如果从法的层面来讲还不能如此。因为法从产生那一天起就是务实的,或者说法是为解决实际问题而生的。

法是为了满足人类社会秩序的需要而产生的,其功能在于定分止争。早期的人类社会是通过私力救济的方式解决纠纷的。当一个社会日益形成一套专门化的、常规化的通过公共强制力保障其运行的纠纷解决机制时,法律便出现了。具体来说,当裁判者使用某一规则进行裁判从而使其结果具有强制执行的效力时,原有的规则便成了法律。这些被援引的规则可能是原始的习惯、道德、宗教教义,同时又统归于习惯之中,所以人类最早的法律都是习惯法。"向榜样学习"是人的本能,因此先前判决自然成为后来裁判者学习的对象,司法上的这种"照猫画虎""照葫芦画瓢"的路径导出的自然是判例法。无论是习惯法还是判例法,都是依托纠纷解决形成的。

从这个意义上说,在人类的历史上,不是有了法律才有法院,而是有了法院才有法律,人类最早的造法机关不是议会而是法院。"法官造法"是人类早期社会的通常现象。由此,从本源上讲法律就是为解决纠纷而存在的,所以法律的本质是司法,可诉性是法律的基本特征。如果某一法律在解决纠纷领域功效不大,或者说不能被还原到诉讼领域,它的存在价值就会大打折扣。虽然法律活动不止司法,还有立法和执法,但是,立法的目的是为司法创设裁判的法源,即构建司法推理中的大前提,执法并不是纠纷解决最终极的方式,若它无法让当事人满意或者解决过程中有瑕疵,则需动用司法来最终完成纠纷解决的任务。因此,可以这样说,法律活动的中心在司法,在于纠纷的解决。与之相应,对法律的研究的重心也应该是纠纷的解决。

在英美法系传统中,法律就在司法中,在判例中,法官就是立法者。因此,在英美国家的法学教育中,案例教学是其主要的形式。它的法学研究也是围绕司法展开的。在大陆法系传统中,虽然原则上不承认判例的法源地位,但是由于成文法的局限性,实践中法官更多地也要通过判例来弥补法源的不足。加之判例的实用性优势,使其在司法中发挥的作用越来越大,以至于甚至出现了法典被判例架空的态势。这正像伊尔蒂教授所说的,欧洲正在进入一个"解法典化的时代",而判例正是"解法典"的重要推手。另外,在以德国代表的法律教义学的体系中,法秩序的自洽离不开法律方法的补救,而无论是法律的解释、推理和论证还是漏洞补充、价值衡量以及类推适用,大都是以司法为中心发挥作用的。

由此说来,从产生那一刻起,法就是功能性的、工具性的、追求实用的、以解决问题为导向的。既然如此,法理学虽然是哲学的、学术的,但它依然不能如原有的哲学和学术那样追求绝对的务虚、小众和形而上,因为一旦在"理"或"学"上冠上了"法"字,那就决定了它不能如此。一旦如此,就与法的本质相背离了。作为一种理论或作为一种哲学,无论其如何高端,一旦被纳入法的范畴来研究,或是以实际的法为样本的研究,那就注定了它们不能是一种"不食人间烟火"的学问。

我常常思考这样的问题:就吉大法学院来讲,它是所在学校的大院,学生们常常为其作为法学院的学生而自豪,老师们也很少有为没有听众而发愁的情况。就我个人来讲,我讲法理学,即使它是纯理论的,甚至是晦涩抽象的,仍然会有相当多的听众。其中的原因,未必都是因为我们有这个实力,而是因为我们很大程度上沾了"法"的光。正是因为法具有实用性,学习法律能有更好的就业前景,所以才有更多学生选择法学。那么,水涨船高,即使法理学是纯理论指向的,我们也不失有那么多的听众和粉丝;即使我们的课讲得不那么的受听,依然会有很多的学生能够包容。如果我们的讲座或课程被安排在历史、哲学、人类学等学科,可能就收获不了那么好的效果或拥有不了那么多的听众,因为这些学科的体量没有法学学科那么大。之所以如此,归根结底是因为法律具有实用性,或者说,孩子们来法学院学习,绝大多数(也可以说几乎所有的人)都是想学一门谋生的手艺。

就像当年孔子办教育,弟子三千,有教无类。这三千人的学校,就当时的人口和经济总量来讲,其规模和体量绝不次于现在的"中国高校的航空母舰"——吉林大学。这些人跟孔子学习什么?如果只是追求思维层面的训练,恐怕孔子一路教过来,不会剩下几个学生,也不会培养出来能够资助其办学的学生。据学者考证,孔子的教育无非教授两项手艺:对于贵族子弟,教他们如何做官,学而优则仕;对于平民子弟,教他们一套如何处理丧葬的技术。这些都是谋生的手段。

近代西方的法律职业人最早产生于英国,与英国特有的令状制度有关。复杂的令状制度,使当事人在很多情况下必须得到律师的帮助才能完成诉讼任务。律师职业的兴起促使英国确立了一套独具特色的法律教育和律师培训制度。而律师的高收入吸引了许多中小贵族的子弟学习法律和职业技能,因此一个被称作"法律学徒"的特殊职业集团开始形成。为了满足这种学习需求,律师学院开始建立。进入14世纪以后,位于伦敦的"林肯学院"(Lincoln's Inn)、"格雷学院"(Gray's Inn)、"内殿学院"(Inner Temple)和"中殿学院"(Middle Temple)四大律师学院脱颖而出。这些学院的建立大大提高了律师的职业化程度。从某种意义上说,英国的普通法是伴随着英国律师职业阶层的出现而形成和发展的。因为源于成文习惯的普通法是借助法官们不断的司法审判活动确立起来的,因而普通法又被称为"法官的法",而英国的法官又是从律师中挑选出来的,他们在司法审判中对案件的处理,譬如对事实的认定、法律的适用等,往往要根据自己在做律师时受到的教育和积累的经验作出判断,因此律师的经验对法官的审判行为有着至关重要的影响。

谈到这里,我不是说要把法理学沦为传授学生谋生手艺的境地,而是要给我们研究法理学的学者提个醒:法理学,不光有"理",是"学",同时它还有"法"。如果有"法",它就不能完全是虚空的。我们不能一味埋怨孩子们不愿意和我们一起"高、大、上",而是需要设身处地为他们想一想。当我们这套东西不能给他们带来实际的收获时,还想让他们热爱,是否有些强人所难?因为端着"铁饭碗"的我们和面临谋生压力的他们,对待法理学会有不同的标准和诉求。

法理学应该是哲学的组成部分,但是因为它是法的哲学,而法是在现实层面、在应用中发挥作用的。所以,关于法的哲学就不能离实践太远,或完全抛弃实践,做纯粹概念上的推演和纯思维的游戏,而是应该以哲学的"矢"射法律现实的"的",所谓"有的放矢",从而生发出一个对现实有解释力的法哲学。

法理学应该强调思维层面的训练,这是学术的本质使然。但是,法理学还不能仅止于此。在法的层面,思维训练不是终极目的,而是一个过程和方式。经过法理学的思维训练以后,我们对待问题比之其他人要站得更高、看得更远、把握得更准、处理得更好,要能看到别人看不到的问题,能够找到更多的解决问题的路径,也更善于从实践中总结出一般理论为别人处理相关问题提供参考。

法理学应该是形而上的,应该为"道"。但是,法的本质功能在于解决人与人之间的纠纷,所以法理学不能离开具体的人。"法之理在法外,法之理在生活。"

法律的道理表现为法律的规定应该符合生活的逻辑,研究法律的人只有深入生活中才能找到这样的"理"。我国古代思想家慎到说得好:"法,非从天下,非从地出,发于人间,合乎人心而已。"正因为法调整的是人与人之间的关系,是为解决现实人的纠纷而产生和存在的,是维护现实社会秩序所必需的,因此法必然是实践层面的、生活层面的。孔子说:"道不远人。"生活是法学研究的不竭的源泉,法理学只有回归到生活的层面,才能具有生命力。

法理学固然是深刻的,但是深刻并不必然与刻板孪生或一定与鲜活冲突。相反,真正的深刻需要多数人的理解,而达至多数人的理解则必然需要达至人的心灵。当年对东方哲学充满向往和敬畏的黑格尔,在读到孔子的《论语》时大失所望。这么浅浅的说教怎么能够称为"哲学"?他认为,孔子所论及的无非是一些在任何民族都可以找到的、毫无出色点的常识道德,有些甚至会在别的地方找到比中国更好的。在他看来,孔子只是一个没有思辨哲学的世间智者而已。其实,在我看来,黑格尔没能真正地理解孔子。孔子学说虽然没有德国哲学那样具有体系化、逻辑化,但其在对生活的体悟、与民众情感的沟通、发端于底层民众的人性关怀以及对所在社会基本生存结构的把握等方面,既非黑格尔所能理解,也非黑格尔哲学所能比及。正因为孔子的学说具有更生动鲜活的一面,有达至人心灵的功效,所以它才比黑格尔有更多的受众。其实,越是伟大的、震撼人心灵的理论,越是鲜活的。而民众的理解是其鲜活的源头。

如前所述,既然法理学不应该离开实践,不能远离具体的人,应该根植于人的生活,就不能把纯粹的思维训练当成终极目的,也就不应该仅仅追求一种"孤独的深刻"。它所呈现出来的不应该总是一副刻板的面孔,不应该总是保持一种自娱自乐、自说自话的样态。它应该是一种流动的、沟通的、鲜活的、富有生命力的、不断更新的法理学。

唯有如此,我们的法理学才能依旧深刻却不再孤独。

唯有如此,我们的法理学家才不只是研究西方法理学的"家"。

唯有如此,我们的法理学才会跳出经院哲学式的智力调动或形而上学式的空洞的说教。

唯有如此,我们的法理学才不再是一种令人敬而远之、望而生畏的法理学,而是充满文化的厚度、道德的深度、情感的温度、生活的广度、回应实践的力度的法理学。

唯有如此,我们的法理学才是一种能够说服学生聆听的"教义"或家长愿意把孩子送到我们身边来学习的法理学。

面对这样的追求,法理学人应该进行冷静的思考:我们应该做什么样的研究?我们以何种方式才能教好学生?我们在"教"与"研"之间如何实现良性的互动?我们怎样才能培养起学生的理论思维,同时又不使其脱离生活实践,既让他们能"饱读诗书",又不变成"书呆子"?为此,需要我们的研究,需要我们在长期的工作实践中对教学有体悟、对研究有心得、对生活有感想,且需要把这些体悟、心得、感想理论化、系统化、体系化,总结出对当下中国的法律实践和法学研究具有真正启示意义的理论。这就是本书的价值。

经典案例

案例1　张扣扣案①

2019年4月11日,陕西省高级人民法院(以下简称"高院")在汉中市中级人民法院(以下简称"中院")依法公开开庭审理上诉人张扣扣故意杀人、故意毁坏财物一案并当庭宣判,裁定驳回张扣扣的上诉,维持汉中市中院一审死刑判决;并依法报请最高人民法院核准。

陕西省高院经审理查明,上诉人张扣扣家与被害人王自新家系邻居。1996年8月27日,因邻里纠纷,王自新三子王正军(时年17岁)故意伤害致张扣扣之母汪秀萍死亡。同年12月5日,王正军被法院以故意伤害罪判处有期徒刑七年,赔偿张扣扣之父张福如经济损失9639.3元(已履行)。

2018年春节前,张扣扣发现王正军回家过年,产生报复杀人之念。

陕西省高院认为,上诉人张扣扣蓄意报复,非法剥夺他人生命,致三人死亡,其行为已构成故意杀人罪。张扣扣故意焚烧他人车辆,造成财物损失数额巨大,其行为又构成故意毁坏财物罪。

张扣扣因对1996年其母被本案被害人之一王正军伤害致死而长期心怀怨恨,加之工作、生活不如意,继而迁怒于王正军及其家人,选择在除夕之日报复杀人;张扣扣杀人后为泄愤又使用自制汽油燃烧瓶焚烧王校军(王家长子)家用小轿车,造成财物损失数额巨大,均应依法惩处。对张扣扣所犯数罪,应依法并罚。张扣扣虽有自首情节,但根据其犯罪的事实、性质、情节和对社会的危害程度,依

---

① 摘自孔令晗:《张扣扣案二审维持死刑原判》,载《北京青年报》2019年4月12日第A02版。

法不对其从轻处罚。对陕西省人民检察院(以下简称"检察院")驳回上诉、维持原判的意见予以采纳。原审判决定罪准确,量刑适当,审判程序合法,故依法作出上述裁定。

【说明】 此案涉及复仇文化和司法裁判的关系,充分展现了法理学研究的文化面向和实践面向。传统作为一种群众的"集体记忆"与"活着的过去",对一个民族的影响悠长而深远,它不仅囊括了纵向上的代际间的文化传承,而且内含了横向上的主体间的相互传播与理解。法是人与人之间的规则,而人都是生活在文化传统中的,所以任何国家的法都不能脱离其所属文化的浸染,任何国家的法治都不可能离开这个国家的传统与文化。

案例 2 天津大妈赵春华案①

2016 年年末,有关"警方抓获一名摆射击弹打气球的大妈"的新闻,引发社会各界的广泛关注。此案更是将近年来一直存有争议的枪支鉴定标准的舆论争议推向高潮。

据相关媒体报道,天津市河北区 51 岁的赵春华,2016 年 8 月在街头摆了一个射击摊,经营打气球。两个月后,警方认定她摊位上的 6 支枪形物为枪支,赵春华因此被抓获。2016 年 12 月 27 日,河北区人民法院(以下简称"区法院")一审以非法持有枪支罪判处赵春华有期徒刑三年六个月。一审判决书显示,2016 年 8 月到 10 月 12 日间,赵春华在河北区李公祠大街亲水平台附近摆设射击摊位进行营利活动。据了解,赵春华的摊位是从一个老汉处转手过来的,属于受让营业,玩具枪支也是前手买的,还交了管理费。

2001 年 8 月 17 日,公安部发布《公安机关涉案枪支弹药性能鉴定工作规定》,其中第 3 条规定:"对于不能发射制式(含军用、民用)枪支子弹的非制式枪支,按下列标准鉴定:将枪口置于距厚度为 25.4 mm 的干燥松木板 1 米处射击,弹头穿透该松木板时,即可认为足以致人死亡;弹头或弹片卡在松木板上的,即可认为足以致人伤害。具有以上两种情形之一的,即可认定为枪支。"2010 年 12 月,公安部对此规定进行了修订:当所发射弹丸的枪口比动能大于等于 1.8 焦耳/平方厘米时,一律认定为枪支。

2017 年 1 月 26 日,天津市第一中级人民法院(以下简称"一中院")以非法

---

① 参见《赵春华涉枪案二审宣判》,载《人民法院报》2017 年 1 月 27 日第 3 版;贾丽玮:《赵春华案的背后:拷问枪支知识普及软肋》,载《中国产经新闻》2017 年 1 月 5 日第 2 版。

持有枪支罪判处上诉人赵春华有期徒刑三年,缓刑三年。二审法院认为,赵春华明知其用于摆摊经营的枪形物具有一定致伤力和危险性,无法通过正常途径购买获得而擅自持有,具有主观故意。赵春华非法持有以压缩气体为动力的非军用枪支6支,依照《刑法》及相关司法解释的规定,属情节严重,应判处三年以上七年以下有期徒刑。考虑到赵春华非法持有的枪支均刚刚达到枪支认定标准,其非法持有枪支的目的是从事经营,主观恶性程度相对较低,犯罪行为的社会危害性相对较小,二审庭审期间,她能够深刻认识自己行为的性质和社会危害,认罪态度较好,有悔罪表现等情节;天津市检察院第一分院也建议对赵春华适用缓刑,故酌情对赵春华予以从宽处罚。

【说明】 本案涉及枪支的认定标准、百姓的日常摆摊经营活动以及司法裁判的合理性、社会公众的朴素正义等问题,充分展现了法理学研究的实践面向和生活面向。这种法理学所彰显的乃是被遮蔽的作为法治参与者的人的日常社会生活的存在,揭示的是根植于生活的人情、人道、人伦、人权与人性,而不只是法律规则本身所内含的被形式化了的法律之理。只有关照到作为主要法治参与主体的普通大众的日常生活,才能真正透视出符合人性之基本内在需求、人类之基本实践逻辑以及人群之基本真实行动的"法外之理",也才能进而衍生出符合人们真实生活场景、契合于长时期生活习惯演化的制度化了的法治。

金句法谚

1. 夫所谓严明者,谨持法理,深察人情也。

——(宋)郑克

2. 所谓"法理学",我指的是对所谓法律的社会现象进行的最基本、最一般、最理论化层面的分析。

——〔美〕理查德·A. 波斯纳

3. 法理学可以被称为对业已发达的法律体系的比较分析。

——〔美〕罗斯科·庞德

4. 可以断定的是,人们对法哲学和法理学深入且全面的思考总是紧跟社会灾难、制度危机和政治变革。因此,法理学也是处理法学、社会制度与政治制度的新的(危机)局势的工具。

——〔德〕伯恩·魏德士

5. 法律哲学与其他分支哲学的区分,并不在于它是特殊的,而是在于它是法律的根本问题,法律的根本难题;对此以哲学方式反思、讨论,且可能的话,加以解答。

——〔德〕阿图尔·考夫曼

习题精选

习题1:

某学者说,法之理在法外,法之理在生活,法之理表现为法律对生活逻辑的尊重和遵守。某大学法学院多年开设"生活中的法理"课程。联系上述材料谈谈你对法理与生活的关系的理解。

【解析】 法理就是讲法之"理",法之理就是法的内在合理性,而法的内在合理性表现为法律的规定应该符合生活的逻辑和人性的法则。法之理在法外,法之理在生活,法的生命力的根源在于它对生活逻辑的尊重和遵守,违背生活常理的法律注定是没有生命力的。

习题2:

在法理学界有一种具体的研究面向叫"部门法理学"或"部门法哲学",它注重的是以部门法的具体制度为切入点来进行一般理论的分析和反思。某大学法学院主办的刊物也常年开设"部门法哲学研究"栏目。联系上述材料谈谈你对法理学这种研究面向的理解。

【解析】 法理学应该是一种充分关照部门法中的具体制度的学问。它力求避免法学理论离开具体制度进行空洞的说教,在对具体法律现象予以反思的基础上,强调法学理论为具体的部门法研究提供有针对性的理论指引和思想启蒙,进而提高法理学对具体制度的回应能力。从这个意义上讲,法理学呈现出一种一般理论与具体制度相衔接的"部门法理学"的面向。

一、基础原理篇

  该篇为法学的基础概念和基本原理,是作为知识存在的法理学内容,具体包括法的概念、特征、本质、作用,法的渊源、分类和效力,法的构成要素,法律体系,法律关系,法律责任等。它们是法学知识大厦的基石,是法的本体论,是认识法的原理的初级且必经阶段,是近距离观察法呈现出来的图景,是法的知识的微观解剖学。科学的概念以其内涵和外延的确定性来促进认识的精细化、准确化,而一门学科成熟的标志总是表现为它的概念、原理的系统化。法学和法理学的成熟有赖于这些概念和原理的成熟以及其组成的具有内在逻辑的知识系统。

第一章 Chapter 1
法的概念

章前提示

从词源的角度,中西方传统中对法的定义是不同的。在法学史上,实证主义法学和非实证主义法学对法的定义所囊括的要素的侧重点不同,所以有"恶法非法""恶法亦法"的争论。关于法的概念虽有多重表达,但在"国法"的意义上只有成文法、判例法、习惯法以及其他执行国法职能的法四种形式。马克思主义法的本质观的特点在于法的本质的层次性。法的阶级本质表现为,法是统治阶级意志的体现。法的社会本质表现为,法的内容受社会存在这个因素的制约,并最终由一定的物质生活条件所决定。法在现象层面具有规范性、国家意志性、权利义务双向性、国家强制性四个特征。法的作用泛指法对人的行为和社会生活产生的影响,表现为规范作用和社会作用两种形式。法的作用不是万能的,具有一定的局限性。

原理阐释

一、"法"和"法律"的语义分析

(一) 汉语中的"法"和"法律"的词义

据东汉许慎著《说文解字》的考证,汉语中"法"的古体是"灋"。"灋,刑也,平

之如水,从水;廌,所以触不直者去之,从去。"① 中国古代"法"表达了三层含义:

1. 法与刑同义

《国语·鲁语》中说:"大刑用甲兵,其次用斧钺;中刑用刀锯,其次用钻笮;薄刑用鞭扑,以威民也。"依照《说文解字》的解释,法(灋)之所以取"廌"和"去"做偏旁,是因为法就是要以"廌"来"触不直者去之",因此法本身就有"清除""杀戮"的意思,其最终目的是震慑犯罪,维护既定的秩序。古代的"刑",无论是将其看成在"井"旁边放上一把刀还是在"开"旁边放一把刀,即无论将其解释为"用刀维护土地制度(井田制)"还是"用刀将人砍开",都符合中国古代法律的上述内涵。

中国古代最早使用"刑"代表国家强制性规范,"夏有乱政而作禹刑,商有乱政而作汤刑,周有乱政而作九刑"。② 春秋时期开始称"法",如楚国有"仆区之法""茆门之法"。战国时期,早期的魏相李悝制定的法律被称为《法经》;公元前356年,商鞅为了更能体现法的公平性,改"法"为"律",主持制定《秦律》。"律"原意指的是我国古代审定乐音高低的标准。清代段玉裁在其《说文解字注》中指出:"律者,所以范天下之不一而归于一,故曰均布也。"可见,"律"的功能在于能够把"不一"归为"一",把"不齐"归为"齐"。在清末民初以及后来的新文化运动中,受日本影响,中国开始使用"法律"一词。

2. 法有公平的含义

"平之如水,从水",水有追求平的特性,不平就会流动,一直到平才停止。"法"从"水",意味着法有公平的含义。

3. 法有明辨是非曲直的含义

"廌",又名"獬豸",相传它是尧舜时期大法官皋陶审案所依靠的一只神兽,长着一只独角,两眼瞪着,它能够知善恶,断是非,擅长用独角撞击作奸犯科的人。"触不直者去之",意味着法具有去除犯罪的内涵。

这些内容大致表明,中国古代的"法"具有利用国家强制力去除邪恶从而实现社会公平和秩序的内涵。

(二) 西语中的"法"与"法律"的含义

在拉丁文中,"jus"一词既有"法律"的内涵,也有"权利"的内涵。在由拉丁

---

① (汉)许慎:《说文解字(影印版)》,中华书局1963年版,第202页。
② 《汉书·刑法志》。

文发展而来的法文、德文等西方语言中,"权利"和"法律"往往是一个词,如法文"droit""loi",德文"recht""gesetz"。由"jus"演变而来的英文"justic"一词,既有"公平的、正义的"又有"法律的"的意思;"right"既有"合理的""公平的"意思,又有"权利"的意思。由此可以看出,"权利""公平""正义""法律"在西方是绑定在一起的。例如,古罗马法学家塞尔苏斯说:"法是善良公正的艺术。"又如,《查士丁尼国法大全》之《学说汇纂》第一编第一章表述的就是"法与正义"的关系。[1] 在《查士丁尼国法大全》之《法学阶梯》中,罗马人把正义定义为"给予每个人他应得的部分的这种坚定而恒久的愿望"[2],这意味着法是保证每个人获得其应得部分的重要方式。

(三)法学史上关于法的概念的争议

历史上不同的法学家基于各自研究的视角提出了各种各样的法的概念。到目前为止,中外法学家们并没有取得一致认同的法的概念。围绕着法的概念的争论,最为核心的问题是关于法与道德之间的关系问题。依据人们在定义法的概念时对法与道德的关系的不同主张,我们大致可以将形形色色的法的概念区分出两种基本立场:实证主义法的概念和非实证主义法的概念。

所有的实证主义理论都主张,在定义法的概念时,不能将道德因素包括在内,即法与道德是分离的。具体来说,实证主义认为,在法与道德之间,法律命令什么与正义要求什么之间,在"实际上是怎样的法"与"应该是怎样的法"之间,不存在概念上的必然联系。与此相反,所有的非实证主义理论都主张,在定义法的概念时,道德因素应被包括在内,即法与道德是相互连接的。

实证主义者是以权威性制定、社会实效两个要素定义法的概念的。其中,有的法实证主义者以权威性制定作为法的概念的定义要素,有的以社会实效作为定义要素,但更多的法律实证主义者以这两个要素的相互结合来定义法的概念。以此为标准再进行分类,我们可以将法实证主义者的法的概念分为两大类:以社会实效为首要定义要素的法的概念和以权威性制定为首要定义要素的法的概念。"首要定义要素"意味着一类法的定义要素并不绝对排除另一类法的概念的

---

[1] 参见《学说汇纂(第一卷):正义与法·人的身份与物的划分·执法官》,罗智敏译,中国政法大学出版社2008年版,第5页。
[2] 〔古罗马〕查士丁尼:《法学总论——法学阶梯》,张企泰译,商务印书馆1989年版,第5页。

定义要素。以社会实效为首要定义要素的法的概念的主要代表是法社会学和法律现实主义,以权威性制定为首要定义要素的法的概念的主要代表是分析主义法学,如奥斯丁、哈特和凯尔森等。

非实证主义者以内容的正确性作为法的概念的一个必要的定义要素。这就意味着,此类法的概念中并不排除社会实效性要素和权威性制定要素。也就是说,非实证主义的法的概念中有三个要素,而且这三个要素可以进行不同的连接与解释。因此,我们可以将非实证主义法的概念分为两类:以内容的正确性作为法的概念的唯一定义要素,以传统的自然法理论为代表;以内容的正确性、权威性制定和社会实效性要素同时作为法的概念的定义要素,以超越自然法与法的实证主义之争的所谓第三条道路的理论为代表,如阿列克西的理论。

法学史上关于法的概念的争议的实质为正义要求什么与法律命令什么、法律应该怎么样与法律实际怎么样、道德规定什么与法律规定什么之间的关系问题。

表 1-1　法的概念的争议

	实证主义法的概念		非实证主义法的概念	
分类依据	主张法律与道德是分离的。法律与道德之间、法律命令什么与正义要求什么之间、实际上是怎样的法与应该是怎样的法之间不存在概念上的必然联系		主张法律与道德是相互连接的。法律命令什么与正义要求什么之间、实际上是怎样的法与应该是怎样的法之间存在概念上的必然联系	
定义要素	不以内容的正确性为法的概念构成的必要要素,以权威性制定或社会实效等为法概念构成的必要要素		以内容的正确性为法的概念构成的一个必要要素。同时,不排斥社会实效性和权威性制定要素,它们也可以作为概念构成的要素	
再分类及其代表理论和人物	以社会实效为首要定义要素的法的概念	以权威性制定为首要定义要素的法的概念	以内容的正确性作为唯一定义要素的法概念	以内容的正确性、权威性制定和社会实效性要素同时作为定义要素的法概念
	法社会学、法律现实主义	分析主义法学	自然法理论	第三条道路
	庞德、埃里希、霍姆斯、卡多佐等	奥斯丁、哈特、凯尔森	古典自然法和新自然法理论的代表人物	阿列克西

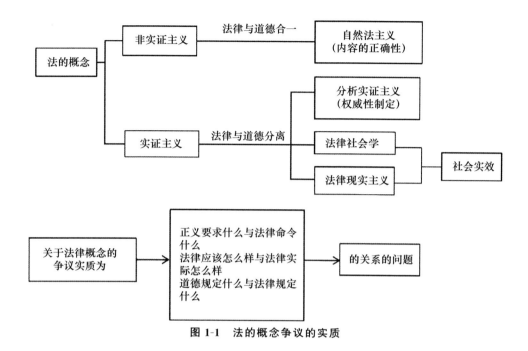

图 1-1 法的概念争议的实质

（四）多元形态的法的概念与国法的外延

关于法的概念存在着许多争论，在法学理论和实践中也有多种法的概念表达形式。

1. 自然法和实在法

自然法是自然界运行的法则，实在法是在人类社会发挥实际规范作用的规则，两者构成了二元主义法律观。这是自然法主义的立场，认为自然法是高级法，它指引、规范着实在法，实在法的品格由自然法来检验。

2. 国家法和民间法

国家法是指国家制定的具有明确的国家强制力的法律，民间法是没有明确的制定机关制定却在民间社会中发挥着实际规范作用的法律，如习惯、风俗、道德、礼仪等。这是一种法社会学意义上的法律分类。

3. 软法和硬法

软法是指那些不能运用国家强制力保证实施的法规范，是相对于硬法而言的。硬法是指那些能够依靠国家强制力保证实施的法规范。一般意义上的法律指的是硬法。软法是那些在国家立法中带有指导性、号召性、激励性、宣示性功能的非强制性规范以及政治组织创制的各种自律规范、社会共同体创制的各类自治规范等。行政法学界更偏重使用这样的概念。

4. 文本中的法律和行动中的法律

这是美国法学家罗斯科·庞德对法进行的一种分类,该分类已被学界广泛接受和使用。[①] 文本中的法律是指由立法机关制定并有具体条文表述的法律。行动中的法律是生长在司法实践中由法官在裁判中创设的法律。美国法律现实主义学派强调该分类。

虽然关于法的概念存在着许多争论,但是任何国家的法律人在其工作中都必须以该国家现行有效的法律作为处理法律问题的出发点和前提。所谓特定国家现行有效的法,笼统地讲,乃指"国法",其外延包括:(1)国家专门机关制定的成文法;(2)法院或法官在判决中创制的判例法;(3)国家通过一定的方式认可的习惯法;(4)其他执行国法职能的法,如西方中世纪的教会法,古罗马时期的五大法学家关于法律的解释,中国古代的伦理法——"礼"。

在当代中国,一般认为狭义的法律仅指由全国人民代表大会及其常务委员会制定的规范性法律文件;广义的法律是指包括宪法、法律、行政法规、地方性法规等在内的一切规范性法律文件。

二、法 的 本 质

(一) 马克思主义关于法的本质的基本观点

在哲学上,法的本质是相对于法的现象的一个范畴,它是法的根本性质,是指法这一事物自身组成要素之间相对稳定的内在联系。马克思主义哲学认为,本质是事物的内在联系,是决定客观事物存在的根据;现象则是事物的外在表现和外部联系,是本质的表现形式。法的现象是指能够根据经验、凭借直观的方式认识的法的外部联系的总和,是直观的感性对象——法本身。法的本质是深藏

---

① 参见〔美〕罗斯科·庞德:《文本中的法与行动中的法》,御风译,载葛洪义主编:《法律方法与法律思维(第五辑)》,法律出版社 2008 年版。

于法的现象背后的以致凭借直观的方式无法把握的法的内在联系,是人们对可感知的法的外部联系的真实本源的一种主观把握和理性抽象。在认识法的本质时,必须首先揭示法的现象。法的现象是具体的、活生生的、无限丰富的,只有深入法的现象领域才能揭示法的本质。同时,法学研究不能仅停留在现象层面,而是要揭示法的本质,抓住了法的本质,就抓住了法的根本。马克思主义法的本质观的特点在于法的本质的层次性。

(二) 法的阶级本质(初级本质)

法的阶级本质表现为,法是统治阶级意志的体现。此处的"统治阶级",泛指经济、政治、意识形态上占支配地位的阶级,在剥削阶级社会分别指奴隶主阶级、封建地主阶级、资产阶级,在社会主义社会则是指由工人阶级及其同盟军所构成的人民。关于法的阶级本质的表述意味着:

1. 法律是取得胜利并掌握国家政权的统治阶级意志的体现

这说明法不是全民意志的体现,法具有偏向性、倾向性,即在总体上法的内容是向统治阶级倾斜的。

2. 统治阶级的意志必须要变成国家的意志

统治阶级的意志并不直接等同于法律,而是要变成国家意志,才能借助国家机器来保证法律的运行。其原因主要有二:一是统治阶级的意志只有变成国家意志,才能为法的效力来源和普遍遵守提供正当理由;二是统治阶级的意志只有变成国家意志,才能借助国家机器来实施法律。

在现代政治中,通常是以政党执政的方式实现本阶级的利益。同样,执政党的意志并不当然是国家的意志,只有将其转变为国家意志,上升为法律,这种意志才更具有合法性,才更具有广泛的效力。与此同时,虽然法律是国家意志的体现,但并不是说国家意志均体现为法律。国家意志还可以以其他方式体现出来,比如国家政策、国家伦理。

3. 表现为法律的统治阶级意志具有整体性、统一性和非单一性的特征

(1) 整体性、统一性。法所体现的统治阶级的意志不是统治阶级内部的各党派、集团或每个成员的个别意志,也不是这些个别意志的简单相加,而是统治阶级以国家意志的形式表现出来的整体意志、共同意志,是统治阶级内部各个实体、成员的意志相互作用而产生的"合力意志"。个别实体或成员的意志可能与

该阶级的整体意志和共同意志一致,也可能不一致。而当这种不一致威胁到统治阶级的生存秩序时,代表统治阶级意志的法律就要采取措施将其淘汰出局。在这个意义上,历史上的朱元璋惩贪、文学作品中的包公铡美案都是法律维护统治阶级整体意志的体现。

(2) 非单一性。法体现统治阶级的意志,要经历一个复杂的过程。它取决于统治阶级与被统治阶级的阶级斗争状况,也取决于统治阶级内部各阶层、集团或个人的矛盾和斗争。在一定情况下,法的内容不仅反映统治阶级的意志,而且也反映被统治阶级或同盟者的某些愿望和要求。具体表现为:其一,在某些情况下,法的内容规定对全社会都有利,不同程度地反映出社会各阶层的共同利益。其二,为了缓和阶级矛盾,统治阶级也会作出某种让步,规定一些符合被统治阶级利益的内容。

(三) 法的社会本质(深层本质)

法的社会本质表现为法的内容受社会存在这个因素的制约,并最终由一定的物质生活条件所决定。所谓物质生活条件,主要是指人类社会所包括的地理环境、人口、物质资料的生产方式诸方面,是统治阶级的政治统治赖以建立的经济基础,即受生产力决定的生产关系。这又被称为"法的物质制约性原理",该原理可细分为:

第一,物质制约性也可称为"法的社会性",指法的内容要受到社会存在这个因素的制约,并且最终是由一定的物质生活条件决定的。

第二,法律虽然是统治阶级意志的体现,但绝不是统治阶级的任性,统治阶级的意志最终要受其所在社会的物质生活条件决定,统治阶级不能要求、法律也不能规定物质生活条件中所没有的东西。法律是以社会存在为基础的,法律不可能超出社会发展创造或改变社会,试图跳出物质生活条件和社会存在的限制来制定法律是不可能成功的。这也是法的局限性的一个重要表现。

第三,法的内容产生、变更都是由统治阶级所处的社会物质生活条件所决定的。即决定法律本身的因素从最终意义上讲是社会物质生活条件。这一过程表现为:生产关系(经济基础)是由生产力决定的,而生产力则是不断发展变化的;生产力的发展最终导致生产关系的变化,进而导致社会关系的变化,并最终导致法律内容的变化。法律的特性要求其稳定,因为不稳定的法律会克减其权威,而它所调整的社会关系处在不断变化之中,因此法律和社会关系之间始终存在着动与静的矛盾,而与社会关系不相适应的法律将可能成为社会发展的桎梏。这是法的局限性的又一重要表现。

第四,法具有合规律的一面。这里的"规律"就是物质生活条件,法要反映这一条件,不能脱离这一条件。作为规律的物质生活条件表现为客观自然规律、社会发展规律、人们日常生活的逻辑。法受物质生活条件决定意味着,法律的生命力在于法律对于客观自然规律、社会发展规律、人们日常生活的逻辑的尊重和遵守。

第五,法的效果和生命力取决于统治阶级对客观历史条件、客观规律的反映程度。统治阶级对客观历史条件、客观规律的反映程度取决于他们的认识能力。因此,统治阶级的认识能力越高,法对客观历史条件和客观规律的反映程度越高,法的生命力就越强,实效效果就越好。因此,从实际出发、实事求是、科学立法是我国立法的重要原则。立法应该尊重社会的实际状况,根据客观需要,反映客观规律要求,避免主观武断、感性用事。

第六,制约性的相对性。尽管法的最终决定因素是物质生活条件,但物质生活条件以外的因素也对法具有重要影响,如民族思维方式、风俗习惯、文化传统、自然条件等因素。因此,中西方法律传统上的差异、大陆法系和英美法系法律传统上的差异并不都是物质生活条件上的差异导致的,而是物质生活条件与其他因素共同作用的结果。

三、法的基本特征

如果把法分为现象和本质两个视角,那么,法的阶级性和物质制约性表述的是本质层面的法,而法的特征表述的则是现象层面的法。

(一) 法是调整人的行为的社会规范(规范性)

法的这一基本特征又被称为"法的规范性",它表明:

1. 法是一种规范

作为一种规范,法具有如下特性:(1)法的内容具有一般性和概括性。法不是针对某个人、某件事而立的,而是针对一类人、一类事而立的。法对行为的调整表现为一种规范性调整,而非个别性调整,因此,作为一种规范,它提供的是规范性的指引,不是个别性的指引。(2)法是反复适用的。法不是仅适用一次,而是在其生效期限内对其指向的对象反复适用的。

这里要区分规范性法律文件和非规范性法律文件。规范性法律文件是指那些能够提供规范性调整的法律文件，如法律、政府规章、地方性法规、自治条例、由抽象行政行为作出的法律文件等。非规范性法律文件是指那些针对某些特定主体、特定事项且仅提供个别性调整的法律文件，如判决书、合同文本、结婚证、逮捕令等。

2. 法是一种社会规范

社会规范是人与人在交往中形成的规则，是维系人与人之间社会关系的基本准则。(1)作为社会规范，法律不同于自然规范。自然规范即自然规律，是自然现象之间的联系，如自然现象之间的相克相生规律、水能灭火、氧气能够助燃等。立法要尊重或遵循自然规范，但法律不是自然规范本身。(2)作为社会规范，法律不同于技术规范。技术规范调整的是人与自然之间的关系，是规定人们如何使用自然力量和生产工具以有效地利用自然的行为准则，如果树栽培技术规程、药品使用须知、语法等。

某一主体违背自然规范会遭到自然力的惩罚，违背技术规范会造成事故或损失。社会规范调整的是人与人之间的关系，违反社会规范招来的是社会的惩罚。法律作为一种社会规范，对于违法者要给予相应的制裁。

3. 法是通过调整人的行为进而调整社会关系的

人的行为是法调整社会关系的中介。也可以说，人的行为是法调整的初级对象，法正是通过对人的行为的初级调整最后达致调整社会关系的目的。对此可以这样表述：法只调整人的行为，不调整人的思想；法直接调整人的行为，间接影响人的思想。由此可以得出，法具有外观主义或形式主义的特性。

因为人的思想停留在人的精神、心理层面，在没有外化为人的行为之前，别人无法探知。如果允许法直接调整人的思想，就意味着用立法者、执法者、法官的思想来代替或钳制个人的思想，这就是专制。事实上，只有在专制时代才会有直接调整人的思想的法律，如中国古代有"腹诽罪"。现代法律不允许将人的思想作为定罪依据，即思想犯不是犯罪。同时，因为人的思想只有外显化、行为化才能成为定罪的依据，侦破技术、推理能力不发达的传统社会特别依赖当事人通过自白的方式说出自己的思想，所以口供具有证据之王的地位。这正是传统社会将刑讯逼供视为正规化、法定化的获取证据的方式的根本原因。

(二) 法是由国家制定或认可的具有普遍效力的社会规范(国家意志性)

法的这一基本特征又被称为"国家意志性",它表明:

1. 法的产生表现为制定和认可两种方式

制定的方式,即享有国家立法权的机关,按照一定的权限划分,依照法定的程序将统治阶级的意志转化为法律。通过制定的方式形成的法律就是制定法或成文法,一般具有条文化的逻辑结构。制定法或成文法的简单形式表现为单行法,高级形式表现为法典。

认可,即国家通过对既有规范认可的方式形成的法律。这种方式以社会存在既有规范为前提,这些规范表现为习惯、道德、宗教教义、政策、判例等,国家通过认可赋予其法律效力。

2. 国家认可

作为一种技术,国家认可既可以表现在法律的制定中,也可以作为一种独立的法律生成方式存在,即以下两种情况:

(1) 国家立法者在制定法律时将已有的社会规范纳入规范性文件的内容,使之成为法律条文。这一方式为明示认可。明示认可往往通过专门的立法途径进行,属于法律制定中的立法技术。例如,2012年修订的《中华人民共和国老年人权益保障法》(以下简称《老年人权益保障法》)的第18条明确规定:"家庭成员应当关心老年人的精神需求,不得忽视、冷落老年人。与老年人分开居住的家庭成员,应当经常看望或者问候老年人。用人单位应当按照国家有关规定保障赡养人探亲休假的权利。"这一规定是将"孝"的伦理规范融入法律之中。

(2) 国家没有明文规定哪些社会规范是法律,而是通过法院判决以援引的方式承认它们的实际法律效力。这一方式为默示认可。默示认可往往通过司法途径进行。即在司法裁判中赋予习惯、伦理、宗教教义、判例法源的效力,将其作为司法裁判推理的大前提来适用,此时这些社会规范便成了法律。这正是习惯法、伦理法、宗教法、判例法等不成文法生存的途径。应该说,人类早期的法律更多是通过这种方式生成的,因为当人们还没有能力运用概念的形式来描述客观现象、表达思想时,就不可能有成文法的形式。

3. 经国家制定或认可的法律具有国家意志性

通过法律形式表达出来的国家意志,具有理性化、恒常化、规范化、程序化、普遍化、统一性的特征。

4. 经国家制定或认可的法律被赋予了普遍性的特征

这种普遍性表现为:(1)普遍有效性。即在国家权力所及的范围内,法具有普遍效力和约束力。(2)普遍的平等性。法的普遍性也表现为平等的对待性。即法律平等地对待一切人,法律面前人人平等,每个人的权利都平等地受到法律保护,每个人违法都要平等地受到追究,无论谁都没有法外的特权。这是近现代民主法治社会的基本理念。(3)相同事项法律处理的一致性。即相同的案件相同处理,同案同判,保持处理逻辑链条上的连贯性。(4)普遍统一性。一个国家法的表现形式可能是多样的,但只能有一个总的法律体系,体现国家意志的法律体系应该是一元的,所有的法律都应该服从一个最高的法律权威。

对法的普遍性的理解需要强调两点:(1)普遍有效性是指法律在各自有效的范围内具有普遍性,不能机械地理解为一切法律的效力都是完全相同的。有些法律在全国生效,如宪法、刑法、劳动法等,有些法律在部分地区生效或仅对某些主体生效,如地方性法规、自治法规或军事法规等。(2)普遍平等性不能机械地理解为在任何条件下都同等对待。平等对待既包括同等对待,也包括差别对待。特别是现代法律,为了维护社会公正,对弱势群体常常给予特殊保护,这种差别对待反而是更高意义上的平等。

(三)法是以权利义务为内容的社会规范(权利义务双向性)

法的这一基本特征又被称为"权利义务一致性",它表明:

1. 法律的内容规定的是主体的权利和义务

法律对社会关系调整的方式就是界定主体的权利和义务。权利和义务是表达社会关系的方式,任何社会关系要成为法律关系都必须以权利和义务的方式来确定。

2. 权利和义务是法律是调整人们行为进而作用于社会关系的两种方式

法律对人的行为的调整是通过设定行为模式的方式来进行的,而法律规范人们行为的模式有三种:授权模式、禁止模式和命令模式。这三种模式最终可以归结为授予权利和科以义务两种调整方式。

3. 通过权利、义务的双向性调整可以实现法的预测和利导功能

(1)预测。法律通过对主体权利和义务界定,明确告诉人们能够怎样行为、不该怎样行为；人们根据法律来预先估计自己与他人之间该怎样行为，并预测其行为的后果。

（2）利导。法律通过规定人们的权利和义务来分配利益，影响人们的动机和行为，进而影响社会关系。权利以其特有的利益导向和激励机制作用于人的行为，有利于实现人的自由；义务以其特有的负担导向和约束机制作用于人的行为，有利于实现社会的秩序。

4. 法以权利义务为调整方式使其与道德、宗教、习惯相区别

一般来说，道德和宗教是以规定人对人的义务或人对神明的义务而调整社会关系。习惯是人们在长期共同劳动和生活过程中自发形成、世代沿袭并变成人们内在需要的行为模式。依习惯行事，是无所谓权利和义务的。法律是以权利义务的双向机制作用于人的行为进而影响社会关系的，最终要实现自由和秩序的平衡。

（四）法是以国家强制力保证实施的社会规范（国家强制性）

法的这一基本特征又被称为"国家强制性"，它表明：

1. 法的强制性来自国家

一切社会规范都具有强制性，都有保证其实施的社会力量。所谓强制性，是指各种社会规范所具有的、借助一定社会力量强迫人们遵守的性质。例如，道德规范主要依靠人们的内心信念、社会舆论来实施，宗教规范的实施主要通过精神强制的方式，同时也依靠惩罚制度来保证教徒的遵守。法律的强制是一种国家强制，是以军队、宪兵、警察、法官、检察官、监狱等国家暴力为后盾的强制。因此，法律在一般意义上是一种最具外在强制性的社会规范。

2. 法的强制性是一种合法的国家暴力

法的强制性来自国家，是一种来自主权者的命令，由一定的机构通过一定的程序赋予，通过法律责任的方式对主体实施制裁或令其承担不利的后果，从而使这种强制性具有正当性的内涵。因此，法的强制性表现为一种合法的暴力。

特别提示：

第一，法的国家强制力是有一定限度的，而不是无限的。在现代社会，这种国家强制力必须在法律授权的范围内行使，即所谓"法无授权无权力""法无授权

不可为""权力行使于法有据"。

第二,法需要国家强制力来保障实施,但国家强制力不是保证实施的唯一力量。在一定程度上,法的实施也要依靠社会舆论、人的道德观念、思想教育等手段。在某些条件下强制手段甚至不是保障法实施的最优途径,这是法的局限性的一个重要表现。

第三,法依靠国家强制力保障实施是从最终意义上讲的,并不是说每部法律的实施过程和实施活动都必须借助国家暴力系统。例如,对于法能够得到遵守或出现一般违法行为的情况,违法主体能够依法自我纠正或危害性轻微,国家的强制力就没有必要介入。国家强制力是在保障意义上存在的。因此,守法的高级阶段在于主体自愿守法,在于人们内心形成的对法律的信仰。

(五)法是具有在纠纷解决程序中被运用的可能性的社会规范(可诉性)

法的这一基本特征又被称为"可诉性",它表明:

第一,法律具有被任何人(包括公民和法人)在法律规定的机构(尤其是法院和仲裁机构)中通过争议解决程序加以运用的可能性。[①] 不同的社会规范具有不同的实现方式。法律的实现方式表现为以一种制度化的争议解决机制为权利人提供保障,通过权利人的行动启动法律和制度的运行,进而凸显法律的功能。道德、习惯、宗教教义等社会规范则不具有这样的可诉性。所以,判断一种规范是否属于法律,可以从可诉性的角度观察。

第二,可诉性事实上包含着可争讼性和可裁判性两个方面。可争讼性,即任何人均可将法律作为起诉和辩护的依据。可裁判性,即法律能够被作为裁判者裁判的依据。这两者可以作为衡量一个法律是否正常发挥功能、有无生命力的依据。

特别提示:

第一,习惯、道德、宗教教义、政策等社会规范不具有当然的可诉性,只有在遇到立法空白而该纠纷还必须要解决时,才可以将这些规范作为裁判依据。而可以作为裁判依据的社会规范才具有可诉性。

---

① 参见王晨光:《法律的可诉性:现代法治国家中的法律特性之一》,载《法学》1998年第8期。

第二,不具有可诉性的法律仅具有象征意义;可诉性差的法律实践性弱。

综合上述分析可以得出以下定义:法是由国家制定或认可,依靠国家强制力保证实施,具有普遍效力,以权利和义务为内容,能够在诉讼和裁判中被适用,以确认和保护特定的社会关系和社会秩序为目的的行为规范体系。

四、法的作用

(一) 法的作用的含义

法的作用泛指法对人的行为和社会生活产生的影响。对此可作如下理解:

第一,法的作用直接表现为国家权力的行使,在深层次上是统治阶级的意志影响社会生活的体现。从最终极意义上讲,法是物质生活条件自身运动的结果,是经济基础矛盾变化的必然反应。

第二,法的作用对象首先是人的行为,法通过作用于人的行为进而作用于社会生活和社会关系。

第三,法的作用主要表现为对人的外部活动产生的影响和结果,这种外部性活动会间接地影响人的内心世界。

第四,法的作用体现在法与社会的交互影响中,体现为法能够促进或延缓社会的发展。即法的作用不一定都是积极的,当法的内容与社会发展的方向不一致时,它就可能成为社会发展的桎梏。因此,从某种意义上说,社会的进步有时是靠"违法者"推动的。

(二) 法的作用的分类

法的作用可以分为规范作用和社会作用。这是根据法在社会生活中发挥作用的形式和内容对法的作用的分类。从法是一种社会规范看,法具有规范作用;从法的本质和目的来看,法具有社会作用。法的作用对象有行为和社会两个层面:从法调整人的行为这个层面看,法具有规范作用;从法调整社会关系层面看,法具有社会作用。二者为手段和目的的关系。

表 1-2　法的作用的分类

不同点	规范作用	社会作用
作用对象	作用的对象是人的行为	作用的对象是社会关系
存在方式	法的规范作用是一切法所共同具有的，无论是哪一种类型的法，其规范作用的表现形式都是相同的	法的社会作用依不同的类型、不同的国家、同一国家的不同时期而存在差别
所处地位	规范作用具有形式性和表象性，规范作用是社会作用的手段	社会作用具有内容性和本质性，社会作用是规范作用的目的
发挥作用的前提	规范作用发生的前提是法律生效，只要有法律规范，其规范作用就存在	实现社会作用的前提是法律被适用、被实施，法律在运行中对社会关系产生了实质性的影响
作用的内容或形式	1. 指引作用 2. 评价作用 3. 预测作用 4. 教育作用 5. 强制作用	1. 维护社会的秩序与和平 2. 推动社会经济的发展 3. 执行社会公共事务 4. 控制、解决社会纠纷和争端

（三）法的规范作用

法的规范作用可分为指引、评价、预测、教育和强制作用五种。

1. 指引作用

法的指引作用是指法对人的行为具有引导作用。法对人的指引有两种方式：一是个别性指引，即通过一个具体的指示对特定的人的特定情况的指引；二是规范性指引，是通过一般的规则对同类的人和行为的指引。法作为一种规范，所提供的指引是一种规范性指引，而不是个别性指引。法在具体的个案中发挥作用，在个案中发生的具体性的指引属于个别性指引。规范性的法律文件提供的是规范性指引，非规范性法律文件提供的是个别性指引。

按照法规范行为模式的不同，法的指引可以分为确定的指引和不确定的指引。行为模式分为义务模式（必须这样做或必须不能这样做）和权利模式（可以这样做）。前者对人的行为的指引是确定的，是必须要履行的，没有选择的余地，因此称为"确定的指引"；后者对人的行为的指引是随着行为人的主观意愿而定的，是允许自行选择的，是可以行使也可以放弃的，因此称为"不确定的指引"或"有选择的指引"。

2. 评价作用

法的评价作用是指法律作为一种行为标准,具有判断、衡量人的行为合法与否的评判作用。其特点在于:

(1) 在该作用中法律被当作评价的标准和尺度来使用。

(2) 用法律来评价的结果呈现出两种状态:合法与非法。

3. 预测作用

法的预测作用是指凭借法律可以预先估计人们的行为及其法律后果,其特点在于:

(1) 在该作用中法律被当作预测或推理的前提条件来使用。

(2) 在该作用中的法律后果不是现实发生的,而是推理意义上的,是未来可能发生的一种结果。

(3) 该作用预测的是法律对该行为或结果的一种评价。这种评价可能是否定性的,也可能肯定性的。

4. 教育作用

法的教育作用是指通过法律的实施使法律对人的行为产生影响。

(1) 具体表现。法通过把国家或社会的价值观念和价值标准凝结为固定的行为模式和法律符号向人们灌输占支配地位的意识形态,使之渗透于或内化在人们心中,从而达到使法律的外在规范内化,使人们形成尊重和遵守的习惯。

(2) 实现方式。法的教育作用主要通过两种方式来实现:其一,反面教育。又称"示警作用",通过对违法行为实施制裁,对包括违法者本人在内的一般人均起到警示和警诫的作用。其二,正面教育。又称"示范作用",通过对合法行为进行肯定、保护、赞许或奖励,对一般人的行为起到鼓舞、示范的作用。

5. 强制作用

法的强制作用是指法运用国家暴力对主体的行为进行干预、制裁、惩罚的作用。法的强制作用是任何法都不可或缺的一种作用,是法的其他作用发挥的保证,是法的有效性最终极意义上的保障。

(四) 法的社会作用

法的社会作用是法对社会关系、社会生活发生的影响,主要体现在:

1. 维护社会的秩序与和平

秩序与和平是人类的共同需求，也是法律的基本功能和目标。法律的首要任务就是要消除无政府状态，制止暴力，实现社会的有序状态。

2. 推动社会经济的发展

经济发展是国家政权机器及其整个社会存续的关键，所以国家必须通过法律来保障、促进社会经济的正常发展。该作用主要体现在以下方面：

（1）保护财产权。只有产权明晰和稳定，社会生产才有明确的动力，商品交换才有合法的起点。在财产权缺乏保护的社会，人们没有生产和交往的动力。经济学中"公地悲剧"以及"三个和尚没水吃"的故事背后的逻辑就在于此。

（2）维护交易公平和安全。公平、安全的市场环境是经济交往的前提性条件。达到这一前提性条件需要法律做好如下工作：其一，对主体的资质进行审查，维护市场安全。明确各类经济主体的市场准入条件，对市场主体的权利能力加以必要的限制，明确各类主体可以从事活动的范围。其二，对市场进行管理，禁止欺行霸市、强买强卖，禁止垄断、不正当竞争，打击欺诈、不诚信的行为。

（3）调控经济活动。将计划、税收、预算等宏观调控手段纳入法律体系，对全社会生产、分配、交换加以有效的调节。

3. 执行社会公共事务

维护人类社会基本生活条件，维护社会的安全；组织社会化大生产，保证社会正常运转；推进教育、科学、文化的发展，推动社会进步；确定使用设备、执行工艺的技术规程，以及有关产品质量要求的标准，防止生产事故发生，保护劳动者、消费者基本权益。

4. 控制、解决社会纠纷和争端

一个文明社会能够维系的最低标准就是要由公共机关统一处理纠纷。由专门的公共机构来处理纠纷是人类进入文明时代后的通常做法，而它化解矛盾的能力则关系到该社会的稳定与繁荣。国家和法律的基本作用之一就是将社会纠纷和争端控制在一定程度内，在和平和秩序的框架下通过理性的方式来解决它，从而化解它对社会的危险和危害。

（五）法的局限性

尽管法在社会生活中具有重要作用，但是，法不是万能的，它也存在着一定

程度的局限性,原因在于:

1. 调整范围的有限性

法律规制和调整的社会关系的范围和深度是有限的,有些社会关系或问题,如人的情感关系、友谊关系、心理问题、信仰问题等,不宜由法律来调整和解决,法律不宜涉足其间。

2. 自身的制约性

法受自身条件的制约,主要表现在:

(1) 语言表达力的局限往往使法律的调整具有不确定性。法律是使用语言来表达的,语言是由概念组成的,但概念具有哈特所说的"空缺结构"(open texture)。[①] 如果个案位于概念的核心区域,对其认定不成问题;如果位于概念的边缘区域,就会产生认定上的争议。

(2) 法是人的意志的体现,立法者的认识是有局限的,法律总是存在着某种不合理的、不科学的地方或立法空白。由于理性不及,立法者身上不可避免地会出现挂一漏万、以偏概全的情况,因此任何国家的法律都不可能形成一个包罗万象、天衣无缝的体系,总会存在漏洞。

(3) 法是概括性的规范,它针对的是共同体内所有人,对所有的事发挥作用,因此它不能在一切问题上都能做到尽善尽美,总会有立法者考虑不到的地方,进而不能处处做到个别正义。正因如此,法律规范必然是概括性的、抽象的、模糊的,所得结论也往往是多元的、不确定的。所以,法律适用不可能通过简单的对号入座的方式进行。

(4) 法强调要在一定的程序中从事某种行为,而履行程序要经历一定的时间过程,并且程序中的时序、时限、空间关系、行为方式等方面的要求会一定程度地克减处理问题的灵活性。因此,严格按程序办事,有时不能对紧迫的社会事件作出及时、准确的应对和处理。

(5) 法律事实与客观事实不能绝对一一对应。法律适用者所面对的事实永远都是过去的事实,法律有时不能还事实的本来面目。法律事实是能够用证据证明或能够用规则推导出来的事实,它是规定性的,但并不一定是客观事实本身。因此,依托于这样的事实而形成的正义,仅仅是程序正义、看得见的正义、规

---

① See H. L. A. Hart, *The Concept of Law*, Oxford University Press, 1961, p.124.

定性的正义、有限的正义、法律之内的正义。①

（6）为了缓解单一的法律与多样的社会生活之间的矛盾,法律总要给执法者或法官一定的自由裁量的空间,而在自由裁量的空间中执法者或法官的个人好恶、主观情感就不可避免地会融入其中,从而让法律有可能失去应有的公正和客观。

3. 社会条件的制约性

法律是以社会为基础的,受社会物质生活条件的制约,同时它的实施还要受政治、文化、地理环境等因素的影响。法律本质上要求稳定,因为只有稳定的立法,人们才能按照法律的内容安排自己的生活。否则,法律朝令夕改,人们将无所适从。而社会是发展的,现实生活是变动不居的。这样,稳定的法律和变动的社会之间便形成了一种动静之间的矛盾关系。一般而言,越是稳定的法律,其滞后性、保守性就越明显。

4. 人为因素和物质条件的制约性

"徒法不足以自行",法是由大量的人力、物力来保障执行的。

（1）如果没有高素质的立法者,就不可能有良好的法律。有良法,才可能有善治。

（2）如果没有具有良好法律素质和职业道德的专业队伍,法律再好,其作用也难以发挥,也会出现"歪嘴和尚念错经"的情况。

（3）人的精神条件,如法律意识、文化氛围、权利义务意识、程序意识等都直接制约或影响着法的作用的发挥。

（4）要有相对完备的侦查、检察、审判组织及物质附属物。这些组织及物质附属物的设立和运行意味着大量的财政支出,假如经费困难,就会限制这些组织及物质附属物的设立和运行,进而影响法律的实施。

---

① 参见陈瑞华:《看得见的正义(第三版)》,法律出版社 2019 年版,第 1 页;郑成良:《法律之内的正义:一个关于司法公正的法律实证主义解读》,法律出版社 2002 年版,第 87、92 页。

阅读材料

司法标志背后的理念①

从事法学研究或司法工作的人对"蒙目女神"和"独角神兽"的形象都不陌生,我们通常把这两种形象分别看成东西方传统中的司法的典型标志。当下,司法系统在推进司法文化建设时也常常把它们搬出来,借助这两种形象来表达司法公正的理念。在各地的法院、检察院,或是在大门上,或是在长廊里,或是在墙壁上,我们经常看到印有它们形象的标识。当看到这些标识时,我们或许曾为现代中国法官、检察官们的深厚的文化底蕴叫过好,为这些年司法系统的文化进步点过赞。但如果从文化学的角度来分析,我们会发现,其实司法文化的设计者们在把这两种形象搬出来之前并不一定真正地懂得其背后的文化意蕴。依笔者看来,这两种形象反映了不同的文化理念,且这些理念常常是冲突的。如果不分场合和具体条件硬是将它们拼凑在一起,就可能犯"张冠李戴"或"指鹿为马"的错误。

"蒙目女神"的原型是古希腊正义和秩序女神忒弥斯(Themis),也译成"泰美斯"。其造型为一个端庄美丽但表情严肃的妇女,用布蒙住双眼,右手持天平,左手握着宝剑。据说她是众神之王宙斯的第二位妻子,当特洛伊之战最激烈的时候,每一位不死的神祇都参加了战争,只有她傲然中立,由此获得了众神之王的信任。或许是因为这一点,在欧洲文艺复兴之后,蒙目女神的形象逐渐被确立为司法的标志,进而出现在西方法院的建筑上。

"独角神兽"的原型是中国古代的神兽"廌",又名"獬豸"。相传它是尧舜时期大法官皋陶审案所依靠的一只神兽,它似牛、似羊、似鹿、似麒麟,长着一只独角。它能够知善恶、断是非,擅长用独角撞击作奸犯科的人。《论衡·是应》中说:"獬豸者,一角之羊也,性知有罪。皋陶治狱,其罪疑者,令羊触之,有罪则触,无罪则不触。"中国古代的"灋(法)"字就有"廌"这一部首。之所以"灋"中有"廌",按照《说文解字》的解释,是因为"廌"能"触不直者去之"。正因为"獬豸"扮演着古代法官判案工具的角色,所以后世往往将之视为中国传统的司法标志。

一个时代、一个民族的司法标志是各该时代和民族司法理念和文化的集中

---

① 参见李拥军:《"女神"vs"神兽":司法标识背后的理念冲突》,财新网,2015年5月12日,https://opinion.caixin.com/2015-05-12/100808332.html,2022年12月28日访问。

反映,中西方迥然相异的两种司法形象折射出来的是两种不同的法律文化和理念。

首先,"蒙目女神"是"人格化的神",即一种以人的形象塑造出来的神。法律以"蒙目女神"为形象代表,宣示了它的崇高性、至善性、权威性和人们守法的自觉性。神是需要信仰的,法律也是需要信仰的,因此女神的背后折射出的是一种法律信仰主义的文化。这种信仰主义正是苏格拉底在因司法不公而蒙难时宁赴死而不偷生的真正动因。与此同时,女神又是人格化的,她具有普通人的外观,她和古希腊时期的所有神一样,除了"不朽"之外,和人没有区别——它们也有七情六欲,也会娶妻生子,因此女神所表达出来的法律又是世俗化的,具有人文主义的特征。而"独角神兽"则是一种"神格化的兽",即一种带有神性的动物。在"天地之间以人为尊"的中国传统中,一个所谓的神如果没有被塑造成人的模样,它的地位注定是不高的。对于这种神兽,虽然连皋陶都表现出了必要的客气和尊重,正如《论衡·是应》中所说的,"斯盖天生一角圣兽,助狱为验,故皋陶敬羊,起坐事之",但它终究还是四足动物,是为人判案提供帮助的工具。司法是由人来掌控的,人是主,兽是客,可谓"人能事客,亦能逐客",所以獬豸形象体现出来的是一种法律工具主义的理念。獬豸形象下的法律缺少了女神形象下的神圣,而更多地具有了为世俗权力服务的功利主义色彩。

其次,"蒙目女神"容颜美丽且具有女性主义的温柔,这映射出西方传统法律的亲民主义内涵。在拉丁文中,"*jus*"一词既有"法律"的内涵,也有"权利"的内涵。在由拉丁文发展而来的法文、德文等西方语言中,"权利"和"法律"往往是同一个词;由"*jus*"演变而来的英文"justic"一词,既有"公平的""正义的"又有"法律的"意思,"right"既有"合理的""公平的"意思又有"权利"的意思。由此可以看出,"权利""公平""正义""法律"在西方是被绑定在一起的。普罗泰戈拉讲述过这样的希腊神话:宙斯派信使赫耳墨斯把正义和尊敬带到人间,后者问宙斯怎么分配,宙斯回答说:"分给所有的人。""你必须替我定下一条法律,如果有人不能获得这两种美德,那么应该把他处死,因为这种人是国家的祸害。"(柏拉图:《普罗泰戈拉篇》)由此看来,在西方,法律是关乎分配正义和个人权利归属的规则,是塞尔苏斯口中的"善良公正的艺术"。它与每个人的切身利益息息相关,每个人的幸福、自由、权利都要到法律中寻找。难怪《查士丁尼国法大全》之《学说汇纂》开篇就是"法与正义",并将正义规定为"给予每个人应得的部分的这种坚定而恒久的愿望",而法律的任务就是要保护这种愿望。正因如此,法律和民众是亲近的。而"独角神兽"容颜丑陋,仪表威严,面露凶相。这种形象表达出的信息和逻辑是:法律的主要任务就是惩罚与威慑犯罪,维护秩序;法律只有让人恐惧,才能达到这种效果。《说文解字》中说:"法,刑也",《国语·鲁语》则这样解释"刑":"大刑用甲兵,其次用斧钺;中刑用刀锯,其次用钻笮;薄刑用鞭扑,以威民也。"依照《说文解字》的解释,法(灋)之所以取"廌"和"去"做偏旁,是因为法就是要以"廌"来"触不直者去之",因此法本身就有"清除""杀戮"的意思,其最终的目的是震慑犯罪,维护既定的秩序。古代的"刑",无论是将其看成在"井"旁边放上一把刀还是在"开"旁边放一把刀,由此可以相应地解释为"用刀维护土地制度(井田制)""用刀将人砍开",都符合中国古代法律的上述内涵。要达到这样的目的,法律就不能表现得太过于亲民,而是应该和民众保持必要的距离,正所谓"法不可知,则威不可测"。正因如此,獬豸身上少了一种女神式的美丽和温柔,而多了一种凶神恶煞般的恐怖和威严。

最后,女神的眼睛是蒙着的或是闭着的,神兽的眼睛是睁着的或瞪着的。女神蒙着眼或闭着眼的形象表征了西方司法的被动主义传统。这意味着:女神判案要通过一种守株待兔式的坐堂问案的方式进行;法院的大门平时是关着的,当事人如果不叩门,女神不能主动出击,对案件的审查也应以当事人起诉的范围为限;案件事实主要靠当事人自己证明,女神主要用天平来"称"证据——证据充分,当事人就能胜诉,否则就要败诉。正如西方法谚所说的:"法官的使命在于裁判而不是发现","不能证明的事实就是不存在"。神兽睁着或瞪着眼的形象表征了中国能动主义的司法传统。中国古代的法官同时肩负着侦查的职能,以主动出击的方式发现犯罪是司法工作的常态,所以只有睁着眼才能发现犯罪,驱除邪恶。董宣、包公、海瑞、狄仁杰、于成龙等等都是这种侦探式的法官,它们留给后世的法律故事更多的不是体现在做法官上而是体现在做侦探上。也正因如此,"明察秋毫""断案如神"既是中国古代法官优秀的品质,也是他们的最高职业追求。此外,因为獬豸瞪着眼的形象更符合监察官的工作特点——成为皇帝的"耳目之臣",监视百官,纠察检举职务犯罪,所以中国古代御史的官服上就绣有獬豸的图案。

女神的眼睛是蒙着的或闭着的还表征着,作为法官,无论是神还是人都会有理性不及,他们都没有洞察事物本质、掌握终极真理的能力。既然如此,那就退而求其次,即法官只能依据证据和程序来裁判,而不能过多地依靠其智慧,这样的理念支撑了西方法律程序主义的发展。而獬豸的眼睛是睁着的或瞪着的,这意味着：优秀的法官完全可以通过自己超常的能力发现事实，区分善恶，最终实现正义，因此，司法正义的实现与否取决于法官的能力和品质。这样，证据和程序在司法中不具有至高无上的地位，而"清官""能吏"才是解决问题的关键。由此看来，獬豸形象中蕴含着一种人治主义下的"清官"文化。

通过以上分析，"蒙目女神"的形象更多地表达了现代法治主义的理念，而"独角神兽"的形象则更多地体现了传统的人治主义思维。由此说来，从弘扬法治理念的角度讲，无论是审判机关还是检察机关，过分地强调獬豸的形象都是不妥的。暂且不论法治、人治，单从工作方式的角度看，"蒙目女神"的形象无疑更符合现代法院文化的特点，而"独角神兽"的形象则与现代审判理念相去甚远；蕴含能动主义思维、擅长通过主动出击的方式来发现犯罪的獬豸形象无疑更符合现代检察文化，而"蒙目女神"式的消极态度对于检察工作来说无异于渎职。这样看来，我们在利用女神和獬豸的形象来烘托和表征司法文化时，应该在理清其内涵的基础上根据司法工作性质的不同而有所侧重和选择，否则就有可能闹出"张冠李戴""指鹿为马""南辕北辙"的笑话。由此说开去，在当下中国，审判机关和检察机关虽同属司法机关，但实际上它们在工作方式上却存在着很大的不同。这就意味着，在当下进行的司法改革中，法院和检察院不应该适用一种统一的模式，不能不分情况地统一适用，机械照搬某一种模式对司法工作只有害没有利。由此说来，正确理解女神文化和獬豸文化的内涵，进而建立一种分殊主义思维，对当下的司法改革也是至关重要的。"蒙目女神"和"独角神兽"虽然在形象上存在众多的差异，但有一点则是相同的：女神的眼睛蒙着且两只同时蒙着，獬豸的眼睛睁着且两只同时睁着。这意味着，公平对待是人类善法的共同特征，是司法正当性的基础。无论是弘扬女神文化还是褒奖獬豸精神，这一点都是不能回避的。当下的司法改革只有牢牢地抓住这一点才有成功的可能。

经典案例

老人精神赡养案

近些年来，"空巢老人"日益增加，精神赡养问题日益突出。2007年，天津市和平区法院首次涉及精神赡养问题，在判决书中明确要求子女应看望老人。同一时期，江苏省海安县法院也将精神赡养的问题纳入判决，指出赡养父母不能仅理解为经济上的供养，亦应包括精神上的慰藉，遂判定儿子探望母亲每周不少于两次,且每次陪护时间不少于1小时。对此,立法领域也作出了回应。2012年修订的《老年人权益保障法》将儿女"常回家看看"这样的条款明确纳入法律文本。正因如此,2013年7月,无锡市北塘区法院令被告人承担"至少每两个月到老人居住处看望问候一次"的判决被誉为"'常回家看看'入法后的第一案"。然而,其效果未必能令人满意。正如承办该案件的法官所表述的那样:"即使判决赡养人每月承担探望、照料、陪护义务,但赡养人如果不去,法官也不可能拉着他去。再说即使强拉着去了,也往往只剩形式了。"

【说明】 从上述案件中可以看出,法并不是对所有的社会问题都是有效的。特别是对于精神、思想、心理方面的问题,法往往不是最有效或者成本最低的手段,法具有自身的局限性。

金句法谚

1. 无论是政治的立法或市民的立法,都只是表明和记载经济关系的要求而已。

——〔德〕卡尔·马克思

2. 法者,宪令著于官府,刑罚必于民心,赏存乎慎法,而罚加乎奸令者也。此臣之所师也。

——(战国)韩非子

3. 法不是本本上的官方律令,法存在于官员和平民的实际活动中,特别是存在于法官的审判活动中。

——〔美〕卡尔·N·卢埃林

4. 法律是一套使人类行为服从于规则之治的系统。

——〔美〕富勒

5. 对于法律来说,除了我的行为以外,我是根本不存在的,我根本不是法律的对象。我的行为就是法律在处置我时所应依据的唯一的东西,因为我的行为就是我为之要求生存权利、要求现实权利的唯一东西,而且因此我才受到现行法的支配。

——〔德〕卡尔·马克思

习题精选

习题1：

材料1 法者,宪令著于官府,刑罚必于民心,赏存乎慎法,而罚加乎奸令者也。此臣之所师也。——《韩非子·定法》

材料2 一兔走,百人逐之,非以兔也。夫卖者满市,而盗不敢取,由名分已定也。故名分未定,尧舜禹汤且皆如鹜焉而逐之;名分已定,贪盗不取。——《商君书·定分》

材料3 公孙鞅曰:前世不同教,何古之法?帝王不相复,何礼之循?……各当时而立法,应事而制礼。礼法以时而定,制令各顺其宜,兵甲器备各便其用。臣故曰:治世不一道,便国不必法古。汤武之王也,不循古而兴;殷夏之灭也,不易礼而亡。——《商君书·更法》

联系上述材料,回答下列问题:
1. 从材料1中可以看出法律具有什么特征?
2. 联系材料2简述法律的作用。
3. 运用法的本质原理阐释材料3。
4. 联系材料1、材料2和材料3,对我国当代实现法律发展的必要性和途径进行阐释。

【解析】 从材料1可以看出法律具有国家意志性和国家强制性的特征;从材料2可以看出法具有保护产权、定分之争的作用;材料3揭示了法和社会的关系。法律的本质是受一定的物质生活条件决定的。法依托于社会而存在,应该随着社会的变化而变革。这是法的社会本质的要求。我国应该基于社会的要求来立法,进行法律改革,从而推进我国法律的发展,实现法治现代化。

习题2：

张某曾是乡村教师,现退休在家。退休后,张某倍感孤独,多次打电话给在县城工作的儿子张小某,让其回家看望自己。张小某总是以工作太忙推脱。张某非常生气,到县法院起诉张小某,要求法院判令张小某常回家看看。法院受理后,判令张小某每月必须回家看望老人一次,每次不能少于1小时。判决生效以后,父子关系更加恶化。张小某虽然来看望张某,但是态度非常冷淡,或是面沉似水,或是敷衍应付,有时甚至恶语相加。以前,儿子张小某虽然不来看张某,但是孙子小明偶尔会来看爷爷。自从张某告了张小某之后,孙子明显迁怒了张某,也不来看爷爷了。张某对此更加痛苦。张某找到法院,要求法官给予解决,但是法院表示无能为力。1年后,村委会了解这种情况后,请出本村有威望的一些长者,会同张某住在邻村的一些近亲属,在村主任甲的组织下大家耐心地做双方的思想工作。最后,张小某认识到自己的错误,父子俩和好如初,孙子小明也来看爷爷了,全家三代人其乐融融。

阅读上述材料,结合法的作用中的某些原理,谈谈你对该案件的认识。

【解析】 该题中"结合法的作用中的某些原理",是指法的局限性原理,即法只是许多社会调整方法中的一种,是调整社会关系的重要方法,但不是唯一方法。法的作用范围不是无限的,也不是在任何问题上都适用的。答题者要结合这些原理,联系材料中内容,做出自己的论述。

第二章
Chapter 2

法的要素

章前提示

法的要素为构成法的基本成分。法的要素理论是法的本体论的重要内容。目前,中国法学界主流观点认为法是由法律概念、规则、原则三种要素构成的。法律概念是对法律现象进行描述、概括、抽象而形成的法律术语,法律表达是通过概念来完成的,概念的明确性和精准性直接关系到法律的质量。法律规则是具体规定人们的法律权利、法律义务以及相应的法律后果的行为规范,一般由假定条件、行为模式和法律后果三个部分构成。法律原则是为法律规则提供某种基础或本源的综合性的、指导性的价值准则,直接决定了法律的基本性质和价值取向,在实践中发挥着补充法律漏洞、限定自由裁量空间、提高裁判结果的合理性等功能。

原理阐释

一、法的要素释义

法的要素为构成法的基本成分、基本元素。任何时空中以整体形态存在的法都是由基本要素构成的。

关于法的要素的模式是西方法理学中的传统问题,大致有四种理论模式:
(1)命令模式。即将法归结为单一的"命令"要素,如奥斯汀认为法是主权者的命令。

(2) 规则模式。即主张法是一个规则系统。以哈特为代表,将法律规则分为主要规则和次要规则。主要规则是设定义务的规则,次要规则是授予权利的规则。其中,次要规则又可分为承认规则、改变规则和审判规则。

(3) 规则、政策、原则模式。以德沃金为代表。其中,政策是指有关必须达到的目的或目标的一种政治决定。

(4) 律令、技术、理想模式。即将法归结为律令、技术、理想三种要素。其中,律令相当于法律规则;技术是指解释和使用法律规则、概念的方法以及在权威性资料中寻找审理特殊案件的根据的方法;法律理想是指特定社会中关于秩序的理想图画,是适用律令的背景。

中国法学界传统上坚持法律规范说,将法归结为法律规范单一要素。目前,中国法学界主流观点认为法是由法律概念、规则、原则三种要素构成的。

二、法律概念

(一) 法律概念的定义和功能

法律概念是有法律意义的概念,是对法律现象进行描述、概括、抽象而形成的法律术语,正如细胞是构成有机物的最小单位、原子是化学变化中的最小微粒一样,法律概念是组成法律规范和法律制度的最小单位。

但是,不是法律文本中的所有概念都是法律概念,法律概念是具有法律意义的概念。例如,法律文本中的"前提""一律""申请""出现""变化"等不具有典型的法律意义和价值的概念,虽然也属于法律文本表达所必须借助的概念,但不属于法律概念。法律概念通常具有如下功能:

(1) 表达功能。国家或立法者必须借助法律概念才能表达自己的意志。

(2) 认识功能。公民必须借助法律概念才能知晓法律规定的内容。

(3) 提高法律的合理化程度。法律表达是通过概念来完成的,概念的明确性和精准性直接关系到法律的质量。因此,概念的合理化程度标志着一国法律的成熟程度。法律之所以是一门专业化的技术,很大程度上源于其依托一套成熟的概念,而这些概念是法律人从日常生活和法律实践中归纳、总结和提取的。所以在这个意义上说,一个国家和时代的法律是否发达、成熟是与其法律人的知识水平关联在一起的。

(二) 法律概念的分类

1. 日常概念和专业概念

这是以概念的来源作为划分标准。日常概念是来源于日常生活的概念,赋予日常概念法律意义,是立法者借用生活概念的一种表达形式,如父母、子女、死亡、盗窃、诈骗等。专业概念来源于法律人的创设,如法人、善意取得、不当得利、无因管理、地役权、物上请求权、责任竞合、想象竞合犯等。由于法律融入生活程度的提高,一些专业概念也在日趋生活化,如法人。

2. 描述性概念和规范性概念

这是以概念的功能作为划分标准。描述性概念,又可称为"非规范性概念",是对外在事物进行描述的概念。它强调的是对事物的客观描述,不需要加入法律人自己的判断,如婚姻、租赁、公务员、合同、父母。规范性概念是对人的行为有规范意义、本身具有规范内容的概念,即由于法律的特殊规定使其在法律领域有特殊的意义,如故意、过失、犯罪、宣告死亡、国家工作人员。

3. 确定性概念和不确定性概念

这是以确定性程度来划分的,而确定性和不确定性也是相对而言的。确定性概念是外延、内涵相对确定的法律概念,如定金、赔偿、证据。不确定性概念是外延、内涵相对不确定的法律概念,如重大误解、显失公正、正当程序、善良风俗、不合理缺陷、必要的补偿、明显超过必要的限度、紧急状态下、明知、情节。一般来说,描述性概念比规范性概念更明确。

三、法律规则

法律规则是具体规定人们的法律权利、法律义务以及相应的法律后果的行为规范。法律规则是构成法律的主要因素。

(一) 法律规则的逻辑结构

法律规则的特点在于其有明确的逻辑结构。所谓法律规则的逻辑结构,是指法律规则诸要素的逻辑连接方式,即从逻辑的角度看法律规则是由哪些部分或要素组成的,以及这些部分或要素是按照什么逻辑组合在一起的。

在法律规则的逻辑结构上,学界一般采用三要素说,即认为任何法律规则均由假定条件、行为模式和法律后果三个部分构成。

1. 假定条件

所谓假定条件,是指法律规则中有关行为、事实发生的条件或前提的部分。假定条件大致分为两类:(1) 行为主体的资格条件,如犯罪主体的刑事责任能力方面的规定、刑事犯罪管辖的规定。(2) 行为主体的情景条件,如对行为主体状态的规定,对犯罪主体心理态度的规定,对紧急避险、不可抗力、正当防卫等事项的规定。

2. 行为模式

所谓行为模式,是指法律规则中规定人们如何具体行为之方式或如何保持应有之状态的部分。它是从人们大量的实际行动中概括出来的法律行为或状态要求。根据行为或状态要求的内容和性质不同,法律规则中的行为模式可分为三种:(1) 可为模式。指在什么条件下,人们"可以如何行为"或"可以保持某种状态"的模式。(2) 应为模式。指在什么条件下,人们"应当或必须如何行为"或"应该保持某种状态"的模式。(3) 勿为模式。指在什么条件下,人们"禁止或不得如何行为"或"不能保持某种状态"的模式。可为模式也称"权利行为模式",在法律文件中常常使用这样一些术语来表示:可以、有权、有……自由、不受……侵犯;应为模式和勿为模式又称"义务行为模式",在法律文件中常常用这些术语来表示:应当、必须、不得、负……责任。

3. 法律后果

所谓法律后果,是指法律规则中规定人们在作出符合或不符合行为模式或应有状态的要求时应承担相应的结果的部分,是法律规则对人们具有法律意义的行为或状态的态度。这种态度可能是肯定性的,也可能是否定性的。根据这种态度的性质不同,法律后果可分为两类:(1) 合法后果,又称"肯定式的法律后果",是法律规则中规定国家给予该行为模式或状态肯定性评价的部分,表现为法律规则对人们行为的保护、许可、支持或奖励。(2) 违法后果,又称"否定式的法律后果",是法律规则中规定国家给予该行为模式或状态否定性评价的部分,表现为法律规则对人们行为的制裁、赔偿、强制、不予保护、撤销、停止或要求恢复、补救等。

表 2-1 法律规则的逻辑构成

要素	含义与地位	种类	与法律条文的关系
假定条件	法律规则中有关行为、事实发生的条件或前提的部分	行为主体的资格条件	从逻辑上讲，法律规则的三个组成部分缺一不可，但是在具体的法律条文中它们中的任何一个都可以被省略
		行为主体的情景条件	
行为模式	法律规则中规定人们如何具体行为之方式或如何保持应有之状态的部分	可为模式	
		应为模式	
		勿为模式	
法律后果	法律规则中规定人们在作出符合或不符合行为模式或应有状态的要求时所承担相应结果的部分	肯定性态度——合法后果	
		否定性态度——违法后果	

（二）法律规范、法律规则与法律条文

法律规范是国家通过法律的形式对于人们的行为或状态进行调整的规范的总称。法律规范分为法律规则和法律原则。法律规范是法律规则、法律原则的上位概念，法律规范包括法律规则、法律原则，法律规则和法律原则都是法律规范的具体形式。

现代国家的规范性文件大都是以法律条文为基本构成单位的。从其表述的内容看，法律条文可以分为规范性条文和非规范性条文。规范性条文是直接表述法律规范或表述规范性内容的条文，如表述法律规则、法律原则的条文以及表述规范性法律概念的条文。非规范性条文是指不具有规范性内容而仅表述某些法律技术内容或具有说明性功能的条文，如关于专门法律术语的界定，公布机关和时间、法律生效日期的规定，立法宗旨、任务的规定或说明。规范性条文是法律文本的主体，非规范性条文都是依托于规范性条文而存在的。

法律规则和法律条文是既有联系又有区别的两个范畴。法律条文是法律规则的表现形式，但并不是所有的法律条文都直接规定法律规则，也不是每一个法律条文都完整地表述一个法律规则或只表述一个法律规则。在立法实践中，大致有如下情形：(1) 一个完整的法律规则由数个法律条文来表述；(2) 一个法律规则的内容分别由不同规范性法律文件的法律条文来表述；(3) 一个法律条文表述不同的法律规则中的要素；(4) 一个法律条文仅规定法律规则的某个要素

或若干要素。

特别提示：

第一，可以把一个法律规则理解为对"一个问题的一个处理"。具体来说，一个法律规则的表达应该是"在某种条件下对一个行为的一个处理"，因此任何一个法律规则都可以用一个假设性的条件句来表述，即可以用"如果……那么……""倘使……则……"句式来表述。

第二，一个完整的法律规则由三部分组成，缺一不可，但表现在法律条文中的可以是法律规则中的任何一部分。从逻辑上讲，法律规则的三个组成部分缺一不可，但是在具体的条文中它们中的任何一个都可以被省略。

第三，清晰严密的逻辑结构是法律规则与法律原则，法律规则与道德、习惯、宗教教义等非法律规范的重要区别。

第四，法律规范包括法律原则、法律规则和规范性的法律概念，它们都是用法律条文来表述的。由此言之，法律条文由规范性条文和非规范性条文组成。规范性条文用来表达法律规则、法律原则、规范性的法律概念的内涵，非规范性条文用来表达立法目的、任务、性质，说明性的功能，技术性的规定，非规范性的法律概念等。具体可参考图2-1。

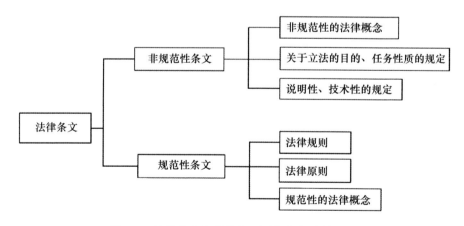

图 2-1　法律条文和法律规则、原则、概念的关系

(三) 法律规则的分类

1. 授权性规则、义务性规则和权义复合性规则

这是按照规则的内容规定的不同进行的分类。所谓授权性规则,是指规定人们有权作一定行为或不作一定行为的规则,即规定人们"可为模式"的规则。所谓义务性规则,是指规定人们应当作出或不作出某种行为的规则。它又可分为两种类型:(1) 命令性规则,规定人们的积极义务,即人们必须或应当作出某种行为的规则。(2) 禁止性规则,规定人们的消极义务(不作为义务),即禁止人们作出一定行为的规则。成语"令行禁止"表达的就是这两种义务性规则。所谓权义复合性规则,是指兼具授予权利、设定义务两种性质的法律规则。在实践中表现为两种形式:(1)《中华人民共和国宪法》(以下简称《宪法》)中的既是权利又是义务的规定,如劳动权和受教育权的规定,它们既是权利又是义务。(2) 关于国家权力的规定。权力在表象上表现为对一定的人或物具有支配、影响的力量,这是权力的一种重要的权能,因此行使权力的主体具有一定权利。同时,由于权力的拥有者是国家或人民,相关主体只是权力的行使者,因此其为人民或国家行使权力本质上是一种义务,是一种全心全意为人民服务的义务。

2. 规范性规则和标准性规则

这是从法律规则形式特征上进行的分类。所谓规范性规则,是指内容明确、肯定和具体且可直接适用的规则。例如,《中华人民共和国全国人民代表大会和地方各级人民代表大会选举法》第 5 条规定"每一选民在一次选举中只有一个投票权",《中华人民共和国劳动法》(以下简称《劳动法》),第 16 条第 2 款规定"建立劳动关系应当订立劳动合同"。所谓标准性规则,是指内容具有一定伸缩性,给适用者留有自由裁量空间的法律规则。例如,《中华人民共和国刑法》(以下简称《刑法》)第 263 条规定,"以暴力、胁迫或者其他方法抢劫公私财物的,处三年以上十年以下有期徒刑,并处罚金",其中的"其他""三年以上十年以下"都给适用者留有自由裁量的空间。

3. 调整性规则和构成性规则

这是从法律规则与其调整的行为的逻辑关系不同所作的分类。调整性规则是对已有行为方式进行调整的规则。从逻辑上讲,该规则所调整的行为先于规

则本身,规则的功能在于对行为的模式予以确认、禁止或改变。例如,《刑法》对以自然犯形态存在的犯罪的规定,诸如故意杀人、抢劫、盗窃、强奸等罪,在没有《刑法》规定时,它们已经为社会规范所否定,具有"sin"的性质,而法律只不过是对这种"sin"进行确认,使之上升为"crime"。构成性规则是组织人们按规则的规定去活动的规则。从逻辑上讲,该规则所调整的行为在逻辑上依赖规则本身,即没有该规则就没有该性质的行为,该规则是该性质的行为发生的依据。例如,《宪法》中关于国家机构的规定,全国人民代表大会逻辑上只能在1954年《宪法》生效之后产生,之前的权力机关只能是中国人民政治协商会议。又如,《刑法》中的法定犯,某一行为是否有罪完全依赖于法律的规定。从逻辑上讲,法律规定罪名在先,有罪行为在后。如非法猎捕濒危野生动物罪,该行为是否有罪很大程度上取决于立法者是否将相关动物列入濒危野生动物名单中。

4. 确定性规则、准用性规则和委任性规则

这是按照规则内容的明确性程度不同所作的分类。所谓确定性规则,是指内容本已明确肯定,无须再援引或参照其他规则确定其内容的法律规则。法律条文中规定的绝大多数法律规则属于此类规则。准用性规则和委任性规则都属于非确定性的规则。所谓准用性规则,是指内容本身没有规定人们具体的行为模式,而是可以援引或参照其他相应的内容规定的法律规则。例如,《中华人民共和国商业银行法》第17条第1款规定:"商业银行的组织形式、组织机构适用《中华人民共和国公司法》的规定。"国际私法中的准据法也是典型的准用性规则。所谓委任性的规则,是指内容尚未确定,而只规定某种概括性指示,由相应的国家机关通过相应的途径或程序加以确定的法律规则。例如,《中华人民共和国计量法》第32条规定:"中国人民解放军和国防科技工业系统计量工作的监督管理办法,由国务院、中央军事委员会依据本法另行制定。"从明确性程度上说,确定性规则最具有明确性,其次是准用性规则,明确性最差的是委任性规则。

5. 强行性规则和任意性规则

这是按照规则效力的强弱不同所作的分类。所谓强行性规则,是指内容规定具有强制性质,不允许人们随便加以更改的法律规则。义务性规则、职权性规则属于强行性规则。所谓任意性规则,是指规定在一定范围内允许人们自行选择或协商确定某种行为方式的法律规则。权利性规则大多属于任意性规

则,但有些权利性规则并不属于任意性规则,如人格、人身方面的权利,人没有卖身为奴的权利,也没有出卖自己人身器官的权利。一般来说,民商法中多为任意性规则,刑法、行政法中多为强行性规则。

四、法律原则

法律原则,是为法律规则提供某种基础或本源的综合性、指导性的价值准则。

(一) 法律原则的种类

1. 公理性原则和政策性原则

这是按照法律原则产生的基础不同而作的分类。公理性原则是源于生活的常理、事理而形成的法律原则,如诚实信用原则、等价有偿原则、罪责刑相适应原则、诉讼公平原则等。公理性原则生发于人的生活逻辑和人类的共同价值,具有普遍性、共同性、广泛性、永恒性等特点。政策性原则是一个国家或地区在某个时代出于一定的政策考量而制定的原则,如我国《宪法》规定的"依法治国,建设社会主义法治国家"原则,《中华人民共和国环境保护法》规定的"生态保护"原则。政策性原则具有针对性、民族性、时代性、功利性的特点。

2. 基本原则和具体原则

这是按照法律原则适用面的宽窄而作的分类。基本原则是整个法律体系或某一法律部门所适用的、体现法的基本价值的原则,如《宪法》规定的各项原则。具体法律原则是在基本原则指导下适用于某一法律部门中特定情形的原则,如《中华人民共和国民法典》(以下简称《民法典》)规定的合同自由原则,《刑法》规定的适用法律上一律平等原则。

3. 实体性原则和程序性原则

这是按照法律原则涉及的内容和问题不同而作的分类。实体性原则是直接涉及实体法问题的原则,如宪法、民法、刑法、行政法中规定的原则。程序性原则是规定程序性问题的原则,如诉讼法中规定的一事不再审原则、上诉不加刑原则、无罪推定原则等。

（二）法律原则与法律规则的区别

1. 内容明确程度不同

法律规则的规定是明确具体的，其目的是削弱或防止法律适用上的自由裁量，让法律具有明确性和可操作性。与此相反，法律原则的规定比较笼统、模糊，它只对行为或应有的状态设定一些概括性的要求或标准，其目的在于为法律规则提供某种共同的价值和宗旨，指引法律调整的方向。

2. 适用范围不同

法律规则由于内容具体明确，只适用于某一类行为或事项，因此其适用范围较窄，具有较强的针对性。法律原则对人的行为或事项有更大的覆盖面，具有抽象性，是对某一部法律或某一法律部门甚至全部法律体系的全部法律规则均适用的价值准则，具有宏观的指导性，其适用范围比法律规则宽广。

3. 适用方式不同

法律规则以德沃金所说的"完全有效或完全无效的方式"应用于个案中。[1] 如果同一个案件同时可以适用两个规则，但它们的法律后果是相矛盾的，此时应该有两种解决途径：第一种是"规则—例外"，即两个规则都应被排除适用；第二种解决途径是，如果两个规则不能都排除适用，那么这两个规则也不能同时适用，必须判定其中一个规则无效。法律原则的适用与法律规则不同，它不是以"完全有效或完全无效的方式"应用于个案中，因为不同的法律原则具有不同的强度，而且这些不同强度甚至冲突的原则可以存在于同一部法律之中。它们之间只是一种竞争关系，存在的是谁更优先的问题，而不是彼此排斥的关系。例如，刑法中的罪刑法定原则、罪责刑相适应原则、适用法律上一律平等原则可以同时适用于一个犯罪行为，即使法官仅适用其中一个原则，也并不意味着其他原则在该行为上是无效的。而在法律规则适用上，如果一个犯罪行为适用了诈骗罪的规则，就意味着盗窃罪、抢劫罪的规则对它来讲是无效的。[2]

4. 在法律中所起作用不同

一方面，法律规则形成法律制度中最具有确定性的部分，没有法律规则，则

---

[1] Ronald Dworkin, *Taking Rights Seriously*, Harvard University Press, 1977, p.24.
[2] 参见舒国滢主编：《法理学导论（第二版）》，北京大学出版社2012年版，第113—114页。

法律制度缺乏可操作性。另一方面，法律原则也是法律制度、规范中不可缺少的部分，它是法律规则的本源和基础，它可以协调法律规则之间的矛盾，弥补法律规则的不足和漏洞，甚至可以直接成为法官判案的依据。同时，它的设立和应用使法律制度具有一定的弹性和张力，能够在更大程度上使法律制度保持稳定性。

（三）法律原则的功能

1. 法律原则直接决定了法律的基本性质和价值取向

法律原则是法律精神的最集中体现，构成整个法律制度的价值基础，指引着法律规则的调整方向。法律规则之间的不同或许并不能构成法律之间的实质性差别，但是基本原则之间的不同必然会形成相关法律在根本性质上的差异。例如，古代法律规定"刑不上大夫"原则，现代法律规定法律面前人人平等原则；有的国家法律规定有罪推定原则，有的国家法律规定无罪推定原则。

2. 补充法律漏洞，提升法律对社会现实的适用力

正如前文所说，法律规则并不能做到全面地调整现实生活，总会留下立法空白，并且要求稳定的法律与变动的社会现实之间总是保持着一种矛盾关系。当法律规则不能正常发挥作用时，法律原则就成为不可或缺的法律规则的替补形式。

3. 指导法律推理和法律解释，支持法律论证

法律解释和法律推理是司法裁判中的两种重要环节。由于概念的模糊性导致法律规则的表达具有不确定性，法律解释和法律推理也就具有相应的不确定性，而法律原则是支持在多元的解释和推理结论中选择其一的重要依据，因此它也是强化某一论证理由成立的重要资源。

4. 限定自由裁量空间，提高裁判结果的合理性

如前所述，为了缓解单一的法律与多样的社会生活之间的矛盾，法律总要给执法者或法官一定的自由裁量的空间。在自由裁量空间作出判断虽然没有违法的问题，但有合理性的问题。法律原则是指导自由裁量权行使，使其具有合理性的依据。

（四）法律原则的适用条件

虽然法律原则可以弥补法律漏洞，保证个案正义，但由于法律原则抽象、模

糊，在可操作性上远弱于法律规则，且适用法律原则不能保证法律的确定性和准确性，因此它不能也不应该成为一种常规性的法律适用依据。为此，在实践中需要对法律原则的适用条件作严格的限定：①

1. 穷尽法律规则，方得适用法律原则

这个限定条件要求，在有具体的法律规则可供适用时，不得直接适用法律原则。即使出现法律规则的例外情况，如果没有非常强的理由，裁判者也不能以一定的法律原则否定既定的法律规则，即所谓"禁止向一般条款逃逸"。只有在出现无法律规则可以适用的情形时，法律原则才可以作为弥补法律规则漏洞的手段发挥作用。

2. 除非为了实现个案正义，否则不得舍弃法律规则而直接适用法律原则

这个限定条件要求，如果某个法律规则适用于某个具体案件，没有产生极端的人们不可容忍的不正义的裁判结果，法官就不得轻易舍弃法律规则而直接适用法律原则。

3. 没有更强理由，不得径行适用法律原则

在一般情况下，法律规则应该优先适用。抛弃法律规则直接适用法律原则是一种违背常规的做法，这种做法若想取得合法性，就必须要有强有力的说理。也就是说，在已存有相应法律规则的前提下，若想通过法律原则改变既存法律规则或者否定法律规则的有效性，就必须提出比适用既定法律规则更强、更充分的理由，否则就不能适用该原则。这也意味着，裁判者此时负有更重的说理负担。

阅读材料

尊 重 规 则②

法治既天然地与生活相亲，又本能地与游戏结缘。因此，生活的每一个领域、环节与场景，游戏的每一种类型、方式与片段，都不能不体现法治的节律与神韵。所以不可否认，作为典型的游戏，体育与法治天生有缘。

此去不远，1999年岁末，中国体坛发生了两起影响深远、意义重大的事件：

---

① 参见舒国滢：《法律原则适用的困境——方法论视角的四个追问》，载《苏州大学学报（哲学社会科学版）》2005年第1期。
② 参见姚建宗：《尊重规则》，载《检察日报》2000年2月16日"法治评论"周刊。

其一,临近1999—2000年中国男子篮球甲A(CBA)联赛开赛之际,甲A两支颇有实力的俱乐部前卫男子篮球俱乐部和北京奥神男子篮球俱乐部宣布将在新赛季实行全面"合作"并分别参加新赛季的CBA联赛。据说,其目的是加强两队的实力,以打破解放军八一男子篮球队在中国篮坛近乎垄断的霸主地位,让CBA"更有悬念""更好看""更能吸引观众",从而"推动"中国篮球运动水平的提高。但此举一出,即遭到其他10家甲A篮球俱乐部的坚决反对和抵制。它们联合公开"上书"中国篮球运动管理中心(以下简称"篮管中心"),表示若篮管中心批准这两家俱乐部全面"合作"并分别参加新赛季CBA联赛,这10家俱乐部则将抵制这跨世纪的CBA联赛。在万般无奈之下,篮管中心为防止新赛季胎死腹中,只好做前卫、奥神两家俱乐部的工作,同意其合并重组并以"前卫万燕奥神"俱乐部的名义出战CBA联赛,其合并之后空出的一个甲A名额由湖北队递补。于是,中国男子篮球跨世纪的联赛才在尴尬之中开锣鸣哨。其二,1999年中国男子足球甲A联赛最后三轮赛事"冷门"不断,此前众多不堪一击的"弱"队忽然如"大力水手波派"吃过菠菜一样力大无穷且智慧过人,竞相把一个个"强"队大比分击败,这不由得你不信这句童谣:"老鼠怕猫,那是谣传。壮起鼠胆,把猫打翻!"就连被媒体一再称道不打"假球"且有"豪华之师"美誉的重庆隆鑫队也在主场最后数秒之内被沈阳海狮队击败,其结果是必须获胜才能保级的沈阳海狮队如愿以偿,而一直以为自己并无大忧的广州松日队冷不丁被降到甲B。联赛一结束,媒体和球迷打击"假球"、惩治球场"腐败"的呼声一浪高过一浪。中国足协在巨大压力之下,成立了"特别调查工作组"对"渝沈之战"进行"认真"调查。

乍看起来,这两起事件对于那些对体育没有多大兴趣的普通人来说,似乎没有什么值得特别关注的。然而在我看来,20世纪末在中国体坛发生的这两起事件与我国正在进行的法治建设具有非常重大的联系,其所反映的诸多问题也是我国法治建设必须予以高度重视的。因为法治所追求的乃是对所有的人而言都是一个大致公平的社会,因此,它要求所有的人都尊重人类社会生活的基本规则并遵照其指示安排自己的行动,同时对其行动的后果积极负责。前卫和奥神两家俱乐部进行全方位的"合作",又想分别加入跨世纪的CBA联赛,实际上就是对游戏规则的不尊重。正如几个人一起玩扑克牌,其中两个不仅相互偷看或者换牌,而且还在玩牌过程中心照不宣地联手对付其他玩牌者。这种对游戏规则的践踏使游戏不可能在公平的条件下进行,因此,它既不可能有真正公平的前提条件和起点,也不可能有真正公正的游戏过程,同样也不可能得到真正公正的游戏结果。这也难怪参加 CBA 联赛的其余 10 家篮球俱乐部强烈不满,甚至以退出联赛来表示其严重抗议！同样,也难怪全国媒体和球迷对于中国足球甲 A 联赛中的"假球"现象深恶痛绝！实际上,既全面"合作"又分别参加 CBA 联赛,足球比赛一再打"假球",虽然表面看来是欺骗了球迷的感情,大家若不花钱买票来捧场,以后这"篮球"或"足球"就赚不来大把的钞票,但真正深层的问题乃是这种对游戏规则有意无意地践踏,使游戏在根本上丧失"游戏"的意义,从而会逐渐走上其社会意义的死亡之路。因此,对规则的高度尊重、对规则的自我认同和对规则的自觉遵守,乃是任何游戏得以生存并在人们的生活之中得以展开的关键;对规则的维护就是对游戏本身的维护,也就是对生活的维护。

法治的实行,至为关键的核心问题也是对法的规则和制度的高度尊重、主动认同与自觉遵守。只有尊重并遵守社会生活中各种形式的规则,即政治的、经济的、法律的、文化的、道德的、宗教的规则以及各种习惯、习俗和常例,才能形成并充分维持社会生活得以持存的各种社会秩序。也只有在这种秩序下,人们才有可能真正独立、自主地规划自己的生活蓝图与理想,制订自己的生活计划、安排自己的生活细节,从而过上真正属于自己的生活。

如此看来,法治的践行,必须首先尊重普通人的生活,而这又必然要求我们每一个人在自己的生活之中尊重规则,这种尊重既要从"我"做起,又要从"现在"做起！而且,对于我们每一个人来说,对规则的尊重,不仅在于"一时",而且更在于"一世"。唯有如此,我们才可以问心无愧地说:我在为中国的法治而尽力。

经典案例

案例 1　泸州二奶案[①]

四川省泸州市某公司职工黄某和蒋某 1963 年结婚,但是妻子蒋某一直没有生育,后来只得抱养了一个儿子。1994 年,黄某认识张某,并在 1995 年与张某同居。蒋某发现后进行劝告,但是无效。1996 年年底,黄某和张某租房公开同居,以夫妻名义生活,依靠黄某的工资(退休金)及奖金生活,并曾经共同经营。

2001 年 2 月,黄某到医院检查,确诊为肝癌晚期。在黄某即将离世的日子里,张某面对旁人的嘲讽,以妻子的身份守候在黄某的病床边。黄某在 2001

---

① 摘自四川泸州市中级人民法院(2001)泸民一终字第 621 号民事判决书。

4月18日立下遗嘱:"我决定,将依法所得的住房补贴金、公积金、抚恤金和泸州市江阳区一套住房售价的一半(即4万元),以及手机一部遗留给我的朋友张某一人所有。我去世后骨灰盒由张某负责安葬。"4月20日,黄某的这份遗嘱在泸州市纳溪区公证处得到公证。

2001年4月22日,黄某去世,张某根据遗嘱向蒋某索要财产和骨灰盒,但遭到蒋某的拒绝。张某遂向纳溪区法院起诉,请求依据继承法的有关规定,判令被告蒋某按遗嘱履行,同时对遗产申请诉前保全。从5月17日起,法院经过4次开庭,于10月11日公开宣判:尽管《继承法》中有明确的法律条文,而且本案中的遗赠也是真实的,但是黄某将遗产赠送给"第三者"的这种民事行为违反了《民法通则》第7条"民事活动应当尊重社会公德,不得损害社会公共利益,破坏国家经济计划,扰乱社会经济秩序",因此法院驳回原告张某的诉讼请求。

张某一审败诉后提起上诉。2001年12月28日上午,泸州市中院开庭审理了此案,并当庭驳回张某的上诉。泸州市中院认为,按有关政策规定,抚恤金是死者单位对死者直系亲属的抚慰,黄某死后的抚恤金不是他的个人财产,不属遗赠财产的范围;黄某的住房补助金、公积金属夫妻共同财产,而黄某未经蒋某同意,单独对夫妻共同财产进行处理,侵犯了蒋某的合法权益。故法院依法驳回张某的上诉,维持原判。

【说明】 这是法院直接适用法律原则进行裁判的典型案例。法院以公序良俗原则消解了遗嘱的效力,在当时引发了广泛的争议。虽然法律原则可以作为裁判的依据,但是由于其抽象、模糊的特点,在可操作性上远弱于法律规则,所以它不能也不应该成为一种常规性法律适用依据。因此,在实践中需要对法律原则的适用条件作以严格的限定,即没有非常强的理由,不能直接适用法律原则。该案之所以引发争议,原因就在于此。

案例2 帕尔默案[①]

1882年,美国纽约州法院审理了一个遗产继承案件。被告帕尔默被指控谋杀自己的祖父,并因此被判处终身监禁。这一谋杀案件刑事方面的处理并不存在太大的争议,问题的关键在于其祖父在生前曾订立了遗嘱,指定帕尔默为自己遗产的唯一继承人,遗嘱严格地按照纽约州的法律订立。在谋杀案案发以后,帕

---

① 参见马峰编著:《理论法专题讲座精讲卷》,中国石化出版社2020年版,第24页。

尔默的姑姑向法院起诉,要求取消帕尔默的继承权。由于当时的纽约州法律并未规定继承人谋杀被继承人丧失继承权,因此关于帕尔默是否可以继承遗产引发了广泛的争议。

原告主张:(1)被告谋杀其祖父,自然违背了被继承人的意愿,因此应丧失遗产继承权。(2)被告的谋杀行为明显违背人伦,让其继承遗产,不符合正义的要求。

被告主张:(1)该遗嘱严格遵照纽约州当时的法律规定,系被继承人之真实意愿的表示,理应有效。(2)刑事责任与民事责任是两种不同的法律责任,一个人不能因自己的一次过错而受到两次处罚,这违背公平的要求。

最终,该案法官以被告的行为违反了判例法实践中普遍遵循的"任何人不得从自己的过错行为中获益"原则为由,剥夺了帕尔默的继承权。

【说明】 该案可以被视为法律原则作为裁判依据的典型案例,也可以被视为正义的观念或法理等非正式的法律渊源作为裁判依据的典型案例,还可以看成法官造法的经典案例。该案例揭示了法律对社会关系的调整应该遵循人类基本的"善"。

金句法谚

1. 法律概念是法律规范和法律制度的建筑材料。

——〔德〕伯恩·魏德士

2. 所有的法律概念,都会充满"规范性的精确"。

——〔德〕阿图尔·考夫曼

3. 规则在适用时,是以完全有效或完全无效的方式进行。如果一条规则所规定的事实是既定的,那么或者这条规则是有效的,在这种情况下,必须接受该规则所提供的解决办法。或者该规则是无效的,在这种情况下该规则对裁决不起任何作用。

——〔美〕R. 德沃金

4. 法律制度的基础是这样构成的:社会群体的大多数习惯地服从由一个或若干个掌权者以威胁为后盾的命令,而他们则不习惯地服从任何人。

——〔英〕哈特

5. 一个原则的指导力量也许可以沿着逻辑发展的路线起作用,我将称其为类推的规则或哲学的方法;这种力量也可以沿着历史发展的路线起作用,我将其称为进化的方法;它还可以沿着社区习惯的路线起作用,我将其称为传统的方法;最后,它还可以沿着正义、道德和社会福利、当时的社会风气的路线起作用,我将其称为社会学的方法。

——〔美〕本杰明·卡多佐

习题精选

习题1:

《中华人民共和国矿产资源法》(以下简称《矿产资源法》)第39条第1款规定,"违反本法规定,未取得采矿许可证擅自采矿的,擅自进入国家规划矿区、对国民经济具有重要价值的矿区范围采矿的,擅自开采国家规定实行保护性开采的特定矿种的,责令停止开采、赔偿损失,没收采出的矿产品和违法所得,可以并处罚款"。

1. 运用法律规则的逻辑结构理论和知识分析材料中给定的法律规则的逻辑结构。
2. 运用已学过的法律规则的分类标准,分析该规则属于何种法律规则。
3. 材料中给定的法律规则规定的法律责任属于哪种法律责任?
4. 该法律属于哪一法律部门?

【解析】 该题通过一个《矿产资源法》的规定考察法律规则、法律责任、法律体系三个知识点。法律规则的逻辑结构,一般由假定条件、行为模式和法律后果三个部分构成。在《矿产资源法》第39条第1款规定中,没有完整的假定条件部分,假定条件部分由该法的其他条文来表述。该规定的"违反本法规定,未取得采矿许可证擅自采矿的,擅自进入国家规划矿区、对国民经济具有重要价值的矿区范围采矿的,擅自开采国家规定实行保护性开采的特定矿种的",是一个关于行为模式的表述。该规定中的"责令停止开采、赔偿损失,没收采出的矿产品和违法所得,可以并处罚款",是一个关于法律后果的表述,且表述的是一个否定性的法律后果。

该法律规则属于义务性规则、标准性规则、调整性规则、强行性规则。该规定表述的法律责任是行政法律责任。该法律在法律体系中属于环境资源法。

习题2:

我国《刑法》第19条规定:"又聋又哑的人或者盲人犯罪,可以从轻、减轻或

者免除处罚。"就此规定,以下表述正确的有(　　)

　　A. 本规定表征了一个授权性的规则
　　B. 本规定以"完全有效或完全无效的方式"应用于个案
　　C. 本规定包含了肯定性的法律后果
　　D. 本条文规定了法律责任减责或免责的条件

【解析】　该题通过一个《刑法》的规定考察法律规则、法律原则、法律责任等知识点。这些知识点必须依托具体的法律制度才能讲明白,因此对它们的考核也必须联系到具体的制度才有意义。"又聋又哑的人或者盲人犯罪,可以从轻、减轻或者免除处罚"的规定赋予法官一定的自由裁量的权力,因此表征了一个授权性的规则;这是一个关于法律规则的表述,因此它以"完全有效或完全无效的方式"应用于个案,即不可能在一个案件中同时运用两个同性质的规则;该规则表述的是法官可以这样做,因此在逻辑构成的法律后果上,它表征的是肯定性的法律后果。在法律责任方面,该规定表述了一个免责或减责条件,属于基于人道主义免责或减责的情况。

第三章

法律的渊源和效力

章前提示

法律渊源是能够作为或可能作为法律规范存在的那些资料。法律渊源是立法的目的和归宿,是执法和法律适用的前提性条件。由于国家管理形式和结构形式的不同以及受历史与文化传统、宗教、科技发展水平、国家交往等因素的影响,能够作为特定法律共同体的法律渊源的资料的范围和种类是不同的。能够直接作为法律规范适用的资料为正式的法律渊源,它表现为对某一事项的约束力;不能直接作为法律规范但一定条件下有可能成为法律规范的资料为非正式的法律渊源,它对某一结论的形成具有一定说服力。当正式的法律渊源能够为某一法律问题提供一个比较明确的答案时,在通常情况下无须也不应当去考虑非正式的法律渊源。当正式的法律渊源缺失但又必须要解决某一问题时,才可以适用非正式的法律渊源。

原理阐释

一、法律渊源的概念

法律渊源是指为特定的法律共同体所承认的具有法的约束力或具有法律说服力、能够作为或可能作为具有法律效力推理之大前提使用的规范性资料,如制定法、判例、习惯、法理等。

第一,法律渊源与一个国家的立法体制密切相关。一个国家的立法体制规定了哪些国家机关有权制定法律以及这些法律之间效力的高低。这些有权机关制定的法律即为该国的法律渊源。

第二,法律渊源和法律形式既有联系又有区别。它们的侧重点不同:法律形式关注的是法律的外在形态,法律渊源关注的是法律从何而来的问题。在中国制定法中,"宪法""法律""行政法规""地方性法规""行政规章"等概念既表明中国法律有哪些来源,也表明中国法律表现为哪些形式。

第三,由于国家管理形式和结构形式的不同以及受历史与文化传统、宗教、科技发展水平、国家交往等因素的影响,能够作为特定法律共同体的法律渊源的资料的范围和种类是不同的。例如,在强调中央集权制的国家形态下,制定法或法典发挥的作用比较明显;在强调地方自治的国家管理形式下,习惯法的作用比较突出。又如,受历史与文化传统的影响,英美法系强调判例法的作用,大陆法系强调制定法的作用。

二、法律渊源的种类

法律渊源可分为两类,即正式的法律渊源和非正式的法律渊源。

(一) 正式的法律渊源

正式的法律渊源是指具有明文规定的法律效力并且直接可以在具有法律效力的推理中作为大前提来使用的那些规范性资料,如制定法、判例法、习惯法、国际条约等。

(二) 非正式的法律渊源

非正式的法律渊源是指不具有明文规定的法律效力,但具有法律说服力并可能作为具有法律效力推理的大前提使用的规范性资料,如正义的观念、理性的原则、公共政策、道德信念、社会思潮、习惯、乡规民约、社会章程、权威性法学著作、外国法等。常见的形式有:

1. 正义的观念

社会公认的关于公平正义的价值观念,如"欠债还钱""不能恃强凌弱""知恩图报""己所不欲,勿施于人",等等。它们既来自人类的共同价值,也受一个民族的文化传统的影响。

2. 公共政策

由公共机关制定的具有公共指向的政策性规范。政策不像法律那样具有严格的制定程序,具有灵活性、原则性、便捷性等特点。在我国,公共政策包括国家政策和党的政策两种形式。

3. 习惯

在人们长时间的日常生活中形成的常规性的做法。它在时间上具有历时性,在受体上具有广泛性,当某个体不按照常规性的做法来行事时便会引起人们的某些反应。习惯可以作为执法和司法裁判的参考,可以对某种法律结论的取得起到一定的补强作用。但是,习惯与习惯法不同,习惯还不是法律,只有在经过司法确认后才能成为习惯法;习惯法是经过司法确认后的法律,是正式的法律渊源。

4. 客观常识

即人们对事物内在的客观规律的认识,是具有普遍必然性的公理,包括科学真理、生活常识、自然规律、常理常情等。例如,"除夕之夜没有月亮""水能载舟亦能覆舟""庄稼一枝花,全靠粪当家""冰箱是用来制冷的"等认识,可以作为执法和司法裁判中认定某些事实的依据。

5. 法理

法学家们对法律所作出的各种学理性的论断和说明,它们通常可以被作为案件裁判说理的依据来使用。但是,法理不具有当然的法律效力,仅在一些疑难案件中,法官可以参考它们作出裁判。例如,《瑞士民法典》第1条规定:"本法无规定者,法官应以习惯法裁判;无习惯法,依法官一如立法者所提出的规则。此外,法官应遵循既定学说和传统。"《日本裁判事务须知》第3条规定:"民事裁判,有成文法者依成文法;无成文法者,依习惯;无习惯者,应推考条理裁判之。"

(三) 两种法律渊源在实践中的关系

(1) 当正式的法律渊源能够为某一法律问题提供一个比较明确的答案时,在通常情况下无须也不应当去考虑非正式的法律渊源。即非必要不启动非正式的法律渊源。

(2) 当正式的法律渊源能够作为裁判依据得出某个结论时,可以通过非正式的法律渊源补强这一结论的理由。

（3）当正式的法律渊源规定了一定的自由裁量范围时，可以通过非正式的法律渊源来确定具体的裁判或处罚结果。

（4）当正式的法律渊源的规定出现模糊性的表达时，执法者或裁判者可以借助非正式的法律渊源确定其含义，从而让正式的法律渊源具有确定性。

（5）当正式的法律渊源缺失但还必须要解决某一问题时，可以适用非正式的法律渊源来解决。

三、当代中国法律的正式渊源

当代中国法律的正式渊源主要是以宪法为核心的制定法，包括宪法、法律、行政法规、地方性法规、自治法规、行政规章、经济特区规范性文件、特别行政区的法律、国际条约和国际惯例等。

（一）宪法

宪法是我国的根本大法，具有内容的根本性、效力的最高性、制定和修改的严格性。

（二）法律

法律有广义、狭义两种解释。广义上讲，法律泛指一切规范性法律文件；狭义上的法律，仅指全国人大及其常委会制定的除宪法以外的规范性文件。这里仅指狭义上的法律。在当代中国的法律渊源中，法律的地位和效力仅次于宪法。

法律由于制定的机关不同可分为两大类：一类为基本法律，即由全国人大制定和修改的刑事、民事、诉讼等方面的规范性文件，如《刑法》《民法典》《刑事诉讼法》等；另一类为基本法律以外的其他法律或称"非基本法律"，即由全国人大常委会制定和修改的规范性文件，如《反不正当竞争法》《草原法》等。在全国人大闭会期间，全国人大常委会也有权对全国人大制定的法律在不同该法律基本原则相抵触的条件下进行部分修改和补充。

《中华人民共和国立法法》（以下简称《立法法》）第 11 条规定："下列事项只能制定法律：国家主权的事项；各级人民代表大会、人民政府、人民法院和人民检察院的产生、组织和职权；民族区域自治制度、特别行政区制度、基层群众自治制度;犯罪和刑罚;对公民政治权利的剥夺、限制人身自由的强制措施和处罚;税种的设立、税率的确定和税收征收管理等税收基本制度;对非国有财产的征收、征用;民事基本制度;基本经济制度以及财政、海关、金融和外贸的基本制度;诉讼和仲裁制度;必须由全国人民代表大会及其常务委员会制定法律的其他事项。"

此外,全国人大及其常委会作出的具有规范性的决议、决定、规定、办法等也属于法律类的法律渊源。

(三)行政法规

行政法规是指国家最高行政机关即国务院所制定的规范性文件,其法律地位和效力仅次于宪法和法律。国务院常务会议通过的决议、决定和国务院发布的行政命令也属于行政法规的范畴,与行政法规具有同等法律效力。

国务院制定的行政法规不得与宪法和法律相抵触,因此,全国人大常委会有权撤销国务院制定的同宪法、法律相抵触的行政法规、决定和命令。

我国行政法规的名称,按照国务院发布的《行政法规制定程序条例》的规定,一般称为"条例",也可以称为"规定""办法"等。

(四)地方性法规

地方性法规是由特定地方国家权力机关依法制定和变动,效力不超出本行政区域范围,作为地方司法依据之一,在法的形式体系中具有基础作用的规范性法律文件的总称。地方性法规的效力低于宪法、法律、行政法规。

现阶段,省、自治区、直辖市、设区的市人大及其常委会,根据本地的具体情况和实际需要,在不同宪法、法律、行政法规相抵触的前提下,可制定地方性法规。全国人大常委会有权撤销同宪法、法律、行政法规相抵触的地方性法规。

我国的地方性法规一般采用"条例""规则""规定""办法"等名称。

(五)自治法规(自治条例和单行条例)

自治法规是民族自治地方人大制定的特殊地方规范性法律文件,即自治条例和单行条例的总称。自治条例是民族自治地方根据自治权制定的综合的规范性法律文件;单行条例则是民族自治地方根据自治权制定的调整某一方面事项的规范性法律文件。

自治条例和单行条例只有民族自治地方人大才有权制定。自治区人大制定的自治条例和单行条例报全国人大常委会批准后生效;自治州、自治县制定的自治条例和单行条例报自治区人大常委会或省人大常委会批准后生效。

自治法规一般采用"条例""规定""变通规定""变通办法"等名称。

(六) 行政规章

国家行政机关制定的规章可以分为两类:一是部门规章,即国务院所属各部、各委员会、中国人民银行、审计署和具有行政管理职能的直属机构在自己的职权范围内发布的规章;二是地方政府规章,即省、自治区、直辖市和设区的市、自治州的人民政府根据行政法规和本省、自治区和直辖市的地方性法规制定的规章。

规章的效力低于宪法、法律、行政法规。

(七) 经济特区规范性文件

经济特区是指我国在改革开放中为发展对外经济贸易,特别是利用外资、引进技术而实行某些特殊政策的地区。1981年,全国人大常委会授权广东省、福建省人大及其常委会制定所属经济特区的各项单行经济法规。1988年,全国人大授权海南省人大及其常委会制定所属经济特区的法规。1992年,全国人大常委会授权深圳市人大及其常委会和深圳市政府分别制定法规和规章,在深圳经济特区实施。

这里所说经济特区规范性文件仅指授权立法的情形。

(八) 特别行政区的法律

《宪法》第31条规定,"国家在必要时得设立特别行政区"。特别行政区的法律有两种:一是特别行政区基本法,属于基本法律,是根据宪法制定的针对特别行政区实行的法律。二是特别行政区的立法机关制定的在特别行政区内生效的法律。特别行政区的立法机关享有自己的立法权,可以根据特别行政区基本法律的规定和法定程序制定、修改法律和废除法律,但须报全国人大常委会备案。备案不影响各该法律生效。

(九) 国际条约和国际惯例

国际条约是指两个或两个以上国家或国际组织之间缔结的确定其相互关系

中权利和义务的各种协议。国际条约不仅包括以"条约"为名称的协议,也包括国际法主体间形成的宪章、公约、盟约、规约、专约、协定、议定书、换文、公报、联合宣言、最后决议书。

国际惯例是指以国际法院等各种国际裁决机构的判例体现或确认的国际法规则和国际交往中形成的共同遵守的不成文的习惯。国际惯例是国际条约的补充。

特别提示：

第一,地方性法规和地方政府规章制定的主体涉及"设区的市"。这里"设区的市"包括省会城市、国家计划单列市、国务院批准较大的市和地级设区的市,可见地方性法规和地方政府规章制定主体涉及的最低级别的行政区划为地级设区的市。自治条例和单行条例的制定主体是自治地方的人民代表大会,我国宪法规定的民族自治地方分为自治区、自治州、自治县,因此自治条例和单行条例的制定主体涉及的最低级别的行政区划应该为自治县。

第二,地方性法规的制定主体为地方人大、人大常委会,而自治条例和单行条例的制定主体仅为民族自治地方人大,没有人大常委会。

第三,自治区首府所在市以及自治州人民政府所在市的人大并不能制定自治条例和单行条例,因为我国宪法规定的民族自治地方分为自治区、自治州、自治县,没有自治市。据此,诸如乌鲁木齐市人大、呼和浩特市人大等就不能制定自治条例和单行条例。

第四,基本法律和基本法律以外的法律在效力位阶上是相同的,不适用上位法优于下位法的原则。

第五,能作为我国法律渊源存在的国际条约是我国政府缔结或参加的条约,并且是除保留条款以外的条款或规定。

四、当代中国法律的非正式渊源

当代中国法律的非正式渊源主要包括：

1. 习惯

《民法典》第10条规定："处理民事纠纷,应当依照法律;法律没有规定的,可以适用习惯,但是不得违背公序良俗。"

2. 指导性案例

指导性案例由最高人民法院、最高人民检察院、公安部分别或共同发布,对各级人民法院、人民检察院、公安机关在处理类似案件时具有应当参照的拘束力。

3. 政策

国家政策和党的政策是立法的依据,也是执法和司法的指导。

4. 社会主义核心价值观

社会主义核心价值观是社会主义核心价值体系的内核,体现社会主义核心价值体系的根本性质和基本特征,反映社会主义核心价值体系的丰富内涵和实践要求,是社会主义核心价值体系的高度凝练和集中表达,因此是立法的依据和宗旨,也是执法和司法的指导和遵循。

五、法律的效力范围

法律的效力,即法律的约束力,指人们应当按照法律规定的行为模式来行为,必须服从的一种法律之力。法律有效力,意味着人们应当遵守、执行和适用法律,不得违反。

通常来说,法律的效力可以分为规范性法律文件的效力和非规范性法律文件的效力。规范性法律文件的效力,也叫"狭义的法律效力",指法律的生效范围或适用范围,即法律对什么人、什么事、在什么地方和什么时间有约束力。本教材所讲的法律的效力就是狭义的法律效力。

法律的效力范围是指法对何人、在何空间范围内、在何时间范围内有效,从而发挥法的约束力和强制力。由此,法律的效力范围一般包括法对人的效力范围、空间效力范围、时间效力范围三个方面的内容。

(一) 法对人的效力

法对人的效力,是指法对谁有效力,适用于哪些人。在世界各国的法律实践中,先后采用过四种法对人的效力的原则:

(1) 属人主义,即法律只适用于本国公民,不论其身在国内还是国外;非本国公民即使身处该国领域内也不适用。这是最为古老的一种对人进行管理或保护的原则。这一原则具有很强的身份性,初民时代的习惯法即奉行该原则。

(2) 属地主义,即法律适用于本国管辖区域内的所有人,不论其是否为本国公民,都受到本国法律的约束和保护。这是伴随着主权国家的兴起而发展起来的管辖原则。以主权国家的管辖范围为标准确定对人的保护必然是属地的。

(3) 保护主义,即以维护本国利益作为是否适用本国法律的依据。任何侵犯本国利益的人,不论国籍和所在区域,都要受到该国法律的追究。这是一种完全站在主权国家立场上的过于理想化的管辖原则。

(4) 以属地主义为主,与属人主义、保护主义相结合。这种折中原则是近代以来多数国家所采用的规则,我国也是如此。采用这种原则的原因是:当今世界应以主权国家为构成单位,因此在法律效力原则上应以属地主义为主。既要维护本国利益,坚持本国主权,又要尊重他国主权,照顾法律适用中的实际可能性。根据这一原则:

第一,中国公民、法人和其他组织在中国领域内一律适用中国法;在国外仍受中国法的保护并应履行中国法定义务,同时也应遵守所在国的法,但有例外规定,如《刑法》第7条第1款规定,我国公民在我国领域外犯罪的,最高刑为三年以下有期徒刑的,可以不予追究。当两国法对同一问题规定不一致时,按国际条约或惯例处理,既要维护中国主权,又要尊重他国主权。

第二,中国法对外国人的适用,包括两种情况:一是在中国领域内的外国人一般适用中国法,但是享有外交特权和豁免权或法有另外规定的,一般不适用中国法。这些人主要包括驻中国的外国使节、来访的国家元首和国家政要,以及这些人的配偶、未成年子女。其他外国人除法律另有规定的外,一般适用中国法。二是在中国领域外的外国人对中国或中国公民、法人以及其他组织犯罪的,按中国刑法规定最低刑为三年以上有期徒刑的,可适用中国刑法规定,但按犯罪地的法不受处罚的除外。

(二) 法的空间效力

法的空间效力,指法在哪些地域有效,适用于哪些地区。一般说来,一国法律适用于该国主权范围所及的全部领域,包括领土、领水及底土和领空。根据有关国际条约的规定,一国法律可以适用于该国驻外使领馆、在外船舶和飞机。

(三) 法的时间效力

指法何时生效、何时终止效力以及法对其生效以前的事件和行为有无溯及力。

1. 法的生效时间

通常有三种形式:(1) 自公布之日起开始生效。(2) 公布后经过一段时间生效。(3) 由法律规定具体生效日期。

2. 法的终止生效时间

指法从何时起不再具有约束力,又称"法的废止"。法的终止生效的时间依法的规定、立法发展、客观情况变化以及其他有关因素而定,通常有明示终止(废止)和默示终止(废止)两种形式。前者指在新法或其他法中以明文规定终止旧法的效力;后者指不以明文规定终止旧法的效力,而在实践中当新法与旧法相冲突时采用新法。

中国法的终止生效有四种情况:(1) 以新法取代旧法,使旧法终止生效。(2) 完成历史任务后自然失效,如 1950 年《中华人民共和国土地改革法》在土地改革完成后便自然失效。(3) 由有关机关发布专门文件如特别决议、命令宣布废止某项法。(4) 法本身规定了终止生效的时间,如期限届满又无延期规定,便自行终止生效。

3. 法的溯及力

法的溯及力也称"法的溯及既往"。一般来说,法不应有溯及既往的效力,不能用今天的法律调整昨天的行为,这是法治的一个基本要求。这就是法不溯及既往原则,但这一原则并不是绝对的。立法者出于维护某种利益的目的,往往会针对具体情况在法中作出有溯及力或有一定溯及力的规定。各国规定大体有这样几种情况:一是从旧原则,即新法没有溯及力。二是从新原则,即新法有溯及力。三是从轻原则,即比较新法与旧法,哪个处理轻些就按哪个法处理。四是从新兼从轻原则,即新法原则上溯及既往,但旧法对行为人的处罚较轻时,则按旧法处理。五是从旧兼从轻原则,即新法原则上不溯及既往,但新法对行为人的处罚较轻时,则按新法处理。目前,世界上多数国家采取从旧原则,即法没有溯及力。在法律规定有溯及力的国家,通常采用从旧兼从轻原则。当代中国也主要采取从旧兼从轻原则,即在特殊情况下也可溯及既往。这一原则也被称为"有利原则",即在有利于公民权利保护的情况下法可以溯及既往。

六、正式的法律渊源的效力原则

影响正式的法律渊源的效力的主要有制定主体、适用范围、制定时间三个因素,解决它们之间的冲突可适用以下原则:

第一,宪法优于宪法以外的其他法律的原则。

第二,全国性的法律优于地方性的法律的原则。

第三,国际法优于国内法的原则。

第四,不同效力等级的法律规范之间的冲突,适用"上位法优于下位法"的原则。

第五,同一效力等级的法律规范之间发生冲突,适用"新法优于旧法""特别法优于一般法"的原则。全国人大制定的基本法律和全国人大常委会制定的基本法律以外的法律应属同一个位阶。

第六,对同一事项的新的一般规定与旧的特别规定不一致,不能确定如何适用时,解决机制为:

(1) 因法律所规定的事项而引发的冲突,由全国人大常委会裁决。

(2) 因行政法规所规定的事项而引发的冲突,由国务院裁决。

(3) 因其他的规范性法律文件而引发的冲突,由该制定机关裁决。

第七,不同机关制定的效力相同的法律规范之间规定不一致的解决机制:

(1) 地方性法规与部门规章之间对同一事项规定不一致,不能确定如何适用时,由国务院提出意见,国务院认为应当适用地方性法规的,直接适用;认为应当适用部门规章的,应该提请全国人大裁决。

(2) 部门规章之间、部门规章与地方政府规章之间对同一事项规定不一致的,由国务院裁决。

(3) 根据行政诉讼法的规定,人民法院在审理行政诉讼案件过程中遇到这一情况时,由最高人民法院报请国务院裁决或解释。

(4) 根据授权制定的法规与法律不一致,不能确定如何适用时,由全国人大常委会裁决。

阅读材料

材料1　对另类判词的一点思考[①]

李拥军

最近,重庆市巴南区法院的一份判决书火了,因为法官将《圣经·马太福音》中的表述写入其中。法官在判决书中这样写道:"在婚姻里,如果我们一味地自私自利,不用心去看对方的优点,一味挑剔对方的缺点而强加改正,即使离婚后重新与他人结婚,同样的矛盾还会接踵而至,依然不会拥有幸福的婚姻。'为什么看到你弟兄眼中有刺,却不想自己眼中有梁木呢。你自己眼中有梁木,怎能对你兄弟说,容我去掉你眼中的刺呢。你这假冒伪善的人,先去掉自己眼中的梁木,然后才能看得清楚,以去掉你兄弟眼中的刺。'(《圣经·马太福音》)。正人先正己。人在追求美好婚姻生活的同时,要多看到自身的缺点和不足,才不至于觉得自己完全正确。本院认为,原、被告通过深刻自我批评和彼此有效沟通,夫妻感情和好如初,家庭生活和和美美存在高度可能性。"

对这样另类的判决,质疑之声不绝于耳。一篇题为《判决书引用〈圣经〉不妥当》的文章认为"裁判不应利用其地位优势宣传宗教倾向"。我认为对该判决下这样的结论有失公允,有小题大做之嫌。其实,该法官引用《圣经》中的话只是用作说理,其目的无非是为了增加自己的论证效果而已。这段话所要表达的无非是:夫妻相处,要多看看对方的长处,多反省自己的不足,互相包容才能和谐美满。用老百姓的话说:两口子过日子,"宜粗不宜细",别整天"乌鸦落在猪身上,看到别人黑看不到自己黑"。借用戴复古的诗来说,就是"黄金无足色,白璧有微瑕。求人不求备,妾愿老君家"。容得下自己眼里的梁木,也得容得下别人眼里的草刺;先去掉自己眼中的梁木,才能要求去掉别人眼中的草刺。这不正是孔子的"忠恕"思想吗?"忠恕"思想可是迄今为止世界各个民族认同感最高的规则之一。"己欲立而立人,己欲达而达人","己所不欲,勿施于人",既然"仁者,爱人",夫妻之间的"爱"就应该体现在互相包容和谅解中,而不应该体现在互相挑剔和指责中。该法官所要表达的就是上述公理,无非在形式上借用了《圣经》而已,如何就成了"宣传宗教"?是因为它来自西方,还是因为它来自宗教?

如果这位法官不是引用《圣经》中的话,而直接引用孔子的"己欲立而立人,

[①] 原载于2016年6月25日"法律读品"微信公众号,标题和少量内容有调整。

己欲达而达人"之类的话表达,还会有人批评他宣传宗教吗?有人说,那当然不是,儒家思想不是宗教。我说,那可未必!不也有很多人将之称为"儒教"或"孔教"吗?(马克斯·韦伯就有一本书叫作《儒教与道教》;五四时期,儒家思想就被称为"孔教")前些年,北京东城区法院在审理一起民事赡养案件时,将我国儒家传统经典《孝经》的内容纳入判词之中。北京市丰台区法院则把《弟子规》中的孝道观点"亲爱我,孝何难;亲憎我,孝方贤"通过法官寄语的方式写入判决书;在该院受理的另一家事案件判决书中,也出现过"慈母手中线,游子身上衣""孝乃大义"等词句。这些判词是否也有"宣传宗教"之嫌呢?对于这样的判词,要是我们能接受,是因为它是中国的,还是因为它不是宗教的?

不能接受的原因,若是因为来源于西方,那我们未免太狭隘了。只要援引的是人类的公理,何必拘泥于中西呢?若是因为其来源于宗教,那真的大可不必。宗教与现代法治在追求人类的"至善"方面是相通的,借用宗教经典教义宣传人类的共同价值,利用人类共同价值来实现裁判说理,都未尝不可。其实,《圣经》也好,《论语》也罢;到底是来源于宗教,还是来源于伦理;是出自西方,还是出自本土,都并不重要。它无非就是一种说理的方式而已,重要的是把道理讲清楚,只要有助于把道理讲清楚,又何必太计较采用了哪种形式呢?

有学者在《法官的基本任务是依法裁判》一文中认为"这样的判决有违'政教分离'的原则"。这种观点,我依然不敢苟同。其实,法律人耳熟能详的一些经典表述好多都来自西方神学,如"司法女神的眼睛是蒙着的","为实现正义,哪怕天崩地裂","上帝的归上帝,恺撒的归恺撒"。特别是一些罗马法中的法谚,细究起来大多和宗教有关。这些法谚,学者和法官在写文章、谈体会甚至许多领导在作报告时都经常引用。许多法院的文化长廊里都有"蒙目女神"的形象,她的原型是古希腊正义和秩序女神忒弥斯,这无疑是来源于宗教的。就连经常被当下司法文化奉为座上宾的来源于本土的"獬豸",其原型也是一种神兽。即使谈不上是宗教的,也应该属于神学的。上述借用宗教或神学题材来表达某些现代法治内涵的做法,恐怕没有人会说是"政教合一"。为什么法官在判决中引用《圣经》的某些话语说理就成了"政教合一"了呢?

该学者还认为这种做法有违"以事实为根据,以法律为准绳"的司法原则。其实在该案中,法官并不是把《圣经》中的表述用作裁判规则,而是用于说理,所以谈不上违背"以法律为准绳"的问题。从法律渊源的角度看,法律渊源有正式的法律渊源和非正式的法律渊源之分。正式的法律渊源是指具有明文规定的法律效力并且直接作为推导法律结论大前提来适用的规范性资料。非正式的法律渊源是指不具有明文规定的法律效力但具有法律说服力并能够作为推导法律结论大前提来适用的规范性资料。既然非正式的法律渊源只具有法律说服力,那么,道德、政策、习惯、公理等一般社会规范都可以成为司法裁判的非正式渊源,反映人类共同价值的宗教教义自然也不例外。

退一步讲,即使让宗教的教义作为正式的法律渊源也未尝不可。一般认为,法律与道德、宗教教义的分离是现代司法的重要标志。的确如此,但这种分离在刑事领域比在民事领域要彻底得多。在现代社会,刑事司法领域严格地执行罪刑法定原则,绝对禁止以道德、宗教教义给一个人定罪,正如意大利刑法学家贝卡里亚所说的:"法官不能以热忱和公共福利为借口审理法律没有规定的案件。"

在民事司法领域这种分离,则不像刑事司法那样彻底。如《瑞士民法典》第1条规定:"本法无规定者,法官应以习惯法裁判;无习惯法,依法官一如立法者所提出的规则。此外,法官应遵循既定学说和传统。"《日本裁判事务须知》第3条规定:"民事裁判,有成文法者依成文法;无成文法者,依习惯;无习惯者,应推考条理裁判之。"我国台湾地区"民法"第1条也规定:"民事法律所未规定者,依习惯;无习惯者,依法理。"同时,现代国家还要求法官不能以法律没有规定为借口拒绝受理案件,如《法国民法典》第4条规定:"审判员借口没有法律或法律不明确、不完备而拒绝受理者,得依拒绝审判罪追诉之。"也就是说,在某些特殊情况下,非法律的一些社会规范也可以作为司法裁判的三段论推理中的大前提来使用。具体来说,一切体现人类基本正义的规范都可能在法律不足的情况下被适用,因此宗教教义自然也不例外。例如,著名的美国帕尔默案法官引用判例法实践中普遍遵循的"任何人不得从自己的过错行为中获益"的原则,体现的是自然正义,也不能说就和宗教教义无关。早期的英国普通法和衡平法通过宗教原则裁判案件情况更是非常普遍。

既然在该案中法官引用《圣经》只是为了说理,或者说只是一种修辞,那就更不必大惊小怪了。之所以该判决引起很多人的质疑,无非是它挑战了判决书书写的常规和我们的惯性思维。《判决书引用〈圣经〉不妥当》一文的作者认为,该"判决书中的说理于法无据"。说理还需要有固定的模式吗?还需要事先规定吗?俗话说"兵无常势,水无常形",如果真有这样的规定,带来的必然是说理的僵化、呆板、机械、保守,不灵活。比之大陆,我国台湾地区的司法判决的说理要灵活得多。例如,在对陈水扁的刑事判决中有这样的表述,"被告陈水扁身为'一国元首',当知'一家仁,一国兴仁;一家让,一国兴让;一人贪戾,一国作乱''风行草偃,上行下'不变之理,却公开高举改革大旗,私下行贪腐之实"。又如,在最近的一个由台南高分院法官所作的判决中,引用了鲁迅先生《论"他妈的"》一文的观点,认定某人所说"他妈的"乃情急下脱口而出的"口头禅"而已,并非骂人。

说理真是不能事先规定出固定模式,就如同战争不能按照事先规定的套路打一样。没有哪个经典战役是靠指挥官墨守成规、亦步亦趋执行既有规则打出来的。同理,没有哪个优秀的判决书是靠沿袭固定套路、套改既有的模式写就的。案件如果具有特殊性,那么判决说理也就应该具有特殊性,即所谓"特事特办",不应该"千篇一律"。

司法实践中的不少判决,理由说得很少,没有推演过程,最擅长使用的话语就是"本庭认为""本院认为"。这让我想起上高中时做几何证明题的情形,每每证不下去的时候,总要写上一句"显然成立",让老师啼笑皆非。马克思说:"理论只要说服人,就能掌握群众;而理论只有彻底,才能说服人。"美国哲学家科恩说:"一个毫无理由说出的表达,是没有意义的表达。"司法是说理的职业,法学是讲理的学问,法官的专业权威就体现在说理的能力上。诚如宋鱼水法官说的那样,只有"辨法析理",才能"胜败皆服"。由此说来,国家应该给予法官更大的说理空间,有助于把理讲透的方式方法在不违背大的原则的条件下,都应该更多地被允许。

家事案件更有其特殊性。常言道:"清官难断家务事。"夫妻间的事,可谓"剪不断,理还乱""此中滋味谁能说得清"。在伦理、情感面前,刚性的规则往往是苍白无力的,所以对这样的案件更需要"晓之以理,动之以情"式的说理。"婚姻本就是平凡平淡的,经不起任何一方的不安分折腾。时间是一杯毒药,足以冲淡任何浓情蜜意。幸福婚姻的原因自有万千,不幸婚姻的理由只有一个,许多人都做了岁月的奴,匆匆地跟在时光背后,迷失了自我,岂不知夫妻白头偕老、相敬如宾,守着一段冷暖交织的光阴慢慢变老,亦是幸福。""幸福美满的婚姻生活并非不存在任何矛盾,夫、妻更应懂得以互谅互让、相互包容的态度,用恰当的方法去化解矛盾,以共同守护婚姻关系。"这些不正是耐人寻味的说理吗?

这样的表述如果是真实的,那么注定无法从一个没有婚姻生活经验的"毛头小子"的笔下流出。想必该法官也是一个"过来人",对婚姻生活具有深刻的感悟。显然,动情的他或她早已成为"桃花源中人"了。我想,也只有这样的人,持有这样的情感,才能真正把这样的案件处理好,才能准确地把握其中"火候"。如果他或她不是在作秀,并真的处理好了该起纠纷,我们何必非要纠缠"夫妻之间要互相包容"这样的准则是出自《圣经》还是出自法理呢?

说到这里,我不禁想起当年结婚前夜母亲告诫我的话:"孩儿啊,过日子不是'较真',能把媳妇哄得滴溜乱转的男人,才是好丈夫啊!"后来听我夫人说,岳母也曾在结婚当天告诫过她:"姑娘啊,夫妻相处,攻心为上,能把男人的心留住的妻子,才是最成功的女人!"由此看来,要是做到这一点,没有点儿《圣经》中的"容得下自己眼里的梁木,也得容得下别人眼里的草刺"式的精神还真不行!我要是法官,我就把我这两位母亲的话都写上去,因为这些话恰恰是中国人婚姻领域的马太福音。

材料2 "法治""特区"当休①

近二十年来,中国社会发生了举世瞩目的巨大变化,其社会发展与进步的速度的确也令世人为之惊讶。若要探究其缘由,则无人不知是中国共产党第十一届三中全会作出的实行改革开放政策使然。而在这重大政策的实行过程中,邓小平先生力主实行的在广东和福建两省率先建立"经济特区"作为我国对外开放的窗口和改革的试验田的策略,取得了巨大的成功。可以说,正是由于"经济特区"建设的示范效应极大地鼓舞了全国人民,从而使全国人民在思想观念和行动上对于坚定不移地实行改革开放政策形成了高度统一的共识。因此,"经济特区"对于我国社会主义现代化建设事业二十余年的持续健康发展贡献多多,实在是功不可没。

也许是受此策略成功的启发,在社会主义法治国家建设问题上,我国理论界也有一部分人士提出甚至论证在某地"率先实现法治"的主张,一些部门、一些地方在实践中事实上也在搞一些"部门特色""地方特色"非常浓的"法治建设"。换句话说,我国当前一些部门、一些地方正在进行现实中的"法治""特区"建设。具体表现在:

第一,部门"法治""特区"的存在。比如,在农村信用合作社强制性要求贷款的农民交纳股金成为该社股民才给予贷款问题上,中国人民银行坚持工商行政管理部门无行政处罚权,国务院发布的《金融违法行为处罚办法》也强化了这一立场。而工商行政管理部门则以自己承担的维护公平竞争市场秩序职责为由,

---

① 节选自姚建宗:《法治思语》,法律出版社2014年版,第47—49页。

认为自己有对金融机构不正当竞争行为的查处权。显然，否定工商行政管理部门的这一职权就是在建立和维护金融部门的"法治""特区"地位。

第二，行业性"法治""特区"的存在。我国民主法治建设的一个重要方面内容，乃是通过大力推进社会自治而促进民主与法治。行业自律当然也就成了社会自治的重要体现。于是，一些行业性社会组织便在强化其自律性或自治性"行规"的地位与作用的同时，不同程度地撇开了法律对其规制的合法作用。这方面以中国足球协会最为典型。中国足球协会的大小官员不仅在不同场合公开讲过只有"行规"才有效、法律对足球事务无权干预之类的法盲语言，在最近出台的《中国足球协会甲级俱乐部联席会工作暂行规定》更是提出："决议一经俱乐部联席会表决通过，任何俱乐部不得向国家有关司法部门提出诉讼，否则将通过俱乐部联席会表决，给予丧失中国足协会员资格、丧失参加甲级联赛和中国足协主办的任何足球活动资格的处罚。"据说之所以如此规定，是中国足协为了避免符合法律但违反行规的情况出现而作的特别规定。全然不顾国际足坛各级协会、世界上其他各体育组织章程及其活动准则以及普通法律和司法的实际关系状况，也不顾各国体育法律事务的实践与现实，竟然将"行规"置于法律与普通司法之上，以为存在一个只有"行规"遮天而无法律插足的"法治"的"行为"性"特区"，这实在是天大的神话与笑语。

第三，地方性"法治""特区"。一些地方在地方法规与地方规章的制定与实施中，对于具有更高法律效力层次的中央级法律与行政法规作了重大更改，比如在中外投资方出资比例上，在地方部门的行政处罚的权限、幅度与程序上，作出与上一级法律法规完全不同的规定，虽然直接违法但通常都以"参照本地方实际情况制定"而堂皇畅行无阻；一些地方的所谓"村规民约"虽明显违背现行法律法规，却能以"村民自治"为借口而"合法"存在，比如，被称为"国门第一村"的北京市顺义区天竺镇天竺村1999年1月制定的村规规定，"1982年后离婚的外来人员不享受村民待遇"，离婚后的女性外来人员应将其户口迁回娘家。

我们认为，这些"法治""特区"的存在不仅不会促进"法治"，反而会威胁到我们建设真正的"法治"。因为尽管法治的实行的确离不开一个国家或社会具有特质的文化传统，离不开广泛的社会自治和社会行业的自律，但法制的统一和法的运行与操作的统一，应当是法治的基础与核心。在"法制"与"法治"上的分裂割据，或者说"法治""特区"的存在，恰恰是反"法治"的。

因此，我坚信，"法治""特区"当休。

经典案例

案例1 河南种子案

2001年5月22日,汝阳公司与伊川公司签订了一份合同,约定由伊川公司为其繁殖玉米种子。2003年年初,汝阳公司以伊川公司没有履约为由将其起诉到洛阳市中院,请求赔偿。双方对案件事实不存在争议。双方的分歧主要在赔偿损失的计算方法上。原告主张适用《种子法》,以"市场价"计算赔偿数额;被告则要求适用《河南省农作物种子管理条例》,以"政府指导价"计算。

2003年5月27日,承办该案的李慧娟法官在法院审判委员会的同意下,下发"2003洛民初字"第26号判决书,支持了原告的主张,判令伊川公司按市场价格进行赔偿。判决书中写道:"《种子法》实施后,玉米种子的价格已由市场调节,《河南省农作物种子管理条例》作为法律位阶较低的地方性法规,其与《种子法》相抵触的条(款)自然无效。"判决后,双方都提出了上诉。

2003年10月18日,河南省人民代表大会常务委员会办公厅下发了《关于河南省洛阳市人民法院在民事审判中违法宣告省人民代表大会常务委员会通过的地方性法规有关内容无效的通报》,要求河南省高院对洛阳市中院的"严重违法行为作出认真严肃地处理,对直接责任人员和主管领导依法做出处理"。省人民代表大会认为,李慧娟无权以法官身份宣布地方性法规无效,洛阳市中院的判决违反了《宪法》;人民代表大会是立法机关,法院是司法机关,主要任务是适用法律,法律的修改和废止是人民代表大会职权范围内的事情,所以不管是否冲突,法院都无权去宣布有效还是无效。

随后,洛阳市中院党组织根据要求作出决定,撤销判决书签发人民事庭副庭长的职务和李慧娟的审判长职务,免去李慧娟的助理审判员职务。

2003年10月21日,河南省高院在一份对全省下发的通报中称:"个别干警人民代表大会制度意识淡薄,政治业务素质不高……无论案件具体情况如何,均不得在判决书中认定地方法规的内容无效。"

2004年3月30日,最高人民法院在《关于河南省汝阳县种子公司与河南省伊川县种子公司玉米种子代繁合同纠纷一案请示的答复》中认为:根据《立法法》第79条规定,"法律的效力高于行政法规、地方性法规、规章,行政性法规的效力高于地方性法规、规章"。《中华人民共和国合同法》解释(一)第4条规定:"合同法实施以后,人民法院确认合同无效,应当以全国人民代表大会及其常务委员会制定的法律和国务院制定的行政性法规为依据,不得以地方性法规和行政规章为依据。"根据上述规定,人民法院在审理案件过程中,认为地方性法规与法律、行政法规的规定不一致,应当适用法律、行政法规的相关规定。

2004年4月1日,河南省人民代表大会常务委员会通过《河南省实施〈中华人民共和国种子法〉办法》,自2004年7月1日起施行。《河南省农作物种子管理条例》同时废止。

【说明】 该案的核心问题是关于法律渊源效力位阶的理解问题。该案的法官认为,《河南省农作物种子管理条例》的规定与《种子法》的规定相抵触,应适用上位法优于下位法,因此《河南省农作物种子管理条例》自然无效。而河南省人民代表大会常务委员会办公厅和河南省高院认为,作为基层法官无权这样认定。

案例2 "狼牙山五壮士"名誉权纠纷案

2013年11月8日,洪振快在《炎黄春秋》杂志发表了《"狼牙山五壮士"的细节分歧》一文。该文分为"在何处跳崖""跳崖是怎么跳的""'五壮士'是否拔了群众的萝卜"等部分,文章通过援引不同来源、内容、时期的报刊资料等,对"狼牙山五壮士"事迹中的细节提出质疑。

文章发表后,"狼牙山五壮士"中的葛振林之子葛长生、宋学义之子宋福保认为该文以历史考据、学术研究为幌子,以细节否定英雄,企图达到抹黑"狼牙山五壮士"英雄形象和名誉的目的。据此,葛长生、宋福保于2015年8月25日分别诉至北京市西城区法院,请求判令洪振快停止侵权、公开道歉、消除影响。

洪振快认为,其所发表的文章是学术文章,没有侮辱性的言辞,且文章每一个事实的表述都有相应的根据,而不是凭空捏造或者歪曲,不构成侮辱和诽谤,不同意全部诉讼请求。

2016年4月29日,上述两案在西城区法院公开开庭审理。西城区法院一审判决洪振快立即停止侵害行为;公开发布赔礼道歉公告,向原告赔礼道歉,消除影响。

一审败诉后,洪振快提起上诉。北京市第二中级人民法院(以下简称"二中院")作出二审判决,驳回上诉,维持原判。

此后,根据全国人大法律委员会的建议,2017年3月15日通过的《中华人民共和国民法总则》第185条规定:"侵害英雄烈士等的姓名、肖像、名誉、荣誉,损害社会公共利益的,应当承担民事责任。"

【说明】 该案是社会主义核心价值观作为裁判依据的典型案例。在判决中,法院认为,"狼牙山五壮士"所承载的是"民族的共同记忆","是中华民族共同记忆的一部分,是中华民族精神的内核之一,也是社会主义核心价值观的重要内容"。该判决体现了人民法院通过民事审判彰显社会价值、纯化道德风尚的积极作用。

金句法谚

1. 法意、人情,实同一体。徇人情而违法意,不可也;守法意而拂人情,亦不可也。权衡于二者之间,使上不违于法意,下不拂于人情,则通行而无弊矣。

——胡石壁

2. 一般来讲,我们应当这样认为,在适当的历史环境中,诉诸于与成文法相悖的基本正义考虑,不应当被视为是对司法权力的侵扰,因为有些法律同文明礼仪之要求是如此之不符,以致法官有权不把它们视为法律。

——〔美〕E. 博登海默

3. 逻辑、历史、习惯、效用以及人们接受的正确行为的标准是一些独自或共同影响法律进步的力量。

——〔美〕本杰明·卡多佐

4. 法律渊源是指法律从立法、判例、习惯和习惯法、惯例、正义规则、衡平和良心、宗教、科学论述等方面的起源和来源。

——《司法词典》

5. 法理学是判决的一般组成部分,亦即任何依法判决的无声开场白。

——〔美〕R. 德沃金

习题精选

习题 1:

材料 1 西汉时期奉行"春秋决狱",即通过援引儒家的经典大义来判案。某乙犯罪后逃至家中,被其养父甲藏匿,后案发。按当时的法律,匿奸者应受重刑。而董仲舒却断曰:"螟蛉有子,蜾蠃负之";"春秋之义,父为子隐,甲宜匿乙而不当坐"。这实际是援引了《论语》中"父为子隐,子为父隐,直在其中矣"的论述,认为父亲包庇儿子是人伦使然,不应当认为是犯罪。

材料 2 北京市东城区法院(2010)东民初字第 00948 号民事判决书引用《孝经》来说理:"我国自古以来就有'百善孝为先'的优良传统,儒家经典《孝经》中把'孝'誉为'天之经、地之义、人之行、德之本'。由此可见,为人子女,不仅应赡养父母,更应善待父母,不应因一己私利而妄言、反目。本案原告已经是 85 岁高龄的老人,被告作为原告的女儿,理当孝顺母亲、善待母亲,但其从原告处取得房产后,不仅不支付购房款,而且在法院判决确定给付义务后仍未履行,在此期间其又将该房产以明显低价转让给第三人,使原告的债权不能得以执行,其行为不仅违反法律规定,而且与当今构建和谐社会相悖。"

阅读上述材料,回答下列问题:

1. 对比材料 1 和材料 2,古今儒家伦理在司法裁判中所起的作用有何不同?从法律渊源分类的角度,两者有何区别?

2. 在现代司法中,伦理性的资源有无成为正式的裁判依据的可能?若有,在什么情况下可以成为正式的裁判依据?

3. 对比材料 1 和材料 2,如果在法律渊源上加以区分,两种法律渊源在现代司法中应该保持一种什么样的关系?

【解析】 古代儒家伦理是正式的裁判依据,在今天只是裁判说理的依据;古代儒家伦理是正式的法律渊源,在今天只是非正式的法律渊源。在现代司法中,伦理性的资源有成为正式的裁判依据的可能,但一般只会在民事案件中,并且只有在没有正式的法律渊源却必须要作出裁判时才可适用。两者的关系详见前文"原理阐释"部分之"法律渊源的种类"。

习题 2:

下列哪些文件可能属于地方性法规(　　　)

A. 辽宁省康平县人大制定的关于推进本地区旅游资源开发方面的规范性文件

B. 新疆维吾尔自治区乌鲁木齐市人大制定的强化本地区公路交通管理方面的规范性文件

C. 内蒙古自治区人大常委会制定并通过的关于加强本地林草管理方面的规范性文件

D. 河南省政府制定的关于加强本省农业技术推广方面的规范性文件

【解析】 该题看似简单,实则非常容易错。具体来说,乌鲁木齐市人大制定的规范性文件很容易被认为属于自治条例或单行条例,即民族自治法规。其实,乌鲁木齐市虽然是新疆维吾尔自治区的首府,但它并不是自治地方,因为按照我国宪法规定,我国民族自治地方共三种:自治区、自治州、自治县,没有自治市,因此乌鲁木齐市不属于民族自治地方,其人大制定的规范性文件也就不是自治法规。按照立法法的规定,民族自治法规是由民族自治地方人大制定的,制定主体只有人大,没有人大常委会,因此内蒙古自治区人大常委会制定的规范性文件不可能是民族自治法规。而按立法法的规定,省、自治区、直辖市、较大的市、设区的市人大及其常委会可以根据本地的具体情况和实际需要,在不与宪法、法律、行政法规相抵触的情况下制定地方性法规。综上,内蒙古自治区人大常委会有制定地方性法规的权力,它制定的规范性文件有可能是地方性法规。根据上述规定,辽宁省康平县人大没有制定地方性法规的权力,所以 A 选项是不对的。综上所述,B、C 选项是正确的。

第四章
Chapter 4

法律体系

章前提示

　　法律体系是指由一国现行的全部法律规范按照不同的法律部门分类组合而形成的一个呈体系化的有机联系的统一整体。组成法律体系的单元为法律部门，它是具有相同性质的法律规范或文件的集合。一个国家的全部法律可分成若干个法律部门，每个法律部门中又包括若干子部门，有些子部门下面还可进一步划分。这样，所有的具有法律渊源性质的规范性文件都通过一定标准在法律部门的框架下清晰地展示出来，这将有助于法律的适用与学习。

原理阐释

一、法律体系的概念

　　法律体系是指由一国现行的全部法律规范按照不同的法律部门分类组合而形成的一个呈体系化的有机联系的统一整体。法律体系具有如下特征：

　　第一，法律体系是一个国家的全部现行法律构成的整体。这里强调的是"一国"，即它既不是几个国家的法律构成的整体，也不是一个地区或几个地区的法律构成的整体，而是一个主权国家的法律构成的整体。这里还强调"现行"，即它既不包括一国历史上的法律或已经失效的法律，也不包括一国将要制定的法律或尚未生效的法律，只包括现行的国内法。此外，一国承认和接受的国际法也属于该国法律体系的组成部分。

第二,法律体系是一个由法律部门分类组合而形成的呈体系化的有机整体。这里强调的是"法律部门",它是构成法律体系的单元。

第三,法律体系的理想化要求是门类齐全、结构严密、内在协调。这旨在强调它要形成一个"体系"。在这个体系中,各个法律部门之间、法律部门内部法律规范之间都要具备分配合理、协调统一、逻辑严谨的结构。

第四,法律体系是客观法则和主观属性的有机统一。这旨在说明法律体系具有主客观相统一的特点。法律体系是由法律部门组成的,而法律部门需要立足具体的客观的法律规范。但是,法律部门的划分以及某一法律法规归属于哪一法律部门,则在很大程度上取决于人的主观建构。所以,法律体系由哪些法律部门组成、某一法律法规到底属于哪一法律部门没有一个统一的答案。

二、法律体系与相关概念的区别

在法学理论中,同法律体系这一概念较为相近的概念还有法制体系、法学体系、立法体系、效力体系、法系等概念,有必要对它们加以区分。

(一) 法律体系与法制体系

法制体系是指法制运转机制和运转环节的全系统。法制体系(或法制系统)包括立法体系、执法体系、司法体系、守法体系、法制监督体系等子体系,它是由这些子体系组合而成的一个呈纵向的法制运转体系。法的价值只有在运行中才能实现,法应该是静态的法和动态的法的统一,应该是一个从字面上的法到实施层面的法再到实现层面的法的统一,因此法的运行应该是一个从法的创制到法的实施与实现的过程。法的创制,即立法,是起点。执法、司法、守法、法制监督是主要环节。在这些环节中,法律推理、法律解释、法律论证是其重要方法,法律程序是其根本保障,制度是其每个环节的构成元素。因此,法制体系就是以制度为元素,以程序为保障,以法律推理、法律解释、法律论证为方法,由立法、执法、司法、守法、法制监督等环节组成的,以法律价值的实现为目的的动态的法律运转体系。

法律体系是指由一国现行的全部法律规范按照不同的法律部门分类组合而形成的一个呈体系化的有机联系的统一整体。法律体系着重说明的是呈静态状的法律本身的体系构成,法制体系则既包括静态的法律规范,更着重说明的是呈动态状的法制运转机制系统。

(二)法律体系与法学体系

第一,法学体系是指一个国家的有关法律的学科体系,它属于社会科学范畴;法律体系则是指一国现行的法律规范体系,属于社会规范体系范畴。

第二,法学体系的内容和范围比法律体系的内容和范围要大得多,如法学体系有法哲学、法理学、法律心理学、法律史学等,作为规范体系的法律体系则不含有这些内容。

第三,法律体系是以某主权国家现行的法律为基础的,法学体系则具有跨国性,不同的国家可以对同一个法学体系进行研究和交流。

(三)法律体系与立法体系

第一,立法体系的组成要素是法的渊源,它是以规范性法律文件的不同分类组合而形成的一个统一体系;而法律体系的组成要素则是法律部门,是以法律部门的分类组合而形成的一个有机联系的统一整体。

第二,立法体系以各法律规范的制定机关在整个国家法律创制中的地位以及与此相联系的法律规范的效力范围和效力等级为分类组合标准;而法律体系则以法律部门为分类组合标准。

第三,立法体系侧重于法的调整的外部形式,而法律体系侧重于法的调整的内在内容。讲到立法体系,人们首先想到的是宪法、法律、行政法规、地方性法规等法的不同的外部形式的组合;而讲到法律体系,人们想到的则是刑法、民法、经济法、行政法等不同的法律部门。

(四)法律体系与效力体系

法律的效力体系是法律体系的重要组成部分。所谓法律效力,通常是指法律在一定的空间和时间范围内对一定的人或物所发生的拘束力。因此,从纵向上看,我国当下的法律的效力体系是由宪法、法律、行政法规、地方性法规、行政规章、自治条例和单行条例、军事法规等规范性法律文件按照效力等级排列的体系;从横向上看,它是由对象效力系统、空间效力系统、时间效力系统三部分组成的体系。法的对象效力指的是法律的适用对象有哪些,对什么人、什么组织有效。法的时间效力是指法的起止时限以及对实施前的行为是否有拘束力。法的空间效力指的是法律效力的地域范围。因此,法律的效力体系是纵向的效力等级体系和横向的效力范围体系的统一。

法律体系是指由一国现行的全部法律规范按照不同的法律部门分类组合而形成的一个呈体系化的有机联系的统一整体。在部门法之间不存在效力高低的问题。即使是宪法,在作为一个法律部门时,它与刑法、民商法等法律部门也没有效力高低的问题。

(五) 法律体系与法系

这是两个含义不同的法学概念。法系是指不同的国家或地区在历史上形成的具有相同法的结构和法的表现形式的一种法的类型,"法系"的概念更多表达的是一种法律传统,它是跨越历史和国度的;而法律体系指的是一国内部的由现行法律规范组合而成的法律部门的统一整体,它只能包括现行法律,而且也只能在一主权国家范围之内构成。法律体系立足于"一国",法系立足于"跨国""跨地区";法律体系立足于"现在""当下",法系立足于"传统"。

三、法律部门及其划分标准

(一) 法律部门的概念和特点

"法律部门"这一概念,又被称为"部门法",是指根据一定的标准和原则划分的同类法律规范的总和。法律部门是法律体系的基本组成要素,各个不同的法律部门的有机组合,便成为一国的法律体系。

第一,法律部门是根据法律所调整的不同的社会关系和所动用的不同的调整方法来划分的。法律规范可划分为不同的门类,如将凡是调整民事关系的法律规范归属于民法法律部门,将凡是调整行政管理关系的法律规范归属于行政法法律部门,等等。

第二,法律部门虽然是构成法律体系的单位,但是它依然是一个集合概念,并最终由能够成为法律渊源的规范性文件构成。法律部门的划分相当于将一国所有的具有法律渊源性质的规范性文件按照一定的标准分成若干个大群。同时,法律部门又可以划分为若干个子部门,这些子部门是法律部门的进一步细化和具体化,子部门与法律部门之间是一种种属关系,如民法法律部门又可划分为家庭法、合同法、侵权法等子部门。

特别提示:

第一,法律部门离不开具有法律渊源性质的规范性法律文件,但二者并不是一个概念。一般来说,法律部门的名称是以该部门基本的规范性法律文件的名称来表述的,如刑法法律部门、宪法法律部门、民法法律部门等。但是,单一的规范性法律文件不能涵盖一个完整的法律部门,以刑法法律部门为例,作为一个法律部门的刑法部门并不仅仅为刑法典,而是所有刑事法律规范的总和。例如,大量的经济法、行政法规范性文件中含有刑事责任的刑法规范,即"附属刑法",它们也应该属于刑法法律部门。

第二,必须分清法律部门与法学体系中部门法学的区别。以刑法为例,作为规范性文件的刑法在部门法学中对应的是刑法学,在法律部门中对应的是刑法这一法律部门。

第三,要分清法律部门与法律渊源中宪法、法律、行政法规等不同等级的规范性文件的区别。后者是构成法律部门的要素,前者是由这些规范性法律文件构成的集合。

(二) 法律部门的划分标准

建立一个法律体系的关键问题是划分法律部门的根据即标准是什么。一般认为,划分法律部门的主要标准是法律所调整的不同社会关系,即调整对象;其次是法律调整方法。

(1) 法律所调整的社会关系。法律部门主要就是以法律所调整的社会关系的内容作为依据来划分某一法律规范属于何种法律部门的,因为调整社会关系的内容决定着法律规范的性质。社会关系是多种多样和复杂的,可以分为政治关系、经济关系、文化关系、宗教关系、家庭关系等。在这些不同领域的社会关系成为法律调整的领域之后,它们便成了法律部门形成的基础,相应地调整不同领域的社会关系的法律就形成不同的法律部门。

(2) 法律的调整方法。仅仅用法律所调整的社会关系作为划分标准是不够的,因为它们既无法解释一个法律部门可以调整不同种类的社会关系,也不能解释同一社会关系需由不同的法律部门来调整这一法律现象。因此,划分法律部门,还需将法律调整方法作为划分标准,如将以刑罚制裁方法为特征的法律规范划分为刑法法律部门,将以承担民事责任方式为特征的法律规范划分为民法法律部门,等等。

特别提示:

第一,由于社会关系复杂,法律部门之间很难截然分开。事实上,有的社会关系需要几个法律部门来调整,如经济关系需要经济法、民法、行政法、劳动法等法律部门调整。

第二,以调整方法来划分法律部门时表现得最为典型的是刑法法律部门。刑法中的罪名涉及了几乎所有的社会关系,因此通过法律所调整的社会关系的标准来划分无法满足刑法法律部门的需要,只能采用调整方法这一标准。

四、当代中国的法律体系

目前,国内学界对部门法的划分具有不同方案。根据全国人大常委会对中国特色社会主义法律体系的目标设计,中国特色社会主义法律体系可划分为七个主要的法律部门:宪法及宪法相关法、民法和商法、行政法、经济法、社会法、刑法、诉讼与非诉讼程序法。结合近年来中国社会发展的需要,我们把当下中国的法律体系划分为以下八个法律部门。

(一)宪法及宪法相关法

其中最基本的规范体现在《宪法》中,还包括国家机构的组织和行为方面的法律,民族区域自治方面的法律,特别行政区方面的基本法律,保障和规范公民政治权利方面的法律,以及有关国家领域、国家主权、国家象征、国籍等方面的法律。

(二)民法和商法

民法和商法是规范社会民事和商事活动的基础性法律。民法是指调整作为平等主体的公民与公民之间、法人与法人之间、公民与法人之间的财产关系以及调整公民人身关系的法律规范的总和,其中最基本的法律就是《民法典》。

商法是民法中的一个特殊部分,是在民法基本原则的基础上,为适应现代商事交易迅速便捷的需要而发展起来的。商法是调整公民、法人之间的商事关系和商事行为的法律规范的总和。目前,我国商法法律部门的法律规范主要有:公司法、合伙企业法、证券法、保险法、票据法、海商法、商业银行法、期货法、信托法、个人独资企业法、招标投标法、企业破产法等。

（三）行政法

行政法是调整有关国家行政管理活动的法律规范的总和，包括行政管理主体、行政行为、行政程序、行政监察与监督以及国家公务员制度等方面的法律规范。行政法涉及的范围很广，包括国防、外交、人事、民政、公安、国家安全、民族、宗教、侨务、教育、科学技术、文化体育卫生、城市建设等行政管理方面的法律。

（四）经济法

经济法是指调整国家从社会整体利益出发对经济活动实行干预、管理或调控所产生的社会经济关系的法律规范的总和。经济法主要包括两个部分，一是创造平等竞争环境、维护市场秩序方面的法律，主要是反垄断、反不正当竞争、反倾销和反补贴等方面的法律；二是国家宏观调控和经济管理方面的法律，主要是有关财政、税务、金融、审计、统计、物价、技术监督、工商管理、对外贸易和经济合作等方面的法律。

（五）社会法

社会法是调整有关劳动关系、社会保障和社会福利关系的法律规范的总和，主要包括保障劳动者、失业者、丧失劳动能力的人和其他需要扶助的人的权益的法律。社会法的目的在于从社会整体利益出发，对上述人群的权益进行必需的、切实的保障。它包括劳动用工、工资福利、职业安全卫生、社会保险、社会救济、特殊保障等方面的法律。

（六）刑法

刑法是规定犯罪、刑事责任和刑罚的法律规范的总和。刑法所调整的是因犯罪而产生的社会关系，所采用的调整方法是最为严厉的刑罚制裁的方法。其中，最基本的规范体现在1997年3月14日修订的《刑法》和此后的十一个刑法修正案中。此外，刑法还包括其他法律文件中有关刑事处罚规定的部分，即附属刑法部分。

(七) 诉讼与非诉讼程序法

诉讼与非诉讼程序法是调整因诉讼活动和非诉讼活动而产生的社会关系的法律规范的总和,包括民事诉讼、刑事诉讼、行政诉讼和仲裁等方面的法律。这方面的法律不仅是实体法的实现形式和内部生命力的表现,而且也是人民权利实现的最重要保障,其目的在于保证实体法的公正实施。

我国目前的诉讼与非诉讼程序法主要有:刑事诉讼法、民事诉讼法、行政诉讼法、海事诉讼特别程序法、引渡法、仲裁法、涉外民事关系法律适用法、农村土地承包经营纠纷调解仲裁法、人民调解法等。

(八) 环境资源法

环境资源法是关于保护、治理和合理开发自然资源,保护环境,维护生态平衡,防治污染和其他公害的法律规范的总称。环境资源法对于合理利用资源,防治污染,满足人民日益增长的美好生活的需要,建设美丽中国具有重要意义,主要包括以下法律文件和规范:

第一,有关环境保护和污染防治的法律,包括环境保护法、海洋环境保护法、野生动物保护法、水污染防治法、固体废物污染环境防治法等。

第二,有关保护治理和合理开发自然资源的法律,包括矿产资源法、森林法、草原法、渔业法、水法、水土保持法、土地管理法等。

第三,其他特别环境资源立法,包括环境影响评价法、清洁生产促进法、可再生能源法、循环经济促进法、石油天然气管道保护法等。

阅读材料

当代中国法律体系的反思与重构[①]

部门法体系是传统的法律体系的全部内涵,是新的法律体系的重要内容。因此,对它的整合与重塑既是学界讨论的重点,又是构建新的法律体系的重要环节与方面。从某种意义上说,新法律体系的"新"在部门法体系上就表现为部门法体系是由一系列部门法群组成的。

---

① 节选自李拥军:《当代中国法律体系的反思与重构》,载《法制与社会发展》2009年第4期。

为了保障法律体系的科学性,克服传统的划分法律部门标准不统一、部门法体系内容多变的缺陷,有必要以个人、社会、国家、世界四大法域为划分标准,以私法、公法、社会法、国际法为基本元素重塑我国当代的部门法体系。具体来说,以法域为标准,在原有的部门法的基础上划分为私法、公法、社会法、国际法四大部门法群。个人、社会、国家、世界是人生存与活动的四个不同的领域和方式,也是现代法律活动的四大领域。它们的逻辑结构应该是个人组成社会、社会抽象出国家、国家组成世界,其中社会处于个人和国家的中间地带,国家处于个人和世界的中间层面。社会主义市场经济的建立和发展,为中国市民社会的发育和成长提供了契机与土壤。政治权力的收缩,利益需求的多元,权利本位思想的深化,都一定程度地推动着人们为谋求自身利益而走向联合,中国的市民社会正日益形成。相应地,以保护社会利益为宗旨的社会法日益崛起。同时,随着改革开放步伐的加快以及加入世界贸易组织,中国以前所未有的速度融入国际社会,中国与世界各国的政治、经济、文化往来日益频繁,更多的国际法规则被中国接受或融入国内法中。这样,原有的公法、私法二元法律结构被打破,公法、私法、社会法、国际法四大部门法群并行的法律体系格局开始形成。

这种部门法群的划分具有多方面的优点:其一,由于法域存在的客观性,所以由此构成的法律体系具有相对的稳定性,这样,就能够克服原有法律体系主观、多变的弱点。其二,采用一种部门法划分标准,能够克服传统理论中划分标准不统一的缺陷。其三,个人、社会、国家、世界四大法域既是人类不同的生活场域,又是人的利益的四个层面。在这四个场域中,人所享有的权利和背负的责任是不同的,因此法律所保护的利益重心和调整方式也是不同的。以此为标准构建法律体系,可以明确法律的属性和任务,帮助人们树立公、私分立法律观念,烘托私法的基础性功用,强化社会本位的法律观以及对法律全球化和国际化趋势的认识。这对构建社会主义的法律实践大有裨益。四大法域及其部门法群具体如下:

(一) 个人——私法

"人们的社会历史始终只是他们的个体发展的历史"[①],任何时代的历史活动都是由单个人的社会活动构成的,个人作为社会发展的主体是人类历史的最基础的单元。共同体只能是人的共同体,个人是共同体的出发点和归宿。离开了人,任何共同体都只是一个没意义的空壳。如果将共同体比作舞台,那么人就

---

① 《马克思恩格斯选集(第4卷)》,人民出版社1995年版,第532页。

是这个舞台的设计者和表演者,而没有设计者和表演者,任何历史戏剧都不能上演。因此,任何共同体和社会只要是作为人的相互关系而存在的,个体就是其具体内容。任何社会活动,任何共同体的存在,归根结底都是人的活动、人的存在。共同体和社会只是人的关系而已,活生生的人才是社会和共同体赖以存在的真实基础。

私法是存在于个人层面和领域的法律,是体现和保护个人利益的法律。它是调整自然人、法人等平等主体之间的各种社会关系的法律的总和,在传统上由民法、商法、婚姻家庭法、知识产权法等法律组成,基本特征是排斥国家权力对利益主体的干预,更强调通过当事人的自主协商达成合意解决纷争。因此,私法以等价有偿、诚实信用、意思自治、契约自由为基本原则,以自行性调节为主要调整手段,以经济补偿为主要救济方式。在一定意义上,个体利益的分化程度标志着一个社会的市场化程度,个体利益的受保护程度标志着一个社会的法治程度,对个体利益的保护是一个社会繁荣与稳定的前提。因此说,私法是整个法律体系的基础性的部门法群。

(二)国家——公法

传统的法学、政治学把人生活的领域分为个人和国家,"国家"往往是个人的对称,是公共利益的代表。传统的政治学认为,人是自利性的个体,都视牟利为自己的天职,为求一己私利而损害别人、破坏公益的现象层出不穷,并且这种现象有时依靠市民社会自身无法消除。而市场规则又不可避免地具有自发性、盲目性、滞后性的弱点,特别是在生产力极度发展、社会分工越发细化的今天,这种弱点更加明显。因此,单凭市场经济自身无法实现其良性运行,所以国家是作为市场经济和市民社会的调控力量而存在的。

公法是存在于政治国家层面和领域的法律,是体现和保护公共利益、限制国家权力的法律。它是调整一方主体为国家公共机关以及所涉关系为上下级服从、管理、强制、制约关系的各种法律的总称。公法调整方式的特点在于强制,其主要救济方式为惩戒。公法中的国家权力处于两种地位,一是管理者,二是被管理者。因此,公法是"国家权力管理"的法律和"管理国家权力"的法律的总称,即国家权力管理法和控制国家权力法的总称。公法具体包括刑法(保障国家公共秩序的法)、行政法(行政管理法和控制行政权力的法)、宪法(政治国家运作的总章程)、诉讼法(规范国家司法权运作的程序法)、军事法(关于国家军事与国防管理方面的法律)等。

（三）市民社会——社会法

虽然国家来源于个人和社会并应当服务于个人和社会，但它一旦形成，便具有相当的独立性。它以暴力为基础，常表现为对市民社会和个人权利的控制和支配，因此，国家权力必然带有一定的扩张性、腐蚀性和破坏性。又因为公权力的享有和行使是分离的，加之人本身的自利性，掌权者常常不能以罗马法上"善良家主"的心态行使权力，所以在人类历史上公权力常常以异化的形式表现出来。在与政治国家长期斗争与合作的过程中，熟知权力特性的人们逐渐取得这样的共识：单个人的力量是渺小的，只有市民阶级组成一个相对独立且稳固的共同体，才能保持其应有的自治性，有效防止政治权力的无端干预和入侵，且唯有如此，个人权利才能得到尊重与弘扬。也正基于此，市民社会被赋予了独立的利益，从而成为一个既有别于个人又有别于国家的实体或区域，并应得到两者的肯定与尊重。这一领域对于国家来说是私域，对于个人来讲是公域，是传统的公私两域之外的第三域。

社会法是存在于市民社会层面即第三域的法律，是以保护社会利益为主要目的、以社会为本位的法律。社会法是公法、私法对向演进（彼此向对方方向演进）中和后的结果，即"公法私法化""私法公法化"双向运动的结果。它以实现市民社会整体利益为指向，是旨在实现市民社会均衡、和谐、健康发展的法律部门，具体包括反垄断法、反不正当竞争法、金融法、税法、劳动法、社会保障法、环境法等。

（四）世界——国际法

在当今社会，每个人都不可能脱离世界而存在，每个国家都不可能隔绝于国际社会而发展。科学技术的飞速发展大大缩短了人与人之间的距离，市场经济的共性又使每个国家都紧密地联系在一起，世界正构建一个大网络，全球日益成为一个"地球村"。与此同时，虽然随着社会的进步，人类征服和改造自然的能力逐渐增强，但与此相反，面对自然灾害和社会问题，人的生理和心理承受能力却变得相对脆弱。由于生活水平的提高，人类更加需要和平的环境、繁荣的经济、清洁的空气、良性的生态平衡，也更加渴望对人权的尊重。一旦这些资源的供应稍稍出现问题，人类的不舒适感就表现得相当明显，历史上无足轻重的事件放在今天都有可能被认为是一个天大的灾祸。因此有些学者认为，当下的世界正进入一个"风险社会"。① 人的这种脆弱感使人类有了联合的需要和意识。事实上，由于经济一体化和全球化，许多问题的产生不是由一个国家造成的，危害结果也不只牵扯到一个国家，问题的解决更不能只靠一个国家来完成。比如，地球变暖、环境污染、生态危机、恐怖活动、毒品泛滥、军备竞赛、核战争等问题都不同程度地威胁着整个人类的共同利益，更多的人意识到国家间只有加强合作才能共渡难关、共谋发展。世界上存在的这些问题佐证着人类具有共同利益，人类这种脆弱感促使其走向团结。当更多的人意识到在人类之外还存在着威胁人类共同利益的"敌人"时，或者说当他们意识到这些"敌人"正和全人类争夺着一些利益和资源时，人与人的同类间联合便成为可能。因此，在当今经济全球化的背景下，世界应是人活动的第四域。

国际法是存在于世界层面的法律，是调整国家、地区之间政治、社会、经济、文化、领域关系的法律的总称。对于一个国家或地区来讲，它有涉外性、国际性。它是国家或地区间从事国际政治、经济、社会、文化事务的准则，由国际公法、冲突法、国际贸易法、国际商法、国际仲裁法、国际刑法、国际人权法、区域经济法等法律组成。

经典案例

案例1　受害人为何成罪犯（一）②

长春市何小伊（化名）惨遭轮奸，3名犯罪嫌疑人被警方抓获，何母张玉（化名）含着眼泪四处奔走，要求警方严惩凶手。可就在庭审的关键时刻，何小伊竟当庭表示，与第一个人发生关系是自愿的。就在大家为这突如其来的变故纳闷不已的时候，张玉却被警方刑事拘留。随着警方调查的深入，种种疑团被层层揭开——这一切都因为其中一名嫌疑人的父亲救子心切，和张玉进行了暗中交易。在20万元"改口费"面前张玉动心了，母女俩联手作伪证翻供，从受害者变成了

---

① "风险社会"一词由贝克等西方学者提出。风险社会是针对传统的工业社会而言的：在传统的工业社会，财富增值和经济发展是人的行为和社会运作的主要目的和方式；在风险社会中，当社会生产力水平和人的生活水平达到一定的程度时，防范不明的或无法精确预料的社会风险便成为个人行为、社会运作的主要目的与方式。参见〔德〕乌尔里希·贝克：《风险社会》，何博闻译，译林出版社2004年版，第56页。

② 参见《独生女被轮奸母亲收20万法庭上作伪供》，央视网，2007年3月29日，http://news.cctv.com/society/20070329/100803.shtml，2023年1月29日访问。

被告人。经过补充侦查,法院没有采信何小伊出具的"自愿"证明,于2007年1月22日下达了刑事判决书,判定朱某犯强奸罪,判处有期徒刑九年;蒋某某犯强奸罪,判处有期徒刑八年;李某某犯强奸罪,判处有期徒刑九年。何小伊出具的证明不但没有改变审判结果,反而让母女二人都成了犯罪嫌疑人。警方、检察院在反复查证核实后认定何小伊的证明是伪证,何小伊也因此涉嫌犯伪证罪。李某某承诺20万元让何小伊出具伪证,张玉让何小伊翻供,两人的行为已经涉嫌妨害作证罪,因此都被检察院批准逮捕,何小伊则被取保候审。

【说明】 公法的纠纷处理方式与私法的纠纷处理方式有诸多不同。强奸罪是公法调整的范畴,它侵犯的不仅是公民的权利,还有社会的基本秩序,因此它不能适用私法的和解原则。正因如此,此案中当事人之间的和解并不能免除原有的强奸罪,反而又构成新的妨害作证罪。在现代法治社会,应该坚持公法、私法二分的理念。

案例2 受害人为何成罪犯(二)①

2006年12月10日晚,温州市少女金某和朋友们到酒吧喝酒,不久便烂醉如泥。聚会散场后,其中一人陈某乘机将醉酒的金某强奸。次日,金某发现自己受辱,便去公安机关报案,指认陈某强奸。警方调查后,以涉嫌强奸罪刑拘了陈某。可案发后的第三天,金某再次来到公安机关,称自己自愿与陈某发生性关系,要求公安机关不要再追查此事。2007年5月,法院开庭审理此案,金某在出庭作证时推翻其原来的陈述,致使该案延期审理。经过深入审查,检察官终于发现了事情的原委。原来,陈父怕儿子坐牢,就找到金某,提出只要金某推翻原来的陈述,谎称出于自愿,他就赔偿金某人民币8万元。经办检察官认为,强奸犯罪是严重的刑事犯罪之一,金某数次在检察机关、审判机关询问期间提供虚假陈述,影响司法机关及时有效地惩罚犯罪,是一种妨害司法机关正常司法活动的犯罪行为,应当以包庇罪追究其刑事责任。查明真相后,检察机关随即建议公安机关对金某进行立案侦查。

2008年4月,检察院对陈父、金某二人分别以涉嫌妨害作证罪、包庇罪提起公诉。法院审理后依法作出判决:陈父犯妨害作证罪,判处有期徒刑一年,缓刑一年;金某构成包庇罪,判处拘役六个月,缓刑六个月。

---

① 参见周起:《受辱少女收巨款改称自愿被判包庇罪》,新浪网,2008年5月16日,https://news.sina.com.cn/s/l/2008-05-16/145115554644.shtml,2023年1月29日访问。

【说明】 刑事诉讼主要是依据刑事诉讼法来提起诉讼的,而民事诉讼主要按民事诉讼法提起诉讼。在刑事诉讼中,原告一般是国家检察机关,被害人处于第三人的位置。而民事诉讼的原告主要是诉讼中的一方当事人。在该案中,检察机关的介入是区分刑事案件与一般的侵害人格权的侵权行为的一个重要特征。

金句法谚

1. 在现代国家中,法不仅必须适应于总的经济状况,不仅必须是它的表现,而且还必须是不因内在矛盾而自相抵触的一种内部和谐一致的表现。

——〔德〕弗里德里希·恩格斯

2. 在不可避免地要和他人共处的关系中,你将从自然状态进入到一个法律的联合体,这种联合体是按照分配正义的条件组成的。

——〔德〕康德

3. 法律系统"这一网络与大量的不同要素相联系,这些不同要素一起形成了一个复杂整体,而这一整体既不是无序的,也不是等级化的。我们可以把它和'神经网络'的模式相比较——神经网络被用来分析人脑的运行,但也极富成效地应用于人工智能领域。"

——〔比〕马克·范·胡克

4. 法律秩序是一个规范体系。

——〔奥〕凯尔森

5. 法律体系也就是法律规范的体系。

——〔英〕约瑟夫·拉兹

习题精选

习题 1:

2005 年 11 月 13 日,中国石油天然气股份有限公司吉林石化分公司双苯厂(101 厂)苯胺车间因操作错误发生剧烈爆炸并引起大火,导致 100 吨苯类污染物进入松花江水体(含苯和硝基苯,属难溶于水的剧毒、致癌化学品),导致江水硝基苯和苯严重超标,造成整个松花江流域严重生态环境破坏。2005 年 12 月 7 日,北京大学法学院三位教授及三位研究生向黑龙江省高院提起国内第一起以自然物(鲟鳇鱼、松花江、太阳岛)作为共同原告的环境民事公益诉讼,要求法院判决被告赔偿100亿元人民币用于设立松花江流域污染治理基金,以恢复松花江流域的生态平衡,保障鲟鳇鱼的生存权利、松花江和太阳岛的环境清洁权利以及自然人原告旅游、欣赏美景和美好想象的权利。鉴于本案标的额巨大,且涉及环境公益诉讼,原告方同时提出了减免诉讼费用的申请。

阅读上述材料,回答下列问题:

1. 如果黑龙江省高院受理此案,那么自然物(鲟鳇鱼、松花江、太阳岛)是否具有权利能力和行为能力?为什么?

2. 如果黑龙江省高院受理此案,审理此案需要适用哪方面的法律?这些法律属于我国法律体系中的哪些法律部门?

3. 如果黑龙江省高院受理此案,联系教材内容分析当代法律具有什么样的社会作用?

4. 在现代社会,能在本案适用的实体性法律数量繁多,请从马克思主义的法律本质观出发,谈谈你对此种现象的认识。

【解析】 本题涉及法律关系主体的权利能力和行为能力、法律体系中法律部门、法的社会作用、法律本质等知识点。本题中所提及的环境污染事件发生后,北京大学法学院的三位教授及三位研究生向黑龙江省高院确实提起环境公益诉讼,但是后来没有被受理。如果黑龙江省高院受理此案,那么自然物(鲟鳇鱼、松花江、太阳岛)就成了诉讼中的原告,即诉讼法律关系中的主体,它们就会因此具有权利能力,但是它们不可能以自己的行为独立地参加诉讼,因此它们不具备行为能力。如果黑龙江省高院受理此案,审理需要适用民事诉讼法、民法、环境保护法等法律,这些法律分属于诉讼法与非讼程序法、民商法、环境资源法或经济法等法律部门。如果黑龙江省高院受理此案,说明法律具有保护生态文明的作用。在现代社会,出于环境保护的需要,环境保护法、生态保护法方兴未艾。马克思主义的法律本质观认为,法的内容受社会存在这个因素的制约,并最终由一定的物质生活条件决定。法律具有合规律的一面,法律的制定和执行应该遵循自然规律,不能违背自然规律。"人民日益增长的美好生活需要和不平衡不充分的发展之间的矛盾"已经成为当下中国社会的主要矛盾,建设美丽中国是国家重要的发展目标。从这一角度来说,法律应该在保护自然环境、维护生态平衡方面发挥重要的作用。

习题 2：

下列关于法律体系的表述正确的是：
A. 法律体系是由宪法、民商法、行政法规、经济法等部门法组成的有机整体
B. 法律体系是指由具有共同历史传统和外部特征的法律组成的体系
C. 法律体系是由宪法及其相关法、民商法、刑法等法律部门组成的有机整体
D. 法律体系是由宪法、法律、行政法规、地方性法规等组成的有机整体

【解析】 法律体系，也称"部门法体系"，是指一国的全部现行法律规范按照一定的标准和原则分为不同的法律部门而形成的有机联系的整体。因此，构成法律体系的元素是宪法及其相关法、刑法、民商法、经济法等法律部门，所以 C 的表述是正确的。A 项将法律渊源（宪法、行政法规）和法律部门（民商法、经济法）混淆在一起，D 项表述的是由法律渊源构成的体系，B 项表述的是法系的概念，因此都是错误的。

第五章
Chapter 5

法律关系

章前提示

法律关系是法律规范作用于社会生活的过程和结果,是法律从静态到动态的转化,是法律秩序的存在形态,是权利义务在现实中的存在形式。法律关系是法律职业者不可缺少的分析工具。法律职业者在思考和处理法律问题时,通常要按照法律的逻辑和方法区分各种法律关系,分析每种法律关系应适用的法律规范,确定法律关系主体和客体,明晰法律关系主体的权利、义务或责任。例如,刑法上的"一个行为一个罪"即一个刑事法律关系,民事诉讼法上"一个法律关系一个诉"即一个诉讼法律关系。也就是说,在实践中对法律问题的分析是通过具体的法律关系进行的。

原理阐释

一、法律关系的概念

法律关系是法律规范在调整社会关系的过程中形成的主体之间的权利和义务关系。它具有以下特征:

(一) 法律关系是根据法律规范建立的一种合法的社会关系

这一命题表达了如下含义:

（1）法律规范是法律关系产生的前提。如果没有相应的法律规范的存在，就不可能产生法律关系。例如，一国没有关于调整同性恋的法律规范，那么该国同性恋者之间不可能产生法律关系。

（2）法律关系不同于法律规范调整或保护的社会关系本身。法律关系只是社会关系的一部分，是那些受法律调整的社会关系。有些不属于法律调整或不宜由法律调整的关系，如友谊关系、爱情关系、政党社团内部关系，不能成为法律关系。还有些是不受法律保护的关系或者是法律所禁止的关系，如因高利贷而形成的借贷关系，因赌博而形成的债务关系，卖淫者和嫖客之间形成的债务关系。

(二) 法律关系是体现意志性的特定社会关系

这种意志性表现为两方面：

（1）国家意志。从实质上看，法律关系作为一定的社会关系的特殊形式，正在于它体现了国家意志。因为法律关系是根据法律规范有目的、有意识地建立的，所以从这个意义上讲，破坏法律关系其实也就违背了国家意志。

（2）当事人的意志。特定的法律主体的意志对于法律关系的建立与实现也具有重要作用。有些法律关系的产生，不仅要依据法律规范所体现的国家意志，而且必须依赖法律关系参加者的双方或多方的共同意志，如合同关系、民事合伙关系等。有些法律关系仅仅依据单方的意志就能成立，如行政法律关系。

(三) 法律关系是特定法律关系主体之间的权利义务关系

法律关系是法律规范的实现形式，是法律规范的内容在现实社会生活中的具体贯彻。换言之，人们按照法律规范的要求行使权利、履行义务并由此发生特定的法律上的联系。法律关系是法律规范的实现状态。因此，法律关系必然是一种主体之间的权利义务关系。

(四) 法律关系是由主体、客体、内容诸要素构成的

主体为构成法律关系的人或组织，客体为主体权利和义务所指向的对象，内容是主体之间的权利和义务。

二、法律关系的种类

根据不同的标准和认识角度可以将法律关系作如下分类:

(一)调整性法律关系和保护性法律关系

按照产生依据和执行职能的不同,法律关系可以分为调整性法律关系和保护性法律关系。调整性法律关系是基于人们的合法行为产生的执行法的调整职能的法律关系。调整性法律关系不需要动用法律强制力,法律主体之间就能够依法行使权利、履行义务,如各种依法建立的民事合同关系、民事合伙关系等,它所实现的是法律规则肯定性后果的内容。保护性法律关系是由于违法行为而产生的旨在恢复被破坏的权利和秩序的法律关系,它执行的是法律的保护职能,它所实现的是法律规则否定性后果的内容。它的典型特征是一方主体(国家)适用法律制裁,另一方主体(通常是违法者)必须接受这种制裁,但这种制裁与被制裁是发生在合法框架内的。

法律关系必须具有合法性,但产生法律关系的行为并不一定都具有合法性。即法律关系可以由合法行为产生也可以由违法行为产生,但无论基于哪一种行为产生,法律关系都是合法的社会关系。

(二)隶属型法律关系和平权型法律关系

按照法律主体在法律关系中的地位不同,法律关系可以分为隶属型法律关系和平权型法律关系。

隶属型法律关系,又称"纵向法律关系",是指在不平等的法律主体之间建立的权力服从关系。其特点为:(1)法律主体之间处于管理和被管理状态。(2)法律主体之间主要不以协商的方式实现法律目的。行政法律关系是典型的隶属型法律关系。

平权型法律关系,又称"横向法律关系",是指平等的法律主体之间的权利义务关系。其特点在于:(1)法律主体的地位是平等的,不存在隶属性。(2)权利义务的内容具有一定程度的任意性,双方主体可以通过协商的方式创设权利义务。民事法律关系是典型的平权型法律关系。

(三) 单向法律关系、双向法律关系和多向法律关系

根据主体的多寡、权利义务存在样态的不同,可以将法律关系划分为单向法律关系、双向法律关系和多向法律关系。所谓单向法律关系,是指一方仅享有权利、另一方仅履行义务的关系,如不附条件的赠与关系。双向法律关系是双方主体互有权利义务的关系,其中一方主体的权利对应另一方的义务,反之亦然。合同关系是典型的双向法律关系。所谓多向法律关系,是三个或三个以上主体形成的较为复杂的权利义务关系,如合伙法律关系、由多人发起设立公司而形成的股东之间的关系。

单向法律关系是法律关系中最基本的构成要素。一切法律关系均可分解为单向的权利义务关系。双向法律关系和多向法律关系仅仅是两个或若干个单向法律关系的复合体而已。

(四) 绝对法律关系和相对法律关系

根据主体的不同特征,可以将法律关系划分为绝对法律关系和相对法律关系。绝对法律关系是特定主体和不特定主体之间的法律关系,如所有权关系、人格权关系。它表现为权利人是特定的、义务人是不特定的,是一种权利人与除权利人以外的一切义务人的关系。相对法律关系是特定主体之间的法律关系,如债权关系、相邻权关系。该种法律关系表现为权利主体和义务主体都是特定的,且一方的权利即为另一方的义务,一方的义务即为另一方的权利。

(五) 主法律关系和从法律关系

依据作用和地位的不同,法律关系可以分为主法律关系和从法律关系。主法律关系,也可以称为"第一性的法律关系",是人们之间依法建立的不需要依赖其他法律关系就能独立存在的或在多向法律关系中居主导地位的法律关系。由此而产生的、需要依赖主法律关系而存在的、居于从属地位的法律关系就是从法律关系或第二性的法律关系。例如,借贷法律关系是主法律关系,由此产生的抵押法律关系是从法律关系。物权关系为主法律关系,由此衍生的物上请求权关系为从法律关系。合同关系为主法律关系,合同纠纷导致的诉讼法律关系为从法律关系。主法律关系是从法律关系产生的基础和依据,从法律关系是主法律关系的延伸和派生。

三、法律关系的主体

法律关系主体是法律关系的参加者,即在法律关系中享有权利或承担义务的人或组织。

(一) 法律关系主体的种类

在中国,目前法律规定的能成为法律关系主体的人或实体有:

1. 公民或自然人

在公法中称"公民",在私法中称"自然人"。

2. 法人或其他组织

分为三种:(1) 国家机关;(2) 各种企事业组织;(3) 各政党和社会团体。

3. 国家

(1) 民事法律关系主体,如国债法律关系主体。

(2) 国际法上的主体,如国际条约的缔结主体。

(3) 国家赔偿关系的主体,如因为国家机关或其工作人员的违法失职行为造成公民生命或财产损害的,国家对公民或其家属予以赔偿。

(二) 法律关系主体的权利能力和行为能力

1. 权利能力

权利能力是指能够参与一定的法律关系,依法享有一定权利和承担一定义务的法律资格。它是法律关系主体实际取得权利、承担义务的前提条件。权利能力与"法律上的人格"同义,即某一实体作为法律主体或"法律意义上的人"的资格。在某一历史阶段或某些国家法律中,法律意义上的人和生物学意义上的人是分离的。如在古希腊、古罗马,奴隶只是会说话的工具,不具有法律意义上的人的资格,即不具有权利能力。正如《法学阶梯》所定义的:"奴隶是根据万民法的制度,一人违反自然权利沦为他人财产的一部分。"到了近现代社会,法律恢复了所有生物学意义上的人作为法律意义上人的资格。如各国民法典都规定,自然人的民事权利能力始于出生、终于死亡。在现代社会,法律主体的范围正经历着一个逐步扩展的过程,动物、自然物等实体也开始作为诉讼上的主体参加诉讼。这说明这些实体被拟制成了法律意义上的人,具有了权利能力。这一进程被称为从"人可非人"到"非人可人"的进程。①

2. 行为能力

行为能力是指法律关系主体能够通过自己的行为实际取得权利和履行义务的能力。

(1) 确定标准。公民的行为能力是公民的意识能力在法律上的反映。确定公民有无行为能力,其标准有二:一是能否认识自己行为的性质、意义和后果;二是能否控制自己行为并对自己的行为负责。因此,达到一定年龄、心智正常成为公民享有行为能力的标志。这是德、日刑法犯罪构成三阶层理论中的"有责性"的要求。

(2) 分类。行为能力是指法律关系主体能够通过自己的行为实际取得权利、履行义务和承担责任的能力。由此,公民的行为能力可分为权利行为能力、义务行为能力、责任行为能力。权利行为能力是指行为人通过自己的行为实际行使权利的能力。义务行为能力是指行为人实际履行法定义务的能力。责任行为能力简称"责任能力",是指行为人对自己的违法行为后果承担法律责任的能力,是行为能力的一种特殊形式。

(3) 行为能力人的划分。世界各国法律一般把本国公民划分为完全行为能力人、限制行为能力人和无行为能力人。划分的标准是年龄和智力状况:第一,完全行为能力人。指达到一定年龄、智力健全、能够对自己行为负完全责任的自然人(公民)。例如,根据我国《民法典》第17、18条的规定,十八周岁以上的自然人是成年人,是完全民事行为能力人。十六周岁以上的未成年人,以自己的劳动收入为主要生活来源的,视为完全民事行为能力人。第二,限制行为能力人。指行为能力受到一定的限制,只有部分行为能力的自然人(公民)。例如,我国《民法典》第19、22条分别规定,八周岁以上的未成年人为限制民事行为能力人,不能完全辨认自己行为的成年人为限制民事行为能力人。第三,无行为能力人。指完全不能以自己的行为行使权利、履行义务的自然人(公民)。根据我国《民法典》第20、21条的规定,不满八周岁的未成年人和不能辨认自己行为的成年人为无民事行为能力人。

(4) 法人的行为能力。法人的行为能力没有完全、限制之分,总是有限的,

---

① 参见彭诚信:《论民事主体》,载《法制与社会发展》1997年第3期。

由其成立的宗旨和业务范围决定。法人的权利能力和行为能力是不能分离的,同时产生,同时消灭。

特别提示:

第一,权利能力是一种资格,一种可能性,而行为能力是一种能力。

第二,责任能力是对自己的行为承担法律责任的能力,责任能力是行为能力在法律关系中的表现形式,是一种特殊的行为能力。

第三,调整性法律关系中一般谈及的是公民的行为能力,因为它是由合法行为引起的,行为人具有行为能力保证的是行为是否合法有效的问题。在保护性法律关系中一般谈及的是公民的责任能力,因为它是由违法行为引起的,涉及的是对行为人的制裁和惩罚的问题,只有行为人具有责任能力才能确定对其是否实施制裁或惩罚。

第四,对于公民来说,具有行为能力必须先具有权利能力,但具有权利能力不一定具有行为能力。但对于法人来说,具有权利能力的同时也就具有行为能力,只具有权利能力不具有行为能力的法人是不存在的。

四、法律关系的客体

(一) 概念

法律关系客体是指法律关系主体之间权利、义务所指向的对象,是构成法律关系的要素之一,也是一定利益的法律表现形式。

(二) 法律关系客体的种类

1. 物

这里的物指的是具有法律意义的客观实体。客观世界的物要成为法律关系的客体须具备以下条件:第一,得到法律之认可。哪些物可以作为法律关系客体应源于法律的具体规定。第二,能为目前人类自身的能力所认识和控制。例如,闪电、南极的冰山、某些行星上的存在物等不能为目前人类的科学技术所控制和利用,因此不能成为法律上的物。第三,能够给人类带来某种物质利益,具有使用价值,即能够满足人类的物质需求。第四,具有稀缺性,具有价值。价值是建立在物的稀缺性的基础上的,某一物的供给非常丰沛,比如正常条件的空气和河水,人们没有交换的必要,因此它们不会成为法律上的物。第五,具有独立性。不能脱离主物存在的物只是主物的组成部分,不能作为独立的物成为法律关系的客体,如汽车上的方向盘、门窗上的把手。

在我国,大部分天然物和生产物都可成为法律关系客体,但以下一些物不得进入国内商品流通领域,故不能成为私人法律关系客体:(1)人类公共之物或国家专有之物,如山川、海洋、水流、名胜古迹、珍稀动植物;(2)文物;(3)军事设施、武器;(4)危害人类之物,如毒品、假药、淫秽书刊等。

2. 人身权益

人身权益是与人的身体器官相关联的利益形态。它既表现为一种物质形态,也体现为人的精神利益。在现代社会,随着科学和医学的发展,输血、植皮、器官移植、精子提取、冷冻胚胎等现象大量出现,同时也产生了一系列的法律问题。这样,人的身体的某些部分与人的整体相脱离情况越来越普遍,进而更多地成为法律关系客体。

特别提示:

(1)活人的整个身体不能被视为法律上的物。人不能卖身为奴,贩卖、拐卖人口是为法律所禁止的违法行为。

(2)权利人对自己的身体不得进行违法或有伤风化的活动,不得滥用人身或自践人身、人格。例如,卖淫、自杀、自残行为属违法行为或至少是法律不提倡的行为。

(3)对于维系人体生存越是重要的身体器官和人身利益,流通时受到法律的限制就越大。重要的人的身体器官不能作为商品买卖关系中的客体,但可以作为捐赠法律关系中的客体。

3. 智力成果

智力成果是指人通过智力劳动所创造出来的精神产品,如科学发现、技术成果、商标设计、学术著作、文艺作品、电脑软件、数据信息等。智力成果通常以一定的物(如纸张、胶片、磁盘、图纸)为载体存在,但其价值并不在于物质载体本身,而在于物质载体中所包含的信息、知识、技术、标识(符号)和其他精神因素。同时,智力成果又不同于人的主观精神活动本身,它是人的主观精神活动的物化、固定化。智力成果属于非物质财富,构成许多法律关系的客体。

4. 行为

行为也是一类重要的法律关系客体,如酒店为顾客提供的服务、子女对父母的赡养、演出合同关系中演员的表演等。在这类法律关系中,法律关系主体的权利和义务都是围绕着特定的行为而建立起来的。在通常情况下,作为法律关系客体的行为是指义务人按照法定或约定的义务必须实施的行为,既包括作为和不作为的情形,也包括有结果之行为和无结果之行为的情形。

五、法律关系的内容

法律关系的内容为法律关系主体的权利和义务。关于权利和义务,可作如下理解:

第一,法律关系中的权利和义务是法律规范中的权利和义务在法律关系层面的具体呈现。在立法层面权利和义务表现为规范,在具体的法律关系中权利和义务表现为取得或付出一定利益,这些利益是以法律关系客体为表现方式的。

第二,在平权型法律关系中,法律关系主体可以在法律允许的范围内自行设定权利和义务。在隶属型法律关系中,法律关系主体不能自行设置权利和义务,但可以在"法无授权无权力,法无禁止即可为"的原则下进行权利和义务的推定。

第三,在法律关系中应该强调权利和义务具有一致性。没有无权利的义务,也没有无义务的权利。这与权利本位理论并不冲突。"权利本位"是从价值上说的。从价值意义的角度看权利义务关系,权利是目的,义务是手段;法律设定义务的目的在于保障权利的实现,权利是第一性的因素,义务是第二性的因素,权利是义务存在的依据和意义。

"权利本位"只是表明权利和义务在价值上的关系,并不意味着在法律规范中权利条款一定多于义务条款。其实,从法律制度的具体设计来看,无论是公法还是私法,更多的是义务条款多于权利条款。因为法律确定的是制度,制度就是给人定规矩,所以义务更能体现这种规矩的特色。因为义务具有确定性,提供的是确定性的指引,所以它更能体现规则的特色。从制度设计的角度讲,即使在劳动法、消费者权益保护法这样的权利保护法中,一般也是义务条款比权利条款多。这是因为规定用人单位、生产者、销售者的义务比直接规定劳动者、消费者的权利更具有现实意义,对权利的保护也更具有可操作性。因此,如果某一法律围绕着保护人的权利而设定义务,即使义务再多,它也是权利本位法。所以说,不能从义务条款的多少来确定它是权利本位法还是义务本位法。

"权利本位"也不意味着在法律关系中权利一定优先于义务,而是权利和义务具有一致性。现代的法律关系是在平等性原则下产生的,而这种平等性就体现为主体间权利义务的一致性。因此,不允许某些主体只享有权利不承担义务,也不允许某些主体只承担义务不享有权利。

六、法律关系的产生、变更和消灭

(一) 法律关系的产生、变更和消灭的条件

法律关系的产生、变更和消灭需要具备一定的条件,其中最主要的条件有二:一是法律规范;二是法律事实。法律规范是法律关系产生、变更和消灭的法律依据,没有一定的法律规范就不会有相应的法律关系。但是,法律规范的规定只是主体权利和义务关系的一般模式,还不是现实的法律关系本身。法律关系的产生、变更和消灭还必须具备直接的前提条件,即法律事实。它是法律规范与法律关系联系的中介。

所谓法律事实,就是法律规范规定的能够引起法律关系产生、变更和消灭的客观情况或现象。其一,法律事实是一种客观的外在现象。其二,法律事实是由法律规定的具有法律意义的客观现象或情况。在此意义上,与人类生活无直接关系的纯粹的客观现象(如宇宙天体的运行)就不是法律事实。

(二) 法律事实的种类

依照是否以人们的意志为转移作标准,可以将法律事实大体上分为两类,即法律事件和法律行为。

1. 法律事件

法律事件是法律规范规定的不以当事人的意志为转移的能够引起法律关系产生、变更或消灭的客观事实。法律事件又分成社会事件和自然事件两种。前者如社会革命、战争等,后者如人的生老病死、自然灾害等,这两种事件对于特定的法律关系主体(当事人)而言都是不可避免的,是不以其意志为转移的。同时,由于这两种事件的出现,法律关系主体之间的权利和义务关系就有可能产生,也有可能发生变更甚至完全归于消灭,如自然灾害导致合同不能履行。

2. 法律行为

法律行为可以作为法律事实而存在,能够引起法律关系产生、变更和消灭。例如,依法登记结婚行为导致婚姻关系的成立。又如,犯罪行为产生刑事法律关系,也可能引起某些民事法律关系(损害赔偿、婚姻、继承等)的产生。

特别提示:

第一,在研究法律事实问题时,我们还应当看到这样两种复杂的现象:(1)同一个法律事实(事件或者行为)可能引起多种法律关系的产生、变更和消灭。例如,一个侵害行为既可能引起民事法律关系的产生,也可能同时引起刑事法律关系的产生。又如,某个医生的失职行为既可能导致医疗合同关系发生变更,也同时可能导致侵权法律关系的形成。这就是通常所说的"责任竞合"。(2)两个或两个以上的法律事实引起同一个法律关系的产生、变更或消灭。例如,房屋的买卖,除了双方当事人签订买卖协议外,还须向房管部门办理登记过户手续方有效力,当事人之间的房屋买卖关系也才能够成立。又如,股票赠与合同以及与股票权益有关的委托合同,不但要有协议,同时还要办理公证手续,合同才能发生效力。在法学上,人们常常把两个或两个以上的法律事实所构成的一个整体称为"事实构成"。

第二,法律事件和法律行为最基本的区分是看有无当事人的意志,当事人以外的人有无意志的行为不能作为区分法律行为和法律事件的根据。如果当事人以外的行为当事人无法控制,那么这对于当事人来说是法律事件。例如,甲杀死乙的行为,导致乙和丙的合同关系消灭,甲的行为是作为一种法律事件对乙和丙的法律关系发生作用的。

阅读材料

从"人可非人"到"非人可人"[①]

2005年11月13日,中国石油天然气股份有限公司吉林石化分公司双苯厂(101厂)苯胺车间因操作错误发生剧烈爆炸并引起大火,导致100吨苯类污染物进入松花江水体(含苯和硝基苯,属难溶于水的剧毒、致癌化学品),导致江水

---

① 参见李拥军:《从"人可非人"到"非人可人":民事主体制度与理念的历史变迁——对法律"人"的一种解析》,载《法制与社会发展》2005年第2期。

硝基苯和苯严重超标，造成整个松花江流域严重生态环境破坏。2005年12月7日，北京大学法学院三位教授及三位研究生向黑龙江省高院提起国内第一起以自然物（鲟鳇鱼、松花江、太阳岛）作为共同原告的环境民事公益诉讼，要求法院判决被告赔偿100亿元人民币用于设立松花江流域污染治理基金，以恢复松花江流域的生态平衡，保障鲟鳇鱼的生存权利、松花江和太阳岛的环境清洁权利以及自然人原告旅游、欣赏美景和美好想象的权利。鉴于本案标的额巨大，且涉及环境公益诉讼，原告方同时提出了减免诉讼费用的申请。黑龙江省高院最终没有受理该案件，但该案件在法学界、实务界引起了巨大反响。

假设黑龙江省高院受理此案，鲟鳇鱼、松花江、太阳岛等物就被赋予了诉讼主体的资格，因此也就有了"人格"而成为"法律意义上的人"。而在国外，自然人以外的实体成为诉讼主体的案例并不少见。1975年，美国纽约南区联邦地区法院曾审理了一桩以拜拉姆河的名义起诉岸边一家污染企业的诉讼案。1978年1月27日，美国赛拉俱乐部法律保护基金会和夏威夷杜邦协会代表仅存的几百只帕里拉属鸟提出一份诉状，要求停止在该鸟类的栖息地上放牛、放羊，此即著名的帕里拉属鸟诉夏威夷土地与资源管理局案；1979年6月，该联邦地区法院作出裁决，夏威夷土地与资源管理局被要求必须在两年内完成禁止在芒斯那基火山放牧的工作。1995年3月23日，以在日本鹿儿岛内生存的4种珍稀鸟类为原告，几名日本公民以代理人的身份在鹿儿岛地方法院提起诉讼，请求法院判决禁止政府批准高尔夫场的建设。

"人格"一词来源于拉丁语"persona"，原指戏剧中的面具，后来也指扮演剧中角色的演员。古希腊斯多葛哲学基于人的自然存在，最早赋予"persona"以哲学上的"人格"意义，即理性的独立存在的实体。古罗马人在此基础上最早赋予"persona"以法律上的"人格"含义。在古罗马，狭义的"persona"是指具有一定声望和尊严而享有法律地位的自由人，生物学意义上的人则用"homo"一词表示。也就是说，西方从传统上就有两种意义上的"人"，一种是"human"意义上的人，即生物学意义上的人；一种是"person"意义上的人，即法律意义上的人。

古罗马人之所以使用"人格"的概念，是为了将现实中的人区分开。进一步来说，是想把某些人排除在法律之外。既然"persona"有面具的意思，那么也就是说，只有戴上面具的人才能是法律意义上的人，而被禁止戴这个面具或被摘下了这个面具的人就会被排除在法律关系之外。这个面具就是"人格"，就是我们通常说的"权利能力"，即一个人成为法律关系主体进而享有法律权利、履行法律义务的资格。

在古罗马时期，确实有一部分人不能戴上这个面具，比如奴隶。在罗马法上，奴隶被视为家族的财产，正如《法学阶梯》所定义的："奴隶是根据万民法的制度，一人违反自然权利沦为他人财产的一部分。"用亚里士多德的话说："奴隶是会说话的工具。"比如"家子"。在古罗马人的家庭结构中，法律主体仅限于"家父"，"家子"（包括家庭内的妇女、卑亲属、奴隶）对外均没有法律人格。家庭内部就像一个有主权的政治单元，其中家父握有统一的至高无上的权力，称为"家父权"（mancipatio）。梅因在其《古代法》中这样叙述道："父有权取得其子的全部取得物，并享有其契约的利益而不牵涉到任何赔偿责任。""父对其子有生死之权，更毋待论的，具有无限制的肉体惩罚权；他可以任意变更他们的个人身份；他可以为子娶妻，他可以将女许嫁；他可以令子离婚；他可以用收养的方法把子女移转到其他家族中去；他并且可以出卖他们。"

可见，无论是奴隶还是"家子"，虽然都是生物学意义上的人，但因不具有法律上的人格而不被承认为法律意义上的人，正可谓"人可非人"。

在西欧封建社会，封建经济关系取代了奴隶制经济关系，社会中个人的身份等级也随之发生了变化，奴隶由被完全否定权利义务的客体变为享有一部分权利义务的主体的农奴或农民。教会法在重新解释罗马法后，注入了一些平等或个人自由意志的理念。但农奴并不是真正意义上的法律"人"，充其量也只能算准法律"人"或准民事主体。因为农奴并没有完全摆脱对封建主的人身依附，他们在法律上虽享有一些权利，不会像奴隶那样被任意体罚或杀害，但他们仍属于领主的财产，在人身上没有自由，须受领主支配，也可被当作财产转让或出卖。教会法虽然反对奴隶制度，认为一个基督徒以另一个基督徒为奴隶是一项罪恶，但同时又不反对世俗中的压迫。因此，基督教的平等思想从来没有在世俗法律中实行过。故总体而言，18世纪以前的社会仍然是一个身份型的社会，法律中的"人可非人"的基调并没有彻底改变。

随着资本主义的兴起，市民社会的壮大，文艺复兴和启蒙时期思想的洗礼，个人主义、主体平等等思想的熏陶，加之资产阶级革命的催化，到19世纪，近代民法获得极大的发展。而这种发展首先表现在对古代民法主体不平等的否认和对所有自然人人格的恢复上。1804年《法国民法典》第8条规定，"所有法国人均享有私权"。这一规定引申出一个重要含义：有资格成为法国民法上的法律主体的是一切法国人。《奥地利民法典》第16条规定，"在法律规定的要件之下，每个人皆能够取得权利"。该法典在平等对待本国人和外国人的基础上,最先提出了"一般性权利能力"的概念。从此,"权利能力一律平等"被作为人法的核心确立下来,并成为近代民法三大原则的基础。1900年《德国民法典》以权利能力来表述民法中"人"的概念,认为自然人是平等的"自然状态的人",权利能力属于每一个具有自然人特征的实体。《瑞士民法典》同时使用"人格"和"权利能力"两个概念,并在第11条中规定所有人都享有平等的权利能力。至此,传统民法中的"人可非人"的制度与理念被彻底否定,一切自然人都被赋予平等的人格。这种一切自然人的权利能力平等的思想一直延续至今,是现代民法的理论基石。

而法律主体演进的步伐并没有就此停止,一些非人实体开始进入诉讼,法律主体又呈现出一种"非人可人"的趋势。① 先前国外的判例就证明了这一点。其实,理论界对动物等生命体权利的确认比司法界更早更快。早在美国南北战争时期,自然保护主义者约翰·缪尔就提出了大自然拥有权利的思想,认为动物有天赋的权利。美国学者纳什在《大自然的权利》一书中宣传生物圈平等主义,认为自然和其他生物都有内在价值。澳大利亚学者彼得·辛格1995年在《动物的解放》一书中写道:"动物是具有与人类相同的重视自己生命的能力的动物,具有'固有价值'和'对生命的平等的自然权'。"1971年,美国南加利福尼亚大学法律哲学教授克里斯托弗·斯通在《南加利福尼亚法律评论》上发表了题为《树木拥有法律地位吗?》的论文,提出一个前无古人的观点:我们的社会应当"把法律权利赋予森林、海洋、河流以及环境中其他所谓的'自然物体'——作为整体的自然环境"。但是,它们如何起诉呢?斯通援引监护人或受托管理人这个广为人知的法律概念来回答这一问题:婴儿或弱智者的利益通常是由合法的监护人来代表的,扩展这一原则,就能使森林、海洋、河流和生态系统在美国司法系统中获得"一席之地"。法官威廉姆斯·道格拉斯认同并接受了斯通的观点,并认为应将美国著名的塞拉俱乐部诉墨顿(1972年,墨顿是美国的内政部长)案改为矿石王国诉墨顿案。在他看来,这样能"提高自然客体的法律地位,使它们能够保护自己而起诉"。道格拉斯进一步指出,美国法院为什么不向河流、湖泊、河口、沙滩、山脉、森林、沼泽地甚至空气开放呢?人类理应成为我们利益的代言人。随后,道格拉斯又在1974年发表的《树林应有诉讼资格:自然体法律权利》一文中指出:"既然法律可以赋予不能说话、没有意识的国家、公司、婴儿、无行为能力的

---

① 参见彭诚信:《论民事主体》,载《法制与社会发展》1997年第3期。

人、自治城市和大学等法律资格,可以设定它们的保护人或代理人,为什么法律不能赋予自然物体以法律资格?"

从"人可非人"到"非人可人"的进程中我们可以看出,法律主体的范围正经历着一个逐步扩展的过程,在这其中社会的文明与进步是其运动的动力。古罗马人虽然创造了辉煌的罗马法,但他们毕竟处在简单的商品经济以及相对落后和野蛮的奴隶制时代,所以他们的法律必然是为极少数"上等人""自由人"服务的,相应地在他们的法律中享有权利的主体也必然是这些少数人,大多数人被排除在权利主体之外,从而民事主体的范围也就只能及于这些少数人,"人可非人"不可避免。在黑暗的中世纪,由于农奴对封建主的依附关系依然存在,这种趋势也不可能得到根本性的改变。在中世纪的中后期,随着海上贸易的发展和自治城市的出现,商品经济开始萌芽并发展起来,越来越多的人摆脱封建枷锁,市民阶级逐渐壮大,文艺复兴和思想启蒙运动为人类开启了思想解放的闸门,"我思故我在""我欲故我在""天赋人权""人是万物之灵长、宇宙之精华"等要求人权和自由的口号汇成的滚滚洪流无情地冲激神权、王权的大厦,使其千疮百孔、摇摇欲坠,直至被资产阶级革命抛进历史的垃圾堆。在这种背景下,人生而平等的思想不可能不渗透到民事法律中。因此,19世纪反映资产阶级思想和利益、调整资本主义生产关系的一系列民法典最突出的特征就是对所有自然人人格平等的确认。在现代社会,法律界对动物等实体是否有权利能力、是否赋予其主体资格的讨论也从一个侧面反映了社会文明的进步和人的价值的提高。

在现代民法中,民事主体已经远远超出了自然人的范围,众多非自然人实体已经或可能与自然人相并列而成为法律主体,"非人可人"的趋势正在增强。但我们必须清楚一点,这些非人类实体的加盟,归根结底还是为人而存在的,传统的"民法是人法"的理念并没有过时。动物等实体并不能天然地成为法律中的"人",它们的主体地位无非来源于立法者的抽象和虚拟,而这种抽象和虚拟是基于现实中人的需要。将它们列入法律主体表面上是为了保护它们的利益,实际上是为了更好地保护现实人的利益。对人的生命的延展,实际是对现实人的利益的延展:每当想到连动物都有权利受到法律的保护时,我们还有什么理由不热爱自己和他人的生命与权利呢?

我们虽然反对人类中心主义,但仍然要坚持以人为本的理念,否则反人类中心主义的理论又是为谁服务的呢?我们之所以反对人类中心主义,是因为那种人类霸权式的生存方式会导致物种的灭亡、生态的危机,最终殃及人类。将动物等列入法律主体加以保护不过是当前最为有效的一种维持生态平衡、促进人类发展的方式而已。借用斯通的话来解释这一点:既然法律可以赋予不能说话的国家、公司、胎儿等法律资格,为什么人类不能赋予动物等生命实体法律资格呢?由此看来,法律主体资格的产生与消亡在某种程度上又取决于人的需要。

经典案例

"荷花女"名誉权纠纷案

吉文贞,1925 年出生在上海一个曲艺之家,曾红极一时,1944 年病故。1985 年起,魏锡林以吉文贞为原型人物创作小说。1987 年,《今晚报》副刊对小说配插图进行连载。小说在内容中使用了吉文贞的真实姓名和艺名,除部分写实外,还虚构了部分有关生活作风、道德品质的情节。在小说连载过程中,吉文贞之母陈秀琴及其亲属以小说损害了吉文贞的名誉为由,先后两次找到报社要求停载,但遭拒。1987 年 6 月,陈秀琴向天津市中院起诉,主张魏锡林未经其同意在小说《荷花女》中故意歪曲并捏造事实,侵害了已故艺人吉文贞和自己的名誉权,《今晚报》未尽审查义务致使损害扩大,要求停止侵害,恢复名誉,赔偿损失。

天津市中院判令,魏锡林和《今晚报》报社分别在《今晚报》上连续三天刊登道歉声明,为吉文贞、陈秀琴恢复名誉,消除影响,并各赔偿陈秀琴 400 元。同时,魏锡林停止侵害,其所著小说《荷花女》不得再以任何形式复印、出版发行。《今晚报》报社、魏锡林不服,向天津市高院提起上诉。天津市高院在认定天津市中院判决合法的基础上,主持双方达成调解协议。

天津市中院参照文化部颁发的《图书、期刊版权保护试行条例》第 11 条"作者死亡后,由作者的合法继承人或文化部出版事业管理局保护其不受侵犯"的规定精神,认定公民死亡后,其生前享有的名誉权等权利仍受法律保护。案件审理期间,天津市高院曾向最高人民法院发函请示意见。1989 年 4 月 12 日,最高人民法院通过复函的形式答复,死者名誉权应受到保护,其母有权提起诉讼。最高人民法院的复函更成为审理此类案件的重要参照。

【说明】"荷花女"案成为我国首例在司法实践中确认保护死者名誉权的案件,开启了保护死者人格利益的先河。这一案件在当时引起了法学理论界和实务部门的广泛讨论。最高人民法院在批复中使用了"死者名誉权"的概念,按照一般的逻辑推导,法律权利应属法律主体,法律主体只有先取得权利能力,才有享有法律权利的可能,既然死者有名誉权,也就说明死者有权利能力,是法律主体。由此,许多学者认为,我国已经承认死者可以成为某些法律关系的主体,享有法律人格。这个案例也可说明,近现代以来民事主体的发展进入一个"非人可人"的阶段。

金句法谚

1. 人的本质不是单个人所固有的抽象物,在其现实性上,它是一切社会关系的总和。

——〔德〕卡尔·马克思

2. 现代契约关系并非一串简单的个别性交易。恰恰相反,现代技术的复杂性需要有将最特定最可度量的交换联结到持续进行的关系模式中的过程和结构。

——〔美〕Ian R. 麦克尼尔

3. 自然人从出生时起到死亡时止,具有民事权利能力,依法享有民事权利,承担民事义务。

——《中华人民共和国民法典》第 13 条

4. 法律关系,一般来说,从一个人看是他的"权利",从另外一个人看就是一种义务,或者说是一种法律上的约束。

——〔德〕卡尔·拉伦茨

5. 所有的具体法律关系都是通过法规则而界定的人与人之间的联系。

——〔德〕萨维尼

习题精选

习题 1:

1995 年 3 月 23 日,以在日本鹿儿岛内生存的 4 种珍稀鸟类为原告,几名日本公民以代理人的身份在鹿儿岛地方法院提起诉讼,请求法院判决禁止政府批准高尔夫场的建设。如果法院受理此案并判决该 4 种珍稀鸟类胜诉,则说明:( )

A. 在此案中鸟类具有权利能力,但不具有行为能力

B. 在此案中鸟类具有行为能力,但不具有权利能力
C. 在此案中鸟类具有享有一定权利和承担一定义务的法律资格
D. 在此案中鸟类是法律关系的主体,不是法律关系的客体

【解析】 本题考查的是法律关系主体的权利能力和行为能力的关系问题。权利能力是指能够参与一定的法律关系、依法享有一定的权利和承担一定的义务的法律资格,是某一实体能否成为法律关系主体的前提性条件。也就是说,它表征了一个实体能够与他人建立法律关系、成为法律关系主体的资格。因此,一个实体欲成为法律关系的主体,它就必须先具有相应的权利能力;或者说,一个实体如果已经成为法律关系的主体,那么他(她)或它就一定具有相应的权利能力。行为能力是指法律关系主体能够通过自己的行为取得权利、履行义务的能力。具有权利能力是具有行为能力的前提。也就是说,某一实体只有在具有法律关系的主体资格以后,才能谈得上通过自己的行为取得权利和履行义务的问题。因此,某一实体具有权利能力,但不一定具有行为能力;某一实体若具有行为能力,他(她)或它肯定已经具有权利能力。从本题所表述的内容看,日本鹿儿岛上的4种珍稀鸟类为本案法律关系的主体,几名日本公民只是它们的诉讼代理人而已。因此,我们可以推断出,在此案中它们已经具有权利能力,具有享有一定权利和承担一定义务的法律资格,只是还没有能力以自己的行为实际取得权利和履行义务,即还不具有行为能力。综上所述,A、C、D选项的表述是正确的。

习题 2:

甲、乙均为某商场从事海鲜生意的个体工商户,某一时期甲多次以低于成本的价格出售海鲜产品。乙以甲的行为损害了自己的利益为由,多次制止甲的行为,但甲依然如故。乙遂向当地工商机关举报,工商机关认为甲的行为属于以排挤竞争对手为目的的不正当竞争行为,于是对其进行了罚款。甲不服工商机关的处理结果,遂向当地法院提起行政诉讼。当地法院经审理认为,甲虽以低于成本的价格销售海鲜产品,但并不构成不正当竞争行为,遂撤销了工商机关的行政行为。就以上案例下列表述正确的有:

A. 本案中既存在平权型法律关系又存在隶属型法律关系
B. 本案中既存在第一性的法律关系又存在第二性的法律关系
C. 本案中引起甲和工商机关之间法律关系产生的条件是法律事件

D. 本案中因工商机关的行政行为被撤销而甲不再承担相应的行政责任的情况属于法律责任的免除

【解析】 本题中,甲、乙均为某商场的个体工商户,因此他们之间的法律关系是发生在平等主体之间的平权型法律关系。工商机关和甲之间的法律关系是发生在管理者与被管理者之间的法律关系,是不平等主体之间的法律关系,因此属于隶属型法律关系。所以,A项的表述是正确的。第一性的法律关系,是指人们之间依法建立的不依赖其他法律关系而独立存在的或在多向法律关系中居于支配地位的法律关系。由此产生的居于从属地位的法律关系是第二性的法律关系。一般说来,实体法律关系属于第一性的法律关系,程序性的法律关系属于从属地位的法律关系。本题中,工商机关依法对甲进行处罚,因而在两者之间发生的法律关系为第一性的法律关系,甲和工商机关之间形成行政诉讼关系属于第二性的法律关系。因此,B项的表述是正确的。本题中,引起甲和工商机关之间法律关系产生的条件是法律行为,即工商机关对甲进行处罚的行为,不是法律事件。因此,C项表述是错误的。法律责任的免除,是指本来应负法律责任但由于出现法定条件法律责任被部分或全部免除的情况。在本题中,甲的行为不构成不正当竞争,本就不应负法律责任,不属于本来应承担法律责任而后被免除的情况。因此,D项的表述是错误的。综上所述,A、B是正确选项。

第六章
Chapter 6

法律责任

章前提示

法律责任是基于某种法律事实或法律的规定而应该承担的某种不利的法律后果。它是国家对违反法定义务、超越法定权利界线或滥用权利的违法行为所作的法律上的否定性评价和谴责,是国家强制某些主体作出一定行为或禁止其作出一定行为,从而补救受到侵害的合法权益,恢复被破坏的社会关系和法律秩序的手段。它是违反了第一性义务而引起的第二性义务或国家为了恢复利益的平衡直接赋予某些主体的义务,是实施制裁的前提和基础。由于法律责任意味着国家赋予某些主体一定的负担,因此必须对国家在法律责任认定和归结上实施必要的限制。正因如此,责任法定、责罚相当、责任自负等原则才是必需的。

原理阐释

一、法律责任的概念

(一) 法律责任的含义和本质

法律责任是指因违反法定义务、违约行为或由于法律规定而应承受的某种不利的法律后果。总体上讲,可以从以下几点理解法律责任:

(1) 法律责任是国家对当事人在法律上的否定性评价。

（2）法律责任是当事人因法定事由而招致的法律上的不利后果。

（3）法律责任是国家为了维护自身统治秩序的需要而强制性地分配给某些社会成员的一种负担。

（4）法律责任是当事人应承担的一种特殊意义上的义务，是因为不履行第一性义务而招致的第二性义务。

（5）承担法律责任的最终依据是法律，它具有国家强制性。当事人不能主动履行时，国家可以动用强制力来保证责任得到履行。

（6）引起法律责任的事由可以是违法行为、违约行为或法律的直接规定。此中的行为可以是责任人自己的行为，也可以是责任人以为的其他人的行为。

（二）法律责任的本质

法律责任的本质，是从更深层次回答法律责任是什么和为什么的问题。西方法学家在研究法律责任时，就法律责任的本质问题提出了不同的理论。其中，影响较大的有"三论"，即道义责任论、社会责任论和规范责任论。这三种理论最终探讨的是，人在实施危害社会或者说侵害法益的行为之后，国家为什么能够对该行为进行制裁或惩罚。

1. 道义责任论

道义责任论是以哲学和伦理学上的非决定论（又称"自由意志论"）为理论基础的。它假定人的意志是自由的，人有控制自己行为的能力，有自觉行为和行使自由选择的能力。既然如此，人就应该对自己基于自由意志实施的违法行为负责。由于违法行为系行为人自由选择之结果，因此行为人应受到道德伦理上的谴责。这是传统的过错责任成立的基础。

2. 社会责任论

社会责任论是以哲学和伦理学上的决定论为理论基础的。它假定一切事物都有其规律性、必然性和因果制约性。既然如此，违法行为的发生并不是由当事人自由意志而是由社会客观条件决定的，当事人没有选择犯罪行为与合法行为的自由，因此对当事人实施惩罚就不能以其有无自由意志为依据，而应以其行为的社会危险性如何来决定。这样，便为实用理由的嵌入开放出了空间，即对当事人的惩罚源于能够达致更好的社会控制效果这一目的。这是无过错责任或严格责任成立的理论基础。

3. 规范责任论

规范责任论强调，对一个人科处责任，取决于他（她）的回应性态度的适合程度。即仅仅具有责任能力，具有故意、过失这种心理要素是不够的，还要考虑行为人在一般社会标准下被期待作出合法行为的可能性。① 行为人之所以被谴责，是因为本来可以期待他（她）从事合法行为，但是他（她）却决定从事非法行为。当行为人从事合法行为不具有期待可能性时，其责任的可非难性就被消解了。② 在这个意义上说，规范责任论与期待可能性理论是同一理论。③ 规范责任论是对道义责任论和社会责任论的超越。当下，基于德、日刑法理论建立起来的三阶层犯罪构成体系中的"有责性"部分就是以规范责任论为基础的。

二、法律责任的构成

法律责任的构成是指认定法律责任时必须考虑的条件和因素。因为责任会给责任主体带来不利的后果，所以科学地设定法律责任的构成要件对于保护公民权利、限制国家权力、实现公民自由与国家秩序之间的平衡具有重要意义。因为实践中的法律责任形式是复杂的，所以它们对责任构成的需求也是不同的。传统的基于违法行为和违约行为的法律责任，其构成一般需要责任主体、违法行为或违约行为、主观过错、损害结果、因果关系五个要件。但有些特殊性的民事责任，如无过错责任、公平责任等，其构成只需要部分要件即可。对所有法律责任形式来说，责任主体、违法或违约行为、因果关系都是必备要件，而主观过错和损害结果不是法律责任构成的必备要件。

（一）责任主体

责任主体是指因法定事由而应当承担法律责任的主体，包括自然人、法人和其他社会组织。虽然责任主体是一切形式的法律责任构成的必备要件，因为没有主体，就没有承担责任的对象，责任的存在也就没有了意义，但是，责任主体在

---

① 参见黎宏：《关于"刑事责任"的另一种理解》，载《清华法学》2009 年第 2 期。
② 参见车浩：《责任理论的中国蜕变——一个学术史视角的考察》，载《政法论坛》2018 年第 3 期。
③ 参见张明楷：《外国刑法纲要》，清华大学出版社 1999 年版，第 194 页。

具体的刑事责任和民事责任实践中所呈现出的样态和发挥的功能具有明显的不同。在刑事领域,行为主体和责任主体必然是合一的,在罪责自负原则下,现代刑法不允许由行为人以外的主体来承担替代责任。而在民事领域,行为主体和责任主体则可能是分离的,经常存在行为主体实施侵害却由另一主体承担责任的情况。此外,刑法和民法对责任主体责任能力的要求也不同。在刑事领域,行为主体若不具备责任能力,则绝对不承担责任。因为对心智不全的人进行惩罚,起不到任何法律效果,也没有任何社会意义。而在民事领域,即使侵权人没有责任能力甚至是死者,只要拥有或留有财产,出于损害填补的需要,也不能免除其侵权赔偿责任。①

(二) 行为

行为是所有法律责任形式构成的必备要件。没有某一主体实施的行为,就不会产生损害、赔偿、补偿、制裁的问题,因此也就不会产生责任。导致责任产生的行为包括违约行为、违法行为和合法行为。违约行为是违约责任的构成要件。违法行为是刑事责任、行政责任和一般的民事侵权责任的构成要件。因无因管理、见义勇为、紧急避险等合法行为,管理人或行为人遭受损害而由受益方承担的补偿责任,则不需要行为人违法这一要件。由合法行为产生的责任表达的不是"违法者""赔偿"的问题,而是"受益者""补偿"的问题。

导致责任发生的行为可以表现为作为和不作为两种形式。作为是指人的积极的身体活动。行为人直接实施法律所禁止或合同所不允许的事,自然会导致法律责任。不作为是指人的消极的身体活动。行为人在能够履行自己应尽义务的情况下不履行该义务,如不做法律规定应做的事或不做合同中约定的事,也要承担法律责任。

导致责任发生的行为可以是责任主体自己实施的行为,也可以是责任主体以为的行为。对于刑事责任来讲,必须是责任主体只能对自己的行为承担责任。对于民事责任来讲,在某些情况下责任人对别人的行为也要承担责任。例如,由监护人、管理人承担的替代责任,用人单位承担其工作人员因执行工作任务造成他人损害的雇主责任,实际实施侵害的主体无法承担责任而由负有安保义务的主体或受益主体承担的补充责任,等等。

---

① 参见程啸:《侵权行为法总论》,中国人民大学出版社2008年版,第66页。

(三) 主观过错

主观过错是以刑事责任为主的公法责任的必备要件,而在民事领域,只有在过错责任中,主观过错才是必备要件,无过错责任和公平责任都不需要行为人主观上有过错。主观过错包括故意和过失两类。故意是指明知自己的行为会发生危害社会的结果,并且希望或者放任损害结果发生的心理状态。过失是指应当预见自己的行为可能发生损害他人、危害社会的结果,因为疏忽大意而没有预见,或者已经预见但轻信能够避免,以致发生损害结果的心理状态。

即使在主观过错为必备要件的责任中,它在刑事领域和民事领域所发挥的作用也是不同的。因为刑事责任的功能在于惩罚,所以它强调行为人道德上的可非难性的认定。因此,在刑事领域,不但要区分故意和过失,而且要将故意区分为直接故意和间接故意,将过失区分为疏忽大意的过失和过于自信的过失。没有故意和过失,即主观犯意,行为人不承担刑事责任。在民事领域,在一般情况下,区分故意和过失、重过失和轻过失对于确立民事责任通常没有什么实际意义,因为民事责任的基本形式是赔偿损失,原则上损失多少赔偿多少,不会因为是故意就多赔、是过失就少赔,只有在混合过错、共同过错等情况下,上述区分才有实际意义。[①]

(四) 损害结果

损害结果是民事责任构成的必备要件。民事责任的功能在于损害填补,没有损害自然就失去了填补的意义。某一行为如果没有造成受害人损害,那么无论从道德上看该行为多么恶劣,都不构成侵权行为,也无所谓侵权赔偿。在刑法中,因为强调的是基于犯罪人的过错而对其行为进行的惩罚,所以许多犯罪行为的成立并不以造成实际损害后果为要件。通常只有在过失犯、数额犯(诈骗罪、贪污罪、受贿罪等)和具有特定危害后果的犯罪(如重大责任事故罪等)中才以实际损害后果为构成要件,而在举动犯、行为犯、危险犯、持有型犯罪以及预备、未遂、中止等未完成形态犯罪构成中均不需要有实际损害后果。

[①] 参见魏振瀛、王小能:《论构成民事责任条件中的过错》,载《中国法学》1986年第5期。

(五)因果关系

因果关系是所有法律责任构成的必备要件。在认定和归结法律责任时,必须首先考虑因果关系,即引起与被引起关系,具体包括:(1)人的行为与损害结果或危害结果之间的因果联系,即行为人的某一行为是否引起了特定的物质性或非物质性损害结果或危害结果。(2)人的意志、心理、思想等主观因素与外部行为之间的因果联系,即导致损害结果或危害结果出现的违法行为或违约行为是否为行为人内心主观意志支配外部客观行为的结果。

由于损害结果在不同责任形式中发挥的作用不同,因此在不同的责任形式中对因果关系研究的侧重点也不同。在刑事责任中,因为损害结果并不是责任构成的必备要件,所以在刑法上更强调的是行为人的心智状况与具体行为之间的因果关系。而在民事责任中,因为损害结果是必备要件而主观过错不是必备条件,所以在民法上更强调的是行为与损害结果之间的因果关系。①

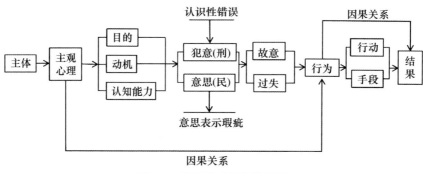

图 6-1 因果关系的具体逻辑

三、法律责任的种类

根据不同的标准,法律责任可进行不同的分类。

---

① See Peter Cane, *Responsibility in Law and Morality*, Hart Publishing, 2002, p.119.

(一) 过错责任、无过错责任和公平责任

根据主观过错在责任构成中的地位不同,可以把法律责任分为过错责任、无过错责任和公平责任。

所谓过错责任,是指以存在主观过错为必要条件的法律责任。换言之,承担这种责任以行为人有主观过错为前提,"无过错即无责任"。过错是一种对违反法益行为的道德上的评价,主要表现为故意和过失。应该说,刑事责任都是过错责任,而民事责任只有部分是过错责任。

所谓无过错责任,是指不以主观过错的存在为必要条件而认定的责任。换言之,承担这种责任不必要考虑行为人是否存在主观过错。随着社会的发展,现代侵权法的功能正在发生变化,原有的惩罚功能逐步为损害填补功能所取代。这样,侵权法也从"以加害人为中心"向"以受害人为中心"转变。相应而言,法律技术的中心和所侧重的对象也不再是侵权人的行为,而是受害人遭受的损害。在损害填补的目标下,法律更强调"有损害即有赔偿",而不太强调侵害行为的可非难性。在民事领域,责任的承担在很多情况下已经不再受过错的束缚,于是无过错责任开始大量出现。

所谓公平责任,是指在当事人对造成的损害都无过错,不能适用无过错责任要求行为人承担赔偿责任,但如果不赔偿受害人遭受的损失又显失公平的情况下,由法院根据当事人的财产状况及其他实际情况,责令行为人对受害人的财产损失给予适当补偿的一种责任形式。公平责任是以公平观念作为价值判断标准来确定的责任。对于公平责任是不是独立的法律责任形式,学术界尚有争议。有学者认为,所谓的公平责任,只是公平观念在民事领域的一种应用而已,并不能称为一种独立的法律责任。[①]

(二) 惩罚性责任和补偿性责任

按照责任实现方式的不同,可以把法律责任分为惩罚性责任和补偿性责任。[②]

---

① 参见张新宝:《侵权责任法(第五版)》,中国人民大学出版社 2020 年版,第 21 页。
② 参见孙笑侠:《公、私法责任分析——论功利性补偿与道义性惩罚》,载《法学研究》1994 年第 6 期。

所谓惩罚性责任,是指以惩罚或制裁为主要实现方式或目的的法律责任形式。惩罚的认定基础为行为人的主观过错,因此惩罚性责任更强调对行为人侵害法益行为道德上的可非难性的评价。损害后果在其中并不是最为重要的构成要素,有时行为虽然不存在客观损害,但也可以根据该行为的过错即恶性程度进行惩罚。刑事责任是典型的惩罚性责任,行政责任、经济责任也具有惩罚性。惩罚可以针对人身,也可以针对财产。

所谓补偿性责任,是指以补偿为主要实现方式或目的的法律责任形式。补偿性认定的基础是损害后果,主观过错在其中不是最为重要的构成要素。在有些情况下,当事人没有过错,但也要承担补偿性责任。民事责任是最为典型的补偿性责任。例如,一般来说,违约金只具有补偿对方所受损失的功能,不具有惩罚性,因此违约金支付有额度的限制。随着现代私法公法化趋势的出现,惩罚性违约金和惩罚性赔偿责任也开始出现,但这些只是特例。

(三) 财产责任和人身责任

根据责任承担内容的不同,可分为财产责任和人身责任。

所谓财产责任,是指以财产为责任承担内容的法律责任,如民法中的支付违约金、赔偿损失、返还原物,行政法中的罚款、查封、扣押、交付滞纳金,刑法中的罚金、没收财产等。

所谓人身责任,是指以人身、人格、精神为承担内容的法律责任,如行政法中的拘留、强制隔离、强制戒毒,刑法中的拘役、有期徒刑、无期徒刑、死刑,民法中的赔礼道歉等。

此外,根据责任承担程度的不同,法律责任可以分为有限责任和无限责任。根据引起责任的法律事实与责任人的关系的不同,法律责任可以分为直接责任、连带责任和替代责任。根据行为违反的法律规范性质的不同,法律责任可分为民事责任、行政责任、刑事责任、程序责任、违宪责任。

四、法律责任的认定和归结

(一) 法律责任的认定和归结的含义

法律责任的认定和归结,是指对因违法行为、违约行为或法律规定而引起的

法律责任进行判断、认定、追究、归结以及减缓、免除的活动。可以从以下几个方面来理解:

1. 法律责任的认定和归结是国家权力的专属事项

由于责任意味着要求某一主体承担不利的后果,因此只有国家才有资格成为认定和归结责任的主体。行使国家权力的主体是国家机关和授权组织。在我国,民事法律责任和刑事法律责任的认定和归结权属于人民法院或仲裁机构;行政法律责任的认定和归结权属于公安、工商、税务、环境保护、土地管理等具有特定职权的国家行政机关或仲裁机构;违宪责任的认定和归结权属于全国人民代表大会及其常务委员会。

2. 法律责任的认定和归结是依照法定程序进行的

认定法律责任并把它归结于责任主体,只能由具有归责权(追究权)的专门国家机关或授权组织通过特定的法律程序进行,由此赋予责任主体的不利后果才是合法有效的。

3. 对法律责任的认定和归结必须通过法律责任的构成要素来进行

法律责任是由一系列客观的要素构成的,对于责任的认定和归结必须通过这些要素来完成,即通过责任主体、主体行为、损害结果、主观过错、因果关系这些要素来完成。同时,法律责任的认定和归结必须是客观的,并且必须依据一定的标准进行。专门国家机关既不能任意创造或扩大法律责任,也不能任意消灭或缩小法律责任。

(二) 法律责任认定和归结的原则

认定和归结法律责任必须遵循一定的原则。根据我国法律的规定,适用法律认定和归结法律责任一般应遵循以下原则:

1. **责任法定原则**

责任法定原则是法治原则在归责问题上的具体运用,该原则的基本要求体现在:

(1)作为一种否定性的法律后果,法律责任应当由法律规范预先规定。在违法行为或违约行为发生后,应当按照法律规定的责任性质、范围、程度、期限、方式追究违法者、违约者或相关人员的责任。

(2)责任法定原则否定和摒弃责任擅断、非法责罚等没有法律依据的行为。

其中,罪刑法定原则是责任法定原则在刑事领域的体现。它强调"罪刑法定主义""法无明文规定不为罪""法无明文规定不处罚",无法律授权的任何国家机关和社会组织都不能认定和归结责任主体的法律责任;任何国家机关和社会组织都不能超越权限追究责任主体的法律责任,都无权向责任主体追究法律明文规定以外的责任或对公民、法人实施非法的责罚;任何责任主体都有权拒绝承担法律明文规定以外的责任,并有权在被非法责罚时要求国家赔偿。

(3) 责任法定原则不允许在公法上通过类推适用的方式对主体施加不利的后果。公法责任通常以剥夺主体的自由甚至生命的方式来实现,因此在认定和归结这些责任时必须明确、合理、准确,不允许通过类推这样模糊处理的方式对主体施加责任。

(4) 责任法定原则否定和摒弃对行为人不利的溯及既往。该原则强调"法不溯及既往",国家不能用今天的法律来要求人们昨天的行为,也不能用新法来制裁人们的根据旧法并不违法的先前的行为。

2. 责罚相当原则

责罚相当原则是公平观念在归责问题上的具体体现,其基本含义为法律责任的大小、处罚的轻重应与违法行为或违约行为的轻重相适应,做到"罪责均衡""罚当其罪"。责罚相当原则的内容具体包括以下几方面:

(1) 法律责任的性质应与违法、违约行为的性质相适应。不同性质的违法、违约行为具有不同的社会危害程度,决定了法律责任的性质和法律责任的大小,如不能用刑事法律责任来追究民事违法行为。

(2) 法律责任的轻重、类型应与行为人的主观恶性相适应。行为人主观方面的故意、过失以及平时品行、事后态度等因素,对具体的法律责任归结都有一定的影响。

(3) 法律责任的轻重、类型应与行为人的客观危害性相适应。行为人对他人、集体、国家所造成的实际损害后果以及导致的潜在风险,对法律责任的归结都有一定的影响。

(4) 法律责任的轻重、类型应与违法、违约行为的具体情节相适应。不同的情节反映了不同的社会危害程度、主观恶性程度,因而在法律责任的归结上应有所不同。

3. 责任自负原则

与古代社会个体不独立不同,现代社会的每个人都是独立的个体,在法律上

具有独立的地位,因此在归责问题上就要遵循责任自负原则。该原则具体体现为:

(1) 实施违法、违约行为的人,应当对自己的行为负责,必须独立承担法律责任。

(2) 不能让没有违法、违约行为的人承担法律责任,反对株连无辜。

(3) 国家要保证有责任的人受到法律追究,也要保证没有责任的人不受法律追究,保证法律责任主体认定和归结上的准确性。

同时,责任自负原则也不是绝对的,在某些特殊情况下,为了社会利益保护的需要,会产生责任的转承问题,如监护人对被监护人、担保人对被担保人、雇主对雇工、销售者对生产者承担替代、补充等责任。不过,这些情况一般都发生在民事领域,在刑事领域则要严格遵循责任自负原则,不允许出现转承的情况。

(三) 免除法律责任和不承担法律责任的情形

1. 免除法律责任

法律责任的免除,亦称"免责",是指由于出现法定条件,法律责任被部分或全部免除。免责以法律责任的存在为前提,即主体事实上已经具备承担法律责任的条件,但由于法律规定的某些主观或客观条件,法律责任可以被部分或全部免除(即不实际承担)。从我国法律实践和法律规定看,主要存在以下几种免责的形式:

(1) 时效免责。即违法者在违法行为发生一定期限后不再承担强制性法律责任。这在民法上体现为诉讼时效免责,在刑法上体现为追诉时效免责。该制度对于督促法律关系主体及时行使权利,维护社会秩序的稳定,提高效率,避免讼累具有重要的意义。

(2) 不诉免责。即司法上的"不告不理""只有告诉才处理"。对于民事和部分轻微的刑事案件,这种告诉必须由当事人自己或监护人实施;对于一般的刑事案件,这种告诉则是由检察机关来负责的。"不告不理"意味着,当事人不告,国家就不会把法律责任归结于某主体,亦即意味着相关主体实际上被免除了法律责任。

(3) 自首、立功免责。即对那些违法之后有自首、立功表现的人,免除其部分或全部责任。该种免责事由带有激励性质,目的在于节省司法资源,提高司法效率。

(4) 补救免责。即对于那些实施了侵害行为并造成一定的损害,但在国家机关归责之前已经超前采取了补救措施的情况,可以免除相关主体部分或全部责任。补救的形式表现为支付医疗费(赔偿金)、恢复原状、返还原物、排除风险、赔礼道歉等。

(5) 协议或意定免责。即双方当事人在法律允许的范围内通过协商达成的免责,也就是通常所说的"私了"。该种免责仅适用于民事案件、轻微的刑事案件和某些行政案件,对于较为严重的犯罪行为和行政违法行为,一般不能适用这种免责事由。

(6) 人道主义免责。即国家机关出于人道主义考虑部分或全部免除责任主体的法律责任。例如,在遇到自然灾害的情况下国家减免某些主体应缴纳的税款,基于人道主义考虑免除某国一些国家债务。

2. 不承担法律责任

不承担法律责任,即"无责任"或"不负责任",是指虽然行为人事实上或形式上违反了法律,但因其不具备法律上应负责任的条件,故不发生法律责任的情形。由于法律责任没有发生,故此种情形下不是法律责任的免除,而是不负或不承担法律责任。从我国法律实践和法律规定看,主要存在以下几种不承担法律责任的形式:

(1) 正当防卫。正当防卫是指当公共利益、他人或本人的人身、财产或者其他利益遭受不法侵害时,行为人采取的防卫措施。

(2) 紧急避险。紧急避险是指为了社会公共利益、自身或者他人的合法权益免受更大的损害,在不得已的情况下采取的造成他人少量损失的紧急措施,当事人对此不负法律责任。

(3) 不可抗力。不可抗力是指独立于人的行为之外的、不受当事人的意志支配的、人力所不可抗拒的力量,当事人对此不负法律责任。作为不负法律责任原因的不可抗力包括自然原因和社会原因两种,前者如地震、台风等,后者如战争、革命等。

(4) 他人过错。他人过错是指损害的发生不是由于加害人的过错,而是由于受害人或第三人的过错导致的,因此加害人不负法律责任。

(5) 正当业务行为。该种情况是指,在完成自己正当业务行为时造成他人损害的,行为人不负法律责任。如拳击运动致人损害,踢足球造成对方正常范围内的损伤,等等。在从事某些体育、娱乐、游戏活动时,存在风险是常识性的问题,当事人愿意参加活动,意味着其自愿承担风险,因此加害人对此不负法律责任。

(6)自助或自救行为。自助或自救行为是指为了保护自己的权利,在情势紧迫而又不能及时请求国家机关予以救助的情况下,对他人的财产或自由实施强制措施,而为一般公众所认可的行为。基于这样的行为,当事人可以不承担法律责任。如基于上述理由扣押他人财产,抢回被盗窃的财物,等等。

(7)责任能力缺失。责任能力缺失是指当行为人不具有承担责任的能力或资格时,行为人不为其实施的危害法益的行为承担责任。如精神病人实施侵害他人的行为,不负刑事责任。

(8)缺乏违法性认识。是指行为人在实施违法行为时完全不具有认识该行为具有违法性质的可能性。在该种情况下,行为人不具有违法的意图、动机和目的,因此也就不能让其承担法律责任。

(9)缺乏期待可能性。缺乏期待可能性是指在某种情况下,按照一般社会常理不能期待某人必须做出合法性行为的可能性。因此,在该种情况下某人即使实施了侵害行为,也不能让其承担责任。如父亲对儿子的包庇行为,儿子在面对母亲被侮辱时对侮辱其母亲的人实施的侵害行为,等等。

阅读材料

材料1　从辛普森案透析美国的诉讼机制[①]

1994年6月12日晚,美国洛杉矶市的一幢住宅里发生了一起凶杀案,美国黑人橄榄球明星辛普森的前妻尼科尔及男友戈德曼双双被害。警方根据现场血迹血型以及现场遗留物进行DNA测试,认为辛普森与这桩谋杀案有关,遂将辛普森逮捕,这就是轰动全美的"世纪人命案"——辛普森案。辛普森被捕后,高价聘请了五名美国著名律师为他辩护。1995年10月3日,辛普森在刑事审判中赢得了胜利,被判无罪。然而,时隔一年之后,辛普森却被再次提起民事诉讼。在1997年2月11日的民事审判中,辛普森被认定对尼科尔和戈德曼的死负责任,并被判处3350万美元的赔偿金。

那么,为什么在警方掌握辛普森大量作案证据的情况下,他却在刑事审判中

[①] 节选自李拥军:《道法古今》,知识产权出版社2016年版,第61—67页。

被判无罪？为什么他在刑事审判中被判无罪，却在民事审判中被判"有责任"，并被科以高额罚金？为什么美国同一案件会出现刑事、民事两种截然不同的判决结果？笔者认为，美国司法中的某种诉讼机制是导致这一令美国及至世界震惊结果的重要原因。这里先简要介绍一下美国诉讼制度，这将有助于我们分析案情。

在美国，庭审采取对抗制的诉讼模式。在刑事诉讼中，这表现为检察官控告被告人有罪，被告人及其律师对抗检察官；民事诉讼则是某人对损害其合法权益的他人的不当行为提出精神或物质赔偿，它直接表现为双方当事人及辩护人之间的对抗。审判权由陪审团和职业法官共同行使：由普通公民组成的陪审团只对案件的事实问题作出认定，职业法官对案件的法律问题作出裁判。在刑事诉讼中，先由陪审团对被告人是否有罪作出认定，而有罪认定需要陪审团意见一致才能通过。如陪审团认定被告人有罪，主审法官将根据犯罪具体情况进行量刑。在民事诉讼中，先由陪审团对被告有无"责任"作出认定。但是，民事责任的认定不需要陪审团全体一致通过，如《加州民法》规定，12名陪审员只要有9名意见一致就可以认定被告有责任。裁定被告有责任后，陪审团还要决定具体的赔偿金额，主审法官对赔偿金额有增减权。下面笔者将从三个方面分析美国诉讼机制是如何促成这一审判结果的。

辛普森案的结果就源于这种陪审模式。在对抗制的诉讼模式下，案件的审理是集中进行的。陪审团成员作为普通公民大都缺乏专业法律知识和司法经验，事前又不了解案情，审判中也不可能自行调查、核实，只能依靠普通人的是非、善恶观念作出裁判，因此陪审团的裁判易受其成员感情好恶的驱使。正是由于这一审判机制，诉辩或者控辩双方庭前精心准备，庭审中竭尽全力，施展各种招数，出示证据，攻击对方弱点，借此博得陪审团的同情。为了达到胜诉的目的，有的律师甚至不惜跨越其职业道德允许的界线。众所周知，在美国，种族歧视极其严重，黑人受到不平等的待遇，白人享有种种黑人所不享有的特权，黑人与白人之间的种族矛盾存在已久。因此，在辛普森案中，大多数黑人在感情上倾向于辛普森，大多数白人则倾向于尼科尔和戈德曼。辛普森案发生后，对辛普森是否有罪一直呈现两极化的反应。70%以上的白人认为辛普森的确杀死了前妻尼科尔和戈德曼，可大约65%的黑人则认为辛普森是无辜的。而在洛杉矶的黑人区进行的刑事诉讼中，陪审团12名成员中有10名是黑人，陪审团判决辛普森无罪。在洛杉矶的白人区进行的民事诉讼中，陪审团12名成员中有9名是白人，陪审团认定辛普森"有责任"。相互矛盾的两种结果绝非偶然，而是充满了种族因素和感情色彩。在刑事审判中，被告方律师也正是利用种族歧视这一敏感话题，频频向检察官发动攻击，使警方提供的现场血迹、血脚印、毛发、血袜子、辛普森车上的血迹等能充分证明辛普森是杀人凶手的证据因是白人警探提取而受到质疑，并为警方扣上了有意偷梁换柱、栽赃陷害的罪名。而在民事审判中，陪审团的裁决也受到了在他们看来"不公正"的刑事审判的影响，最终作出与之相反的民事判决，以此来慰藉死者家属和白人社会。可以肯定地说，一宗案件两种判决结果与易受感情色彩干扰的审判机制不无关系。

美国刑事司法中的保护被告方权益的诉讼机制也让辛普森从中大获其利。由于英美国家长期存在私人控告的历史，因此英美国家的诉讼中遵循"私权至上"的诉讼原则。在这种诉讼原则下，诉讼结构大体呈三角形结构。诉辩或控辩双方平等积极对抗，审判者与双方保持同等的司法距离，在平等地听取双方意见后作出裁决，不像大陆法系国家的线性诉讼结构，即侦、诉、审三方相互配合、相互协作，共同发现犯罪、惩治犯罪。在这种诉讼结构下，为使被告方的私权与检察权、侦查权等公权平等对抗，美国法律规定了一些侧重保护被告方利益的诉讼制度。

不得强迫被告方自证其罪制度。根据美国《宪法》第五修正案的规定，不可强迫刑事被告方自证其罪。为此，在辛普森案的刑事审判中被告方律师不让辛普森上证人席，唯恐他在回答检察官盘问时露出马脚，让检察官找出破绽。

陪审团意见一致制度。在刑事案件中对被告人有罪的认定需要陪审团意见一致才能通过。换句话说，只要陪审团中有一个人认为被告人无罪而投反对票，被告人就会被认定无罪。据此可以认为，辛普森案刑事陪审团裁定辛普森无罪是相当容易的，辛普森在刑事诉讼中被认定无罪在相当程度上是借了这一制度的光。在陪审团中黑人成员占80%以上的情况下，要达到一致认定辛普森有罪难度可想而知。

事实问题不准上诉、抗诉及一事不二审制度。美国法律规定，只有法官适用法律不当才能提起上诉或抗诉，而不能以不服陪审团对事实问题的认定提出上诉或抗诉。这清楚地表明，陪审团对事实的认定是一次裁决，永远生效。这一制度从法律上保证了辛普森不会因另一方的上诉或抗诉而重新遭到有罪的指控。美国《宪法》第五修正案规定，受同一罪处分者，不得令其受两次性命或身体上的危险。这就意味着，辛普森在刑事审判中被判无罪后，不会因民事审判中裁判其

"有责任"而再度坐牢或受极刑。可以毫不夸张地说,离开上述制度的庇护,辛普森很难成为无罪之人。

当事人主义、庭审集中主义的对抗制诉讼模式最终让辛普森从容无罪开释。在当事人主义的诉讼模式下,诉辩双方或控辩双方居于主导地位,可以独立决定传唤证人,诘问或反诘证人,进行自由激烈的辩论;法官只是消极地按规定主持庭审活动,时不时地说上一句"反对有效"或"反对无效";陪审团的作用比法官更消极。在整个庭审活动中,陪审团成员只能静听,而不能发问。庭审集中主义要求审判活动必须持续进行,对事实的认定或法律结论必须在诉辩或控辩双方辩论后当庭作出。在这种诉讼模式下,律师的作用显得举足轻重。哪一方辩护律师通过自己的言辞、辩论技巧征服陪审团和法官,哪一方就很有可能赢得诉讼的胜利、承担较低的刑期或较少的责任。从某种意义上可以说,案件当事人胜诉与否的关键取决于所聘律师的实力的强弱,而一方律师阵容的强弱则直接取决于当事人财力的大小。这就意味着,胜诉概率的大小与当事人财力的大小成正比。如果当事人没有足够的财力,根本就无法聘到强大的律师组合,那么其胜诉的机会又有多大呢?辛普森以其殷实的家私为后盾,不惜花费千万美元聘请了5名全美颇有名气的律师为其出庭辩护。毋庸讳言,该律师组合在刑事诉讼中出色的表演,对辛普森的无罪开释起到了至关重要的作用。人们不禁要问,如果辛普森不是著名的橄榄球明星,如果身无分文,辛普森能打赢这场官司吗?辛普森案已经结束了,然而它留给人们的反思却是深刻的、长久的。

材料2 法律责任的反思与重构①

笔者认为,当下关于"法律责任"的概念以及由此形成的理论体系存在许多缺陷。首先,这两种定义方式,特别是"义务说",是立足于刑事责任或公法责任的情形而对法律责任整体概念作出的界定,忽视了民事责任中的很多情形,所以这样的概念对整个法学领域不具有统一的解释力。"必然联系说"虽然是在对"后果说""义务说"批判的意义上立论的,但是它沿用的是西方传统中关于法律责任的表述,因此,它立足的是实践中传统的法律责任的情形,对现代社会中一些特殊的法律责任形式同样不具有解释力。其次,责任构成理论是该概念的延伸,是诠释法律责任概念的重要形式,但是由于既有的理论不注意区分刑事和民

---

① 节选自李拥军:《法律责任的反思与重构》,载《中国法学》2022年第3期。

事两个领域责任形态的差异,导致对构成要件提炼得不准确、不周延,进而对具体的责任形态不能形成全面的解释力。再次,法理学上既有的法律责任概念,虽然更倾向于立足刑事法,但是对近年来刑法学乃至公法领域关于责任理论的最新研究成果并不敏感,以至于"责难说"中的有益成分没能在法理学层面获得关注。"责难说"的理论优势是,责任为犯罪以及刑罚提供了依据,没有责任就没有犯罪和刑罚。"必然联系说"的成功之处就在于关注到了这一点,但是,违法者和救济之间关系的表达,并不能将责任之于国家的防御性功能明确地表达出来。最后,从当事人要承担的不利后果或第二性义务的意义上来定义法律责任,更多体现的是有权主体(国家)和责任主体之间的支配与服从关系,充斥着浓厚的国家主义色彩,这实际上是旧有的"制裁论""处罚论"的余音。对此,笔者和持"必然联系说"的学者具有相同的立场。但是,"违法者在法律上必须受到惩罚或者必须作出赔偿"或"存在于违法者和救济之间的必然联系"这样的表达并不能弱化原有概念中的国家主义色彩,依然不能明示现代法治必须遵守的权利本位的立场,进而不能为责任主体防御公权力的不良侵害提供理论上的保障。

笔者在对既有的"法律责任"概念及其理论进行反思并对"必然联系说"的不足作出分析的基础上,同时吸收"必然联系说"和刑法中"责难说"的有益成分,提出法律责任为"因特定的法律事实使某主体承担不利后果之依据"的主张。在这里,法律责任不再是"当事人应该承担的不利后果",也不是由于"违反第一性义务而引起的由当事人履行的第二性义务",而是承担不利后果和履行义务的"依据"。如前所述,在法理学层面为"法律责任"作出一般意义上的定义并非易事,因为既要照顾到所有部门法中责任的具体情形,又要能够揭示责任的本质,目前既有的关于"法律责任"的概念都不能很好地做到这一点。这正是笔者以"依据"为核心来重构法律责任概念的意义所在。

············

这里需要强调的是:"责任"概念中含有不利后果的因素,但它不是不利后果本身,而是承担不利后果即对不利后果负责的依据;责任的形成与义务有关,但责任不是义务本身,而是履行义务的依据;责任与制裁、赔偿、补偿这些救济形式相关联,但不是这些救济形式本身,而是这些救济形式实施的依据,这些救济形式是承担责任的结果;责任呈现出对行为负责和对结果负责的样态,但责任也不是行为或结果本身,而是围绕着行为或结果所形成的一系列的逻辑对应关系。正如凯尔森所说的,责任不是义务,"而是强制行为所针对的个人与他或他人所实施的不法行为之间的关系"①。由于救济是在责任之外发生的,责任是救济发生的依据,因此这种关系也不是"必然联系说"中所指的违法者和救济之间的关系,而是一种围绕着主体与自己的行为、主体与自己或他人的行为造成的结果之间的逻辑对应关系。作为依据,只有这种逻辑关系明确、充分、合理时,法律才能让某一主体承担惩罚性或补偿(赔偿)性的不利后果。其中,主体、主观心理、行为、结果是构成这一关系或者法律责任的一般性元素,它们可以自由地组合到不同的责任形态中。

经典案例

案例1 天价葡萄案

2003年8月7日晚,在北京市打工的河南商水县谭庄镇农民李某甲、李某乙等人到一葡萄园偷偷摘食葡萄,临走时又摘了一编织袋抬着回去,路上被当地公安机关发现。谁知,他们所摘食的葡萄竟是林果所投资40万元、历经10年培育研制的新品种。经北京市物价局评估,涉案的23.5公斤葡萄价值为11220元。该葡萄一时被人们称为"天价葡萄"。北京市海淀区公安机关以涉嫌盗窃罪对李某甲、李某乙等3人执行逮捕(其中一人被处15日行政拘留)。

在审查起诉期间,由于存在较大争议,公诉机关将此案退回公安机关补充侦查。公安机关听取专家等各方意见后,决定对葡萄价格进行重新鉴定。鉴定机关按照"市场法"对葡萄价格的鉴定结论为376元。2005年2月21日,3人先后收到北京市海淀区检察院的不起诉决定书。

【说明】 该3人之所以不承担刑事责任,根本原因在于他们缺乏违法性认识。按照德、日的三阶层理论,构成犯罪需要具有"符合性""违法性""有责性"。"有责性"包括刑事责任能力、违法性认识、期待可能性三个方面的要求。其中,缺乏违法性认识是指行为人在实施违法行为时完全不具有认识该行为具有违法性质的可能性。在该种情况下行为人不具有违法的意图、动机和目的,因此也就不能让其承担法律责任。

案例2 郑州电梯劝烟猝死案

2017年5月2日,郑州医生杨某因在电梯内劝阻段某某抽烟,两人发生争

---

① Hans Kelsen, *Pure Theory of Law*, California University Press, 1967, p.123.

执。十多分钟后,69 岁的段某某突发心脏病死亡。

监控视频显示,2017 年 5 月 2 日 9 时 24 分 03 秒,段某某在电梯内吸烟,4 秒钟后,杨某进入电梯,按了负一楼电梯键。随后,双方开始有语言交流。电梯到达一楼,杨某按了开门键,段某某未走出电梯。电梯到达负一楼,二人继续对话。杨某走到电梯门外,段某某在电梯门内,双方仍有争执。随后,杨某重新进入电梯,按了一楼的按钮。9 时 26 分 24 秒,两人走出电梯。两分钟后,他们走到单元门口。段某某情绪相对较为激动,杨某比较冷静。9 时 29 分 06 秒,二人走向物业办公室,截至此时,段某某的香烟一直未熄灭。

物业办公室门口监控视频显示,段某某比较激动,物业工作人员从办公室内出来后,他情绪更加激动,边说话边向杨某靠近。两分钟后,杨某被劝离,段某某则被劝至物业办公室。没多久,段某某突然倒地。急救中心出具的证明显示,急救人员到达时,段某某意识丧失,经抢救病情无变化,心电图示全心停搏,宣布临床死亡。

段某某的妻子田某某随后向法院起诉,要求杨某赔偿 40 余万元。2017 年 9 月 4 日,郑州市金水区法院作出一审判决,认定杨某行为与段某某的死亡之间并无必然的因果关系,但段某某确实在与杨某发生言语争执后猝死。依照《侵权责任法》相关规定,受害人和行为人对损害的发生都没有过错的,可根据实际情况由双方分担损失,判决杨某向死者家属补偿 1.5 万元。田某某不服一审判决,上诉至郑州市中院。

郑州市中院审理查明,监控视频显示事件发生过程中,段某某情绪较为激动,杨某相对比较冷静、克制;二人只有语言交流,无拉扯行为,无肢体冲突。经核算,三段监控视频显示二人接触时长不足 5 分钟。

郑州市中院认为,杨某劝阻段某某在电梯内吸烟的行为未超出必要限度,属于正当劝阻,没有侵害段某某生命权的故意或过失,本身也不会造成段某某死亡的结果。段某某患有心脏疾病,在未能控制自身情绪的情况下心脏疾病发作,不幸死亡。因此,杨某不应承担侵权责任。一审判决杨某补偿死者家属 1.5 万元,属于适用法律错误。

2018 年 1 月 23 日,该案在郑州市中院二审公开宣判,法院撤销要求杨某补偿死者家属 1.5 万元的一审判决,驳回田某某的诉讼请求。

【说明】 根据郑州市有关规定,市区各类公共交通工具、电梯间等公共场所禁止吸烟,公民有权制止在禁止吸烟的公共场所的吸烟者吸烟。杨某对段某某在电梯内吸烟予以劝阻合法正当,是自觉维护社会公共秩序和公共利益的行为。因此,杨某针对段某某的死亡不负法律责任。

金句法谚

1. 刑法"是一种为不处罚人设立的规范"。

——〔日〕西原春夫

2. 现行法律使应受惩罚的责任以自由选择的行为为基础,其所要求的是对自我控制能力的运用,而不是完全成功地遵守法律。

——〔英〕哈特

3. 一个人在法律上要对一定的行为负责,或者他为此承担法律责任,意思就是,他作相反的行为时,他应受制裁。

——〔奥〕凯尔森

4. 责任为违反义务者应受一定制裁之根据也。

——郑玉波

5. 任何一个司法官员都不得以热忱或公共福利为借口,增加对犯罪公民的既定刑罚。

——〔意〕贝卡里亚

6. 对刑法上的不法行为的刑罚以及对其他不法行为的类似刑罚的制裁等一切刑罚均以存在责任为前提的原则,具有宪法的价值。

——联邦德国宪法法院 1966 年 10 月 25 日的判决

7. 谁应当负责的问题是关于动机适用的正确位点的问题。

——〔德〕莫里茨·石里克

习题精选

赵某在行驶中的地铁车厢内站立,因只顾看手机而未抓把手,在地铁紧急制动时摔倒受伤,遂诉至法院要求赔偿。法院认为,《侵权责任法》规定,被侵权人对损害的发生有过失的,可以减轻经营者的责任。地铁公司在车厢内循环播放"站稳扶好"来提醒乘客,而赵某因看手机未抓扶手,故存在重大过失,应承担主要责任。综合各种因素,判断地铁公司按 40% 的比例承担赔偿责任。对此,下

列哪些说法是正确的?① （   ）

A. 该案中赵某是否违反注意义务是衡量法律责任轻重的标准
B. 该案的民事诉讼法律关系属第二性的法律关系
C. 若经法院调解后赵某放弃索赔,则构成协议免责
D. 法官对责任的分摊比例的自由裁量不受任何限制

【解析】 赵某是否违反注意义务,直接影响着法律责任的认定,因此是衡量法律责任轻重的标准。诉讼法律关系是依托于实体法律关系存在的,因此它属于从法律关系或第二性的法律关系。根据意思自治的原则,赵某可以放弃索赔,如果放弃索赔,构成协议免责。法官的自由裁量权并非不受任何限制。综上所述,正确答案为 ABC。

---

① 2017 年国家司法考试试卷一,第 57 题。

二、历史发展篇

该篇主要研究法的历史发展和演进过程。主要研究：人类的法律是如何产生的，法律起源的一般规律，法的历史类型，中西方封建法律的区别，资本主义两大法系的区别；法律继承的方法、内容和路径，法律移植的必要性和基本路径，法制改革的具体内容，法治现代化的含义、特征和目标，中国法治现代化的启动方式和特点以及中国法治现代化过程的主要特征。该部分内容在历史的脉络中把握法，在历时性和共时性层面阐释法律的演进规律，既揭示人类一般法的发展演变规律，又挖掘中国法治现代化自身的特点。

第七章
Chapter 7

法的历史

章前提示

我们需要从历史的脉络中把握法。法是发展到一定的历史阶段才产生的。随着生产力的发展、私有制的出现，群体中的冲突增加，出于维持群体秩序的需要，必然要创生出来专门化纠纷解决机制和法律规范。法的产生经历了从个别性调整到规范性调整的发展过程，一个从习惯到习惯法、再由习惯法到制定法的发展过程，一个法与习惯、道德、宗教规范的混沌一体到法、习惯、道德、宗教教义的逐渐分化、各自相对独立发展的过程。人类历史上有四种历史类型的法，即奴隶制法、封建制法、资本主义法和社会主义法。由于地理环境、生活方式、政治制度、文化传统上的差异，东西方封建法律呈现出巨大的不同。资本主义法在历史发展过程中形成了两大法系——大陆法系和英美法系，二者在法律渊源、司法制度、法律分类和术语以及其背后的哲学思想上都有着明显的不同。但是，我们也应该看到，进入全球化时代以来，以上差别正在缩小。

原理阐释

一、法的产生的基本条件

根据马克思主义法学理论的观点，国家和法是人类社会发展到一定历史阶段的产物。在早期的初民时代，没有法律。法的产生需要一定的条件。

(一)权利意识的产生

随着生产力的发展,有了剩余产品,也就有了私有观念和权利意识,即人们在观念中开始有了你的、我的这样的区分。这种观念导致人们为了保护自身利益的实践。

(二)矛盾与纠纷的增加

人们的私有观念和权利意识必然诱发人与人之间矛盾,导致纠纷的增加。这样,每个群体必须衍生出一个能够解决矛盾的机制,否则这个群体的秩序将无法维持。

(三)专门化的纠纷解决机制的出现

在初民社会,纠纷是由部落首领和长老们通过"一案一议,案结事了"的方式处理的,即我国古代文献中所说的"议事以制,不为刑辟"的情况。这完全是基于传统习惯进行的个别性调整。但是,这种个案调整方式只能适用于社会关系非常简单的社会。随着社会生产力的发展、社会分工的细化以及人们交往程度的增加,社会纠纷的数量和解决难度也随之增加。而传统的由部落首领、长老等处理纠纷的方式已经不能满足社会的需求了,此时社会需要一种专门化的解决纠纷的机制和机构。该机构不再从事其他业务,只负责解决现实纠纷;该机构的人员不再从事其他工作,只为人们解决纠纷。同时,纠纷的裁断和结论由该群体公共力量来保障执行。

(四)专门机关被赋予国家强制力

由于这种专门化的纠纷解决机制是维护统治秩序所必需的,因此统治者有必要将其纳入自己掌控的政权机器中,从而赋予其国家力量,保障其对纠纷解决的有效性。于是,由国家强制力保障的专门解决纠纷的机构——法院便诞生了。

当法官使用某一规则进行裁判从而使其结果具有强制执行的效力时,该规则便成了法律。这些被援引的规则可能是原始的习惯、道德、宗教教义,而这些规则又统归于习惯之中,所以人类最早的法律都是习惯法。同时,"向榜样学习"是人的本能,因此先前判决自然成为后来裁判者学习的对象,司法上的这种"照猫画虎""照葫芦画瓢"的路径导出的就是判例法。

因此，人类最早出现的法律都是习惯法和判例法，并不是成文法。成文法是在后来人类的智识达到一定程度，人类能够运用概念表达自己的思想、抽象客观世界的时候才出现的。

二、法的起源的一般规律

第一，法的产生经历了从个别性调整到规范性调整的发展过程。原始社会初期的社会调整往往是个别性调整，即针对具体的人、具体的行为所进行的调整。这种调整针对性强，但带有较大的不确定性、不连续性、不可预见性。当某些社会关系发展为经常性、较稳定的现象时，人们为提高效率、节约成本开始为这一类社会关系提供行为模式，于是个别性调整便发展为规范性调整，即统一的、反复适用的调整。这就为该社会的人们提供了较为明确的行为模式，使人们相对地摆脱了偶然性和任意性的左右，有利于社会秩序的形成。当这种规范性调整以国家强制力的方式表示出来的时候，法的调整方式便产生了。

第二，法的产生经历了从习惯到习惯法、再由习惯法到制定法的发展过程。原始社会时期的社会规范主要是习惯。当习惯被作为裁判纠纷使用的一般性规则并被赋予国家强制力的时候，习惯就变成了习惯法。随着社会关系的复杂化和社会文明的发展，国家机关依据一定的程序把体现统治阶级意志和利益的规范以明确文字的形式表现出来，逐渐产生了制定法。因此，法的产生过程是一个由简单到复杂、由不完善到完善、由自发形成到自觉形成的长期发展过程。这一过程体现出人类的理性程度、抽象综合能力的逐渐增强。

第三，法的产生经历了法与习惯、道德、宗教教义从混沌一体到逐渐分化、各自相对独立发展的过程。原始社会的习惯融道德、宗教教义等社会规范于一体，国家产生之初的习惯法与道德、宗教教义等没有明显的界线，三者相互渗透、浑然一体。随着社会的进化以及法的发展与成熟，法与习惯、道德、宗教教义开始分化，法在调整方式、手段、范围等方面自成一体，相对独立，在社会调整体系中占有独特地位，发挥着特殊的作用。

三、法的历史类型

按照马克思主义的观点，人类社会从低级向高级发展，出现了原始社会、奴隶社会、封建社会、资本主义社会和社会主义社会五种基本社会形态。原始社会没有法,因此与之对应的,依次有四种不同历史类型的法,即奴隶制法、封建制法、资本主义法和社会主义法。

(一) 奴隶制法

重要的法律形式有:

(1) 公元前 18 世纪古巴比伦的《汉谟拉比法典》,它是世界上迄今为止完整保留下来的最早的法典。

(2) 公元前 449 年的《十二表法》是古罗马以原习惯法为基础制定的第一部成文法。

(3) 公元 6 世纪东罗马皇帝查士丁尼负责编定的《查士丁尼国法大全》是对后世产生重大影响的一部完备的奴隶制法典,是水平最高、系统最完备的奴隶制法典。

(4) 中国的夏、商、周时代的法律以不成文法为主。虽有"夏有乱政而作禹刑,商有乱政而作汤刑,周有乱政而作九刑"的说法,但应该说此时的法律还是以习惯法和判例法为主体的,"誓""诰""命"是其成文的法律渊源。

(二) 封建制法

1. 重要法律形式

(1) 战国时期魏相李悝的《法经》是中国历史上第一部较为系统的封建制法典。

(2) 英国封建时代在法官判决基础上形成了判例法,即普通法。后来,为补充普通法之不足又出现了衡平法。普通法与衡平法都是判例法。

(3) 封建时代在伊斯兰世界以伊斯兰教义为中心形成了伊斯兰法。

(4) 唐律是中国封建制法的典型代表,后来日本、朝鲜、琉球等国家纷纷效仿唐律的体例制定本国的法律,于是,以唐律为中心形成了中华法系。

2. 东西方封建法律传统的区别

西方封建制法以西欧最为典型,东方封建制法以中国为代表。中西方封建制法的主要区别有以下五个方面:

(1) 中国封建制法以儒家思想作为立法的指导思想,具有伦理性;西欧封建制法一般以基督教神学为指导,具有宗教性。在中国古代,意识形态是儒家的,治国手段是法家的,因此呈现出"阳儒阴法"的格局。中国古代是宗法伦理社会,伦理有机地融入法律之中,如《唐律疏议》中有"德礼为政教之本 刑罚为政教之用"之说,因此中国古代法律表现出较强的伦理性。在中世纪欧洲,基督教神学占统治地位,《圣经》具有法律效力,宗教法庭与世俗法庭一起构成其司法体系,因此西欧封建制法具有浓厚宗教法色彩。

(2)在封建时代,中国始终有一个统一的成文法典来统合社会,而西欧的封建制法律极为分散,没有大的法典来统合。从战国时期魏相李悝制定的《法经》开始,历经秦律、汉律、曹魏律、晋律、隋律、唐律、宋刑统、大明律、大清律例,封建时代的中国总有一部大法典来整合中国社会。这些法典以《法经》为底版,不断发展形成了对东亚地区具有重要辐射力的中华法系。西欧封建时代由于政治上的分裂,始终未能建立一个统一的中央集权国家,因此它的法律呈现出分散、杂多的特点,始终没有一个大的法典,地方习惯法在法律体系中占有重要地位。后来,在英国形成了以判例法为主体的普通法体系。进入封建社会的中后期,西欧商品经济开始发展,罗马法开始复兴,城市法、海商法陆续出现。此外,教会法始终在整个西欧封建法制体系中占有重要地位。

(3)中国封建制法以君权至上为最高原则,维护君主专制和等级特权;在西欧,君主的权力受到各种力量的限制,只是到封建社会末期才处于最高地位。从秦代以后,中国的历代王朝都实行中央集权的君主专制体制。皇帝为国家的最高权力拥有者,"口含天宪",掌握一切生杀大权。"普天之下,莫非王土;率土之滨,莫非王臣。"皇帝借助官僚集团统治国家,握有绝对的权力,且不受法律的限制。官僚集团与皇帝之间是奴仆与主人的关系,他们并不能从根本上限制皇帝的权力。法律只是皇帝统治国家的工具。在中世纪欧洲,国王的权力受到贵族、教会和法律的限制。在西欧的等级社会中,法律分配权利和义务的依据是每个人与生俱来的身份,而不是来自国王的意志,因此,国王和贵族之间是一种封建的契约关系,封建贵族在国王面前能够保持其独立性。中世纪欧洲虽然在政治上是分裂的,但在精神上却统一在基督教之下。上至国王下自平民都是教民,教会是基督教在人间的代表,因此它对王权构成强有力的制约。例如,公元962年德国国王奥托一世入侵意大利,但必须向教皇行大礼。1077年,神圣罗马帝国皇帝亨利四世与教皇争权,被教皇格列高利七世开除教籍。王权一方面受到贵族政治和教会权力的限制,另一方面也受到习惯法和教会法的制约,即所谓"国王虽居于万民之上,却在上帝和法律之下"。

(4) 中国封建制法具有公法文化的特征，西方封建制法则孕育着私法文化。由于封建时代的中国在经济上是一个以农业文明为主体的社会，在政治上始终运行着一个中央集权的"大一统"的体制。它需要通过法律将人民束缚在土地上，从而实现稳定和安全的统治秩序。因此，刑法在其中便发挥着重要的功能。于是，中国传统法律便呈现出"以刑代民、民刑不分、诸法合体"的面相。在欧洲中世纪早期，日耳曼人的法律虽以习惯法为主体，但也更多地表现为刑事法的属性。但是到了中世纪中后期，由于商品经济的发展和城市的出现，罗马法开始复兴，城市法、海商法以及英国的普通法和衡平法陆续出现，其中都蕴含着大量的反映和调整商品经济关系内容的法律规范，为后来资本主义法律的形成准备了条件。

(5) 中西方封建社会在司法体制上也存在着不同。在中国封建社会时期，地方层面司法与行政不分，没有独立的法院系统，历来都是地方行政官兼任司法官；中央层面设有专职司法机构，如廷尉、大理院、刑部、都察院之类，但从本质上说，它们也只是皇帝下设的一个行政机构而已。西欧国家一般设有专门的司法机关——教会法庭和世俗法庭，其中以英国最为典型。1066 年诺曼征服以后，威廉在英国各地设置了很多法庭，如普通诉讼法庭、王座法庭、财政法庭、巡回法庭等，以此为中心形成独立的法官和律师职业阶层，由此形成了英国的判例法体系。在中世纪后期，西欧各国已普遍分化出来专司司法之职的法院，强调司法独立，法官地位崇高。

(三) 资本主义法

1. 资本主义法的产生

封建社会中后期逐步产生了带有资本主义性质的法，主要有：

(1) 商法的兴起。这些商法渊源于习惯法，最为典型的是海商法，在地中海、北海、波罗的海通用，如公元 10 世纪的《阿马尔非法》，12—13 世纪的《奥莱龙法》《维斯比法》，15 世纪的《海商法典》，等等。

(2) 罗马法的复兴。罗马法是建立在私有制和简单的商品经济基础上的，因此它对资本主义的生产关系具有巨大的指导和参考意义。罗马法的复兴以 1135 年在意大利北部的小镇亚马非发现《查士丁尼国法大全》的原稿为契机，意大利波伦亚大学最先展开对罗马法的研究，后来陆续形成了"注释法学派""评论法学派""人文主义法学派"。这些为后来欧洲大陆民族国家民法典的制定准备了条件。

（3）城市法的形成。中世纪中后期，随着商品经济的发展，城市开始出现。城市通过向国王和教会赎买和暴力抗争的方式陆续取得了自治权，颁布了一些有利于城市发展的法律，如许多城市都这样规定：任何一个人来到这个市镇，只需住满101天而不被其主人找到，就可取得该市的市民权，成为自由人。

各个国家由于国情不同，资产阶级革命的具体形式也不同。英国通过改良的方式，法国通过暴力斗争的方式，美国通过独立战争的方式来完成资产阶级革命。总的来看，在自由资本主义阶段，法具有以下基本特点：

（1）维护以剥削雇佣劳动为基础的资本主义私有制，确立了"私有财产神圣不可侵犯""契约自由""过错责任"等原则。

（2）维护资产阶级专政和代议制政府，规定资产阶级民主制、政党制、代议制等法律制度。

（3）维护资产阶级自由、平等和人权、确立法律面前人人平等原则，保障资产阶级法治。

2. 资本主义法的发展

进入垄断资本主义时期，法的发展表现为：

（1）法律的指导思想发生了变化。资本主义法的立场和宗旨从"个人本位"向"社会本位"转变。

（2）法律基本原则发生了变化。"私有财产神圣不可侵犯"为"权利不得滥用"原则所校正，"契约自由"为"契约正义"所修正，过错责任原则受到了无过错责任原则和公平责任原则的挑战，平等原则为弱者保护原则所修正。

（3）法和政府、社会的关系发生了变化。政府不仅仅是"看守人""守夜人"，国家和政府被赋予积极权力和积极义务。为应对1929—1933年世界性经济危机，资本主义国家采取国家干预经济的方式克服危机，使国家通过法律干预经济、调控市场成为常态化。国家制定了众多调整经济、文化关系和社会公共事务的法律，如反垄断法、反不正当竞争法、金融法、环境资源法等法律，出现了法的社会化的趋势。

（4）第二次世界大战（以下简称"二战"）以后，资本主义国家开始走向联合，超国家、跨国家等非国家实体的规则越来越多，国际立法、区域性立法增多。这些非国家法的存在不仅改变了传统法律概念，而且对民族国家的法律及其体系产生了强大的冲击。

特别提示：

虽然资产阶级法发生了上述改变，但资产阶级法的性质没有改变。

3. 资本主义的两大法系

(1) 法系的概念

法系是根据若干个国家和地区基于历史传统原因在法律实践和法律意识等方面所具有的共性而进行的对法的一种分类，是这些具有共性和共同传统的法的总称。实际上，法系是按法的历史渊源和表现形式对特定国家和地区的法律所作的分类。

特别提示：

第一，法系是跨国的概念。

第二，法系是从历史的角度对法进行的分类，它是与传统相关的一个概念，因此法系是在历史演进中形成的。

第三，法系不只英美法系和大陆法系这一种分类方式，当代或历史上还有"伊斯兰法系""中华法系""社会主义法系""楔形文字法系"等称谓。

(2) 两大法系的共性

在罗马法复兴的过程中，许多国家学习罗马法的立法模式、基本概念、术语、技术，通过制定大的法典来实现对社会的调整，具有这些特征的各国法律被称为"大陆法系"。英国普通法和衡平法在形成的过程中受罗马法影响较小，形成了以判例法为主体的法律体系，后来美国继承了宗主国英国的法律模式，逐渐形成"英美法系"。随着欧洲大陆国家和英国的扩张，一些亚非拉国家也受到了两大法系的影响。

两大法系虽然形成于不同历史条件，但依然具有一些共性：第一，大陆法系和英美法系的法在本质上是相同的；第二，它们的法在历史类型上都属于资本主义法；第三，它们在法的根本指导思想和基本原则上是一致的；第四，它们所属的法律都以维护资产阶级的统治为自己的根本任务；第五，它们最早都形成于西方的法律传统，都不同程度地受到古希腊人文精神、古罗马法传统、近代自然法观念的影响。

(3) 两大法系的区别

第一，判例地位的差别。在大陆法系，除了行政法院系统外，基本上不存在判例法；而英美法系以普通法为基础，判例法是一种重要的法律形式，"遵循前例"(stare decisis)是一项重要的司法原则。遵循前例原则是判例法的基础，是指法官在审理案件时应考虑上级法院甚至本法院以前类似案件判决中所包含的法律原则或规则。

第二,制定法编纂观念的差别。在法典的编纂方面,大陆法系是"接受"罗马法的产物,这些国家和地区以古罗马传下来的法律观作为法律创制的观念基础,认为制定新的法典是新社会、新政府确立的标志,并且不允许司法机关问津立法。因而,将基本法律尽量地编纂为统一完美的法典成了大陆法系国家在立法上的永恒追求。可以说,大陆法系国家主要是法典化的国家。英美法系国家和地区虽然也有制定法,甚至制定法愈来愈多,但是,判例法仍然是其法律渊源的主体;制定法一般表现为单行法,不具有法典形式,并往往受到判例法解释的制约。

第三,司法诉讼制度上的差别。大陆法系的传统是注重实体法,英美法系则注重程序法。在诉讼制度上,大陆法系采用演绎法的推理方式,英美法系则采取归纳法的推理方式,由此也决定了两大法系的法官在判决书的制作上各具特色。从诉讼模式上看,大陆法系采用职权主义诉讼模式,即审问式或纠问式,法官主动讯问当事人;英美法系则采用对抗式或庭辩式诉讼模式,法官往往扮演着消极的裁判者角色,律师的作用相对积极。从法官的作用和地位上来看,在大陆法系,法官是法律的奴仆,只能司法不能立法,必须严格依照法律行事;英美法系将法院置于主导地位,法官决定着法律的效力,兼具司法和立法职能,可以在判决中创造新的原则,即法官造法。在陪审模式上,大陆法系一般采用陪审官制,陪审官与法官一样对案件的事实问题和法律问题都有决定权;英美法系一般采用陪审团制,陪审团只对案件事实问题有决定权,不参与具体法律的适用问题。

第四,法律分类和术语上的差别。由于受罗马法学说特别是乌尔比安学说的影响,大陆法系在传统上主要把法律分为公法和私法;英美法系则把法律分为普通法和衡平法,直到现代才开始有限度地使用公法与私法的分类。概括地说,大陆法系国家和地区在法律部门的划分上比较明确、统一;英美法系国家和地区的法律部门缺乏统一的分类,特别是在民事法律方面,只有侵权行为法、契约法、租赁法、借贷法等零散的分类,没有把整个民法划为一个单独的法律部门,更没有"物权"的概念。

第五,背后的指导理念和哲学思想的不同。大陆法系受背后的唯理论哲学(或称"大陆理性")的指导。该理论认为,思维本身具有超越感官经验的先天认识原则,对象只有在先天认识原则的指引下才能被人认识。人完全可以通过这种"天赋观念"并在先天认识原则的指引下形成系统的知识认识世界,因此唯理主义下的理性是一种建构主义理性。该理论认为,人有制定大法典进而解决一切人与人之间矛盾问题的能力。英美法系受经验主义哲学或英美理性的指导,认为一切知识起源于感觉经验,否认"天赋观念"。[①] 在经验主义者看来,一切观念都是思维从感官经验的感性内容中归纳、概括、抽象出来的,人的知识不是生来就有的,是在长期的实践和经验中逐渐形成的,因此经验主义下的理性是一种进化主义理性。在该理论指导下,立法者不认为人有制定大而全的法典的能力,而认为法律来源于司法经验,法律应该在鲜活的判例中。

特别提示:

两大法系的区别是相对的。进入 20 世纪后,这两大法系已经相互靠拢,它们之间的差异已逐渐缩小,融合也在发生。在大陆法系国家,判例法在法典的背后发挥着日益重要的作用,甚至正在解构着前台的法典。正如一位欧洲大陆学者所说的,在司法判例和单行法的冲击和解构下,很多国家的民法典被"缩减为一个令人厌倦而且毫无用处的橱窗"[②]。英美法系各国的制定法的地位则在不断提高,但是这些国家依然不倾向于制定大的法典。由此可以看出,虽然有融合趋势,但差异还会长期存在。

(四) 社会主义法

从 20 世纪 70 年代末,中国开始了大规模的立法工作,强调加强社会主义法制建设,做到有法可依、有法必依、执法必严、违法必究。1997 年,党的十五大提出依法治国、建设社会主义法治国家的目标。党的十五大、十六大提出,到 2010 年形成有中国特色社会主义法律体系。2011 年 3 月,全国人大常委会宣告中国特色社会主义法律体系已经形成。至此,中国形成了以宪法为核心,以法律为主干,包括行政法规、地方性法规等规范性文件在内的,由七个法律部门、三个层次法律规范构成的中国特色社会主义法律体系。国家在经济、政治、文化、社会生活的各个方面基本做到了有法可依,为社会主义法治国家的建设提供了法律上

---

① 参见孙正聿:《哲学通论》,辽宁人民出版社 1998 年版,第 351 页。
② 〔意〕那塔利诺·伊尔蒂:《解法典化的时代》,薛军译,载徐国栋主编:《罗马法与现代民法(第四卷)》,中国人民大学出版社 2004 年版,第 80—107 页。

的保障。

当代中国社会主义法律制度最重要的本质规定性在于,它是引导和保障我国社会主义建设各项事业顺利发展的权威性行为准则。我国法律制度是引导和保障社会主义市场经济建设顺利发展的权威性准则,是引导和保障社会主义民主政治建设顺利发展的权威性准则,是引导和保障社会主义精神文明建设的权威性准则,是引导和保障对外开放、维护和促进世界和平与发展的权威性准则。它体现着坚持党的领导、人民当家做主、依法治国的有机统一。

阅读材料

历史无意识与制度别设计[①]

  人类发展的宏观走向可以说有其必然性,但在微观层面我们确实应该谨慎地对待"必然性"这一概念。在某一事件发生之前,如果真的能够对这种必然性作出预测,那历史中怎么还会有那么多的"失误与挫折"?为什么还要进行那么长的"艰辛的探索"?如何还要从中吸取那么多的"经验和教训"?如果我们只是在某一事件发生之后才作出这样的判断,那么这种"事后诸葛亮"的断语又有什么意义呢?因此可以说,历史中充满了偶然性,很多时候并没有什么规律可遵循,很多历史事件的发生并不是事先周密安排的结果。

  武昌首义在中国历史中具有里程碑意义,它拉开了近代民主革命的序幕。一般认为这么重要的起义肯定是由革命党人精心策划、周密安排的,其实并不是。当时孙中山、黄兴等领导人并不在武汉,这次起义和他们也没有直接的关系。导火索就是几个年轻的革命党人在汉口俄租界配制炸弹时不慎引起爆炸。俄国巡捕闻声而至,搜去革命党人名册、起义文告、旗帜等,秘密泄露。湖广总督瑞澂获得名册以后,杀了三个革命党人,并将人头挂在城门上以儆效尤,结果导致谣言四起,说瑞澂要按名册搜捕革命党人。许多新军士兵认为大祸临头,与其坐以待毙,不如奋起一搏,于是发动起义。由此观之,辛亥革命的成功源于一种偶然。

  著名的百团大战是抗日战争中八路军战绩最丰的一次战役,但这些战绩的取得也不是源于事先的精心安排。它开始的方案远没有后来发展的那么大。根

[①] 节选自李拥军:《法理学教研中的体悟与随想》,上海三联书店2022年版,第228—233页。少量内容有删减、调整。注释从略。

据当时的计划部署,只有二十来个团参战,各团同样也只具体部署了部分部队参战。战役打响以后,各地部队踊跃参战,越打越大。比如,一处围点需要几处打援,打援时又需要再围点,而再围点时又需要再打援。牵一发,动全身,结果很多计划外的部队、武装都加入进来,整个华北地区连成了一片。最后清点战绩时,发现竟有一百多个团参加,所以后来才命名为"百团大战"。由此说来,百团大战实际上不是由任何人和任何一级机构发动的,而是华北八路军全体将士、人民群众积极主动参战的结果。

历史更多地源于这种偶然,而非出自人的有意设计。因为人的理性是有限的,它既无法经验所有的客观世界,又无法掌控所有的社会信息,所以它无法让事物按照自己的意志发展。人预先做出的方案,常常会因为无法掌控的因素的出现而被改变,这就是人们常说的"计划没有变化快"的道理。因此我说,无意识的存在才是人类历史的良性状态,正是众多无意识的存在最终汇合成了人类的大历史。相反,那些擅于精密算计的个体更容易在历史的发展中被淘汰。

王东岳先生在《中西哲学启蒙课》中讲到,占卜的最大特点就是算不准,但恰恰是这种算不准,一些部落或人群才因此而得以保留。他为此举过两个例子。一个是印第安人的例子。近代由于西方殖民者的入侵,美洲的印第安人几乎灭绝。19 世纪中叶,美国人开始反省,于是划定某些区域专供印第安人生活,其他人不能随便侵入。后文化学者发现,保留领地的印第安土著出现了截然不同的两种结果。一些部族在短短几十年间很快星散,国家给予的保护领地根本无法维系;另一些印第安部族却能在领地上长存不衰。于是,美国一批现代文化学者就开始研究其中的原因。结果发现,那些快速星散的部落,他们打猎的方式是追踪,就是追踪动物的足迹、脚印、粪便。由于这个方法非常有效,而他们手里又拿的是现代化武器,因此很快就把领地上的动物打绝了。食物来源没有了,他们只好进城打工,部落文化随之消亡。另一些部落打猎的方式不是追踪动物踪迹,而是占卜。因为占卜总是算不准,动物打不绝,所以部落可以长存。

另一个是关于土匪的例子。有学者研究民国时期东北的土匪,发现他们有两种结局:很多山头上的土匪维持不了十几年、几十年就全部星散,只有极个别山头上的土匪能长盛不衰。研究发现,这和土匪的打劫方式有关。有些土匪在山下的道路两端派出哨探,看到有客商经过就快马飞报,然后派土匪群抢劫,一抢一个准。长期如此,便没有任何商人敢再从这些路上经过,他们也财源中断,只好星散。有些土匪打劫的方法居然是算卦。而算卦总是算不准,就像打牌时赢时输一样,有时能抢到,有时抢不到。相应地,客商从这里经过有一定的安全性,被抢付出的成本总体上小于绕道付出的成本,所以还愿意从这里走。于是,土匪的财源不绝,他们的山头也得以稳固。

以上的例子说明,恰恰是不过分用智、不极度追求精确设计的群体更可能得到延续。《红楼梦》里周瑞家的曾说过一句俗语:"吃不穷,穿不穷,算来总是一场空。"我的家乡民间也有类似的俗语:"吃不穷,穿不穷,打不开算盘活受穷。"意思是说,世事无常,人无法把握事物的发展,要尽可能地顺其自然。历史表明,人类的灾难常常是那些不愿顺其自然,致力于社会改造,志愿为人们设计制度,然后依靠强力来推行的高尚的理想主义者带来的。正如荷尔德林所说的:"总使一个国家变成人间地狱的东西,恰恰是人们试图将其变成天堂。"类似法国大革命中雅各宾派专政的实践那样的史实已经告诉我们这一点。

由此说来,人类社会之所以能够延续恰恰是因为它不能实现自身的有意识,即精确设计在其中不能完全有效。通俗地说,人类社会正是在误打误撞中不断推进的,"摸着石头过河"才是社会发展的常态。说到这里,有人也许会问,人类社会与动物世界的本质区别,就在于它是一种制度性存在,而制度的规范功能是不可能让人在一种无意识状态中生活的,这又如何解释?我说,在制度中生存的人固然是有意识的,但制度的形成是无意识的。正如哈耶克所说,真正的制度源于一种"自生自发秩序""非人之设计之结果",而是"人之行动之结果"。人类社会的演进表现为制度间的更替,而制度的形成表现出无意识性,因此人类社会的演进也在总体上呈现出无意识性。

真正的制度是根植于人的生存方式之中的,是各种力量长期博弈的结果,是一种不得不的选择,非人类有意设计之产物。四十多年前,中国农村家庭联产承包责任制拉开了改革开放的序幕。这一制度不是先由中央精密设计,然后自上而下推行的,而恰恰是安徽省凤阳县小岗村一百多户农民冒着坐牢甚或杀头的危险,为了解决温饱问题率先搞起来,后来得到国家认可而推广开的。由此说来,成功的制度发端于人们的社会实践,而不是构思于精英们的书斋。

人的行为是有意识的,而众多的有意识的行为交织在一起必然发生冲突与碰撞,而制度恰恰是在解决这种冲突与碰撞中自发形成的,是各种利益平衡的结果。吴思先生在《血酬定律:中国历史中的生存游戏》中讲过一个"匪变官"的故事。辛亥革命以后,四川群雄并起,土匪猖獗。广汉地区的川陕大道因为经常有土匪打劫,导致没有商旅通行。不但商旅通行需要绕道,就连颇有实力的袍哥土匪头子或小股军队都需要拿着名片信件事先交涉,否则都可能挨打被吃。道路无人通行,土匪等于自绝财源。于是,土匪们商定一个办法,各自分段收取保险费,让行人持他们的路票通行。例如,一挑盐收五角,一个徒手或包袱客收一元。布贩、丝帮看货议费,多者百元,少者几元、几十元不等。收取保险费以后,各该路段土匪负责商客的安全,且不允许在此路段重复收费。这些约定落实以后,一种新的制度便形成,日常生活重新具有确定性、可预期性,川陕大道又逐渐恢复了往日的繁荣。其实,这一故事背后的逻辑反映的正是国家税收制度生成的机理。

这种历史的无意识性还表现在本来为某一目的而人为设计出来的制度,却在无意间创造出了另外的结果。这是一种"有心栽花花不开,无心插柳柳成荫"的逻辑。美国著名的司法审查制度的形成过程即是如此。该制度发端于"马伯里诉麦迪逊案",围绕着该案展开的是美国党派之间的斗争,其中不乏政治人物之间的权术与阴谋。正是这一开始服务于权术争斗的机制后来发展成了伟大的制度。正如苏力先生所评价的,司法审查制度"完全是一个历史的偶然",是"党派间争夺权力、政治家不共戴天的产物,是他们的激情和狡诈、斗争和妥协的产物,是他们各自追求利益的副产品"。

中国古人总要把人类某项发明归结到具体人上,如黄帝发明了医术,神农发明了农业,仓颉造字,周公制礼。按照这个逻辑,周公应该是中国法律的最早发明者。其实,人类的法律制度绝不是某一个人发明的,它是在人们的生产生活实践中自发形成的。它首先表现为一种生产生活实践的内部规则,后来被国家认可为法律。正如恩格斯所说:"在社会发展的某个很早的阶段,产生了这样一种需要:把每天重复着的产品生产、分配和交换用一个共同规则约束起来,借以使个人服从生产和交换的共同条件。这个规则首先表现为习惯,不久便成了法律。"

哈耶克将人类的规则分为内部规则和外部规则。其中,内部规则是指在长期的文化进化过程中自发形成的社会规则,外部规则是指那些只适用于特定之人或服务于统治者目的的立法。他认为内部规则才是真正意义上的法律,因此"法律先于立法",即立法必须依托于这种未经人主观设计、自发于社会交往内部的规则才具有合法性。正如卢梭所说:"规章都只不过是穹窿顶上的拱梁,而唯有慢慢诞生的风尚才最后构成那个穹窿顶上的不可动摇的拱心石。"正是在这个意义上,马克思说:"立法者应该把自己看作一个自然科学家。他不是在制造法律,不是在发明法律,而仅仅是在表述法律,他把精神关系的内在规律表现在有意识的现行法律之中。"这就是说,真正的法律并不是立法者建构出来的,而是生活规律的体现。

正由于真正的制度发端于事物内部,因此从外部强加给事物的规则常常因为脱离事物的自身规律而无法发挥作用,如果强行让其发挥作用,将会给具体工作带来严重的危害。《三国演义》中常有这样的情节:诸葛亮事先交给某个将军一个锦囊,嘱咐不到万不得已不要打开。在紧急关头,该将军突然想起军师(丞相)的锦囊,打开一看,便高呼"军师(丞相)真乃神人也",于是便化险为夷,克敌制胜。其实,这只是文学作品中的艺术手法而已。在真正的战场上,情况瞬息万变,战机稍纵即逝,一线指挥官不可能根据事先准备好的"锦囊妙计"作战,而是必须根据具体情况临机处理,才能保证战争的胜利。相反,如果机械、被动地执行上级命令,不能灵活处理战场情况,必败无疑。

北宋时期重文轻武,为了防止武将权力做大,皇帝要求武将必须按照事先画好的阵图作战,甚至连扎营都必须严格依照阵图。因为皇帝是在后方排的阵图,对前线根本不了解,有时军队到了前线,按照皇帝的阵图指示,扎营处即使是水塘或深渊,也必须得如此。没有皇帝的命令,谁也不敢擅自修改。更重要的是,战场上的形势千变万化,如果按阵图进行防守,结果敌军变换了攻击方向,这时本来需要灵活机动,改变排阵方式,但没有皇帝的命令,谁也不敢做主改变阵图。若擅自更改,一旦出现闪失,责任人将面临军法处置。这正是北宋军队人数众多,装备上也占有优势,但每逢战争总吃败仗的根本原因。

极"左"思潮造成的危害,道理也在于此。土地革命战争时期,由于受王明"左"倾教条主义路线的影响,博古、李德等人照搬苏联经验,放弃了最擅长的机动灵活的战术,让红军御敌于国门之外,与敌人打阵地战,最后导致第五次反围剿的失利,红军被迫长征,给党的事业造成巨大损失。新中国成立后的"大跃进运动",从上到下地瞎指挥,盲目地追求高指标,机械地推进人民公社化、全国一盘棋,严重脱离实际,背离客观规律,从而使社会主义建设事业遭遇到巨大挫折。这带给我们的教训是深刻的。

经典案例

案例1　司马库斯人窃取倒木案①

2005年9月间,台风过境,我国台湾地区新竹县司马库斯唯一的联外道路中断,居住于该地的泰雅人为解决生存,设法打通联外道路。在联外道路上,正好有一株被强风吹倒、胸径约60厘米的榉木倒在路中间,当地人遂将榉木移至路旁。不久,林务局发现这个被吹倒的榉木,遂先将树身切断载离。但树根及部分支干深埋土中,无法取出,林务局就在该树根上喷上红漆并烙铜印后将其留在现场。其后,泰雅人部落会议决定,基于原住族群惯例,榉木位于其传统生活领域范围内,属于部落共同拥有的财物,乃派遣三名当地人将其搬回部落,拟作为雕刻、造景和公益之用。但三名当地人在运送途中被巡山警察发现,随即被移送法办。

台湾地区新竹地方检察署经侦查后,以该三名当地人违反森林资源保护法律规定的窃取森林主副产物罪起诉。该案一、二审法院均认定该三名当地人有罪。该案经上诉至第三审后,我国台湾地区"最高法院"罕见地提出与下级审完全不同的看法。

【说明】　不同地区的传统习俗,有其历史渊源及文化特色。为促进各族群间公平、永续发展,允以多元主义之观点、文化相对之角度处理纷争,以建立共存共荣之族群关系,尤其在原住族群传统领域土地内,对其传统习俗之行为,应在合理范围内予以适当之尊重,以保障原住族群之基本权利。依此原则,我国台湾地区相关法律规定已经揭示,政府处理原住族群事务,制定法律或实施司法程序等事项,应尊重原住族群之传统习俗、文化及价值观等,以保障其合法权益。从而保护原住族群在其传统领域土地内依其传统习俗之行为,即不能完全立于非原住族群之观点,而与非原住族群之行为同视。

案例2　苏格拉底受审②

公元前399年,在雅典举行了一场壮观的人民审判——苏格拉底受审。这次审判的法官有500人,这些人都是从雅典城邦的公民中以随机的方式抽选出来的。其中有贵族,有哲学家,更多的是"漂羊毛的、做鞋的、盖房的、打铁的",等

---

① 参见黄源盛:《晚清民国刑法春秋》,犁斋社2018年版,第599—601页。
② 参见黄鸣鹤:《法庭的故事》,团结出版社2006年版,第164—171页;余定宇:《寻找法律的印记——从古埃及到美利坚》,法律出版社2004年版,第38页。

等。在第一轮审判中有500人投票,280票对220票,罪名成立。据柏拉图的分析,陪审团中投票认定苏格拉底有罪的人只占微弱的多数,在下一轮的量刑审判中,只要被告人有好的表现,被轻判是完全可能的。但由于苏格拉底在法庭中的演讲触怒了陪审团,第二次投票的结果是369票对140票,决定判苏格拉底死刑。这样,也就是说,至少有80人在第一次投票时认为他无罪,但在第二次投票时却判了他死刑。苏格拉底入狱后,他的学生克里同买通狱卒,想让他逃跑,但苏格拉底拒绝了。他认为公民必须遵守法律,哪怕法律是不公正的;守法是一个公民应尽的义务,既然他已经从城邦中享受到了福利,那他就应该向城邦尽义务。整整一个晚上,克里同都在和他辩论"恶法是否为法"的问题。为了救他,克里同甚至使用激将法,他认为,"拒绝救自己生命的行为有违美德,应该感到羞耻,甚至是一种罪恶"。苏格拉底仍然不为所动,后来他饮鸩而死。

【说明】 从该案例可以看出,当时古希腊还处在不成文法时代,法律主要是以司法的方式体现的。人类早期的法律并不是以成文法的方式体现的,而是以纠纷解决的方式体现的。当法官使用某一规则进行裁判从而使其结果具有强制执行的效力时,相关规则便成了法律。这些被援引的规则可能是原始的习惯、道德、宗教教义,而这些规则又统归于习惯之中,所以人类最早的法律都是习惯法。古希腊人抽选民众来审判,足以看出当时还没有专业化的法律,而是通过人们心中的习惯等社会规则来充当裁判依据的。

金句法谚

1. 在社会发展的某个很早的阶段,产生了这样一种需要:把每天重复着的产品生产、分配和交换用一个共同规则约束起来,借以使个人服从生产和交换的共同条件。这个规则首先表现为习惯,不久便成了法律。

——〔德〕弗里德里希·恩格斯

2. 那种认为法律可以由人创造出来的观点,对于远古时期的人来说是极为陌生的。那种认为所有的法律都必须以立法为基础的观点,只不过是后来较为先进的时代的人们所具有的较为幼稚想法。

——〔英〕弗里德利希·冯·哈耶克

3. 由于公共活动范围的扩大,由于社会利益超出了地方团体、氏族和自为的亲属团体的利益至上,人们发现了一种创制并行使司法和行政权力的方法,这种方法使得在更大社会范围内两败俱伤的相互残杀受到了阻碍并最终被祛除。

——〔美〕E. A. 霍贝尔

4. 法律之不能与风俗相违,非数千年来实地试验,确有成绩,不容以空言理想凭空臆断者哉。

——(清)劳乃宣

5. 所有进步社会的运动,到此处为止,是一个"从身分到契约"的运动。

——〔英〕梅因

习题精选

材料1 《唐律疏议》"十恶"条的第七项"不孝":"谓告言、诅詈祖父母父母,及祖父母父母在,别籍异财,若供养有阙;居父母丧,身自嫁娶,若作乐,释服从吉;闻祖父母父母丧,匿不举哀;诈称祖父母父母死。"对"不孝"的行为处以"绞""流""徒"等刑罚。疏文解释曰:"善事父母曰孝。既有违犯,是名不孝。"

材料2 中世纪的欧洲在采地之间奉行"我的陪臣的陪臣,不是我的陪臣"的间接性原则。12世纪末的一篇论文写道,"主公与臣属之间应该有一种相互忠诚的义务,除敬重之外,封臣对主公应尽的臣服并不比主公对封臣所持的领主权更多"。

材料3 《法经》—《秦律》—《汉律》—《晋律》—《唐律疏议》—《宋刑统》—《大明律》—《大清律例》。

材料4 清朝末年,以沈家本为代表的法理派和以张之洞为代表的礼教派在"干名犯义""存留养亲""无夫奸"和"亲属相奸""子孙违反教令""子孙卑幼能否对尊长行使正当防卫权"等问题的存废上发生了激烈的争论,史称"礼法之争"。

材料5 十九大报告:"不忘本来、吸收外来、面向未来,更好构筑中国精神、中国价值、中国力量,为人民提供精神指引。"

阅读上述材料,回答下列问题:

1. 从材料1中可以看出中国传统法律具有什么样的特征?(只答一个特征),与此相对应的传统的西方法律具有什么样的特征?

2. 从材料2中可以看出西方法律传统呈现出什么样的特征?(只答一个特征),与此相对应的中国法律传统呈现出什么样的特征?

3. 从材料 3 中可以看出中国传统法律具有什么样的特征?(只答一个特征),为什么会有这样的特征?

4. 材料 4 中所揭示的历史事件意味着什么的解体?拉开了什么的序幕?

5. 结合材料 5 中的"不忘本来、吸收外来、面向未来",联系上述中西方法律传统的内容,谈谈我们应该如何建设中国的当代法治。

【解析】 这是一道典型的中西法律史相结合、法理学与法律史学相结合的题目,同时该题还含有思政育人的成分。材料 1—3 体现的都是中西法律传统的特征。从材料 1 中可以看出中国传统法律具有伦理性特征,与此相对应,传统的西方法律具有宗教性的特征。从材料 2 中可以看出西方法律传统中王权不具有至高无上的地位,与此相对应,在中国法律传统中皇权至高无上,专制主义特征明显。从材料 3 中可以看出,中国传统法律具有成文法的特征,因为中国一直是大一统的社会,维护皇权需要统一的法典。材料 4 中所揭示的历史事件意味着中华法系的解体,从此拉开了中国法制近代化(现代化)的序幕。十九大报告提出的"不忘本来、吸收外来、面向未来,更好构筑中国精神、中国价值、中国力量,为人民提供精神指引"告诉我们,应该继承中华优秀传统文化,勇于吸收借鉴外来法治经验,关照中国具体国情,努力探索符合中国国情的法治发展道路。

第八章
Chapter 8

法律演进

章前提示

　　法律演进是指某一个国家或者社会之中的法律制度从落后状态向先进状态发展的过程。在该过程中,其动力既来源于一个社会内部需求的增长、进化和发展,同时也离不开外部环境因素的推动。法律演进既有社会自然进化的成分,又有人为理性建构的成分;既有本土化的内容,又有国际化的影响。在具体途径上,法律演进主要体现为发生在历时性层面的法律继承、发生在共时性层面的法律移植以及发生于本国社会内部的法制改革。其中,法律继承面对的是"古为今用"的问题,法律移植面对的是"洋为中用"的问题,法制改革面对的是"自我革命"的问题。法律继承和法律移植虽不能解决法律制度的创新问题,但能为法律制度的革新准备条件。

原理阐释

一、法律演进概述

　　法律演进是指某一个国家或者社会之中的法律制度在整体上从落后状态向先进状态发展或者进步的过程。

　　从人类的法律发展经验看,法律演进大致呈现出如下特点:

　　第一,在法律演进的模式上,对应于社会发展问题上的进化论和建构论,基本上有两种法律演进的理论模式。进化论强调法律的进步依赖社会自身的自发力量，认为经济和社会生活的客观需要、人民群众的自动参与是法律演进的真正动力。建构论则更重视人为的理性建构对于实现法律制度的变迁与进步的作用，特别强调在法律制度的变革中国家的主导作用。

第二，在法律演进的道路上，对应于以进化论和建构论为核心的社会发展的本土化和国际化道路，法律演进也有本土化和国际化两种道路选择。本土化强调一国的法律演进或者发展应当立足于本国既有的法律文化传统和本土资源，在自身社会生活中发现和培育法律进步的基因。国际化则认为，当今世界，经济、科技、文化和政治领域的许多方面都明显呈现出国际一体化的趋势，为了适应国际一体化的大趋势，满足经济改革和科技进步的急需，后发展国家都必须借助先进国家的法治经验，在较短的时间内改变本国法制落后的状况，实现本国的法制现代化。

第三，在法律演进的动力来源上，对应于社会发展的内源型发展和外源型发展之分，法律演进也有内源型和外源型之别。内源型的法律演进的特点在于，法律演进的基本动力是内在的，即来自国家和社会内部的需要，并且对于本国和本社会而言处于主动状态。外源型的法律演进的特点在于，法律演进的基本动力是外在的，即依靠外来力量或外部压力的推动，并且对于本国和本社会而言处于被动状态。

第四，在具体途径上，法律演进主要体现为发生在历时性层面的新法对旧法的继承、发生在共时性层面的国（地区）与国（地区）之间的法律移植以及立足于本国或本社会的现实需求发生在该社会内部的法律制度的创造与革新。

二、法律继承

所谓法律继承，就是不同历史类型的法律制度之间的延续、承接、继受，一般表现为旧法对新法的影响和新法对旧法的承接和继受。

（一）法律继承的具体方法——抽象继承法

20世纪50年代，冯友兰先生发表了《关于中国哲学遗产的继承问题》《再论中国哲学遗产的继承问题》等文章，提出了中国传统哲学的继承方法问题。此中提及的继承方法后来被称为"抽象继承法"。① 抽象继承法的实质在于以"共相"和"殊相"二分法立论,强调"共相"寓于"殊相"之中,强调"理在事中"。抽象继承法的贡献在于,以社会之"共相"与"殊相"之别,辨"社会之理"与"某种社会之理",论证了古往今来普遍存在的恒常的共同文明以及文明演化的连续性,从而使传统具有可继承性。②

抽象继承法在法律传统的继承上给我们提供了新的视角。正如冯友兰先生所述,这种社会和那种社会虽然有所不同,但总会包含着一切社会所必须遵循的规律。也就是说,"殊相"的社会中总会包含着社会的"共相"。在法律传统上也是如此。这种"共相"只有通过抽象继承的方法才能发现。

1. 人性上的"共相"需要抽象继承

诚然,作为两种社会形式,传统社会和现代社会存在着太多的不同。但是,它们毕竟都是以人为主体的社会存在形态,人性方面的某些内容是共通的,是任何社会维系都必须依赖的要素。无论是作为上层建筑的法,出于维护统治的需要,还是作为发端于社会交往之中的内部规则,出于维护正常社会运转的需要,都必须要尊重这些人性的要素,否则,依托于该社会而存在的国家将无法实现其正常的政治职能和社会职能。人性上的共通性使得继承在法律传统领域能够发生,而这种人性上的共通性只有透过法律的形式和表象以抽象的方式才能获得。

2. 人生存方式和社会运作逻辑方面的共性需要抽象继承

诚然,传统的农业文明和现代的工商文明下人的生活方式存在着根本性的不同。但是,两者毕竟都是以人为主体的社会存在形式,都有维护所在社会生存的内在需求,因而在维系社会存在方面都可能要面对或处理相同或相近的问题,如要面对人与人、人与自然、中央和地方、国家与国家等关系问题。用现代的视角看,古今都可能遭遇到相同的环境法、民事法、诉讼法、国际法甚至宪法问题。面对这样的问题,古今在应对的理念、思维或策略上可能有相通之处。对于现代社会来讲,在具体制度层面传统的法律对于应对这些问题并不一定有多大的借鉴价值,但隐藏在该制度背后的理念、解决同类问题的具有合理性的逻辑以及在实践中成长并得到验证的经验,依然具有一定的价值和意义。而这些价值和意

---

① 参见冯友兰:《冯友兰文集(第1卷)》,长春出版社2008年版,三松堂自序,第176页。
② 参见高力克:《对激进主义伦理观的反拨与修正——冯友兰道德继承论重温》,载《学术月刊》2005年第10期。

义只有通过抽象继承的方式才能获得。

(二) 法律继承的内容——高低次元传统

徐复观先生根据日本学者务台理作的理论将中国传统区分为低次元的传统和高次元的传统。所谓低次元的传统,是由基层群众所代表的传统,常以风俗习惯的形式出现。它有两个特性:(1) 精神意味比较少,多半表现在具体事象之中。(2) 是"具体而又缺少自觉的",是被动的,即所谓"百姓日用而不知"的,以静态形式存在,因而是保守的。"它没有自己批判自己的能力","缺乏自己改进自己的能力"。与低次元的传统对应的是高次元的传统。高次元的传统通过"低次元中的具体的事项,以发现隐藏在它们后面的原始精神和原始目的";这样的传统由该民族的知识人所创造,是一种精神性的存在,非能目见耳闻,"而需要通过反省、自觉,始能再发现",并且由这种再发现而给予低次元的传统以批判。① 这一理论为思考法律传统的继承问题提供了新的视角。

第一,高次元的法律传统更具有可继承性。依据这样的传统划分方法,法律传统也可划分为高次元的传统和低次元的传统,我们所要继承的更多是高次元的法律传统。依据该理论,低次元的传统是具体的、有形的、微观的、静态的,而高次元的传统是抽象的、宏观的、精神性的、动态化的。如果用文化来表征传统,那么传统视野下的法律文化应该具有器物性、制度性和精神性三种形态,其中器物性的法律文化和制度性的法律文化应该属于低次元的传统,而精神性的法律文化属于高次元的传统。显然,精神性的法律文化比器物性和制度性的法律文化具有更多的可继承性。具体来说,囚车、刑具、官服等所代表的器物性的法律文化,因为社会变迁会最先最快失去可继承的价值;规范、典章、程序等制度性的法律文化,因为是按照当时的社会需要设计或针对具体的行为作出的,所以在遭遇社会转型时也通常会失去价值。只有隐藏在制度背后或由器物性文化所承载的精神、思想、理念才具有更恒久、更普适的价值,具有更强的生命力和可继承性。换言之,掩藏在制度背后的,诸如"以民为本""民贵君轻""天人合一""家国一体""德法共治""仁者爱人""执中致和""和而不同""取之有度""兼爱非攻""协和万邦""因时立法""一断于法""宽法省禁""宽严相济""明德慎罚""重视教化""怜老恤幼""情理法交融"等,思想性、精神性的成分要比某些具体的制度、规范

---

① 参见徐复观:《论文化(二)》,九州出版社2014年版,第474—476页。

或器物更具有可继承性。

第二,低次元的法律传统不是绝对没有可继承性,而是必须经过高次元的法律传统的"反省"。如前所述,低次元的传统对应着基层文化,它们是生长于民间的,是"百姓日用而不知的",是自生自发的。在这个意义上,与此相对应的低次元的法律传统,是那些源于自生自发秩序的民间法,即那些得到当时法律认可或在司法中得到运用的风俗习惯、伦理道德。因为这些规范发端于社会生活的内部和底层,而一般来讲越是接近底层和内部的社会生活,进化速度越慢,所以古今基层社会生活上的共性导致这些规范具有明显的可传承性。由于这种传承是在潜移默化、不知不觉中进行的,因此对民众来讲往往是不可抗拒的。由于呈现给现代社会的低次元的传统往往是良莠不齐的,所以作为低次元的传统的民间法资源必须经过过滤、筛选甚至校正以后才能在现代司法中应用,而过滤、筛选、校正的标准则是高次元的传统。由于高次元的传统是精神性的,蕴含了人类的共同价值,且能够自我更新,因此它有理由成为"反省"低次元的传统的标准。依照此理,经高次元的传统"反省"过的习惯才可能是习惯法,经高次元的传统"反省"过的风俗才可能是善良风俗。

(三) 法律继承的具体实现路径

法律继承的具体实现路径体现为两个"统一"。

1. 整体批判与局部继承的统一

在批判性继承的视角下,对于整体性的法律传统是应该批判的,而继承只能是局部性的继承。如前所述,传统中国的法律生发于农业社会,服务于专制政治,以家族、伦理、义务为本位,①在整体上已经不符合现代市场经济社会的要求,在结构上对现代法治已经失去了意义。但是,如果对其进行具体的、微观的考察,法律传统仍有众多可继承的要素。从这个意义上说,无论是借助抽象继承法提取出来的隐藏在具体制度背后的价值理念、法律作为治理手段与所在社会保持自洽的内在逻辑,还是作为高次元的传统中的诸如"明德慎罚""怜老恤幼"等法律精神、成长于基层文化中的代表低次元的传统的民间法资源,都能够作为一种局部性的要素来继承。一般来讲,局部继承可能产生"排异"现象,好比从旧机器上拆解下来的零件安装到新机器上会发生机能排斥一样。因此,在继承之

---

① 参见黄源盛:《中国法史导论》,广西师范大学出版社2014年版,第90—97页。

前需要对这些要素进行"加工改造"。

2. 抽象继承和具体批判的统一

一个时代的制度从本质上说是为那个时代服务的,因此它在形式、功能等方面必然服从于那个时代,从这个意义上讲,它对于现代法更多是负面的,现代法对其应该给予必要的否定。同时,如果透过具体的形式进行价值的抽象和提升,提取符合人性普遍价值和社会生活一般规律的成分,那么它对于现代法就依然具有意义。[①] 例如,即使是历史上的包公、海瑞一类的"清官""廉吏",从本质上说,他们都是为当时的统治阶级服务的,其行为都是在维护当时既有的统治秩序,在整体上也是通过人治的方式来执行法律的。以现在视角观察,其中必然会有刑讯逼供、超越程序办案的情况。从这个角度讲,这些东西不但不能继承,反而应该批判。但是,如果透过这些形式,抛开意识形态的束缚,找到支撑他们行为背后的那些"不徇私情""不阿权贵""忠于职守""廉洁奉公""秉公执法"的精神,那么我们就会发现其中仍有可继承的内容。这正是抽象继承法的发生逻辑。

三、法律移植

(一) 法律移植的含义

法律移植是指在鉴别、认同、调适、整合的基础上,引进、吸收、采纳、摄取、同化外国法律,使之成为本国法律的有机组成部分,为本国所用。

法律继承具有时间上的先后关系,法律移植则反映一个国家对同一时期其他国家法律制度的吸收和借鉴。法律移植范围除了外国的法律之外,还包括国际法律和惯例。法律移植以供体(被移植的法律)和受体(接受移植的法律)之间存在着共同性,即受同一规律的支配、互不排斥、可互相吸纳为前提。

(二) 法律移植的必要性和必然性

第一,社会发展和法律演进的不平衡性决定了法律移植的必然性。同一时期不同国家的发展是不平衡的,它们或者处于不同的社会形态,或者处于同一社会形态的不同发展阶段。在这种情况下,比较落后的或后发展国家为了赶上先

---

① 参见邓晓芒:《我与儒家》,载《探索与争鸣》2015 年第 4 期。

进国家,就有必要移植先进国家的某些法律,以保障和促进社会发展。世界法律的演进史也早已经表明,法律移植是落后国家加速演进其法律的必由之路。

第二,市场经济的客观规律和根本特征决定了法律移植的必要性。当今世界,市场机制成为统合世界经济的最主要的机制。尽管在不同的社会制度下市场经济会有一些不同的特点,但它运行的基本规律,如价值规律、供求规律、优胜劣汰规律却是相同的,资源配置的效率原则、公正原则、诚信原则等也是相同的。这就决定了一个国家在建构自己的市场经济法律体系和制定市场经济法律的过程中,必须而且也有可能吸收和采纳市场经济发达国家的立法经验。

第三,人类的共同价值使各国在法律上有互鉴合作的可能性。虽然不同国家在民族文化、政治体制等方面存在着差异,但是对民主、自由、人权、人性、人道都有着共同的追求。正是在这些共同追求下,世界各国在法律上才可以展开交流与合作。

第四,法律移植是推动构建人类命运共同体的必然要求。在全球化时代,世界各国需要共同合作,携手面对和解决人类共同的问题。因此,现代中国积极倡导并推动人类命运共同体的构建。正如习近平总书记所说的:"我们呼吁,各国人民同心协力,构建人类命运共同体,建设持久和平、普遍安全、共同繁荣、开放包容、清洁美丽的世界。""要坚持环境友好,合作应对气候变化,保护好人类赖以生存的地球家园。"[①] 法律移植是国际主体之间在法律上交流合作的重要形式,是人类命运共同体构建在法律上的重要表现形式。

(三)法律移植的类型

第一,经济、文化和政治处于相同或者基本相同发展阶段和发展水平的国家相互吸收对方的法律。比如,两大法系国家的法律的相互借鉴和融合;法德等国借鉴英美法系的判例法制度,将其作为自己国家成文法制度的补充;许多国家借鉴美国的司法审查制度,完善自己国家的违宪审查制度;等等。

第二,落后国家或发展中国家直接采纳先进国家或发达国家的法律。古罗马在制定《十二铜表法》时曾借鉴古雅典城邦的立法经验。封建时代的日本曾全面引进我国盛唐时期的法律制度来建立自己的法律制度,史称"大化改新"。《法

[①] 习近平:《决胜全面建成小康社会,夺取新时代中国特色社会主义伟大胜利——在中国共产党第十九次全国代表大会上的报告》,人民出版社 2017 年版,第 58—59 页。

国民法典》制定出来以后,欧洲许多国家纷纷效仿。土耳其在凯末尔当政时期大量采用欧洲国家法律,特别是《瑞士民法典》《意大利民法典》和德国诉讼法,在伊斯兰世界率先实现法制现代化。日本在明治时代出于与西洋各国平等主权的需要,全面引进德国法、法国法,以此为基础制定"六法全书",使日本迅速地建立起发达的资本主义法律制度。二战后许多发展中国家大量引进、接受西方发达国家的法律。中国改革开放以后借鉴国外发达国家的立法经验。

第三,区域性的法律统一运动和世界性的法律统一运动或法律全球化。如欧盟法的形成,具体包括《欧洲共同体条约》《欧洲经济共同体条约》《欧洲煤钢共同体条约》《欧洲原子能共同体条约》《欧洲联盟条约》等;又如各种世界公约的制定,如《世界人权宣言》《国际禁毒公约》《废除奴隶制及奴隶贩卖之国际公约》《公民权利和政治权利国际公约》《经济、社会、文化权利国际公约》;等等。

特别提示:

第一,法律继承体现的是法律传统的流变问题,面对的是人类历史上法律之间的共性问题;法律移植体现的是国际法律的合作问题,面对的是同一时代不同国家法律之间的共性问题。

第二,法律继承解决的是"古为今用"的问题,法律移植解决的是"洋为中用"的问题。无论是法律继承还是法律移植,都需要坚持"拿来主义",即取其精华、去其糟粕的立场,都应该以现代中国的需要为中心,在坚持自己主体性的基础上实现创造性的转化,为我所用。

四、法 制 改 革

法制改革指的是一个国家或社会的法律在运作方式、框架体系和具体制度等方面的自我创造与更新、自我完善与发展。

法律继承和法律移植的着眼点在于健全或完善现行法律制度,属于法律的外在输入;法制改革的着眼点在于法律制度或法律体系的更新和重构,属于法律的内在成长。

人民日益增长的美好生活需要和不平衡、不充分的发展之间的矛盾,已经成为当下中国社会的主要矛盾。矛盾是推动事物发展的根本动力。社会主要矛盾反映的是社会需求与社会供给之间的关系,它随着社会生产力的发展、生产关系的调整和历史条件的变化而不断变化。社会发展阶段和主要矛盾的变化要求国家在治理方式上,即在法治模式和具体制度上,必须进行必要的变革。

社会主要矛盾决定了实现人民美好生活的需要是当下中国发展的总目标。实现这一目标需要通过促进高质量发展,消除社会发展中的不平衡、不充分问题,防范各种社会风险等路径来实现。因此,当下中国的法律变革必然要围绕着这些问题来进行。中国社会需要高质量发展,与之相配套的法律制度及其治理方式也必须是高质量的,这种制度和治理上的高质量必然表现为一种法治现代化。换言之,在法治现代化的目标下,法律应该在激励社会发展、提高发展质量、削减贫富差距、维护社会公平、保护生态环境、防范社会风险、强化社会合作、维护国家与世界总体安全方面作出努力,同时国家还应该在法律调整方式和社会治理方式上进行深刻的变革。

(一) 重塑法律体系格局

社会主要矛盾变化意味着,当下中国社会正处于一个以工业化发展模式为主体又兼具风险社会的某些特征的特殊阶段。在这样的社会条件下,传统的工业社会阶段发展生产力的需求并没有改变,而是需要向更优更强方向迈进,因此,虽然崛起并生成于传统工业社会的、以促进效率为目标的、以民商法为主体的财产法体系依然重要(《民法典》的颁布实施恰恰证明了这一点),但同时,因为风险社会的某些特征的出现,以防范生态风险为目标的以环境法、资源法为主体的生态法,以维护社会平衡和公平为目标的以经济法、劳动法、社会保障法为主体的社会法也同样应该受到重视。这意味着既有的财产法一枝独秀、包打天下的格局必须被打破,在整个法律体系中应该形成一个财产法、生态法、社会法三极并重的格局。以财产法引领财富的增长、助推经济的发展,以生态法防范环境的风险、维护生态的安全,以社会法维护社会的公平、实现发展的平衡和充分;以财产法激发社会发展的动力,以生态法、社会法防范和消解由此带来的风险;财产法是经济促进法,生态法是生态安全维护法,社会法是公共利益衡平法。

(二) 提升权利保护的"量"与"质"

社会主要矛盾的变化决定了当下中国孕育着更多更高的权利需求,对此,法律需要给予必要的回应。在当下中国,人民的权利需求已不仅仅停留在经济层面,而是已经向政治、文化、社会、科技、虚拟空间、数字信息、国际交往等领域扩展;也不仅仅局限在物质层面,而是向思想、情感、心理、精神层面迈进。人民需要更宽敞的住房、更清洁的环境、更健康的食品、更安全的社会秩序、更自由的表达、更公开透明的信息、更优质便捷的服务、更友好的对待、更有尊严的生活,等等。这些权利需求,要求国家必须坚持"以人民为中心"的理念,通过具体的法律制度予以确认和保护,并且保护方式必须从确认消极自由模式向实现积极自由模式转变。由此,国家扮演的角色也必须从传统的消极义务模式向现代的积极义务模式转型。

(三)健全社会公平公正机制

当下中国,要满足人民日益增长的美好生活的需要,就要在基本权利资源分配上保持最大化的均等,如选举权、受教育权、人格权、环境权、基本医疗权、接受公共服务权等,这是"以人民为中心"的应有之义。同时,追求高质量发展又需要差别原则为其提供动力来源。其原因在于,如果在所有资源分配上不区分贡献与付出的多少而盲目强调均等,就必然会损害人们创造的积极性,满足人民美好生活需要的经济基础也必然受到削弱,而这种分配上的差别被接受的前提则是其所依据的地位和职务获得机会上的平等,这样才能保证社会的动态平衡。总之,无论是差别地分配资源还是机会平等地获取职位,都必须保证"合乎最少受惠者的最大利益",从而在总体上保证社会的基本正义。由此看来,在新的社会矛盾下,需要用差别原则保证社会发展,用机会公正平等原则消除发展中的不平衡、不充分因素,用最大自由平等原则和确保"合乎最少受惠者的最大利益"实现社会的总体公正,而社会的总体公正是防范各种社会风险进而满足人民美好生活需要的根本保障。

由上可知,在发展的前提下促进社会总体公正对于当下中国尤为重要,对此法律需要作出如下努力:(1)强化弱者保护原则,实现扶贫、捐助、救灾、养老、医疗等事项运作上的法治化,切实保护弱势群体的利益。(2)优化民营经济发展环境,构建亲清的政商关系,促进非公有制经济健康发展和非公有制经济人士健康成长,依法平等保护民营企业产权和企业家权益,破除制约民营企业发展的各种壁垒,完善促进中小微企业和个体工商户发展的法律环境和政策体系。[①](3)加强宏观调控,利用税收、金融等经济手段,通过基础设施投资、就业促进等

---

① 《中共中央关于制定国民经济和社会发展第十四个五年规划和二〇三五年远景目标的建议》,载《人民日报》2020年11月4日第3版。

机制,通过制度解决发展中的地域性、结构性的不平衡问题。(4)推进司法体制改革,完善多元纠纷解决机制,建立健全程序法治,完善司法管理体制和司法权力运行机制,规范司法行为,加强对司法活动的监督,努力让人民群众在每一个司法案件中感受到公平正义。

(四) 强化防控手段在法律实施中的作用

现代社会的风险常常具有难以感知、难以预测、不可计算的特征,如具有放射性的渗入空气、水体、土壤中的污染物,快速传播的瘟疫、转基因食品对人的潜在危害,基因重组技术对人类社会结构的破坏,等等。这些风险超越人类的感知能力甚至超越时空,具有极强的隐蔽性,一旦出现风险,常常引发系统性、不可逆的后果,难以控制。基于此,法律有必要将事先防控上升为常规化的调整手段。强化防控在法律实施中的作用意味着国家必须摒弃"先污染,后治理""先放任,后规制"的发展模式,树立防范先于救济、预防高于恢复的立法理念,建立科学的风险评估机制以及常态化的风险预防机制、食品安全监控机制、生态安全预警机制,适时启动超前立法,通过做好突发事件的应急管理、对风险实行源头管控,把好风险治理的第一道防线,尽可能将风险扼杀在萌芽阶段。

(五) 完善风险责任制度体系

由于现代社会风险具有隐蔽性、复杂性的特征,因此风险责任的主体往往难以认定,以至大量出现贝克所言及的"有组织地不负责任"(Organised Irresponsibility)现象,人们在处理这些风险的过程中总是极力回避责任问题。[①] 风险责任的认定和归结的合理与否对于当下中国社会具有特殊意义。如果归责过于严格,则可能超越主体的承受能力;如果归责过于宽松,则可能诱发对待风险防范上的不负责,都无法适应风险社会的实际情况。面对风险社会的挑战,法律必须在责任制度体系上加以必要更新和完善。其一,对于非人为的自然风险,应该通过风险分担方式来解决。其二,对于人为的或者可以人为控制的风险的防范,应该通过落实具体责任的形式来完成。其三,需要构建一个风险损害赔偿多元化

---

① 参见杨雪冬等:《风险社会与秩序重建》,社会科学文献出版社2006年版,第67—68页。

的预防和救济体系。①

阅读材料

材料1　拿来主义②

中国一向是所谓"闭关主义",自己不去,别人也不许来。自从给枪炮打破了大门之后,又碰了一串钉子,到现在,成了什么都是"送去主义"了。别的且不说罢,单是学艺上的东西,近来就先送一批古董到巴黎去展览,但终"不知后事如何";还有几位"大师"们捧着几张古画和新画,在欧洲各国一路的挂过去,叫作"发扬国光"。听说不远还要送梅兰芳博士到苏联去,以促进"象征主义",此后是顺便到欧洲传道。我在这里不想讨论梅博士演艺和象征主义的关系,总之,活人替代了古董,我敢说,也可以算得显出一点进步了。

但我们没有人根据了"礼尚往来"的仪节,说道:拿来!

当然,能够只是送出去,也不算坏事情,一者见得丰富,二者见得大度。尼采就自诩过他是太阳,光热无穷,只是给与,不想取得。然而尼采究竟不是太阳,他发了疯。中国也不是,虽然有人说,掘起地下的煤来,就足够全世界几百年之用,但是,几百年之后呢?几百年之后,我们当然是化为魂灵,或上天堂,或落了地狱,但我们的子孙是在的,所以还应该给他们留下一点礼品。要不然,则当佳节大典之际,他们拿不出东西来,只好磕头贺喜,讨一点残羹冷炙做奖赏。

这种奖赏,不要误解为"抛来"的东西,这是"抛给"的,说得冠冕些,可以称之为"送来",我在这里不想举出实例。

我在这里也并不想对于"送去"再说什么,否则太不"摩登"了。我只想鼓吹我们再吝啬一点,"送去"之外,还得"拿来",是为"拿来主义"。

但我们被"送来"的东西吓怕了。先有英国的鸦片,德国的废枪炮,后有法国的香粉,美国的电影,日本的印着"完全国货"的各种小东西。于是连清醒的青年们,也对于洋货发生了恐怖。其实,这正是因为那是"送来"的,而不是"拿来"的缘故。

所以我们要运用脑髓,放出眼光,自己来拿!

---

① 参见岳红强:《风险社会视域下危险责任制度研究》,法律出版社2016年版,第259页。
② 选自《鲁迅选集(第六卷)》,中国文史出版社2002年版,第24—25页。

譬如罢,我们之中的一个穷青年,因为祖上的阴功(姑且让我这么说说罢),得了一所大宅子,且不问他是骗来的,抢来的,或合法继承的,或是做了女婿换来的。那么,怎么办呢?我想,首先是不管三七二十一,"拿来"!但是,如果反对这宅子的旧主人,怕给他的东西染污了,徘徊不敢走进门,是孱头;勃然大怒,放一把火烧光,算是保存自己的清白,则是昏蛋。不过因为原是羡慕这宅子的旧主人的,而这回接受一切,欣欣然的蹩进卧室,大吸剩下的鸦片,那当然更是废物。"拿来主义"者是全不这样的。

他占有,挑选。看见鱼翅,并不就抛在路上以显其"平民化",只要有养料,也和朋友们像萝卜白菜一样的吃掉,只不用它来宴大宾;看见鸦片,也不当众摔在茅厕里,以见其彻底革命,只送到药房里去,以供治病之用,却不弄"出售存膏,售完即止"的玄虚。只有烟枪和烟灯,虽然形式和印度,波斯,阿剌伯的烟具都不同,确可以算是一种国粹,倘使背着周游世界,一定会有人看,但我想,除了送一点进博物馆之外,其余的是大可以毁掉的了。还有一群姨太太,也大以请她们各自走散为是,要不然,"拿来主义"怕未免有些危机。

总之,我们要拿来。我们要或使用,或存放,或毁灭。那么,主人是新主人,宅子也就会成为新宅子。然而首先要这人沉着,勇猛,有辨别,不自私。没有拿来的,人不能自成为新人,没有拿来的,文艺不能自成为新文艺。

六月四日。

材料2 中华"和合"基因与现代国际法准则①

李拥军

国家主权平等、互不侵犯、互不干涉内政、平等互利、和平共处、和平解决国际争端等内容被视为现代国际法上的基本原则。其实,这些原则有一个共同的内涵——"和",英文应该称作"harmony"或"peace"。"和"既是现代国际法存在的基础,又是它追求的目标。失去了"和"的因素,现代国际法就失去了核心与根基。

中华民族的基因中从来不缺少"和"与"合",因为"和合"思想历来就是中华文化的根基。所谓"和",指和谐、和平、祥和;所谓"合",指结合、融合、合作。"和

---

① 原载于2017年3月31日"中国法律评论"微信公众号,少量内容有调整。

合"连起来讲,指在承认不同事物之矛盾、差异的前提下,把彼此不同的事物统一于一个相互依存的和合体中,并在不同事物和合的过程中取长补短,共同发展。"和合"思想使中华文化自古就没有威胁别人、恃强凌弱的基因。

正如习近平在和平共处五项原则发表60周年纪念大会上所阐发的那样,"中华民族历来崇尚'和为贵''和而不同''协和万邦''兼爱非攻'等理念";"中国不认同'国强必霸论',中国人的血脉中没有称王称霸、穷兵黩武的基因"。

儒家思想的核心范畴是"仁"。"仁"从词形造意上讲"从人丛二",是两个人的事。也就是说,"仁"应该在两个人中去寻找。具体来说,"仁"应该到"关系"中去寻找。孔子说,"仁者,爱人",爱别人才叫"仁"。所以,"己欲立而立人,己欲达而达人""己所不欲,勿施于人"。

由此看出,儒家思想非常看重人与人之间的关系。而欲保持关系的和谐,就要反对一个人"一家独大""一枝独秀""损人利己",倡导双方互相谦让、平衡发展。在儒家看来,人与人之间关系和谐的关键在于自己的先行付出,先爱别人。只有自己先爱别人,才有资格让别人爱你;人人谦让,人人献出一点爱,世界才能充满爱。

从这个意义上讲,"仁"的思想就是一种"和合"思想,强调人与人之间、国与国之间和睦/平相处、求同存异。中华文化历来不崇尚暴力和杀戮,而强调以谦让达致和谐,用和平的方式来解决纠纷。正因如此,中国历史上才有"六尺巷""退避三舍""七擒孟获"等故事。

中华文化发源于农耕文明。农耕文明以土地为工作对象,土地是不动产,土地不动,人亦不动,所以中国古人很早就有安土重迁的习惯。古代中国发端于黄河流域,地形呈现出"四周封闭、中间开阔"的特点。东部是大海,南部是大山,西部是高原,北部是蒙古大漠,四周封闭的地形决定了古代中国人很难跨出去接触其他文化,同时中间足够开阔的地形也让其失去跨出去的动力。

另外,无论是大海、大山还是高原、大漠,因为不适合农耕,都让古中国人对于对外扩张没有兴趣。由此说来,中华民族从本源上讲就不是一个喜欢扩张、富有侵略性的民族,它没有某些海上民族、游牧民族那样的侵略性和扩张性。例如,西方文明从本源上讲是一种海上文明,从古希腊起,西方人就有当海盗传统。从某种意义上说,近代新航路实际上是由一群"海盗"开辟的,麦哲伦、达伽马等既是航海家,又是海盗。

与世界其他民族相比,中国是较早步入文明时代的民族。"礼"是这种文明的重要标志。"礼"强调的是交往双方的互惠性:"礼尚往来,往而不来非礼也;来而不往,亦非礼也。"这种"礼尚往来"既强调经济上的互惠与共赢,又强调情感上的交流与尊重。

"礼"还强调:"礼闻取于人,不闻取人。礼闻来学,不闻往教。"意思是说,如果你想来学,我可以教,但我不强行推行我的文化;文明传播要靠自身的魅力,不能强力输出。中华文化不示强,也不排外,它倡导"王者无外""礼不往交""厚往薄来""协和万邦"。正如赵汀阳先生所说的,中华文化充分体现了以他者而不是自己为思考核心的"他者性原则"(赵汀阳:《天下体系》)。

正因如此,历史上才有一批批来到中国的遣唐使,才有许多名为贡使团实为观摩团的域外人,才有许多虔诚学习中国文化的留学生,这些人与中国人交往、在中国定居甚至做官、娶妻、生子。于是才有了李白的"日本晁卿辞帝都,征帆一片绕蓬壶,明月不归沉碧海,白云愁色满苍梧"和韦庄的"扶桑已在渺茫中,家在扶桑东更东,此去与师谁共到,一船明月一帆风"等脍炙人口的千古佳句!

中华文化的文明程度之高,还体现在它不崇尚武力和杀戮。受儒家思想熏陶的传统士人大多厌恶战争、渴望和平。例如,当年苏轼在给皇帝的奏折中痛陈战争之弊:"且夫战胜之后,陛下可得而知者,凯旋捷奏,拜表称贺,赫然耳目之观耳。至于远方之民,肝脑屠于白刃,筋骨绝于馈饷,流离破产,鬻卖男女,薰眼折臂自经之状,陛下必不得而见也。慈父孝子孤臣寡妇之哭声,下必不得而闻也。"(《代张方平谏用兵书》)

又如,诗人们讽刺那些为战争谋取个人利益的好战分子:"泽国江山入战图,生民何计乐樵苏。凭君莫话封侯事,一将功成万骨枯。"(曹松:《己亥岁二首·僖宗广明元年》)"自古边功缘底事,多因嬖幸欲封侯。不如直与黄金印,惜取沙场万髑髅。"(刘敞:《自古·其一》)

儒家的政治家们,强调战争的目的是制止侵略、维护和平,而不是一味地杀人。正如杜甫所说:"苟能制侵陵,岂在多杀伤?"

有些人曾盛赞西方航海家开辟新航路对人类的贡献,同时感慨、遗憾甚至嘲讽中国郑和下西洋不曾带给人类任何世界性的发现。但是我们必须知道,新航路开辟的过程实际上是欧洲人血腥殖民的过程,殖民者所到之处都插上西班牙、葡萄牙等国家的旗帜,他们到处烧杀抢掠,带给亚洲、非洲、美洲人民的是巨大的灾难。

据史料记载,新航路开辟以前美洲印第安人总人口是4000万左右,但在新航路开辟以后的100年间印第安人人口减少了90%—95%,加勒比海地区及热带沿海地区的印第安人几乎灭绝。正可谓马克思所说的:"资本来到世间,从头到脚,每个毛孔都滴着血和肮脏的东西。"

郑和下西洋与新航路的开辟具有根本性质上的不同。郑和船队带去的不是殖民和杀戮,而是仁爱和友谊,彰显了一个文明大国的形象:强大却不称霸,播仁爱于友邦,宣昭颁赏,厚往薄来。当年明朝皇帝让郑和带给航路沿岸各国的诏书充分体现了这种思想:"尔等祗顺天道,恪遵朕言,循礼安分,毋得违越,不可欺寡,不可凌弱,庶几共享太平之福。"

"和合"思想包含和平、包容、开明、开放等多重内容。它既肯定和接受事物的多样性,又包容和接纳事物的差异性;既擅长凝聚共识,又愿意尊重分歧;既强调将不同的事物融合到一个和合体中,又倡导尊重个体的自由。

这是一种"和而不同"状态,是一种"海纳百川"的精神。今天,承继"和合"传统的中国,坚持独立自主的和平外交政策,主张国家不分大小、强弱、贫富,一律平等,尊重各国人民自主选择发展道路的权利,强调国家之间既要"求同存异",也要"聚同化异"。

这正如习近平主席所宣告的:"天空足够大,地球足够大,世界足够大,容得下各国共同发展繁荣。"国际关系要"求同存异、求同化异""多栽花、少栽刺";"合则两利,斗则俱伤"。对待邻国要"坚持与邻为善、以邻为伴,坚持睦邻、安邻、富邻,突出体现亲、诚、惠、容的理念。发展同周边国家睦邻友好关系是我国周边外交的一贯方针。要坚持睦邻友好,守望相助;讲平等、重感情;常见面,多走动;多做得人心、暖人心的事,使周边国家对我们更友善、更亲近、更认同、更支持,增强亲和力、感召力、影响力"。

中国日益强大,但强大的中国不是世界和平的威胁,而是现代国际法则的捍卫者。中华文化的"和合"基因是人类发展之福、世界和平之福。

经典案例

一段历史与一段公案

1957年1月8日,冯友兰在《光明日报》上发表《中国哲学遗产底继承问题》一文,谈了自己对中国传统哲学的继承方法问题的看法。该文原系其在中国人民大学的讲演稿,根据学生的记录修改而成。文章中的主要观点后来被一位批判者概括为"抽象继承法"。1957年1月下旬,北京大学哲学系主办中国哲学史座谈会,讨论如何评价唯心主义、中国哲学遗产的继承等问题。从出席的人员看,此次会议具有广泛的代表性和涵盖性,立场上包括左、中、右,学科上横贯中、西、马。冯友兰先生在会上讲述了自己有关区分哲学命题的具体意义与抽象意义的观点,受到与会学者较为一致的批评与批判。此后,《光明日报》《哲学研究》等刊物陆续发表大量的文章,批判冯友兰的"抽象继承法"。这一批判一直持续到20世纪70年代末。①

【说明】 冯友兰先生提出的抽象继承法为当下中国法律传统的继承提供了有益的视角和方法。与抽象继承相对应的概念是具体批判。对中国传统的法律文化,应该坚持抽象继承和具体批判相统一的立场和策略。一个时代的制度从本质上说是为那个时代服务的,因此它在形式、功能等方面必然服从于那个时代。从这一意义上讲,它对于现代法更多的是负面的,现代法对其应该给予必要的否定。但是,如果透过具体的形式进行价值的抽象和提升,提取符合人性普遍价值和社会生活一般规律的成分,那么它对于现代法就依然具有意义。

金句法谚

1. 清理古代的文化发展过程,剔除其封建的糟粕,吸收其民主的精华,是发展民族新文化提高民族自信心的必要条件;但绝不能无批判的兼容并蓄。必须将古代封建统治阶级的一切腐朽的东西和古代优秀的人民文化即多少带有民主性和革命性的东西区别开来。

——毛泽东

2. 要注意研究我国古代法制传统和成败得失,挖掘和传承中华法律文化精华,汲取营养、择善而用。

——习近平

---

① 参见郑家栋:《断裂中的传统:信念与理性之间》,中国社会科学出版社2001年版,第328—338页。

3. 有继往而不开来者,但没有开来者不在一方面是继往的。

——冯友兰

4. 虽是西方文明罢,我们能吸收时,就是西方文明也变成我们自己的了。好像吃牛肉一样,决不会吃了牛肉,自己也变成牛肉的。要是如此胆小,那真是衰弱的知识阶级了。

——鲁迅

5. 正是这种规范性的延传,将逝去的一代与活着的一代联结在社会的根本结构中。

——〔美〕爱德华·希尔斯

6. 为某一国人民而制定的法律,应该是非常适合于该国的人民的;所以如果一个国家的法律竟能适合于另外一个国家的话,那只是非常凑巧的事。

——〔法〕孟德斯鸠

7. 革命是既存体制崩溃以及与旧体制断绝的结果,但同时革命亦脱胎于既存体制,因而也受到旧体制的历史和现状的规定,即便是否定和断绝,也只能是以否定和断绝的方式对体制的继承。

——〔日〕沟口雄三

习题精选

材料1 日本646年大化改新,确立了天皇中央集权专制制度。日本在从奴隶制社会向封建社会的转化过程中大力学习中国文化。早在604年,摄政的圣德太子杂糅了儒、佛、法诸家要旨颁行"宪法十七条",以"国无二君,民无二主"的思想鼓吹君权至上;以"以和为贵,以礼为本"的规范约束百官的行为,令其奉诏承命,忠君尽职。大化改新基本上是在借鉴当时中国盛唐时期的法律制度,如学习唐朝将土地收归国有,实行"班田收授法";实行租、庸、调制;实行中央集权,提高天皇的权威,中央派任地方官等;仿效《唐律疏议》制定了701年的《大宝律令》和718年的《养老律令》,将以上制度以法律的形式确立下来。

材料2 在明治时代,出于争取与西洋诸国平等主权和促进社会近代化的需要,日本全面引进德国法和法国法,并以此为基础制定了"六法全书",使日本在不长的时间里建立了发达的资本主义法律制度,最终跻身世界发达国家行列,进而成为清末中国学习的样板。

材料 3 鸦片战争之前,以自然经济为基础的中国农业社会是封闭保守的。鸦片战争以后,由于清政府被迫与列强签订不平等条约而承认领事裁判权,对传统中国的法律造成了冲击,同时也使中国的有识之士意识到中国法制的落后,要求变法图强。1902年,张之洞以兼办通商大臣的身份与各国修订商约。英、日、美、葡四国表示,在清政府改良司法"皆臻完善"之后,愿意放弃领事裁判权。为此,清政府下诏,派沈家本、伍廷芳主持修律,仿效西方诸国法律,实现自身法律改良。自此,中国法的现代之路正式启动。

问题:

1. 联系上述材料,运用所学的理论分析中国和日本分别通过什么途径实现法律发展和更新的。

2. 结合材料1,联系日本学习中国法律的实际内容,分析中国封建社会的法律具有什么特点。

3. 联系材料2、材料3,运用所学法律发展的特点和类型方面的知识,试述日本、中国在法律发展上分别采取了什么类型的发展道路。

4. 联系材料2、材料3,运用所学的法律发展的特点和类型方面的知识,分析日本、中国的法律发展模式从动力来源上分别属于什么型的法律发展。

5. 联系上述材料,运用所学的法律发展的理论,结合我国的具体实际,分析当前我们应该采取什么态度对待中国传统的法律文化和西方法律文明,通过什么方式实现或加速我国的法律现代化。

【解析】 中国和日本都是通过法律移植的方式实现法律发展和更新的;中国封建法律具有成文法典的形式,具有伦理性,以君权至上为最高原则;在发展道路上中国和日本都采取了国际化的发展道路;在动力来源上中国和日本都属于外源型的法律发展模式;对中国传统的法律文化和西方法律文明采取"拿来主义"的态度,即坚持中国立场,以自我需要为中心,取其精华,去其糟粕,在坚持自己主体性的基础上实现创造性的转化,为我所用。

第九章

Chapter 9

法治现代化

章前提示

法治现代化的过程是法的传统因素逐渐减弱、法的现代性因素不断增加的过程,是人类法律文明从传统到现代不断成长与迈进的过程。法治现代化的核心要素是人,法治现代化首先应该是人的现代化。法治现代化的启动方式是立法主导型的。一方面是历史上缺乏法治传统,另一方面则是现实的迫切需要,在双重压力夹击下的现代化过程中,中国法制建设具有浓厚的"工具"色彩和"功利"性。由于国家力量的主导或参与必然导致国家对法律供给和民众对法律的接受之间会形成一定紧张关系,因此,中国法治现代化的过程也是一个不断地消弭这种紧张关系的过程。

原理阐释

一、法治现代化的含义及特征

伴随着社会由传统向现代的转变,法制也同样面临一个从传统向现代转型的过程。这一过程就是法治现代化的过程。法治现代化的过程是法的传统因素逐渐减弱、法的现代性因素不断增加的过程。法治现代化具有如下特征:

第一,从历史演进的角度看,法治现代化是人类法律文明从传统到现代不断成长与迈进的过程。

第二,从基本性质来看,法治现代化是一个从人治社会向现代法治社会转型的历史过程。

第三,从内容来看,法治现代化是一个包含法律的规范、制度、理念、思想、精神、行为方式以及法律的制定、实施、遵守等多个环节和领域的进程。

第四,从构成要素的实际作用来看,法治现代化的核心要素是人,法治现代化首先应该是人的现代化。人的现代化首先是人的思维方式的现代化。法律需要人来制定和实施。人的思维方式直接决定着立法、执法、司法的水平和守法的状况。

二、法治现代化的目标

(一) 法治现代化的物质性目标

主要体现在法律技术手段和设施的现代化,表现为能够将最先进的科学技术手段运用于法律的创制、执行与适用过程中。

(二) 法治现代化的制度性目标

第一,法律制度的现代化。要求制度体系是完善的、不断更新的、合理统一的、互相协调的。

第二,法律规范的现代化。要求法律规范建立在明确化、严谨化、逻辑化的基础上,构成一个相互连贯、和谐统一的严密体系。

第三,法律程序现代化。要求以保护人的权利为宗旨设计程序,通过程序限制法律适用者的权力,从而最大限度地保证法律执行和适用的公平、公开,实现社会公正。

(三) 法治现代化的价值性目标

第一,法治原则得以确立。表现为公权力必须在法治的轨道上行使,人民的权利得到切实的保障。

第二,与现代法治相契合的价值观和行为方式得以确立。表现为罪刑法定、比例原则、疑罪从无、正当程序、等价有偿、依法行政等原则或理念被接受和确立。

第三,现代法律思维和意识被确立。表现为清官思想被抛弃,通过程序、制度来解决问题的观念已经形成;运动式执法方式被抛弃,形成了通过长效机制解决问题的思维;被动性的守法理念被抛弃,为维护自己的权利而主动性守法的理念开始形成。

三、当代中国法治现代化的启动方式与特点

(一)启动原因

鸦片战争之前,以自然经济为基础的中国农业社会是封闭保守的。鸦片战争以后,由于清政府被迫与西方列强签订不平等条约而承认领事裁判权,对传统中国的法律造成冲击,同时也促使中国的有识之士意识到中国法制的落后,要求变法图强。1902年,张之洞以兼办通商大臣的身份,与各国修订商约。英、日、美、葡四国表示,在清政府改良司法"皆臻完善"之后,愿意放弃领事裁判权。为此,清政府下诏,派沈家本、伍廷芳主持修律。以收回领事裁判权为契机,中国法制现代化在制度层面正式启动。

(二)性质

从起因上看,中国法治现代化明显属于外源型的法治现代化,西方法律资源必然成为中国法治现代化的主要参考。改革者为了保证修律工作的顺利完成,运用了一种"托洋改制"的策略。这一策略所指向的不是单纯的技术问题,更是一个政治问题。具体来说,这是一种通过民族主义来诠释修律方法正当性的策略。在民族危亡时刻,外争主权是一个国家最大的政治,是民心所向,于是为主权而修律就带有了意识形态的色彩。

(三)特点

第一,呈现出外源型的法治现代化的特征。20世纪初的清政府面临着空前的政治危机。在外部,随着西方列强对中国侵略步伐的加快,中国的国家主权进一步丧失,民族危机日益加重。在内部,资产阶级革命浪潮此起彼伏,严重地威胁着清政府的统治。内、外部压力引发思想、政治、经济领域的变革,最终导致法律领域的革新。

第二，具有较强的功利主义色彩。法治现代化从启动伊始就是为了满足"皇位永固""外患渐轻""内乱可弭"的目的，改革者试图通过人为构建新式法典的方式来实现对社会的改造，从而达至国家富强、民族独立的目的。

第三，带有明显的建构主义倾向。受法典主义的影响，加之历史的原因和成文法借鉴的简便性，中国在修律的过程中直接学习日本，间接学习德国，试图仿照欧陆建立一种以法典为中心的法律模式。改革者之所以热衷仿效西方制定大的法典，是因为他们对法典的功效寄予了很高的期望，认为这是拯救中国危局的重要手段。因此，对于中国来说，外来法律资源与本土法律传统文化的关系始终是法治现代化能否成功的一个关键。

第四，法治现代化的启动方式是立法主导型的。从清末修律开始，中国法治现代化一直是立法主导型的，即通过大规模的有明确针对性的立法，自上而下地建立全新的法律体制。这种法治现代化的启动方式，虽然能够迅速实现变法意图，但是由于法律的社会基础不稳定，容易导致国家与社会之间的紧张关系。

四、中国法治现代化道路的主要特征

第一，从内容上看，中国法治现代化的过程是一个在技术上体现为法律规范、法律制度及法律适用程序与技术从简单到复杂、从粗糙到精细、从感性到理性、从含混杂乱到明确具体的转型过程，也是一个在价值上体现为从"义务本位"到"权利本位"的价值观念的转型过程。

第二，从发展趋势来看，为中国特殊的国情条件所制约，中国法治现代化必然要经历一个漫长而复杂的变革过程。

第三，从动力机制来看，当下推动中国法制变革的主要动力来自中国社会主要矛盾的深刻变化。矛盾是推动事物发展的根本动力。社会主要矛盾反映的是社会需求与社会供给之间的关系，它随着社会生产力的发展、生产关系的调整和历史条件的变化而不断变化。社会主要矛盾的深刻变化要求国家在治理方式上进行必要的变革。

第四，从所处阶段来看，中国法治现代化的过程离不开一定的政治权力的推动。作为后发展的国家，如欲尽快地实现法治现代化，就不能完全依靠社会自身力量自发地推动，还需要一个现代的、理性的、法治化的政治实体来推动法治的转型和革新。

第五，从国家和社会关系来看，由于国家力量的主导或参与必然导致国家对法律供给和民众对法律的接受之间会形成一定紧张关系，因此，中国法治现代化的过程也是一个不断地消弭这种紧张关系的过程。

阅读材料

社会主要矛盾变化与中国法治模式革新①

在对现代性反思过程中，西方学界形成了这样的理论，即在现代社会之后还应该有一种社会形态，它被称为"后工业社会"或"超工业社会"。② 以德国社会学家贝克和英国社会学家吉登斯为代表的西方学者直接将其表征为"风险社会"。吉登斯认为，"现代性总是涉及风险观念"，工业社会在工业生产的同时必然也制造风险，但是防范风险还不能成为该社会的主题。依贝克的理论分析，风险社会的出现分为两个阶段：在第一个阶段，风险系统地产生影响和自我威胁，但由于工业社会的自我概念占据主导地位，决策产生的威胁成为"残留风险"，不但没有引起应有的注意，反而不断地增值并被"合法化"。在第二个阶段，风险开始增大并能支配公众，不明了的和未意料的后果成为历史和社会的主导力量，占据文明的重心位置，进而使原有的工业社会成为"失控的世界"。于是，一种新的社会形态——风险社会产生。

工业社会与风险社会呈现出明显的不同：工业社会以增值社会财富为旨归，以效率为基本价值；风险社会以防范社会风险为旨归，以安全为基本价值。工业社会面对的是"我饿"，风险社会面对的是"我怕"。③ 工业社会的工作重心在于经济发展、生产力提升，追求的是人民的生活富裕；风险社会的工作重心在于防范社会安全，追求的是美好、和谐、健康的生活。两种社会形态最根本的区别在于社会运作的方式发生了改变。在传统工业社会中，财富生产的方式统治着风险生产的方式；而在风险社会中，这种关系颠倒了过来，风险生产和分配的方式代替了财富生产和积累的方式，并以此作为社会分层和政治分化的标志。换言

---

① 节选自李拥军：《社会主要矛盾变化与中国法治模式革新》，载《学习与探索》2021年第5期。

② 参见〔美〕阿尔温·托夫勒：《第三次浪潮》，朱志焱等译，生活·读书·新知三联书店1984年版，第56页。

③ 〔德〕乌尔里希·贝克：《风险社会》，何博闻译，译林出版社2004年版，第57页。

之，在传统的工业社会，财富增值和经济发展是人的行为和社会运作的主要目的和方式；在风险社会中，当社会生产力水平和人的生活水平达到一定的程度时，防范不明的或无法精确预料的社会风险便成为个人行为与社会运作的主要目的与方式。

风险社会的特征与当下中国社会的主要矛盾内涵的表达是一致的。换言之，"人民日益增长的美好生活需要和不平衡不充分的发展之间的矛盾"这一表述揭示了当下中国社会已经具有风险社会的特征。其一，改革开放以来，经过四十多年的发展，中国人民物质文化方面的基本需求已经解决，人民对生活的需求层次进一步提高，社会需要向更高层次的"美好生活"迈进。其二，长期的高速发展，由于过分强调效率，追求经济效益，导致发展中不平衡、不充分的问题日益突出。而不平衡不充分的发展导致很多潜在的风险，且有逐渐增强的趋势，严重地制约着人民美好生活的实现。

作为一个发展中的大国，中国社会的发展有其特殊性。具体来说，当下中国已不是一个纯粹的以农业文明为主体的传统社会，也不是一个充分发展了的工业社会，同时也没有完全进入风险社会，而是在全球化进程中遭遇到诸如美国学者戴维·哈维所言及的"时空压缩"现象。这种现象意味着，一方面，中国须在较短的时间内走完发达国家在较长时间内所经历的过程，把发达国家几百年以来实现的发展压缩到几十年；另一方面，发达国家从传统到现代几百年转变过程中不断出现、不断解决的矛盾与问题，在中国必然要集中压缩到几十年时间内，并且要在同一时空条件下出现和解决。

"时空压缩"现象决定了，中国作为一个发展中的大国，受自身条件的限制，在其工业化进程还没有充分完成的情况下就不得不面对风险社会的挑战。具体来说，尽管经过改革开放四十多年的努力，经济、政治、文化各方面都取得了令人瞩目的成绩，但是中国离工业社会的总体目标还有一定的差距。随着世界一体化、全球化进程的加快，中国也逐步进入"世界结构"之中。因此，中国在事实上不得不接受"世界结构"的支配，不得不在一定程度上遵循"世界结构"运作的基本逻辑。这也就意味着，当下的中国同时遭遇工业社会与风险社会，即一方面，我们要继续完成工业社会的目标；另一方面，我们又要应对风险社会提出的各项要求，实现生态的稳定、社会的和谐和可持续发展。这说明，中国当下社会正处于一个以工业化发展模式为主体又兼具风险社会某些特征的特殊阶段。时代要求我们既不能无视加快社会发展、全面提高人们生活水平的要求，也不能回避风险社会的运作方式提出的各种挑战。这种特殊性决定了中国当下社会的基本矛盾必然是人民日益增长的美好生活需要和不平衡不充分的发展之间的矛盾。这一矛盾意味着,当下中国社会遭遇一系列应当历时性出现但需要共时性解决的问题。根据风险社会理论,在工业社会之后,人类由"第一现代世界"步入"第二现代世界",对应到中国,这意味着经过改革开放四十多年的建设,中国迈进了一个"新发展阶段"。

满足人民日益增长美好生活的需要,一方面需要发展生产力,另一方面需要防范风险,而原有的粗放型的发展本身就会造成很多的风险。这些风险是制约人民日益增长的美好生活的愿望难以实现的因素。因此,当下中国的发展应该是一种努力降低各种风险的发展。此外,社会发展的不平衡和不充分也是制约人民美好生活实现的因素,而这种发展中的结构性的、地区性的不平衡以及质量和数量上的不充分,本身又制造了各种风险。因此,唯有实现这种平衡才能最大化地消除各种风险,满足人民更高层次的生活需求。受这些条件和因素决定,中国社会必须要"努力实现更高质量、更有效率、更加公平、更可持续、更为安全的发展","必须把发展质量问题摆在更为突出的位置,着力提升发展质量和效益",并且这种发展必然是一种"不断提高贯彻新发展理念、构建新发展格局能力和水平"的"高质量发展"。这些条件和因素决定了,中国必然要把"建设成为富强民主文明和谐美丽的社会主义现代化强国"作为奋斗目标,[①]中国的发展需要向更优更强看齐,需要把中国"建成文化强国、教育强国、人才强国、体育强国、健康中国",需要继续做优做强实体经济,"坚定不移建设制造强国、质量强国、网络强国、数字中国,推进产业基础高级化、产业链现代化,提高经济质量效益和核心竞争力","广泛形成绿色生产生活方式",基本实现"美丽中国建设目标"。

习近平总书记指出:"我国社会主要矛盾的变化是关系全局的历史性变化,对党和国家工作提出了许多新要求。我们要在继续推动发展的基础上,着力解决好发展不平衡不充分问题,大力提升发展质量和效益,更好满足人民在经济、政治、文化、社会、生态等方面日益增长的需要,更好推动人的全面发展、社会全面进步。"这告诉我们,中国步入新的发展阶段,社会主要矛盾发生了深刻变化,而新的矛盾需要以新的发展模式和治理方式来应对。具体落实到法律上,就是

---

① 习近平:《决胜全面建成小康社会,夺取新时代中国特色社会主义伟大胜利——在中国共产党第十九次全国代表大会上的报告》,人民出版社2017年版,第12页。

要实现更高层次的法治现代化,而这种高层次的法治现代化则集中体现为国家治理体系和治理能力的现代化。

所谓国家治理体系,就是指党领导人民管理国家的制度体系。国家治理能力则是指党和国家运用制度管理社会各方面事务的能力。"国家治理体系和治理能力是一个有机整体,相辅相成,有了好的国家治理体系才能提高治理能力,提高国家治理能力才能充分发挥国家治理体系的效能。"①国家治理体系和治理能力现代化就是通过运用法治思维与法律制度治理国家,而不是以人治代替法治。其目标就是使国家治理体系制度化、科学化、规范化、程序化,进而把中国特色社会主义各种制度优势转变为治理国家的效能。"无论是国家治理体系的完善,还是国家治理能力的提升,法治都是不可或缺的要件,在法治轨道上推进国家治理体系和治理能力现代化,是国家治理现代化的必由之路。"这正是习近平法治思想的重要内涵。因此,国家治理体系和治理能力现代化的实质是法律制度及其实施方式的现代化,即法治现代化。

法治现代化是由于社会主要矛盾发生变化而对国家在治理上提出的新的要求。这意味着,在当下中国,国家必须围绕着满足人民日益增长的美好生活的需要、解决社会发展中的不平衡和不充分问题作出必要的制度安排和治理方式的革新。满足人民日益增长的美好生活的需要,一方面需要改变原有的粗放型的发展模式,从而实现高质量发展;另一方面需要有效地防范各种社会风险。而无论是实现高质量发展还是防范社会风险,都不同程度地取决于对社会发展中的不平衡和不充分问题的解决。由此言之,防范社会风险,消除社会发展中的不平衡、不充分因素,从而实现高质量发展,是解决当下中国社会主要矛盾的基本路径。经济基础决定上层建筑的原理告诉我们,社会主要矛盾的变化决定了国家应该在治理方式上作出必要的调整和变革,而这种调整和变革则需要围绕着这一路径来展开。从更微观的层面讲,社会基本矛盾的变化需要当下中国的法律制度体系以及法治运作方式围绕着上述路径作出全方位的调整和深刻的变革,而这种调整和变革的目标则是国家治理体系与治理能力的现代化。又因为现代的国家治理必然是法律的治理,因此这种现代化又必然是一种法治现代化。

---

① 习近平:《切实把思想统一到党的十八届三中全会精神上来》,载《人民日报》2014年1月1日第2版。

经典案例

清末修律中的"礼法之争"

从19世纪中叶开始,世界列强不断入侵中国,在中国获取领事裁判权,中国的主权受到严重侵害。随着中国自然和半自然经济的解体,传统的以宗法制度为核心的法律制度也开始解体。在内外交困的局势下,清政府不得不作出变法的姿态。1901年7月,两江总督刘坤一、湖广总督张之洞联名会奏《江楚会奏变法三折》,其中第三折最早提出采用西法的主张。他们建议清政府高薪聘请西方法律专家,为中国编纂矿律、路律、商律、交涉刑律。这些建议拉开了清末法制改革的序幕。在修律的过程中,主张维护传统礼教的一派被称为"礼教派",以张之洞、劳乃宣为代表;主张引进西方立法技术和法律理念的一派被称为"法理派",以沈家本、伍廷芳、杨度为代表。两派对修律的立场和具体制度设计等问题进行了激烈的争论。

1906年,修订法律大臣沈家本、伍廷芳奏上《进呈诉讼律拟请先行试办折》,认为中国法律诸法合体,实体法、程序法不分,这种体例从根本上不能符合新形势的要求。中外法制不同,而涉外案件日益增多,外国人歧视中国法律,中国人不熟悉外国法律,常常酿成纠纷,所以修律应首先变通诉讼法。于是,他们主持草拟了第一部《大清刑事民事诉讼法草案》。草案下发各地后,遭到各地督抚、都统的反对。其中,反对最为激烈的是湖广总督张之洞,他在1907年9月所上的《遵旨核议新编刑事民事诉讼法折》中批驳了沈家本、伍廷芳的立法理由,其主要观点是新的立法有悖中国传统礼教纲常。从此拉开了清末"礼法之争"的序幕。

1907年10月3日,沈家本上《刑法草案告成分期缮单呈览并陈修订大旨折》,并附刑律总则草案语;同年12月30日,又上《进呈刑律分则草案折》及分则条文,主张刑法典采用西方近代体例。1908年年初,《大清新刑律草案》分发部院督抚大臣签注意见。军机大臣兼管学部大臣张之洞首先发难,批驳新法,其他督抚也纷纷附和。随后,清廷发出"旧律义关伦常诸条,不可率行变革"的修改新律的上谕。在这样的压力下,沈家本将有关伦常条款各加重一等,送交法部。礼教派代表人物、法部尚书廷杰又在正文后面加上《附则》五条,明确规定犯"十恶""亲属容隐"等有关伦常礼教各罪依照《大清律》处理,不适用新律正文。1910年,《修正刑律草案》交宪政编查馆核定。礼教派代表人物、宪政编查馆参议、考核专科总办劳乃宣又率先发难,要求把旧律有关伦纪礼教各条直接写入新刑律正文。礼教派群起附和。沈家本予以反驳。法律顾问、日本法学博士冈田朝太郎、松冈正义等人支持沈家本。双方争论激烈。经过调和,最后将《修正刑律草案》核定为《大清新刑律》,将《附则》五条改为《暂行章程》,交资政院决议。

【说明】 礼法双方的争论表面上争论的是一些刑律条文如何编写的问题,实际上是清末修律过程中两种法律思想的交锋,是一种新旧思想的碰撞,是以家庭为中心和以个体为中心的两种生活方式的碰撞,是中国文化不得不经历的痛苦转型。中国的法制现代化经历了一个由伦理法向权利法转变的过程,一个由法的"家族主义"向法的"国家主义"转变的过程。清末修律无疑开启了这样一个运动和过程。虽然所修的新律没能等到实行清王朝就已灭亡,但沈家本所领航的修律事业的成果并没有因此告终,而是在民国各个时期都得到不同程度的继承和发扬。

金句法谚

1. 全面推进依法治国,必须从我国实际出发,同推进国家治理体系和治理能力现代化相适应,既不能罔顾国情、超越阶段,也不能因循守旧、墨守成规。

——习近平

2. 没有"没有传统的现代化"。

——金耀基

3. 法律随着民族的成长而成长,随着民族的壮大而壮大,最后,随着民族对于其民族性的丧失而消亡。

——〔德〕弗里德里希·卡尔·冯·萨维尼

4. 新事物因加入到传统而得以发挥其功效,传统因吸收新事物而得以维持其生存。

——徐复观

5. 各当时而立法,因事而制礼。礼法以时而定,制令各顺其宜,兵甲器备各便其用。臣故曰:治世不一道,便国不法古。汤武之王也,不循古而兴;殷夏之灭也,不易礼而亡。

——(战国)商鞅

习题精选

20世纪初,围绕着《大清新刑律》的制定,"礼教派"和"法理派"进行了一系列激烈的争论,这就是通常所说的"礼法之争"。以下为这场争论中的部分观点:

观点1 当今世界,"举凡政令、学术、兵制、商务,几有日趋于同一之势",故应"专一折冲樽俎,模范列强为宗旨"。

——沈家本:《修订法律大臣沈家本等奏请编定现行刑律以力推行新律基础折》

观点2 "顾或有以国民与审判之程度未足者,窃以为颛蒙之品汇不齐,而作育大权实操于上,化从之效,如风偃草,陶铸之功,犹泉受范,奚得执一时之风习而制限将来之涂澈?"

——沈家本:《修订法律大臣沈家本等奏进呈刑律分则草案折》

观点3 "即从前各国刑法咸从武健严酷而来,殆后改从轻刑,专事教育,颛蒙知识日臻进步。中国人同此禀赋,不应独异。"

——沈家本:《法部尚书臣廷杰等奏为修正刑律草案告成折》

观点4 "国家既有独立体统,即有独立法权,法权向随领地以为范围。各国通例,惟君主大统领,……独对于我国籍口司法制度未能完善,予领事以裁判之权,英规于前,德踵于后,日本更大开法院于祖宗发祥之地,主权日削,后患方长,此惄于时局不能不改也。"

——沈家本:《刑律草案告成分期缮单呈览并陈修订大旨折》

观点5 "法律何自生乎?生于政体。政体何自生乎?生于礼教。礼教何自生乎?生于风俗。风俗何自生乎?生于生计。""风俗者,法律之母也,立法而不因其俗,其凿枘也必也。""法律之不能与风俗相违,非数千年来实地试验,确有成绩,不容以空言理想凭空臆断者哉。"

——劳乃宣:《新刑律修正案汇录序》

观点6 "中国之刑法在世界上本为独立一种法系,其所长即在伦常礼教,与他国法律异趣。"

——陈宝琛:《读劳提学及沈大臣论刑律草案平议》

阅读以上材料,回答以下问题:

1. 从沈家本的观点可以看出法理派在法律演进和发展模式上坚持什么观点?

2. 从沈家本的观点可以看出法理派在法律演进和发展的道路上坚持什么道路？

3. 从沈家本的观点可以看出法理派在法律演进与发展的动力来源上坚持什么观点？

4. 从劳乃宣的观点可以看出礼教派在法律演进和发展模式上坚持什么观点？

5. 从陈宝琛的观点可以看出礼教派在法律演进和发展的道路上坚持什么道路？

6. 结合以上内容谈谈在当下的世界结构中应该如何推进中国的法治现代化？

【解析】 该题以清末礼法之争中的法理派和礼教派的具体观点作为分析材料。该题要求学生对清末修律这个大背景要有所了解，同时要具有一定的古文阅读能力。在法律演进的模式上有进化论和建构论两种观点，在法律演进的道路上有本土化和国际化两条道路，在法律演进的动力来源上有内源型和外源型之别。沈家本作为清末修律的主要推动者、礼法之争中法理派的代表人物，主张学习西方、移植西方先进的法律制度、改革中国旧有的法律制度，他无疑坚持的是建构论的观点、国际化的道路、外源型的立场。劳乃宣和陈宝琛作为礼法之争中礼教派的代表人物，激烈地反对移植型的立法，主张维护旧有本土制度，强调西方制度不适合中国国情，强调中国应该按照自身的逻辑来立法，显然他们坚持的是进化论的观点、本土化的道路、内源型的立场。当下中国应该强调探索建设符合中国国情的法治道路，一方面要继承中国优秀传统，另一方面要勇于借鉴西方先进经验，同时要努力推进自身法律改革，实现中国的法治现代化。

三、运行实施篇

法的生命在于运行,法的价值和法治智慧彰显于法的运行之中。法的运行是一个从法的制定到法的实现的过程,是一个从凝聚法的价值共识到法的价值实现的过程。立法是法的运行的起点,法的实施则包括法的执行(执法)、法的适用(司法)和法的遵守(守法)等主要环节,这个过程是将法定的权利义务转化为现实的权利义务的过程,是从"书本上的法"变为"现实中的法"的过程。在法的运行中,法律程序贯穿始终,以立法者、执法者、法官、检察官、监察官和律师为主体的法律职业共同体具有主导作用,法律职业人员所采用的法律发现、法律解释、法律推理、法律论证、数据处理等法律方法是法律运行的驱动要素。

第十章 Chapter 10

法的制定

> **章前提示**
>
> 法的制定就是立法,立法是实现良法善治的基础,建设法律体系必须坚持立法先行,阐述立法问题能够为形成完备的法律体系和良善的法治秩序提供思想基础和理论支撑。立法问题主要包括立法概念、立法体制和立法原则等基本问题。立法概念有广义和狭义之分,我们通常所言的立法是一种广义的立法,是指特定的主体依据法定职权并通过法定程序和立法技术进行的制定、认可、修改和废止法律的活动。不同国家的立法权配置、立法权运行和立法权载体等方面各有不同,进而形成不同的立法体制。立法活动的展开和立法体制的运行必须遵循基本的原则和准绳,不同的立法体制在不同的历史时期会遵循不同的立法原则,这些原则主要包括法治原则、科学原则、民主原则、比较原则等。

原理阐释

一、立法的概念

立法的概念有广义与狭义之分。狭义的立法特指一个国家的代议机关或最高权力机关制定特定法律的专门性活动。广义的立法是指特定的主体依据法定职权并通过法定程序和立法技术进行的制定、认可、修改、解释和废止法律的活动。

考察古今中外的立法活动可知,立法具有以下五个方面的特征:

(一) 立法是特定主体进行的活动(主体特征)

立法是以国家名义进行的活动,但并不是每个国家机关都有立法权,不同历史时期的立法主体也有所不同。

(1) 根据立法权的来源不同,立法可以分为君主立法和议会立法。前者的立法权来自上天的授予,而后者的立法权来自人民的授予。

(2) 在现代立法活动中,根据代议机关的分立情况,立法可以分为一院制立法和两院制立法。

(3) 根据现代立法中的横向主体分类,立法可以分为立法机关立法、行政机关立法和司法机关立法。三个不同的机关行使的立法职权不同,制定的法律性文件也有所不同。

(4) 根据现代立法中的纵向主体分类,立法可以分为中央立法和地方立法。因为根据地域和事务的不同,大部分国家的立法主体会在纵向层面进行分工。

(二) 立法是依据一定职权进行的活动(职权特征)

有权立法的主体并不是拥有任何立法的权力,而是享有不同的类型和层次的职权。

(1) 根据立法主体享有的职权是否无限,存在立法职权无限论和有限论。前者主要是指立法主体享有的职权并无限制,可以制定任何法律;后者主要是指立法主体享有的职权是有限的,这种有限可能是在范围上,也可能在种类或立法事项上。但是,无论其职权无限还是有限,都源自宪法或法律的规定。

(2) 在立法主体职权有限的前提下,立法主体、立法事项、立法形式以及立法主体在不同立法环节的立法职权存在不同。第一,立法主体。大的方面包括中央与地方在立法职权方面的分工,小的方面包括中央层面的分工,诸如全国人大及其常委会与国务院的立法分工,也包括地方层面的分工,诸如不同行政区划的人大与政府的立法职权分工。第二,立法事项。主要包括立法主体在特定事项上的职权分工,各立法主体只能在自己能调整和应调整的事项上进行立法。第三,立法职权还体现在立法形式上,比如法律、行政法规、地方性法规等立法形式背后隐藏着不同的立法职权。第四,立法主体在不同的立法环节享有不同的职权,比如在法律事项上,国务院只有提案权,国家主席只有公布的权力。

（3）立法职权的划分因一个国家的性质、所处的时代和国情的不同而有所差异，但是任何一个国家都要求立法主体在法定的职权内进行立法，既不能滥用权力，也不能怠于行使权力。

（三）立法是依据一定程序进行的活动（程序特征）

立法活动要符合基本的程序要求，立法程序在不同的时代和国情下会有一定的差别，但是具有良好的程序设计是制定良法的基本要求。一般情况下，世界各国的立法程序都会包括如下环节：提出法案，审议法案，表决法案和公布法律等，其中任何一个环节又会分解为不同的程序设计，比如审议法案就有三审或四审等设计。

（四）立法是运用一定技术进行的活动（技术特征）

立法技术是立法主体在立法过程中采取的使所立之法臻于完善的技术性规则。根据立法阶段的不同，可以分为三个环节的立法技术：第一，立法准备阶段的技术，包括立法预测、规划、决策、起草等技术。第二，法的形成阶段的技术，包括立法提案、审议、表决、公布等技术。第三，法的完善阶段的技术，包括立法解释、法规清理等技术。

（五）立法是制定、认可、修改、解释和废止法律的活动（内容特征）

立法是一项系统工程，包括不同的形式和内容。制定是指享有立法权的机关依照宪法和法律规定的权限和程序，创制和规定规范性法律文件的活动。认可是指国家立法机关对于社会上存在的某些习惯承认和许可其具有法律效力的活动。修改是指国家立法机关对于原先国家机关颁布生效的法律予以部分变更。法律解释是立法主体在法律规定需要进一步明确具体含义或者法律制定后出现新情况需要明确法律依据时进行的解释活动。废止是指国家机关终止正在生效的某些法律的活动，包括明示废止和默示废止。

二、立法体制

立法体制是关于立法权限、立法权运行和立法权载体诸方面的体系和制度所构成的有机整体，核心在于立法职权的配置。

从不同的角度,对立法体制可以进行不同的分类。从政权组织形式上看,立法体制可以分为君主立法体制和代议立法体制;从国家结构形式上看,立法体制可以分为单一制立法体制和联邦制立法体制。

我国是一元多级立法体制,"一元"体现了我国的单一制国家的特性,"多级"体现了我国自身的特色,如中央立法、地方多层级立法以及特别行政区立法等层次。中国特色社会主义立法体制处于不断完善和发展的进程中,党的十八大以来,相关改革重在如下方面:第一,加强党对立法工作的领导。第二,优化立法职权配置。第三,加强与改进政府立法制度建设。第四,明确立法权力边界。第五,赋予设区的市立法权。

三、立 法 原 则

立法原则是立法主体据以进行立法活动的重要准绳,是立法指导思想在立法实践中的重要体现。从程序意义上理解,立法原则就是立法活动必须遵守的最基本的程序价值或者制度约束。

立法原则与立法指导思想之间既有关联又有区别。前者是后者的具体化和规范化,后者是前者的抽象化和观念化。立法原则与立法指导思想的区别在于:(1)立法指导思想是为立法活动指明方向的理性认识和重要理论根据;立法原则是立法活动据以进行的基本准绳。(2)立法指导思想主要作用于立法者的思维方式,通过立法者的立法观念来影响立法活动;立法原则主要作用于立法者的立法行为,通常直接对立法活动发挥作用。(3)立法指导思想和立法原则要有抽象和具体的区别,不能把两者完全等同起来,不能以立法指导思想代替立法原则或是相反。

作为立法之内在法理的立法原则具有一定普遍性,但是会随着时代的发展而变化,具有一定的历史性。

当下中国的立法原则具体表现为法治原则、科学原则、民主原则、比较原则。

(一) 法治原则

现代法治要求人们的行为应在规则的框架之下,任何权力的行使都必须纳入法治的轨道,作为国家重要政治活动的立法权的行使自然必须遵守法治原则。第一,立法法治原则是全面依法治国的必然要求。因为立法是为全社会设定基本行为规则的活动,如果立法活动不遵循基本的法治框架,那么后续的执法、司法和守法将成为无源之水。第二,立法法治原则是促进宪法实施和维护宪法权威的重要手段。法治社会中最大的法就是宪法,宪法为国家权力的运行设定了基本规则,其中就包括立法权的配置和运行。因此,遵循法治原则的首要要求就是遵守宪法和维护宪法。

1. 立法法治原则的基本内涵

法治原则在立法活动中的内涵主要体现在三个方面:第一,立法要有根据。这种根据就是必须有宪法和法律的授权,立法主体不能进行法无授权之立法,必须在法定的职权范围内开展立法活动。第二,立法要分层次。即立法活动要根据立法体制中立法权的层级配置进行,不能违反基本的上下位立法要求。第三,立法要有责任。任何脱离法律轨道进行的立法活动都应依法受到法律的追究,相关主体应承担相应的责任。

2. 立法法治原则的基本要求

法治原则对于立法活动有基本的要求,这种要求主要分正反两个方面。

从正面来看,这种要求分为两个层次:一是整体性层次,要求依宪立法;二是操作性层次,要求依法立法。第一,立法要依宪立法。宪法从整体上或从根本上规定了立法的权力配置和分工、程序设计和立法环节等内容,以及合宪性和合法性审查。第二,立法要依据法律体系的内在要求进行。一方面,法律体系内含着基本的法制统一原则,要求整个立法体系及其结果必须具有内在的逻辑性和统一性。另一方面,法律体系细化了宪法对于立法活动的基本约束规则,为不同层级的立法活动划定了界线。

从反面来看,立法活动要做到不越权、不违反程序和不抵触。不越权就是立法主体不能超越自身的立法权限,不违反程序就是要依据立法程序进行立法,不抵触就是要求立法符合主体之间的效力等级要求。

(二) 科学原则

立法科学原则的要义在于尊重立法规律,克服主观随意性和盲目性,避免或减少错误,降低立法成本,提升立法质量。

立法活动要具有科学性,科学性在立法活动中的意义主要体现在两个方面。第一是观念层面上,旨在解决该不该立法的问题,不能违反基本的客观规律,比如法律不能调整人们内心的想法,强制要求人们想什么就是违反科学规律的。第二是技术层面上,旨在解决如何做的问题,要求立法方法、立法策略和其他立法技术的科学化。

科学立法的核心内涵在于尊重和体现客观规律,也就是尊重和体现经济、政治、文化、社会、生态建设与发展的客观规律。这对立法活动有三个方面的要求。

第一,正确处理立法与改革之间的关系,坚持实事求是,从实际出发。法律是调整社会关系的行为规范,因此要准确地反映社会发展的情况。相应地,科学原则要求立法活动处理好法与社会之间的关系,也就是立法与改革之间的关系。这就要求立法主体实事求是,真正地了解社会的需求和内在的规律。一方面,要积极回应改革需求,对亟须变革的领域和事项进行立法。另一方面,要充分发挥立法在引导、推动和保障改革方面的重要作用。

第二,合理地规定权利与义务、职权与职责。权利义务是法律的核心范畴,也是调整社会关系的重要载体,这就要求立法科学、合理地规定权利和义务。一方面,要确保权利义务的对等性,没有无权利的义务,也没有无义务的权利。另一方面,要合理地划分和界定不同群体、不同社会关系中的权利义务。

第三,要认识到法律的局限性。科学原则要求立法主体意识到法律调整社会关系的局限性,并不是所有的社会关系都适合用法律进行调整,有所不为才能更好地有所为。

(三) 民主原则

第一,民主立法是践行民主政治、实现人民当家做主的本质要求。现代法律的正当性基础就是人民为自己立法,代议制下的立法就是要确保立法活动能够体现人民的意志。第二,民主立法是提升立法质量的重要途径。立法的目的是调整人民的行为,只有凝聚人民共识的法律才能让人民接受,才是高质量的立法。第三,民主立法是进行法律教育、推动自觉守法的重要方式。人民参与立法也是进行法律教育的重要形式,对于自己参与的立法,人民才会有更高的守法意愿。

民主立法的基本内涵就是立法要为了人民,依靠人民。为了人民是民主立法的目的,依靠人民是民主立法的途径。在我国,民主原则对于立法活动的要求主要体现在两个方面:

第一,从制度层面上要坚持人民代表大会制度。人民代表大会制度是人民民主的最高形式和重要途径。一方面,全国人大和地方各级人大发挥着基本的立法职能,是凝聚人民意志的根本方式和途径。只有坚持和完善人大的立法活动,才能更好地体现人民民主。另一方面,充分发挥人大代表的职能,保证人大代表依法履行职责,更好地传达和凝聚民意。

第二,从社会层面上要完善人民民主参与立法。人民直接参与立法是对代议制立法的重要补充,因此要保障人民直接参与立法。首先,要健全立法公开机制,让人民接触到立法草案。其次,要保障人民参与立法进程,比如举行听证会、座谈会和网络征求意见等形式。最后,要及时回应人民的立法建议,确保人民的意见真正得到重视。

(四)比较原则

比较立法是人类在立法活动中实际遵循的基本方法和重要原则,主要是指在立法过程中,通过横向认识不同社会制度或法律传统(法系)、法律体系中相关法律制度,对比和参照不同法律制度的相同点和差异点,推动自身立法工作和法治建设的方法和原则。

立法比较原则的前提和基础在于:第一,人类法制文明的多元性构成比较原则的前提。如果只有一种法制文明,就谈不上比较,因此比较的前提要求是必然存在两种以上的法制文明。第二,人类法制文明的共通性构成比较的可能性。如果不同的法律制度之间不存在任何共识或共同之处,那就意味着比较毫无意义。第三,人类法制文明的共存性构成比较的条件。不同法制文明之间比较的基础之一在于能够相互交流。如果不同法制文明之间处于老死不相往来的状况,那么立法上的比较将没有实践意义。

比较原则对于立法活动有其自身的独特要求。第一,要求立法主体能做到知己知彼、兼听则明。知己知彼要求立法者在立法活动中要了解自身面对的问题,也要知道其他法律体系中对此类问题的解决方法,不能一知半解,也不能盲目决策。兼听则明要求立法者了解多个法律体系的情况,不能一叶障目。第二,要求立法者能借鉴他山之石、文明互鉴。这就要求立法者能客观地看到不同法律制度之间的优势和劣势,不能只觉国外的月亮圆,也不能抱残守缺。第三,要求立法者做到求同存异、和谐会通。比较的目的是学习,进一步完善自身,最终实现和谐会通,而不是要进行法制殖民。

阅读材料

材料1 地方立法权扩大的隐忧[①]

立法是国家的重要政治与法律活动,立法法是国家立法权力配置的"小宪法",2015年修改通过的《立法法》中,地方立法权的扩大是重要亮点。

新《立法法》将市一级的立法主体范围从原来的省、自治区人民政府所在地的市、经济特区所在地的市和国务院已经批准的较大的市扩展到所有设区的市。目前,全国设区的市284个,在立法修改之前,只有49个设区的市享有地方性法规的立法权,现在设区的市都享有了立法权。设区的市的立法权不仅包括地方人大及其常委会制定地方性法规的权力,还包括地方政府制定政府规章的权力。

设区的市获得更多的立法权意味着,在中央与地方两个层面上的立法权配置开始向后者倾斜,赋予了地方更多的立法自主权,试图激活和调动地方的积极性。但是,地方立法权的扩大化不一定全是好事儿,其中存在的隐忧更值得我们加以重视和思考。

地方立法权的扩大化会导致立法的"浪费"。中央与地方之间立法权限的配置存在多种模式,从功能的角度来说,我国地方性立法的功能,一方面是为了细化或者具体化中央立法的相关规定,另一方面是为了适应不同地方的具体需求。从后者来看,地方立法权的扩大具有正面意义,但是从前者来看,地方立法的过多层级可能导致立法的"浪费",如在地方立法中经常出现的立法重复现象。同样的立法条款在从中央的法律到省级的条例再到较大的市的规定中反复出现,这种立法重复在很大程度上抵消了地方立法具体化上级法律、回应地方性需求的正面功能。除此之外,当前立法中的"单线"现象严重,中央的法律会在不同层级的地方立法中多次具体化,在上级法律已经具有明确具体的操作条款时,依然会为了适应"单线"需要而再次立法。在上述情况不改变的情况下,地方立法主体的扩大化会加重这种立法"浪费"。

地方立法权的扩大化会加重"选择性"立法。之所以说加重,是因为这种"选择性"立法在地方立法中一直存在。无论是地方人大及其常委会制定地方性法规,还是地方人民政府制定规章,都是立法权的具体运行。在立法权不受民众意志的约束时,立法主体更愿意制定能够给自己带来收益的条款,诸如收费、罚款

[①] 参见侯学宾:《地方立法权扩大的隐忧》,载《检察日报》2015年4月15日第7版。

等获益条款,并且制定得可操作性和执行性都很强,但是对于需要其支出成本的条款,诸如维护河道、环境保护等损益条款,往往会制定得较为笼统和抽象,导致在执行中处于无法实施的状态。尽管有人主张地方立法权的扩大化会给地方带上紧箍咒,逼迫其走上法治化的轨道,但是这种扩大何尝不会导致上述"选择性"立法的进一步加重,并且有了"名正言顺"的理由。

地方立法权的扩大化会导致"法令滋彰",破坏法制统一。立法主体的增加自然会导致立法数量的增长,但这是否会破坏法制统一,需要看是否存在快速有效的事后审查机制。在我国,这种事后审查机制并不尽如人意,甚至很难适应立法发展的需要。尽管《立法法》赋予了省、自治区和直辖市人大常委会对设区的市的地方性法规事先进行合法性审查的权力,但是这种审查并不能完全排查出违背《立法法》的情况。同时,现有的事后审查机制难以有效、较快地解决地方性立法中对公民权利的侵害。如果有更多的"不合格"法律出台,那么扩大地方立法权的做法将不会产生正效应,而是给公民戴上不必要的枷锁。

地方立法权扩大的宗旨和初衷并没有错,但任何制度都不是孤立存在的,都需要在一个制度系统中发挥作用。因此,只有为地方立法权的扩大戴上"笼头",并配上合适的"马鞍",才能保证地方立法权功能的正常发挥。

材料2　构建良法要尊重人性的逻辑①

"春秋决狱"是我国古代独具特色的一种审判制度,它留给我们的众多案例中,有一则颇耐人寻味:西汉时,某乙犯罪后逃至家中,被其养父甲藏匿,后案发。乙构成犯罪当属无疑,甲的行为是否有罪颇有争议。当时的大儒、"决狱"大师董仲舒以《春秋》中孔子的一段论述"父为子隐,子为父隐,直在其中"为论据推之:父爱子,子敬父,人之本性,情理之中,结果甲被判无罪(这是我国古代"亲亲相隐"的法律原则的开端)。

如果说在专制时代对这样的判决人们可以理解的话,那么在上千年后的今天,在法治相当发达的澳大利亚发生类似情况就让一些人大感不解了:近年来,一直受聘于澳大利亚体育学院、培养出包括波波夫在内的许多世界冠军的俄罗斯教练图雷斯基,因涉嫌窝藏兴奋剂而被法院传唤。在没有其他相关证据的情

---

① 参见李拥军:《建构良法要尊重人性的逻辑》,载《检察日报》2003年7月30日"法辩"版。

况下,如果能得到其夫人的证词,就能将其定罪。但澳大利亚法院认为,如果证词对其婚姻关系构成伤害,则不予采信。于是,图雷斯基被判无罪。

发生于性质完全不同的两个时代的案子,在审判机理上却取得了统一,笔者认为其根本原因在于法律有统一的人性基础。所谓人性,是人之所以为人的固有属性和后天发展起来的精神品格。它包括两个方面:一是与生俱来的自然本性,它首先表现为自爱,正如卢梭所说:"人性的首要法则,是维护自身的生存,人性的首要关怀,是对于其自身应有的关怀";二是社会化后的社会本性,正如马克思所说:"人的本质不是单个人所固有的抽象物,在其现实性上,它是一切社会关系的总和"。当人以群体的形式生活时,其社会本性首先表现为爱他之情。家庭是基于血缘、婚姻或情感而联系在一起的群体,它是人的基本生活方式,因此在长期的家庭生活中形成的成员间的亲爱之情便是人的社会本性的典型表现。人性的逻辑发展应该是先有个人的自爱,后有家庭的亲爱,再有社会的友爱。也可以这样说,亲爱是友爱的基础,是自爱的升华,是具有特殊意义的人性。

传统的法治是建构在人性恶的基础上的,它往往更重视法律对人性的约束和矫正,而忽视对人性的宽容与张扬。正因如此,前一个案子的判决才很容易被一些人认定为专制时代人情破坏法律的表现,而后一个判决则被讽刺为西方法治的误区。其实,问题并不这么简单。诚然,人性有许多负的价值,完全基于人性而行事,必然会带来社会的无序,因此法律主要是作为约束人的感性的理性形式而存在的。但我们必须知道,对人来说,法无非是一种工具或手段,法治也不过是人的一种生活方式,因此,法律是为人而产生并为人服务的,法律不应被异化为人的枷锁。所以,任何法律制度的设计与安排都应该从人性出发,与人性相结合,只有建立在善良人性基础上的法律,才有可能获得本质上的合理性。否则,违背人性、不近人情的法律,虽可强行一时,但终将因得不到人们的认可而失去生命力。正如古罗马法学家西塞罗所说:"真正的法是符合自然的理性。"也正基于此,刑事古典学派的代表人物贝卡里亚认为,基于出卖、背叛而提供的证词,即使是事实,也不应采信。

法律追求的基本价值是正义,善良人性是正义的应有之义。通过刑讯逼供迫使犯罪嫌疑人自证其罪或亲人之间的揭发有时确实能发现犯罪,但当人性的法则受到践踏时,少量的犯罪虽被发现,大量的犯罪便会重生,因为犯罪的基础便是人性的泯灭。试想,一个连父子都没有慈爱之心、夫妻皆失恩爱之义的社会,纵有再多的法律,能说是健康的社会吗?在"文革"时代,"亲不亲,阶级分",父子、夫妻、朋友因为所谓的革命大义,顷刻之间反目成仇,互相揭发与批斗,其悲剧之源莫过于此。于是,我们可以这样说:法律不仅要有感性约束,更要有人性关怀;法治不仅要有权威,更要有温情。

经典案例

案例1 全国首例精神赡养案①

储某是一位77岁的老妈妈,马某和朱某则是她的女儿和女婿。储某和女儿女婿同住期间,在养老等问题上产生纠纷。2013年4月3日,储某将女儿、女婿起诉到无锡市北塘区法院,要求女儿、女婿为其安排住所,定期看望,并支付其在外租房的租金以及生病住院时的医疗费。在调解无效的情况下,依照我国《婚姻法》和新修订的《老年人权益保障法》,北塘区法院对该案作出一审判决,判决储某的女儿马某自本判决生效之日起,应当每两个月至少至储某居住处看望问候一次;端午节、重阳节、中秋节、国庆节、元旦节,应当至少安排两个节日期间前往看望;除夕夜至元宵节的春节期间,应当至少看望一次。法官还当庭指出,如果子女不履行看望义务,权利人可申请强制执行,将根据情节轻重处以罚款甚至拘留。这个案件被称为"第一例精神赡养案"。

【说明】 本案的裁判依据是《老年人权益保障法》第18条的规定,家庭成员应当关心老年人的精神需求,不得忽视、冷落老年人。与老年人分开居住的家庭成员,应当经常看望或者问候老年人。但是在司法实践中,精神赡养条款的效果并不理想。有的当事人尽管会按时探望老人,但是却不言不语,形同陌路,到时间就离开,老人们的精神需求并没有因为法律得到满足。本案例体现了立法科学原则的基本要求,并不是所有的社会问题都能够通过法律进行解决,要遵循事物本身的规律性。

---

① 参见《中国首例精神赡养案无锡落锤 法官判定期看望老人》,人民网,2013年7月1日,http://politics.people.com.cn/n/2013/0701/c70731-22036899.html,2023年4月28日访问。

案例 2 王某某诉东城交通支队帅府园大队案①

2016年10月16日(周日)早上,来自青岛的王女士驾驶山东牌照小汽车驶入北京长安街。8时30分左右,王女士在东长安街南池子大街南口被东城交通支队帅府园大队执勤民警拦下。交警认为王女士违反了《道路交通安全法》第90条、《北京市实施道路交通安全法办法》第91条第3项的规定,因而对其作出罚款100元、记3分的处罚。因为对处罚不服,王女士随后将帅府园大队起诉到东城区法院,请求法院依法撤销被告作出的处罚决定书,依法判令被告退还原告罚款100元。

《道路交通安全法》第90条规定:机动车驾驶人违反道路交通安全法律、法规关于道路通行规定的,处警告或者20元以上200元以下罚款。本法另有规定的,依照规定处罚。《北京市实施道路交通安全法办法》第91条第3项规定,驾驶机动车未按照交通标志、标线指示或者交通警察指挥行驶的,处100元罚款。北京市公安局公安交通管理局《关于对本市部分道路采取交通管理措施的通告》(以下简称《通告》)规定,2015年11月27日起,长安街及延长线新兴桥(不含)至国贸桥(不含)之间等路段,每天6时至22时,禁止外省、区、市核发号牌(含临时号牌)的载客汽车通行,北京市交管局据此设置了相应的禁令标志。

王女士认为,《通告》不应该区别性对待公民,它违反了《立法法》第3条规定的"立法应当遵循宪法的基本原则"和《宪法》第33条第2款规定的"中华人民共和国公民在法律面前一律平等"的原则,《通告》违反《宪法》和《立法法》的基本原则,与上位法冲突,应予废除。

【说明】 王女士主张交警的处罚行为无效,并要求废除《通告》,其理由在于,《通告》不应该区别性对待公民,它违反了《立法法》第3条规定的"立法应当遵循宪法的基本原则"和《宪法》第33条第2款规定的"中华人民共和国公民在法律面前一律平等"的原则。王女士主张《通告》应该废除,是因为她认为该行政立法违反了立法法治原则。

---

① 参见《首例外地车主起诉北京交通执法 争取平等路权》,搜狐网,2017年2月12日,https://www.sohu.com/a/126043544_441159,2023年4月28日访问。本案例系编者根据该新闻报道自行设计。

第十章 法的制定

金句法谚

1. 当时而立法,因事而制礼。

——(战国)商鞅

2. 法不察民之情而立之,则不成。

——(战国)商鞅

3. 故圣人之为国也,观俗立法则治,察国事本则宜。不观时俗,不察国本,则其法立而民乱,事剧而功寡。

——(战国)商鞅

4. 是则法之修也,不可不审,不可不明。而欲法之审,法之明,不可不究其理。

——(清)沈家本

5. 这种法律既不是铭刻在大理石上,也不是铭刻在铜表上,而是铭刻在公民的内心里。

——〔法〕卢梭

6. 只有立法者自身服从法治的条件下,立法才能托付给立法者。

——〔德〕古斯塔夫·拉德布鲁赫

习题精选

2015年3月,全国人大常委会法制工作委员会启动民法典编纂工作。2018年8月27日,民法典各分编草案提请第十三届全国人大常委会第五次会议审议,不再保留计划生育的有关内容,新增离婚冷静期。同年12月23日,《民法典侵权责任编(草案)》提请十三届全国人大常委会第七次会议审议。2019年6月25日,十三届全国人大常委会第十一次会议审议了《民法典婚姻家庭编(草案)》和《民法典继承编(草案)》。同年12月20日,全国人大法工委对民法典各分编草案进行了修改完善,形成《中华人民共和国民法典(草案)》(以下简称《民法典(草案)》),提请12月常委会会议审议。同年12月24日上午,十三届全国人大常委会第十五次会议举行分组会议,审议《民法典(草案)》。同年12月28日上午,十三届全国人大常委会第十五次会议表决通过了全国人大常委会关于提请审议《民法典(草案)》的议案,决定将《民法典(草案)》提请2020年召开的十三届全国人大三次会议审议。当日,《民法典(草案)》在中国人大网公开征求意见。

2020年5月28日,十三届全国人大三次会议表决通过了《民法典》,自2021年1月1日起施行。《婚姻法》《继承法》《民法通则》《收养法》《担保法》《合同法》《物权法》《侵权责任法》《民法总则》同时废止。

阅读上述材料,回答下列问题:

1. 上述材料中包含了哪些立法行为?

2.《民法典》中没有规定计划生育的内容。中共中央政治局2021年5月31日召开会议,表示全面开放三孩生育政策。尝试用立法学的知识分析计划生育制度的设立与取消的争议。

3.《民法典》立法过程经历了《立法法》所要求的烦琐步骤,体现了立法的哪些要求?此种步骤在法律运行中有何价值,能否减少?

4.《民法典(草案)》在中国人大网公开征求意见,体现了哪种立法原则?征求意见在此原则中居于何种地位?

【解析】 材料中包含了法的制定、修改与废止等立法行为。立法是由特定的主体依据一定职权和程序,运用一定的技术对法律进行创制、认可、修改和废止的活动。《民法典》中不再规定计划生育的内容体现了立法的科学性原则。这一原则要求:从我国实际出发,正确处理立法与改革的关系。一方面,要积极回应改革需求,加强重点领域立法;另一方面,要坚持改革于法有据,充分发挥立法在引领、推动和保障改革方面的重要作用。《民法典》立法过程经历了《立法法》所要求的烦琐步骤,体现了依法立法要求。一切立法权的存在和行使都应有法律根据,立法活动的所有环节都必须依法运行;立法主体的所有行为均应以法律为准则,行使法定职权,履行法定职责。依法立法是依权限、守程序立法。此种步骤在法律运行中具有正当程序的价值。它是权利平等的前提,是权力约束的机制,是解纷效率的保证,是权利实现的手段,是法律权威的保障。因此,不能减少。《民法典(草案)》在中国人大网公开征求意见,体现了立法的民主性原则,征求意见在此原则中居于非常重要的地位。现代社会民权政治的基本原理是强调一切权力属于人民、一切权力源于人民、一切权力为了人民。立法作为现代社会的核心政治活动,同样需要体现民权保障、遵循民主原则。这体现在:(1)坚持人民通过人民代表大会制度民主立法;(2)充分发挥人大代表的主体性作用;(3)完善社会公众民主参与立法。

第十一章
Chapter 11

法的实施

章前提示

法律的生命在于实施,法律的权威在于实施。法律实施是法律从文本走向现实的过程,相对于法律制定而言,这个过程包括执法、司法、守法、法律监督等一系列环节和行动。宪法实施是法律实施的重中之重,而在其他不同的环节,法律实施遵循有共识又有差异的原则,这些原则共同使得法律的效力变成现实的约束力。

原理阐释

一、法的实施

法的实施也被称为"法律实施"。相对于法的制定而言,法的实施是法律从文本走向现实的过程,或者说是一个从应然状态到实然状态的过程。这个过程包括执法、司法、守法、法律监督等一系列环节和行动。

法的制定、法的实施和法的实现是一个起点—过程—结果的循环,是文本上的法律到现实中的法律的循环。法的制定是一个起点或前提,因为只有制定出法律,才谈得上法的实施;法的实施是一个过程,是确保实现立法者意图的过程;法的实现是一个结果,但并不是所有的法在经过实施后都能够真的实现,甚至很多法律被制定出来后就被束之高阁,没有被实施,更谈不上实现。如果法律没有落实于社会生活,其实意味着法律调整的问题并未能解决,因此也会引起另一轮法的制定。

(一) 法律实施的意义

1. *法律实施是法治实现的必要组成部分*

亚里士多德所言的法治两原则之一就是法律平等地适用于每一个人。一方面,法律本身不会自动实现,需要相关的环节和机制保障法律的最终实现。另一方面,法治的核心是要保障公民权利的实现,而权利的实现需要成本,这个成本大部分来自法律实施。

2. *法律实施的机制与法治建设密切相关*

法治建设成功与否与法律实施机制的贯彻和完善具有密切关系。现实生活中的有法不依、执法不严、违法不究都是法律实施环节出现了问题,最终都会影响到法治建设的成功。

(二) 法律实施的基础和动力

1. *法律的人民性与法律实施*

法律实施的根基在于人民的拥护和信赖。一方面,法律自身的民主性是法律实施取得良好效果的基本前提。如果法律不是人民意志的体现,那么人民就不会真心地接受和遵守法律。另一方面,法律实施的结果会增进人民对法律的信赖。因为法律给人们设定基本的行为准则,违反法律的人会受到惩罚,每个人都能在法律框架内平等地获得尊重。

2. *法律的公正性与法律实施*

法律实施的前提是法律的公正性。亚里士多德的法治两原则之一就是人们遵守的法律必须是良善的,而公正是法律品质的基本标志。因此,只有公正的法律才能获得人民群众的认可、接受和遵守。

3. *法律的权威性与法律实施*

法律权威与法律实施互为因果关系。如果法律没有权威性,那么法律实施的效果将会大打折扣,人们会以不遵守法律为荣。法律权威性源于国家强制力保证其实施,只有法律实施真正地实现,法律的权威性才能树立和得到维护。

二、宪法的实施

全面实施宪法是全面依法治国的首要任务，宪法的实施是法律实施的重中之重。第一，宪法是法律体系的总统领，宪法的实施决定着整个法律体系的实施，宪法实施得不好，法律实施就是空话。第二，宪法是依法治国的总依据，宪法的实施关系到全面依法治国的全局，宪法实施得不好，依法治国就是空谈。第三，宪法是法律权威的总体现，宪法的实施影响着法律权威的树立，宪法实施得不好，法律权威就是摆设。

在新时代条件下，全面实施宪法的首要任务是把宪法的实施提高到新的水平。第一，中国共产党要依宪治国、依宪执政，宪法的实施本身就体现着党的领导。第二，进一步健全宪法的实施和监督制度，充分发挥人大及其常委会的作用。全国人大及其常委会是宪法的实施和监督的关键主体，要充分发挥合宪性审查和宪法解释程序的作用。第三，国家机关、各人民团体、企事业单位、基层群众自治组织和社会组织协同推进。宪法的实施是一个系统工作，需要从上到下各个社会组织的参与，形成宪法实施的重要社会力量。第四，全体人民共同努力。宪法是人民意志的体现，宪法的实施就是人民意志实现的过程，是全体人民为了自身利益进行活动的过程。

全面实施宪法需要保护实施宪法的精髓和要义，这决定了宪法实施的实质性内涵，具体体现为四个坚持：第一，坚持党的全面领导。第二，坚持正确的政治方向。第三，坚持全面依法治国基本方略。第四，坚持以人民为中心，以人民为主体。

三、执　　法

（一）执法的概念

执法的概念有广义和狭义之分，区别在于执法的主体范围和内容有所不同。广义的执法是指一切执行法律、适用法律的活动，包括国家行政机关、司法机关和法律授权、委托的组织及其公职人员，依照法定职权和程序，贯彻实施法律的活动。狭义的执法仅仅指国家行政机关和法律授权、委托的组织及其公职人员在行使行政管理权的过程中，依照法定职权和程序贯彻实施法律的活动。

执法概念的变化与国家职能及其角色的历史变迁密不可分。国家或政府的职能经历了一个从守夜人式国家向福利型国家的转变，这意味着执法的主体和内容的不断扩大，执法概念也随之不断地丰富和发展。

（二）执法的内容和特征

在全部国家职能中，执法是最大量、最繁重、最经常性的工作。从正面来看，组织实施法律是行政执法活动的中心环节。从反面来看，执法活动也包括采取行政强制措施、排除执法过程中的阻力等活动。

相较于立法、司法和守法等法律实践活动，执法具有显著的特征。第一，执法主体的特定性。也就是说，只有法定的行政机关及其公职人员、法律或法规授权的组织及其工作人员、行政机关委托的组织或个人才是执法的主体，不是法定的主体就不能开展执法行动。第二，执法内容的广泛性。执法内容的广泛性与法律调整的广泛性密不可分，大部分法律都需要执法活动才能实现。第三，执法行为的主动性。相对司法而言，行政执法活动要采取积极主动的行为去履行职责，确保法律落实到社会生活中。第四，执法效力的优位性。执法行为的优先性实质上就是公共利益的优先性，因为法律本身就凝聚着公共利益。第五，执法方式的单向性。相较于民事行为的双向性，执法行为并不需要相对人的同意，如行政处罚等执法行为。

（三）执法的原则

执法的原则是行政执法主体在执法活动中所应遵循的基本原则。在我国，执法的原则主要有如下三个：

第一，合法性原则。合法性原则是现代法治国家对执法的基本要求，要求执法主体必须在法律规定的范围内活动，法定职责必须为，法无授权不可为。合法性原则在具体的执法活动中体现为：（1）执法权力必须在法定范围内，要把权力关在法律的"笼子"里。（2）执法内容必须依据法律规定作出，不得实施法外的行动。（3）执法程序必须合乎法律。据此，即使执法的结果符合法律要求，执法过程违反程序规定也会被视为违反合法性原则。（4）执法主体违法或不当行使职权，需要依法承担法律责任，实行权力与责任的统一。

第二，合理性原则。合理性原则与行政自由裁量权的存在和发展密切相关。

因为执法活动的内容非常广泛,法律不能事无巨细都作出具体规定,需要赋予执法主体一定的裁量空间,而合理性原则就是要求裁量必须客观、适度和合乎理性。合理性的重要体现是执法活动的比例原则。

第三,效率原则。该原则是相对于立法和司法而言的。执法主体在对社会实行组织和管理的过程中,要尽可能用较少的成本收获较高的效益。执法活动付出的成本来自国家税收,因此要考虑执法成本和收益之间的对比。效率原则也要求执法活动尽可能精准,避免出现不适当、不合理的执法而影响到效率。

(四)执法改革的方向

坚持严格规范公正文明执法,是深入推进依法行政、提升执法公信力的基本要求。第一,严格是执法的基本要求,执法不严或选择性执法都是影响执法的重要问题,要一丝不苟地落实法律的基本规定。第二,规范是执法的行为准则。执法行为必须在法律的框架之内进行,符合法定的程序,不能实施法外行为。第三,公正是执法的价值取向。要做到对每个人都平等适用法律,没有偏私,没有例外。第四,文明是执法的最高境界。

四、司　　法

司法是国家的基本职能之一,在国家活动中占有极其重要的地位,是国家司法机关依据法定职权和法定程序,具体应用法律处理纠纷的专门活动。

(一)司法的概念和特征

司法的概念也有广义和狭义之分,狭义的司法与审判是同义语,司法权就是审判权,司法机关就是法院。广义的司法权还包括检察权。在我国,司法机关曾经还包括司法行政部门。

狭义的司法,特指国家司法机关(各级法院)适用法律,处理诉讼纠纷的活动,具有如下重要特征:

第一,司法具有中立性。在众多解决纠纷的方式中,司法的本质是依法居中裁判,唯一需要遵守的就是法律,不能偏向任何一方当事人。不具有中立性的司法,将会丧失自身作为纠纷解决方式之一的特质。

第二,司法具有独立性。司法的独立性体现在独立行使职权上,这也是保障司法中立性的重要条件。如果司法机关在适用法律的过程中不具有独立性,需要听从其他国家机关、社会组织或个人的意见,那么将无法中立平等地解决纠纷,也将丧失司法区别于其他纠纷解决方式的特质。

第三,司法具有被动性。司法的被动性主要相较于立法、执法或守法而言,司法机关不能主动介入纠纷的解决,而是需要当事人主动向司法机关提出请求。

第四,司法具有专业性。司法的专业化是指,司法作为一种特殊的活动与职业,对于从业人员及其所从事的法律事务在理念、思维、技术和程序上有一些特殊要求。司法是由专门的机关运用专门的规则解决社会纠纷的特殊性活动,因此,司法有其独特的语言、逻辑、知识和技巧。经过长期的发展,司法已成为一项独立的职业,在其内部司法职业者间具有共同的职业意识、思维方式和话语系统。而司法的技能与知识、职业意识和思维方式等都需要长期的培养以及专业性的训练才能获得。

第五,司法具有终局性。司法终局性是指,司法是解决纠纷的终极手段,司法机关享有最权威的裁判权。这种终极性体现在两个方面:第一,解决纠纷手段的终极性。在法治社会中,解决纠纷的手段不外乎有当事人自行和解、第三人调解、行政机关处理、诉讼等几种方式。当事人不能和解时可以找人调解,调解不成时可以通过行政机关处理,行政机关处理不了或当事人对行政机关的处理结果不满意时,当事人还可提起刑事、民事或行政诉讼。但是,如果对诉讼的结果还不满意,就没有可选择的合法解决纠纷的方式了。如果要发泄心中的不平,就只有采取以暴制暴的私力救济的方式。第二,裁决效力具有终极的权威性。即司法机关对一案件作出生效裁决后,不得再将这一案件纳入裁判范围。这就是诉讼法上的"一事不再理"原则。也就是说,某一案件经过审判程序作出裁决后,当事人不得就此再行起诉,司法机关不得再行审判。[①]

(二)司法权的性质和司法规律

司法权的性质是普遍性与特殊性的统一,司法权是对案件事实和法律的判断权和裁决权。一方面,司法权具有一个开放结构,司法的各个环节都行使着对事实和法律的判断权。另一方面,这强调了司法权力中具有决定意义的审判权,审判权的核心就是裁决权。

---

① 参见刘瑞华:《司法权的基本特征》,载《现代法学》2003年第3期。

司法规律是法治规律的集中体现,是人类政治文明和法治文明在司法领域的特殊形式。司法规律可以概括为两个方面:根本规律与基本规律。司法的根本规律是世界各个国家和地区都会坚持遵循的普遍性和共识性规律,即司法权的独立运行。司法的基本规律具有一定特殊性,会受到不同国家和地区的特殊情况的影响,大体上包括权责统一、权力制约、公开公正、尊重程序、裁判终局等内容。

(三) 司法的原则

司法的原则是贯穿司法的全过程、指导和制约司法活动且为司法机关和司法人员所必须遵守的基本准则。司法的原则主要包括如下四个方面的内容:

第一,司法权依法独立行使原则。司法的本质要求司法权的运行必须遵循独立行使原则。依法独立行使司法权意味着,一方面,司法权的行使必须坚持法律至上,严格依据法律裁判案件,司法上的各种配套机制都要围绕保障司法权的依法独立行使展开。另一方面,司法权的独立行使并不是任意行使,同样要接受合法的监督,这是权力运行的规律和必然要求。世界各个国家和地区对于司法权的监督有多个面向,有的侧重最高权力机关的监督,有的侧重民众的舆论监督,有的侧重对司法权的程序性监督。

第二,司法平等原则。司法平等原则是法律平等原则在司法活动中的具体体现。这个原则要求各级司法机关及其人员在处理案件、行使司法权的过程中,对于任何公民,不论其民族、种族、性别、职业等因素有何差别,在适用法律上都一律平等,不允许有任何的特殊和差别对待。这种平等原则不仅体现在对实体法的适用中,更体现在司法权适用的程序法要求中。

第三,司法责任原则。司法责任原则的法理基础是权责统一,拥有司法权的机构或人员在行使权力的时候必然要承担相应的责任,最为典型的一种说法是"让审理者裁判,由裁判者负责"。司法中的责任原则具有其特殊性,这种特殊性主要体现在归责问题上,并不是所有实体上的错误都需要承担责任,只有故意违反法律规定或者存在重大过失并造成严重后果的情况,才需要承担司法责任。

第四,司法法治原则。司法法治原则是指在司法过程中要严格依法司法。依法司法既指依实体法司法,也包括依程序法司法。在我国,这条原则具体体现为"以事实为根据,以法律为准绳"的原则。以事实为根据,是指司法机关对案件作出处理决定,只能以被合法证据证明了的事实和依法推定的事实作为适用法律的依据。以法律为准绳,是指司法机关在司法时,要严格按照法律的规定和具体程序办事。

第五,司法公正原则。司法公正是社会公平的底线,维护公正是司法的核心价值。这种公正的价值目标主要体现在两个方面:实体公正与程序公正。前者主要是指司法裁判的结果公正,符合法律的基本要求,公民的权益得到保障或违法犯罪受到应有的惩罚。后者是指司法过程的公正,指当事人在接受司法裁判的过程中要受到法律的公平对待。

第六,政策指导原则。司法是法律适用到具体案件的活动,法律效果和社会效果相统一是司法追求的目标。政策指导原则主要考虑司法权运行的社会效果,不同时期、不同领域会有不同的司法政策,这些政策具有解释功能和规范价值。政策的解释功能主要是在法律规定的裁量空间内考虑社会政策、社会效果等内容,如刑事司法中的宽严相济政策。政策的规范功能主要体现在司法处理法律与情理的关系时,政策和法律都可以发挥处理纠纷的功能。

五、守　　法

立法者制定法律的目的就是为了法律在社会生活中得到不同主体的遵守,因此守法是国家机关、社会组织和公民依照法律规定行使权利(权力)和履行义务(职责)的活动。相较于立法、执法和司法而言,守法的主体具有广泛性,任何一个国家和社会中的所有主体都应当成为守法的主体。守法的范围具有多样性,这种多样性与法律形式的多样性具有密切关系。

(一) 守法的根据和理由

守法是国家对社会主体的基本要求,也是社会主体对国家的应尽义务,但是不同的社会主体遵守法律的根据和理由会有所不同。常见的守法理由如下:第一,守法是出于服从权威的习惯。第二,守法是出于对惩罚的畏惧。第三,守法是出于社会的压力。第四,守法是出于对合法性的认识。第五,守法是出于个人利益的考虑。第六,守法是出于法律意识的自我要求。第七,守法是道德的要求。

（二）守法的条件

人们的守法过程会受到多种因素的影响和制约，一般来说守法的条件主要包括客观和主观两个方面。

第一，守法的主观条件是守法主体的主观心理状态和法律意识水平，主要包括政治意识、法律观念、道德观念、文化教育程度等因素。

第二，守法的客观条件是守法主体所处的客观社会环境，包括政治状况、经济状况、民族传统、国际形势、科学技术的发展等。其中，法治状况、政治状况和经济状况是最主要的三个方面。法治状况主要包括一个国家的立法、执法、司法和法律监督的状况等。政治状况主要包括一个国家的社会制度、政治制度和各种社会力量等方面。经济状况主要包括一个国家的经济制度、经济体制和经济发展水平等因素。

（三）守法的原则

守法原则是针对不同的社会主体的不同的指导性要求。第一，领导干部带头遵法守法是守法原则中的关键，党和政府是我国法治建设的引领者，因此应切实成为尊法守法的表率。只有党和政府发挥带头模范作用，才能引导整个社会更好地守法。第二，全民自觉信法守法是守法的核心。因为只有全体公民能够发自内心地接受法律和遵守法律，法治才能最终实现。第三，全社会协同推进守法用法是守法的外部保障。只有作为社会主体的公民和各种社会组织协同起来，推动良好的守法激励机制，才能更好地实现守法的目标。

阅读材料

材料1　遵守法律规则的成本有多高[①]

公路越修越长，公路上的车也越来越多，发生在道路上的故事也越来越引人注目。没有规矩不成方圆。道路上不仅仅有快速的汽车，还有走路的行人；开车的人有男有女，各有各的想法；走路的行人也是有老有少，各有各的观念。但是，当这些人和车走到同一条路上的时候，遵守共同的交通规则就成了必然的选择。

[①] 参见侯学宾：《遵守法律规则的成本有多高》，载《检察日报》2015年5月20日第7版。少量内容有调整。

否则,公路上每天都会上演斗气打架甚至血肉横飞的场面。

尽管大多数人都能遵守交通规则,但是依然有很多道路悲剧不断冲击我们的眼球。2015年5月3日,成都市的一名男司机将一名女司机逼停后当街拳打脚踢。根据行车记录视频显示,事发原因是女司机突然变道影响到男司机行驶,进而发生相互别车斗气并升级。同年5月12日,山东省青岛市的交通引导志愿者秦某,在阻止过马路行人刘某闯红灯未果的情况下,掏出铁锤击打刘某的头部,导致其倒在路上不省人事。事后,秦某还不停地说着"她不按红绿灯走,是她自己的错"!

是否中国人天生就有不遵守规则的基因?是否外国人就更愿意遵守公共交通规则?其实任何贴标签的回答都没有太大的证明力,如同有人在网上贴出的视频,外国人在公路上的暴力事件也不少。所以,更好的观察视角是人们愿意为法律付出多少成本,或者说法律规则在人们的成本计算中能占多大比重。

很多司机不是不知道交通规则,很多行人也明白红绿灯的含义,但是交通规则在人们的头脑中并非行为的排他性理由,而只是选择如何开车和走路的参考性理由。当你在北京机场高速路的堵车行列中焦急等待时,看着登机的时间越来越近,但车速依然蜗牛般爬行,应急车道就在旁边,你会不会转过去快速前进?进一步来讲,很多人的车在应急车道上从你身旁飞驰而过,你会不会依然遵守交通规则?面对登机误点和违反交通规则的选择,估计不少人会选择后者。当你走在十字路口时,发现车辆并不是很多,但还要等很长的红灯才能过去,而这个时间差会让你因为迟到而被扣奖金,面对真实的金钱损失和违反交通规则,很多人也会选择后者。这些情况表明,大多数违反交通规则的人都是在意志自由的情况下作出的选择,因为有更重要的利益来超越法律规则的权威,或者说他们不愿意为了遵守规则而支付这些成本。

既然因为有更重要的利益就能压过对法律规则的遵守,那么违反法律不需要支付成本吗?当然需要,但是人们依然会在脑海中对违反法律的后果进行成本计算,尽管很多时候这种计算已经内化为一种习惯或者潜意识,但是成本的计算依然存在。违法成本的计算要考虑两个方面的问题,一是违法后果大小的计算,这个后果包括法律给予的惩罚,以及因为违反交通规则导致的事故损失。对于这个后果,不同的人可能有不同的计算标准,因此才会出现遵守规则的人和罔顾规则的人。二是违法后果出现的概率问题,很多人会认为交警抓不住自己,或者认为事故发生在自己身上的概率较低。敢于或者习惯于违反交通规则的人往往将违法后果的大小和概率当作成本计算的次要因素。

当这种情况大范围存在时,就会出现公路上"人与人"的战争,如同成都女司机被殴事件一样,双方谁都好不到哪里去,暴力事件就在所难免。法律的指引功能隐退,只能事后出场进行救济。面对这种情况,甚至有人提出"恶人还需恶人磨"。如果你能接受成都男司机的行为,那么你能接受青岛交通引导志愿者的挥锤行为吗?在这两个事件中,当人们都不愿意为了遵守法律付出成本时,当法律规则无法成为行为选择的排他性理由时,法律的权威会消失得无影无踪。

材料2 "违章"乱象背后的个人与政府①

在网络时代,每个人都可能不小心成为"网红"。近日,一段视频将一位私家车主推上了舆论的风口浪尖。视频显示,一辆蓝色轿车在强行压线变更车道时被后面的银色轿车撞翻。事后交警认定前车对事故负全责,而银色轿车车主也声称自己"只是在维护路权"。

事情一经曝光,网友的言论就陷入一片混战。有人认为,这位私家车主"仗义出手,教训不守规矩的司机,就应该以暴制暴";也有人主张,"以暴制暴也是违法""故意撞违章的车是在侵犯他人权利"。

支持私家车主的人看到的是违章乱象层出不穷,主张人人可以"路见不平一声吼,该出手时就出手",认为个人对这种违章现象的"私力"纠正可以让人们遵守规则。而反对私家车主做法的人看到的是政府对违章现象治理的权威性,主张政府在法律规则范围内打击违章,避免个人"私力"纠正引起更大的社会失序。

两种主张的冲突源自对谁能治理违章现象的不同认识。

生活中的违章现象不仅仅是违章行车,还有更多不遵守法律规则的事情。这些事情往往由于政府的不作为导致人们救济无门,一旦有人被迫举起"私力救济"的大旗,往往会引起人们的共鸣和支持,其背后凸显的是人们对政府不作为的愤懑。

某小区一楼住户为了地下室透光,将一楼基座周围区域深挖,这种做法会对整栋楼的地基造成难以估计的影响。楼上的住户屡次找物业和政府相关部门,请求对违章深挖行为进行整治,保障整栋楼住户的安全,维权的过程几经波折。政府部门不作为,相互推诿,两年之后才解决问题。一个简单违法行为的治理竟

---

① 参见侯学宾:《"违章"乱象背后的个人与政府》,载《检察日报》2016年3月30日第7版。少量内容有调整。

然如此困难,怪不得小区居民都生出"以暴制暴"的念头。

政府不作为的危害与政府滥用权力的危害几乎相同,都会破坏人们对法律规则的接受和认同。既然违章违法行为可以获得额外利益,还不受处罚,趋利动机就会"激励"更多人不守规则。当这种现象日益增多时,不仅仅会引起更多的以暴制暴的"私力救济",还会破坏正在形成中的规则意识。

还有一些生活中的"违章"现象值得关注,这些现象并不一定能归入法律规制的范围,但是却实实在在地影响到了公共秩序和他人的权益。我们经常会看到排队加塞的人,看到小区车辆乱停的现象,但不能事事都寻求政府部门的干预,因为不是所有的事儿都在法律规制的范围内。那么,个人的"私力"干预是不是就值得称赞呢?事情可能并没有那么简单。有人在网上展示了人们对各种乱停车的"处罚",有人将堵住别人家门口的车上贴上"好狗不挡道"的标签,也有人直接用喷漆在车上喷上"垃圾""活该"的字眼,甚至还有更强悍的——用各种障碍物将车围起来,让其"进得来,出不去"。人们对不遵守公共规则的人进行"私力"干预的立场值得肯定,但是上述不同种类的"私力"干预手段并非全部适当。因为"私力"干预需要有一定的限度,这个限度就是不能伤害他人的财产与人身权益。可是,让人头疼的问题是,不让当事人感受到足够的疼,他们难免会"记吃不记打"。

面对生活中的"违章"乱象,政府与个人的角色同样重要,双管齐下才能维护公共秩序与他人的权益,才能培养规则意识。正是在这个意义上,法治政府与法治社会必须齐头并进,这也是建设法治的应有之义。

经典案例

案例1 大学生掏鸟案[①]

2015年年末,一起某大学生因"掏鸟被判十年半"的案件引起舆论的高度关注,该案最终入选"2015年中国十大影响性诉讼"。该案之所以受到舆论的关注和热议,是因为其裁判结果与人们的直觉形成了强烈的反差。"一个学生掏几只鸟就被判十年半",这样的处理结果让很多人无论在情感还是道义上似乎都难以

[①] 参见《掏鸟16只,获刑10年半——啥鸟这么宝贵?燕隼,国家二级保护动物》,载《郑州晚报》2015年12月1日第10版。

接受。该案一审判决书对闫某某的犯罪事实这样表述道:"2014 年 7 月 14 日左右的一天,被告人闫某某、王某某在辉县市高庄乡土楼村一树林内非法猎捕燕隼 12 只(国家二级保护动物),后逃跑一只,死亡一只。2014 年 7 月 18 日,被告人闫某某、王某某卖到郑州市 7 只,以 150 元的价格卖给被告人贠某燕隼 1 只。被告人闫某某独自卖到洛阳市 2 只。""2014 年 7 月 27 日,被告人闫某某和王某某在辉县市高庄乡土楼村一树林内非法猎捕燕隼 2 只及隼形目隼科动物 2 只,共计 4 只。"从判决书认定的犯罪事实看,闫某某非法猎捕燕隼 14 只,隼型目隼科动物 2 只,共计 16 只隼科动物。我国《刑法》第 341 条第 1 款规定:"非法猎捕、杀害国家重点保护的珍贵、濒危野生动物的,或者非法收购、运输、出售国家重点保护的珍贵、濒危野生动物及其制品的,处五年以下有期徒刑或者拘役,并处罚金;情节严重的,处五年以上十年以下有期徒刑,并处罚金;情节特别严重的,处十年以上有期徒刑,并处罚金或者没收财产。"根据该条款,我国《刑法》将非法猎捕、杀害国家重点保护的珍贵、濒危野生动物的犯罪行为的处罚规定为"基准刑""情节严重""情节特别严重"三档,而在"情节特别严重"这一档,法院完全可以在十年以上处刑。此案中犯罪人所猎捕的燕隼以及其他隼科动物均属于国家二级保护动物,根据《最高人民法院关于审理破坏野生动物资源刑事案件具体应用法律若干问题的解释》,猎捕 6 只属于情节严重,猎捕 10 只属于情节特别严重。该案犯罪人掏了 16 只,自然属于情节特别严重,加之其又有非法出售珍贵、濒危野生动物的犯罪行为,故法院合并判处其十年半有期徒刑。

【说明】 虽然从形式上讲法院的判决没有任何瑕疵,完全符合"以事实为根据,以法律为准绳"的原则和罪刑法定主义的要求,但它却明显地与人们的直觉相背离。人们普遍认为量刑过重,因此该案引发公众的热议。裁判者仅仅将被猎捕动物的数量一种因素作为量刑的标准,而其他诸如犯罪手段、犯罪方法、危害后果等关乎犯罪情节的重要因素都未被列入考量的范围。抛弃了价值上的平衡,其结果可能造成合理性的缺失。作为一种法治高级形态的实质法治,不但要求行为要合法,而且还要求其合理。在中国语境下,合理往往表述为"合情理""合常理",即符合人们的日常生活经验和社会生活内在逻辑。这是民众质疑该案件的理由所在。

案例2　磨坊主告倒国王[①]

1866年10月13日,普鲁士国王威廉一世在大批近卫军的陪同下登上了波茨坦行宫的顶楼。当他看到近处一间磨坊并认为它挡住了他的视线时,便轻蔑地命令道:"拆掉它!"当近臣告诉他这间磨坊是私产时,他仍不屑一顾地说:"买下来,再行拆除!"可谁知磨坊主根本不买他的账,因为磨坊主认为磨坊是他的祖传家业,多少钱也不能卖。国王得知后大怒道:"立即拆除磨坊,朕是国王,谁敢抗拒,就地正法。"顷刻间磨坊被夷为平地。国王的暴行激起了磨坊主和波茨坦市民的愤怒,在民众的支持下,磨坊主向普鲁士最高法院递交了亘古未有的一份特殊的诉状——控告国王利用职权擅拆民房、侵犯国民权益。迫于人民的压力,最高法院判定:国王擅用王权拆毁私人房屋,违反了帝国《宪法》第79条第6款,应立即重建磨坊,并赔偿磨坊主150塔勒的经济损失。骄横的威廉一世败诉后,慑于民众的压力,最后只能服从判决。

【说明】　将其放在现代的视野下分析,该诉讼无疑是民告官的行政诉讼。在诉讼中法院坚持了司法权依法独立行使和司法平等的原则,迫使国王履行依法行政的原则。通过司法来制约公权力是现代法治国家的通常做法。当下中国司法改革的目标是去行政化、去地方化,努力实现司法权的依法独立行使,最大限度地保障司法公正,确保行政权力规范行使。这就是这个故事对我国现代司法改革的启示。

金句法谚

1. 司法活动具有特殊的性质和规律,司法权是对案件事实和法律的判断权和裁决权。

——习近平

2. 一次不公的(司法)判断比多次不平的举动为祸尤烈。因为这些不平的举动不过弄脏了水流,而不平的判断则把水源败坏了。

——〔英〕弗·培根

[①] 参见李拥军:《磨坊主告倒国王》,载《深圳法制报》2004年4月1日"法律服务"版。

3. 盖天下之事，不难于立法，而难于法之必行。

——（明）张居正

4. 世不患无法，而患无必行之法。

——（西汉）桓宽

5. 君子之为政，立善法于天下，则天下治；立善法于一国，则一国治。

——（宋）王安石

6. 法治应包含两重意义：已成立的法律获得普遍的服从，而大家服从的法律又应该本身是制定的良好的法律。

——〔古希腊〕亚里士多德

习题精选

习题1：

材料1　1979年7月1日，第五届全国人民代表大会第二次会议通过《刑法》。1997年3月14日，第八届全国人民代表大会第五次会议通过修订后《刑法》。2014年4月24日，第十二届全国人民代表大会常务委员会第八次会议通过《全国人民代表大会常务委员会关于〈中华人民共和国刑法〉第二百六十六条的解释》（以下简称《〈刑法〉第266条解释》），具体解释如下："以欺诈、伪造证明材料或者其他手段骗取养老、医疗、工伤、失业、生育等社会保险金或者其他社会保障待遇的，属于《刑法》第266条规定的诈骗公私财物的行为。"

材料2　常某为获得不当利益，为他人提供医保卡，帮助他人骗取国家医疗保险基金且数额较大。经公安机关侦查、检察院公诉、法院审判后，法院判决认为，其行为构成诈骗罪，根据《刑法》以及《〈刑法〉第266条解释》的有关规定，判处其有期徒刑两年。常某在法定期限内未提出上诉，被交付司法行政机关执行刑罚。

联系上述材料，回答下列问题：

1. 全国人大常委会作出《〈刑法〉第266条解释》属于法的运行的哪一个环节？请具体说明理由。

2. 省级人大常委会可否对《刑法》进行解释？请具体说明理由。

3. 在常某一案中，典型意义上、终局意义上的司法是什么？请具体说明理由。

【解析】

问题1：全国人大常委会作出《〈刑法〉第266条解释》属于法的运行的立法环节。

理由：本书第十章第一部分"立法的概念"中指出，作为国家专门活动的立法，包括法律解释。法律解释是通过对法律、法规等法律文件或其部分条文、概念、术语的说明，揭示其中表达的立法者的意志和法的精神，进一步明确法定权利和义务及其界线或补充现行法律的规定的一种国家活动，是立法的继续。

问题2：省级人大常委会不能对《刑法》进行解释。

理由：本书第十三章第四部分"法律解释"之"（三）我国法律解释的类型"中指出，省、自治区、直辖市和其他有权制定地方性法规的地方人大常委会，可以对自己制定的需要进一步明确界线或作补充规定的地方性法规进行解释。

习题2：

武松怒杀潘金莲、西门庆的故事千百年来被人们以各种形式传诵着。当我们通过各种媒体欣赏这段故事的时候，可能更多注意的是武松如何凭借高超的武功斩杀奸夫淫妇的情节，却有可能忽略他曾力图通过司法途径替兄报仇的情节。《水浒传》第26回这样描述：武松带着证人何九叔、郓哥来到县衙状告西门庆和潘金莲，"知县先问了何九叔并郓哥口词，当日与县吏商议。原来县吏都是与西门庆有首尾的，官人自不必说，因此官吏通同计较道：'这件事难以理问。'"于是知县向武松索要证据，"武松怀里去取出两块酥黑骨头、十两银子、一张纸"，知县这才勉强答应"从长商议，可行时，便与你拿问"。"当日西门庆得知，却使心腹人来县里许官吏银两。次日早晨，武松在厅上告禀，催逼知县拿人。谁想这官人贪图贿赂，回出骨殖并银子来，说道：'武松，你休听外人挑拨你和西门庆做对头；这件事不明白，难以对理。圣人云：经目之事，犹恐未真；背后之言，岂能全信？不可一时造次。'"武松就这样被打发了，才有了后来私设公堂诛杀潘金莲、狮子楼斗杀西门庆的故事。

联系上述材料，回答下列问题：
1. 对于兄长惨死这一案件，武松的救济方式前后发生什么样转变？
2. 武松的救济方式发生转变的根本原因是什么？
3. 联系上述材料，简述司法在解决社会纠纷方面具有什么特点。
4. 联系上述材料，简述我国当前司法必须坚持哪些原则。

第十一章 法的实施

【解析】 该题选取了《水浒传》中武松为兄报仇的故事。从该故事情节中可以看出,武松诛杀仇人的过程,是一个从公力救济转为私力救济的过程,其根本原因是宋朝司法制度的腐败。因为司法具有终极性的特点,即它是文明社会解决纠纷的最后一个途径或通过合法的手段保护公民权利的最后一道防线,如果它失效了,很容易导致公民的私力救济。这正是现代司法中必须坚持司法法治、司法公正、司法平等原则的价值所在。该题旨在考查学生对于这些知识点的掌握程度。

习题3:

材料1 施耐庵笔下的梁山英雄虽性格各异,但大多有相同的经历,即在上山之前往往都摊上过官司。例如,林冲遭高俅陷害,因持刀闯入白虎节堂吃过官司;武松替兄报仇,怒杀潘金莲、西门庆,吃过官司;杨志卖刀,被逼无奈杀了泼皮牛二,吃过官司;解珍、解宝兄弟为争老虎被毛太公诬告,吃过官司;宋江因杀阎婆惜吃过官司;卢俊义因李固的陷害吃过官司;等等。其中,武松、宋江还不只是吃了一场官司。武松替兄报仇吃了一场,被张都监陷害又吃了一场;宋江也一样,因在郓城"杀惜"吃了一场,在江州题反诗又吃了一场。

材料2 宋江、吴用曾力劝卢俊义上山入伙,卢俊义不从。"卢某一身无罪,薄有家私;生为大宋人,死为大宋鬼!若不提起'忠义'两字,今日还胡乱饮此一杯;若是说起'忠义'来时,卢某头颈热血可以便溅此处!"何等坚决! 但是摊上官司以后,他立马上山。

材料3 在卢俊义的官司中有这样的描写:"李固上下都使了钱。张孔目厅上禀说道:'这个顽皮赖骨,不打如何肯招!'梁中书道:'说的是。'喝叫一声:'打!'左右公人,把卢俊义捆翻在地,不由分说,打的皮开肉绽,鲜血迸流,昏晕去了三四次。"。

材料4 郓哥对武大郎的告诫也一语中的:"那西门庆须了得! 打你这般二十来个,若捉他的不着,乾吃他一顿拳头。他又有钱有势,反告了一纸状子,你便用吃他一场官司,又没人做主,乾结果了你!"

阅读以上材料,回答下列问题:

1. 从各位英雄摊上官司后被逼上梁山的过程可以看出他们在纠纷解决的方式上发生哪些变化? 这种变化后的纠纷解决方式,从刑法学的角度可称为什么? 从政治学的角度可称为什么?

2. 英雄们摊上官司被逼上梁山的根本动因是什么？这说明司法具有什么样的特征？

3. 从英雄们摊上官司被逼上梁山的故事可以看出守法和什么因素有关？

4. 从"水浒之中官司多"的历史故事中，当下中国司法应该吸取什么样的经验教训？

【解析】 这是一个典型的故事并联型的材料分析题。该题将《水浒传》中多位英雄摊上官司败诉后被逼上梁山的故事并联在一起作为供分析的材料。这是一个典型的古题新作的范例。众位英雄之前都摊上过官司，并且在官司中都败诉了，最后被逼走上反抗朝廷的道路。在纠纷解决方式上，这一过程实际上是一个由公力救济（司法）向私力救济（复仇）转变的过程。这种私力救济在刑法上被称为"犯罪"。按照马克思主义的观点，犯罪是"孤立的个人反对统治关系的斗争"。如果是由一个足够大的群体发动、以推翻腐朽的专制统治为政治目标的"犯罪"，那么在政治上就可以被称为"革命"。英雄们是因为在公力救济中败诉后才走上反叛道路的，这说明司法具有终极性的特征。司法是继当事人和解、第三人调解、行政机关处理之后的解决社会纠纷、恢复社会正义的最后一道合法性的渠道。如果连司法都发挥不了上述功能，受害者就没有其他的合法维权之路可走了。因此，在司法正常功能缺失的情况下，通过"以暴制暴"的私力救济方式维护自己的利益、发泄自己的怨恨往往是不可避免的。在水浒故事中导致正义一方屡屡败诉的根本原因是司法腐败，这一点在材料中已经清晰地展现出来了。可以这样说，是司法腐败导致英雄走上反叛的道路，这说明守法状况与各该国或时代的政治状况有关。"水浒之中官司多"的故事告诉我们，在全面推进依法治国的今天，一定要把司法工作抓好，建设一支德才兼备的政法队伍是重中之重的工作。努力推进司法体制改革，清除司法腐败，提高司法化解纠纷的能力，提高司法的公信力，最大限度地实现司法公正。这是保持中国社会长治久安的关键所在。

第十二章
Chapter 12

法律程序

章前提示

法律程序贯穿于法律运行的全过程。法律的立改废释、法律的执行和适用都必须遵循法定的、正当的程序。本章在对法律程序的概念、要点及发挥作用的方式作一般分析的基础上,重点讨论在现代法治社会中,正当程序所需的功能要件及其所具有的工具性价值和内在独立价值,并深入分析程序正义的地位和意义。

原理阐释

一、法律程序的基本概念

程序的概念具有多重性,主要是指事务展开运行的操作规程、展开过程和先后顺序等内容。法律程序是为作出法律决定而预设的过程、方式和相关关系的系统,构成法律存在的形态和基础,不仅存在于私法和公法领域,而且贯穿于法律的制定、实施和实现过程。法律程序概念具有如下内涵:

第一,法律程序具有法律上的意义。这个内涵的关键在于"法律",强调法律程序区别于其他领域的环节和过程,具有法律自身的特点,比如确定性、稳定性和普遍约束力等。

第二,法律程序旨在作出法律决定。这个内涵的重心在于"法律决定",因为程序运行的目的和功能在于形成某种具有法律意义的决定,但是这并不意味着最后的决定结果会决定程序,而是程序运行会自然朝向某种决定。

第三,法律程序是通过不同法律主体的互动而形成的。这个内涵的关键在于法律程序的对象和参与者。在单个法律主体的情况下,其实无所谓程序,正是因为复数参与主体的存在,才需要法律程序调整人们之间的关系;法律程序就是为了调整复数主体之间的互动关系。

第四,法律程序是在法定时间和空间中展开的。这个内涵强调法律程序所处的时空条件。其中,时间要素包括程序的时序和时限,前者是行为的先后顺序,如在诉讼程序中,立案、审判、宣判、执行存在时间上的先后顺序,不能顺序颠倒;后者是行为所占时间的长短,如法律规定的诉讼时效、上诉期限等。空间因素包括空间关系和行为方式,前者是法律程序所处的空间样态,如诉讼程序要求的法庭空间,线上诉讼的出现则是法律程序空间因素变迁的结果;行为方式主要是法律程序主体的行为空间要求,如审判公开等程序要求。

第五,法律程序具有形式性和相对独立性。这个内涵强调法律程序的外在表现形态。其中,形式性主要强调法律程序的非人格化,不会因人设事,能够帮助人们建立对法律和社会生活的预期。相对独立性主要强调程序相对于实体的独立性,法律程序并不是实体结果的附属品,而是有自身的存在价值。

第六,法律程序可以进行价值填充。这个内涵强调法律程序不仅具有形式性,而且具有很强的价值内容,缺乏价值内容的法律程序将会丧失正当性,而正当法律程序就是具有价值内容的法律程序。

二、法律程序的调整方式

法律程序对于法律行为的调整具有自身的独特性,主要体现在如下五个方面:

第一,程序中的不同角色分工主要是对程序角色的分配,他们各有自身的功能,相互之间既分工配合又相互制约,推动程序不断展开和运行。例如,刑事诉讼程序中有法官、检察官和律师不同角色分工,检察官承担公诉的角色,律师承担辩护的角色,法官承担居中裁判的角色,这些角色都是法律程序对参与主体的调整方式。

第二,法律程序的抑制主要是对行为随意性的约束和控制。法律程序将人们的行为纳入系列规程中进行调整,防止和抑制参与主体行为的随意性。例如,审判中的合议程序就是在限制法官审判的随意性。

第三,法律程序的导向主要是在空间和时间上对参与主体的行为的推动、展开和延续。例如,法律程序会在不同的时间节点上设置要求,要求参与主体在不同的节点推动整个行为的展开。又如,法律程序会设置不同的审限要求、不同的诉讼时效要求等。同时,法律程序也会规定相应的地点和行为要求,促使参与主体在不同的空间上参与相应的行为,比如法院的庭审设置等。

第四,法律程序的缓解主要体现在对参与主体的心理状态的约束和调整。一方面,程序引导当事人的行为,避免产生激烈的外部对抗和冲突,将争夺的解决方式从野蛮和无序的状态引入有秩序的法律框架内。另一方面,通过法律程序形成相对隔离的法律空间,将复杂的社会关系简化为相对简约、程式化的法律关系,排斥和隔离一些无关的因素。

第五,法律程序的感染主要是通过其辐射功能影响人们的行为方式。法律程序的仪式性、象征性、神圣性能够感染人的心态和情绪,引导主体产生心理上有意识或无意识的服从,遵循相应的行为模式。例如,宪法宣誓程序引导人们内心对宪法的认同,诉讼中的回避程序使得当事人对判决结果产生信心,能够提升司法公信力。

三、正当法律程序

正当法律程序的关键在于"正当"对法律程序的价值填充,因为并不是所有的法律程序都具有价值上的正当性,现代意义上的法律程序是一种有价值倾向的程序,也就是正当法律程序。正当法律程序有别于古代的法律程序和现实生活中的非正当程序。

现代意义上的正当法律程序起源于1215年的英国《大宪章》,它的思想渊源和英国古老的自然正义有密切关系,这种自然正义观念中就包含有正当法律程序的雏形,比如"每个人不能做自己事务的法官",又如"任何一方的讼词都要被听取",这类似于中国的"兼听则明"。1354年,英国正式出现现代意义上的正当程序条款。之后,该条款经过不断确认,成为英国宪制的基础。随着时间的推移,正当程序逐步成为世界各个国家和地区的宪法条款。围绕正当程序,也发展出了多种正当程序理论,最为典型的有美国的"实体性正当程序"理论和"程序性正当程序"理论。我国在引入和发展正当法律程序的同时,也逐步将正当程序视为人治与法治的试金石以及中国走向法治现代化不可或缺的元素之一。

由于并不是所有的法律程序都具有价值上的正当性,因此正当法律程序需要符合基本的构成要件。根据类型化的分类,这些基本构成要件大体上可以分为三个类型,具体包括以下八个方面:

第一,正当法律程序应具有分化性。正当法律程序通过分散决定权来限制权力的任意行使,而决定权的分散通过程序的功能分化和角色分派得以实现,每一个环节、每一个角色都有独特的价值和特定目的,从而限制权力恣意的空间。这种程序的分化主要体现在两个方面:一是程序的阶段性分化,主要体现在时间维度的功能分化和角色分派上,如立法程序中的提出议案、审议议案、表决议案和公布法律等环节,刑事诉讼中的侦查、检控、审判和执行等环节。二是程序的结构性分化,主要体现在空间维度的功能分化和角色分派上,如审判程序中法官、原告、被告、公诉人、辩护人和代理人等主体的各司其职以及相互配合和相互制约。

第二,正当法律程序应设置对立面。程序本身就蕴含对利益纠纷的解决,利益诉求不同就会有不同的意见和要求,为了获得一个正当结果,需要让参与各方都有主张自己的诉求的机会。这样,程序就需要设置不同的对立面,形成利益对立或竞争的主体之间进行制度性交涉的装置。这种对立并非必然是对抗,而是追求一种获得协商的制度空间。例如,在诉讼程序中,原、被告之间的地位平等,就是给予双方进行交流的空间。

第三,正当法律程序应具有及时性和终结性。正当法律程序的及时性意味着程序在时序和时限上有统一、明确、规范的标准,是被限定的、有效的、可被合理预期的,而不是任意的、偶然的和过于懈怠的。在成本或时间的意义上,程序并不是一个没有终点的环节,可以无限延展下去,这对于获得最终的结果并无意义,而且程序的延展都需要时间和成本的支付,因此程序应有终结性。

第四,正当法律程序应具有中立性。中立性是正当法律程序的核心要素。这种中立性要求法律程序必须具有预设性,任何进入程序的人或事都面临着已经预先设置好的环节,反对程序因人因事而设。这种中立性也要求程序设置要在冲突各方所秉持的利益或价值之间做到不偏不倚,保证各方都能获得平等对待,确保最后的结果都是遵守程序所致,而不是任何一方的强势力量所致。

第五,正当法律程序应具有公开的特质。公开作为正当法律程序的运作方式,一方面,这意味着法律程序的结果和过程及其理由都应公开,程序本身和程序中承载的信息和资讯也应公开。另一方面,这种公开并不是绝对的,有些程序需要处于保密或秘密进行的状态,但是这种公开的例外需要充分的理由证成。

第六,正当法律程序要求当事人自由平等且实质性参与。当事人在法律程序中的参与程度是正当法律程序的必备条件。首先,自由参与不仅意味着参与的自愿,也意味着参与过程中的异议、反对和批评。其次,平等参与意味着程序参与者在程序中的地位是平等的,拥有平等的机会;平等参与还意味着参与是公平的,并且这种公平更多是在实质意义上的平等,比如为少数派、弱者或处于不利地位的人提供特别的程序设置。最后,实质性参与意味着程序中的参与必须具有制度保障。

第七,正当法律程序要求参与者能够理性对话和交涉。法律程序主体的参与就是通过理性对话和交涉进行的。对话是参与程序的不同主体间为达成理性的合意围绕争论点而展开的意见交涉。通过对话,参与者不仅要设法说服对方,还要在对方的观点主张下反思和整理自己的观点,并就自己的观点向对方进行理性说明。通过法律程序中的对话、交涉和理性反思、妥协,合意得以达成,法律决策的实体性内容得以形成并获得正当性。

第八,信息充分和对等是参与有效进行的重要前提之一。正当法律程序要保证信息、资讯或证据在程序参与者之间平等和充分地分享、传输和流动。因为参与程序进行协商和交涉的基础就是获得充分信息,没有信息的充分和对等,就无法保证程序的正当进行,并会削弱最终结果的权威性。

四、正当法律程序的价值

正当法律程序的价值有两个方面:工具性价值和内在性价值。前者往往是指正当法律程序有助于实现其他有价值的结果而具有的价值,如为了更好地形成一项表达民意的立法或者达到一个具有正义结果的法律程序。这种工具性价值还可以细分为功利性价值和道义性价值。后者是指正当法律程序无须诉诸结果、无须经过结果证明而独立存在的本体价值。正当法律程序的价值可以从如下几个方面进行理解:

第一,正当法律程序是权利平等的前提。同样的情形获得同样的处理是现代法治的基本原则,但是个人的权利都是通过抽象的规则加以规定的,那么每个人的权利都需要有一个平等实现的机制。正当法律程序就是确保个人权利平等实现的前提和基本机制,保障权利的实现不是一个任意的过程。

第二,正当法律程序是权力约束的机制。公权力机关是实施法律的重要主体,但是其实施过程也很容易侵害公民权利,没有约束的公权力机关会产生严重的危害。正当法律程序就是一种约束机制,能够将公权力的运行限定在特定的框架内,确保公权力对法律的实施和对公民权利的保障不会走向一种恣意。

第三,正当法律程序是解决纠纷效率的保证。正当法律程序对于解决纠纷效率的意义在于它是一种程式化的途径。这种程式化的途径,一方面能够发挥一种筛选的作用,将一些无用的信息和行为排除在外,节省了时间。另一方面能够发挥一种同样的事情同样处理的效应,稳定了人们的预期,也提高了解决纠纷的效率。

第四,正当法律程序是权利实现的手段。相对于实体性的权利,法律程序是权利义务实现的合法方式或必要条件,通过程式化的途径让人们能够平等地实现自身的权利,也能够防止公权力在实施法律中的滥权。

第五,正当法律程序促进公民行为理性化。正当法律程序的程式化给予人们在规划行为上的预期,培养人们学会在一种程序的意义上安排生活,形成一种良好的程序意识。

五、程 序 正 义

程序正义是正义理论中的重要类型,经历了一个历史发展的过程。在相当长的时间内,关于正义的讨论基本上在实体或实质的层面上展开。尽管英国自13世纪起就已经萌发出程序中心主义的观念和制度,但对程序正义的法哲学讨论则是20世纪60年代的事情了。美国罗尔斯的正义理论就是以程序倾向为特色,并将程序正义作为与实体正义相对应的独立范畴进行类型分析。罗尔斯区分了三种不同的程序正义形式:(1)纯粹的程序正义,认为不存在结果正当与否的标准,一切取决于程序要件的满足,只要游戏规则不偏不倚地被严格遵守,那么结果就被认为是正义的,典型的例子就是赌博。(2)完全的程序正义,主张既存在关于结果正当的独立标准,也存在预设的程序正当规则,这样的话程序总是会导致正当的结果,比如著名的分蛋糕例子,在结果上蛋糕要被等分,在程序上要求切蛋糕者必须是最后领取自己应得的那份。(3)不完全的程序正义,认为存在关于结果是否正义的标准,但是无论程序要件如何完备都不必然导致正当的结果,如刑事审判程序。此外,罗尔斯的正义理论中的正义第二原则具有很强的程序基础。

除此之外,萨摩斯发展出一种程序价值理论,开创性地提出和论证了程序的独立价值标准问题。马肖提出了尊严价值理论,揭示了程序正义的真正价值基础,即对程序参加者的人格尊严和道德地位的尊重使得程序正义摆脱了实体或结果的附庸地位而具有了终极性价值和意义。贝勒斯发展出了一种综合性程序价值理论,对程序正义价值的性质、独立性、标准、理论基础和适用范围及界线等重大课题进行了整体性研究。

与实体正义相对的程序正义有其独立价值,主要意涵体现在如下几个方面:第一,程序正义意味着程序自身是一种具有独立价值的实体,具有独立的作为目的的内在价值。第二,实体正义不仅需要依赖程序正义的实现,还应借助程序正义获得证成。第三,程序正义自身的内在价值标准包括参与、公开、中立、平等等,但其终极意义的价值基础在于对人的尊严和道德主体地位的尊重。第四,程序正义与实体正义在很多情况下是可以和谐一致的,但也存在发生矛盾和冲突的地方,这也构成了法治实践和理论的重大课题。

程序正义在法治系统中的地位和功能具体体现在两个方面:第一,程序正义在很多方面体现着法治的价值,应该被赋予更多的关注和强调。针对我国传统的"重实体轻程序"的观念,更需要强调程序正义的重要性。第二,实体正义应在程序正义的框架下操作,且应经程序正义过程的过滤和补救。第三,人的主体性和尊严是实体正义与程序正义之上的终极价值。

阅读材料

抽签制:何种情况才是适当选择[①]

在生活中,每个人都会遇到各种各样的选择,而选择的背后往往涉及各种利益、价值或立场的权衡。在对各种关系权衡后依然难以抉择时,抽签可能是最后不得已的一种手段。这种诉诸运气或概率的做法,可能让我们对决定有了一种"上天注定"的理由,但无论结果如何都要自己承担抽签带来的后果。那么,抽签方式能不能扩展到两个人以上的群体或公共利益的分配上呢?或者说,我们能

---

① 参见侯学宾:《抽签制:何种情况才是适当选择》,载《检察日报》2019年10月23日第7版。少量内容有调整。

不能将抽签作为一种法定的权利义务分配或实施制度？也许听起来很不可思议，但也确实有一定道理。

选择本身就意味着有一个标准存在，而抽签制度却抽掉了所有的实质性判断标准，将结果的决定因素交给运气或概率。社会实践和法律制度上就有类似的做法，比如关于子女的姓名登记问题。

随着社会的发展和文化观念的开放，子女随父姓已不再是一个自然而然的事情，随母姓也成为很多人的选择，而且法律赋予了子女可以随父姓也可以随母姓的权利。但正是因为这种选择，也让纠纷出现了。当父母双方都希望子女随自己姓却又协商无果的时候，事情应该怎么解决？我国台湾地区的民事法律给出了一个解决机制，就是我们所说的抽签制度。父母在子女出生登记前，应书面约定子女从父姓或母姓。没有约定或者约定不成者，需要在户政登记部门抽签决定。尽管类似的抽签机制在我们的生活并不少见，但是我们可以看到，并不是所有的情况都可以适用抽签机制，这种机制适用本身也有一定的条件和限度。

抽签适用的一种常见的情形在于，需要权衡的两方或多方难以决出上下，处于同等重要的地位，任何实质性标准都可能导致不公平的结果。在生活中，我们经常会采用各种标准来决定资源的分配或政策的执行。比如，在高考中追求的是一种才能标准或分数标准，分数高的人会进入更好的学校；在市场交易中，我们追求的是一种效益最大化标准，往往是价高者得之。但是，很多情形下，我们很难用一个实质性标准决定某种选择。比如，在子女姓名从父姓或母姓的选择中，我们很难从父姓和从母姓两方中判定哪一个更值得选择。如果我们认为从父姓的文化传统更值得追求，那么男女平等的价值为何就不值得追求呢？因此在很多时候，同等价值之间的权衡需要一种技术性解决方式，那么抽签就是一种适当的选择。

有些时候，抽签适用的情况蕴含着一种保护弱势群体的价值倾向。在市场竞争中，价高者得是一种常态，但是这种方式却将弱势群体排除在交易之外，这种情况的逐步累积会导致严重的贫富分化。缓解这种结果的一种方式就是抽签制度。比如在购房中，我们经常会看到购买者需要通过摇号（抽签）才能获得购买的资格，而不是通常的价高者得的方式。抽签方式将所有符合资格的购买者置于同等地位，将最终的决定交给运气，削弱了价更高者的购买机会，也提升了价低者的购买机会，呈现一种另类的追求平等的方式。

抽签作为一种决定机制的适用范围比较有限，因为这是一种非常态决定机制,滥用抽签机制也会导致严重的后果。比如,依赖才能的公共职务遴选决定就不能适用抽签机制,明朝时的内阁宰辅因党争只能通过抽签决定,带来了严重的后果。在生活实践中,无条件地将抽签适用于很多选择场合将会导致看似公平的不负责任。

经典案例

<h3 style="text-align:center">一枚铜钱丢乌纱①</h3>

清代康熙年间,北京城里延寿寺街上廉记书铺的店堂里,一个书生模样的青年站在离账台不远的书架边看书。这时,账台前一位少年购买一本《吕氏春秋》正在付书款,有一枚铜钱掉地滚到这个青年的脚边。青年斜睨眼睛扫了一下周围,就挪动右脚把铜钱踏在脚底。不一会儿,那少年付完钱离开店堂,这个青年就俯下身去拾起脚底下的这枚铜钱。

凑巧这个青年踏钱、取钱的一幕被店堂里边坐在凳上的一位老翁看见了。他见此情景,盯着这个青年看了很久,然后站起身来,走到青年面前,同青年攀谈,知道了他叫范晓杰,还了解了他的家庭情况。原来,范晓杰的父亲在国子监任助教,他跟随父亲到了北京,在国子监读书已经多年。范晓杰今天偶尔走过延寿寺街,见廉记书铺的书价比别的书店低廉,所以进来看看。老翁冷冷地一笑就告辞离开了。

后来,范晓杰以监生的身份进入誊录馆工作。不久,他到吏部应考合格,被选派到江苏常熟县任县尉官职。范晓杰高兴极了,便水陆兼程南下上任。到南京的第二天,他先去常熟县的上级衙门江宁府投帖报到,请求谒见上司。当时江苏巡抚大人汤斌就在江宁府衙。他收了范晓杰的名帖,没有接见,范晓杰只得回驿馆住下。范晓杰过一天又去,还是得不到接见。这样一连10天。

第11天,范晓杰耐着性子又去谒见。威严的府衙护卫官向他传达巡抚大人的命令:

"范晓杰不必去常熟县上任了。你的名字已经写进被弹劾的奏章,革职了。"

"大人弹劾我犯了什么罪?"范晓杰莫名其妙,便迫不及待地问。

"贪钱!"护卫官从容地回答。

---

① 参见陈征依:《一枚铜钱丢乌纱》,载《文史月刊》2014年第4期。

"啊?"范晓杰大吃一惊,自忖:我还没有到任,怎么会有贪污的赃证?一定是巡抚大人弄错了。于是,他急忙请求当面向巡抚大人陈述澄清事实。

护卫官进去禀报后,又出来传达巡抚大人的话:"范晓杰,你不记得延寿寺街上廉记书铺中的事了吗?你当秀才的时候尚且爱一枚铜钱如命,今天侥幸当上了地方官,以后能不绞尽脑汁贪污而成为一名戴乌纱帽的强盗吗?请你马上解下官印离开这里,不要使百姓受苦了。"

范晓杰这才想起,以前在廉记书铺里遇到的老翁原来就是正在私巡察访的巡抚大人汤斌。

【说明】 这个故事所引出来的道德判断在逻辑上应该可以被接受,但这个故事如果用现代法治视角来考察,便会有些处理不了的麻烦。假设这个青年在书店踏钱、取钱的一幕是真实的,那么巡抚大人作出的这种决定是可以接受的。但是,麻烦的是,如何证明该青年曾经有过这样的举动?有人说,巡抚大人看到了。但是,巡抚大人看到了只能说服巡抚本人,不能说服别人。当时没有其他证人,那个时代又没有录音录像技术,在本人拒不承认的情况下,如何证明巡抚的说法是真实的呢?诚然,司法裁判中需要法官的自由心证,但这种心证是建立在一定客观证据之上的,而不是法官意志无条件地自由发挥。如果把上述昧取一枚铜钱而被罢职故事视为巡抚所要裁决的一个案件的话,那么,若想要这个结果成立,巡抚就不能做裁判者,而只能做证人。该案件只能交给另一名官员来审理,这名官员可以通过巡抚提供的信息进行裁判。这样才有可能通过证明的方式说服该青年或者其他人。正因为司法的结论需要说服别人,所以它的裁判才需要客观化的证据和法定化的程序。司法的正义不是一般的正义,而是能够用证据证明以及能够用规则推导出来的正义,不能用证据证明以及不能用规则推导出来的正义,哪怕事实上是"正义",也不是司法的"正义"。所以,司法正义不是不折不扣的实质正义、事实正义,而是程序上的正义、看得见的正义、规定性的正义、有限的正义、法律之内的正义、能够说服别人的正义。

金句法谚

1. 使诉讼和法律获得生命的应该是同一种精神,因为诉讼只不过是法律的生命形式,因而也是法律的内部生命的表现。

——〔德〕卡尔·马克思

2. 正义不仅要实现,而且要以看得见的方式实现。

——法谚

3. 迟来的正义非正义。

——法谚

4. 程序占据了法律的中心地位。

——〔美〕迈克尔·D.贝勒斯

5. 任何一方的诉词都要被听取。

——《牛津法律大词典》

习题精选

　　2000年年初,各自丧偶的刘某铭(男)和孟某斐(女)经人介绍相识,当时刘某铭63岁,比孟某斐大12岁。同年9月,两人登记结婚,孟某斐搬到了刘某铭的家中居住。婚后,两人的感情融洽,相敬如宾。刘某铭与前妻没有生育子女,只有一养子叫谢某,是前妻妹妹的儿子。谢某接班了刘某铭在学校的工作,但从没和他们一起生活并照顾过他们。从2010年起,刘某铭的心脏病愈发严重,孟某斐对他照顾得更加精心,无微不至。

　　2015年9月7日,刘某铭病逝,孟某斐万分悲痛。这时,刘某铭前妻的亲属和养子谢某赶来奔丧。9月14日出殡当日,刘某铭原单位的领导当众宣读了刘某铭留下的一份"诗歌遗嘱":杏坛从教数十年,含悲蘸泪立遗言;莫叹我先驾鹤去,撇下贤妻实堪怜;自与孟氏良缘结,照顾体贴倍周全;相依为命情义笃,千言万语说不完;晚年生活有难处,还请组织多帮忙;继子学校能安排,我的心中免挂牵;儿女回家常看看,善待老人理所当然;房屋自当归妻住,谁想占用都无权;一生清贫少积蓄,省俭攒点过河钱;此款归妻去支配,留给贤妻度余年;儿女不要争遗产,谁也无须道短长;不盼子女多孝敬,唯求不把麻烦添;骨灰撒到湘江上,常伴家乡碧水眠;此事仰仗生前友,含笑九泉也心甜。

　　对于遗产问题,孟某斐和谢某对于"遗嘱"中的房屋处置问题产生了争议,各不相让。在调解无果的情况下,2015年9月26日,双方对簿公堂,某某市某某区法院受理此案。该案经过新闻报道后,在社会上引起广泛讨论和关注。有人主张养子谢某根本没有尽到照顾和赡养义务,没有资格继承财产;有的人主张应当严格依照法律判决,是否履行赡养义务并不是继承的前提;也有人认为,刘某铭的遗嘱已经完全排除了养子谢某的继承资格;还有人认为,养子谢某就是狼子野心,为了抢夺遗产不择手段。各方的主张引起强大的社会舆论,都试图影响法院的判决,使得受理此案的某某区法院处于舆论的旋涡中。

2015年10月21日,该区法院开庭审理此案,依法公开审判,依照诉讼程序进行审理。在审理过程中,原、被告双方对于法律适用进行了法庭辩论。最后,法院认为,"诗歌遗嘱"中"房屋自当归妻住,谁想占用都无权"的"住"字,根据词典和专业知识,应当被解释为"居留、居住"或者民法上的"居住权或使用权",而不是所有权。因此,法院判定孟某斐败诉。孟某斐不服判决,提出上诉,某某市中院审理后认为,"诗歌遗嘱"中的"住"字,不应当只是根据该字的含义,而是要根据遗嘱的上下文理解,更要探究被继承人立遗嘱的目的是什么,不能拘泥于字面含义,也不能断章取义。因此,这里的"住"字应当是"所有权"的意思。最后,某某市中院推翻一审判决,判决孟某斐胜诉。

此案发生后,有专家向全国人大常委会提出立法建议,认为应当修改《继承法》,规定遗嘱的标准形式,避免出现继承争议。全国人大常委会经过会议讨论后向全社会征求意见,社会各方面的意见不一,争议很大。最后,全国人大常委会认为该项修法建议还不成熟,也缺乏可操作性,没有进行立法修改。

请依据上述材料,回答以下问题:

1. 某某区法院的审理工作体现了哪些司法原则?请结合材料进行具体的分析论述。
2. 一审法院运用了何种解释方法?请结合材料进行具体分析。
3. 二审法院运用了何种解释方法?请结合材料进行具体分析。
4. 该案审理过程体现了正当法律程序的哪些基本要件?
5. 材料中的立法过程体现了何种法律原则?请结合材料进行具体论述。

【解析】 问题1:人民法院的审理工作体现了司法权依法独立行使原则,在审判过程中,法院不应受任何直接或间接不当影响、怂恿、压力和威胁,本案中法院不受社会舆论的影响,独立行使职权就是该原则的体现。人民法院的审理工作体现了司法公正原则,司法公正包括实体公正和程序公正,前者是司法裁判结果的公正,后者是当事人在司法过程中受到公平对待,通过审级程序获得救济。

问题2:一审法院运用了文义解释的方法,即根据语法规则对法律条文的含义进行分析,说明其内容的解释方法。

问题3:二审法院运用了结构解释的方法,即运用形式逻辑的方式分析法律规范的结构、内容、适用范围和所用概念之间的关系,以保持法律内部统一的解释方法。

问题4:在该案审理中,体现了正当法律程序基本要件中的:第一,程序的分化,有专门的审判程序解决纠纷;第二,对立面的设置,审判中的法官、原告、被告等各司其职,相互牵制;第三,程序中立,原、被告根据预设的程序进行诉讼,程序的设置在冲突各方中保持不偏不倚,居中裁判;第四,公开,材料中明确提出审判公开进行;第五,及时性和终结性,程序在时序和时限上有统一明确和规范的标准。

问题5:立法过程体现了立法民主原则,通过开门立法、征求民众意见的方式,让立法草案更能凝聚民意,体现人民意志。

第十三章
Chapter 13

法律方法

章前提示

法律方法是法律工作者独特的思维方法,伴随着法律职业作为一种社会分工的出现而出现,具有很强的专业性。法律发现、法律解释、法律推理、法律论证、司法数据处理等法律思维方式,构成法律方法的核心内容。法治原则要求在法律渊源内从整体上发现法律。法律解释不仅需要符合解释的一般规则,更是由国家政治制度、司法制度所决定并受其制约。法律推理作为一种实践推理,既要符合一般的形式逻辑推理规则,又要具有自己的实践特性。法律论证的目的是说服当事人、同行专家和社会公众,从而使法律以及法律决定符合法律制度的根本目的,即形成一个以"说理"为基础的和谐社会。司法数据处理是信息化时代的新型法律方法,这种方法的特点在于把信息技术作为重要辅助手段,充分利用云计算、大数据、互联网、人工智能提供的客观资料、演算和定量分析,增强司法的确定性,但是又不致沦陷于"数据拜物教"之中。

原理阐释

一、法律方法的基本概念

法律方法是法律职业人认识、判断、处理和解决问题的专门办法。在法理学研究领域中,法律方法的研究一直是重点之一。世界上两大法系的区别在很大程度上和法律方法的差异具有密切关系。比如在英美法系,一项制定法为它规定范围内的各种案件提供了一个规则,但并没有给法律推理提供一个基础,这方面还要依靠法院的判例;在大陆法系,法官从立法机关的制定法出发进行推理和类推。相应地,在英美法系,法律推理中的归纳推理占据主流;在大陆法系,演绎推理在法律推理中占据主流。

在西方法理学中,法律方法和法学方法很多时候具有大体相同的含义,只是在不同的法系中有不同的称谓。英美法系更多地使用"法律方法",而大陆法系更多地使用"法学方法",如拉伦茨的著作《法学方法论》。在我国,法律方法更多地指向法律实践中的方法,而法学方法更多地指向法学研究中的方法,如语义分析方法、阶级分析方法等。

在我国,法律方法的实践和研究同样占据重要的地位。我国对法律方法的界定更为宽泛,即法律职业人为了寻求法律问题的正确答案而使用的专门方法,不仅仅体现在法律适用领域,还体现在立法、执法等法律领域。因此,法律方法大体上可以区分为三个层次:第一,法律方法包括法律思维方式或法律思维原则,它们构成统帅所有法律方法的总原则或总方法。第二,法律方法体现为基本的法律方法,比如法律推理、法律解释、漏洞填补和价值衡量等方法。第三,法律方法还包括和体现为具体的法律方法,比如法律解释中的文义解释和目的解释,漏洞填补中的类推等方法。

二、法律方法的基本特征

和其他方法相比,法律方法具有三个方面的基本特征:

第一,法律方法是法律人思考和解决问题的职业性和专业性方法。面对社会问题,不同的学科有不同的观察和解决问题的方法,观察和解决问题的法律方法需要依赖法律角色参照系。法科学生只有学会这种专业性观察和解决问题的法律方法,才能算一个合格的法科人才。法律角色参照系是作为一个法律人在其所处的位置上对外观察和处理问题的方法、观点以及独特的推理、论证模式,主要包括如下三个主要方面:首先,每个参照系内部都有许多概念,这些概念构成法律知识的支撑点,是法律推理和论证的要素。法律角色参照系中的概念包括权利、义务、责任、违法、效力等,构成观察和解决社会问题的重要工具。其次,法律角色参照系在观察问题的范围上具有自身的取向,指引人们把注意力集中在某一事物的某一方面,而不是关注事物的其他方面。例如,在街上看到狗咬小孩,法律人更为关注的是狗是否为流浪狗,狗的主人是否尽到管理义务,小孩的监护人是否尽到监管义务等,而这个狗的颜色、价格可能并不是关注的重点。最后,法律角色参照系规定了人们的推理和论证方法。比如,医生在工作中对于进医院看病的人更多采取一种"有病推定"的方式,而法律职业人在对待当事人的时候更多地采取一种"无罪推定"的思维。

第二,法律方法是根据法律理念、法律原则和法律规则思考和解决问题的方法。法律是法律人判决是非和解决问题的标准,因此法律是法律职业人行动的标杆。但是,法律并不是一堆由各种条文堆砌起来的知识,更是一种建立在专门技术和信念基础上的思想方式。

第三,法律方法以司法实践问题为导向。法律方法属于实践方法的范畴。首先,法律方法的目的指向是一种实践指向,即如何有效地解决人们在实际生活中面临的法律问题。其次,法律方法的运用主体是法律实践的主体,也就是从事立法、执法、司法和法律服务等实务工作的法律职业人。最后,法律方法的评价标准是实践标准。法律方法及其运用是否科学、适当取决于它是否能有效地解决现实生活中发生的各种法律问题。

法律方法是法律人专有的工作和思维方法,但是,一方面,这并不意味着其他人就不能或不需要从法律角度分析问题;另一方面,这也不意味着现实中的法律职业人就不需要寻求法律体制外的"非法律"力量解决问题。

三、法律发现

法律发现是指法律人针对具体问题或者案件寻找和确定所要适用的法律规定的过程或者方法。

(一) 法律发现的概念

法律发现概念与以下三个概念之间具有密切联系。

第一,法律创制与法律发现。在法律产生的意义上,人们提出了法律创制和法律发现概念。前者认为法律是人为创制的,理想的法律体系和制度可以凭借立法者的理性建构和推导出来。后者认为法律早就存在于人类社会生活关系和习惯之中,立法者只需要发现法律,将既存的法律给予整理、记录和表达。这种意义上的法律发现并不是法律方法意义上的法律发现。

第二,法律适用与法律发现。法律适用是将法律规范应用于案件事实的推理过程。在一般情况下,人们认为作为大前提的法律规范是不言而喻的,需要做的是查清案件事实,这样就能顺利地将法律规范适用到具体案件中。后来,人们认为作为大前提的法律规范也需要发现,开始关注和重视法律推理大前提的建构阶段,代表性理论是美国卢埃林的规则怀疑论。法律发现被定义为,在司法过程中,法官在面对具体案件时从各种法律渊源中寻找、选择、确定可以用来裁判具体案件的法律规范。这种意义上的法律发现和本章所讲的法律发现的概念是相一致的。

第三,法律论证与法律发现。这一对概念受到科学哲学的影响,主张法律适用的过程可以细分为两个阶段:一是法律发现,即法官实际上是如何得到一个判决结果的。二是法律论证,即法官是如何公开地证明该判决结果是正当的。

(二)法律发现的特点

第一,法律发现要在法律渊源内进行。法律渊源理论确定法律发现的范围和顺序。法律渊源是法律发现的场所,约束和限制着法律发现的路径。法律渊源在不同法系和国家有不同的范围,有的只限于制定法,有的更为宽泛,除制定法外,还包括习惯和法理。

第二,法律发现不能脱离整体法律秩序。法律发现要在整体法律秩序内进行,因为发现具体案件的裁判规范实际上就是在整个法律秩序内获取答案。法官在法律适用的过程中,必须根据法律规范在法律体系中的地位和相互关系来确定某一条法律规范的内容及其优先性。

(三)法律发现的途径

法律发现的途径有两种:法律识别和法律规范选择。前者是指在发现法律规范时,依据一定的法律观念,对案件中的事实构成进行定性或分类,从而确定应适用哪个法律规范的认识过程。后者是依据一定的规则和案件事实对适用的法律规范进行排序和选择。

法律识别的过程可以分为三个层级:第一,法律意义的识别。在现实生活中,很多事情和纠纷并不一定具有法律意义或者需要通过法律进行解决。因此,法律识别的第一层级就是要求法官查明案件事实是否具有法律意义。比如恋爱关系的分手,只要不涉及财产问题就不会具有法律意义。第二,部门法的识别。在识别案件事实具有法律意义的基础上,进一步分析和判断该案件事实是一种什么性质的法律问题,属于何种部门法调整。例如,一个伤人事件可能涉及民法的侵权问题,也可能涉及刑法的故意伤害。第三,法律关系类型的识别。法官需要遵循各个部门法内部的某种划分标准确定案件事实所属的类型,将其归入特定的法律关系中。例如,民事诉讼领域中的案由制度,就为法官的法律识别提供了有效的规则指引。

法律规范选择也有特定的规则指引,如通常所说的规则优先于原则,上位法优于下位法,特别法优于一般法,新法优于旧法,程序法优于实体法等。

四、法律解释

(一) 法律解释的概念

法律解释是指,通过对法律文本及其部分条文、概念、术语的说明、界定和澄清,揭示法律文本表达的立法者意志和精神,进一步明确法定的权利和义务的法律活动,是立法活动的延续。法律解释主体可以是有权主体,如享有法定解释权的机关,也可以是无权主体,但是其作出的解释没有法律效力。法律解释的对象是法律文本,这个法律文本是包括宪法、法律、法规在内的所有规范性文件。

(二) 法律解释的必要性

法律解释是法律实施的前提,也是法律发展的重要方法。法律解释的必要性主要包括三个方面:第一,法律文本的载体是文字,而文字本身就具有核心含义与模糊地带,核心含义保证了人们之间的沟通,不需要进行解释,而模糊地带则必然需要解释。同时,法律本身具有的稳定性、预期性和涵盖性使得法律概念必然具有适当的抽象性,不可能全部都具有核心含义。这种法律自身的特性使得解释要求必然存在。第二,立法者的有限理性与社会的无限变化也使得法律解释必然存在。社会生活总是在不断变化,而立法者的有限理性要求法律文本具有一定的涵盖性(抽象性)才能适应未来的发展。法律的有效实现是具体适用于个案纠纷,因此需要法官通过解释的方式弥补中间的模糊地带。第三,法律要经过不断的解释才能趋于完善。个案中的解释不仅仅能解决个案的法律适用,也是在不断地积累经验。这种经验的累积会为法律修改提供帮助,从而促进整个法律体系的完善和发展。

(三) 我国法律解释的类型

不同法系对于法律解释的类型有不同的界定,大部分法系都将法律解释界定为司法审判领域由法官进行的活动,解释主体限定在审判机关或法官。但是,我国的法律解释类型在主体上要宽泛得多,大体上可分为三类:

第一,立法解释。立法解释专指国家立法机关对法律所作的解释,主要是全国人大常委会。立法解释适用的情况是,法律的规定需要进一步明确具体含义或法律制定后出现新的情况需要明确适用法律依据的。立法解释的效力等同于法律。根据立法解释的对象的生效时间,可以划分为事前解释和事后解释,一般情况下立法解释属于事后解释。

第二,司法解释。司法解释是指国家最高司法机关在适用法律、法规的过程中对如何具体应用法律、法规的问题所作的解释。我国的最高司法机关包括最高人民法院和最高人民检察院,因此司法解释包括最高人民法院对审判工作中如何具体应用法律的问题所作的审判解释,最高人民检察院对检察工作中如何具体应用法律的问题所作的检察解释,以及最高人民法院和最高人民检察院联合发布的解释。此外,为了更好地实施法律,最高人民法院和最高人民检察院也会联合有关行政部门对法律应用中的共同性问题进行联合解释。

第三,行政解释。在我国,行政解释主要是指国务院及其主管部门对不属于审判和检察工作中的其他法律、法令如何具体应用的问题所作的解释。此外,国家监察委对于监察领域中的法律应用所作的解释属于何种解释还存在争议,这与监察机关的性质有密切关系。

(四) 法律解释的原则

在对法律进行解释的时候,解释主体需要贯彻如下五个基本原则:

第一,合法性原则。合法性原则主要是指法律解释要在权限、程序、内容等方面符合宪法和法律的规定。这种合法性原则与立法、执法、司法中的合法性原则要求基本相似。

第二,合理性原则。合理性原则是指法律解释必须合乎法律、情理、公理和道理,具体体现为先进的社会主义核心价值观、公序良俗、客观规律和社会发展趋势、党和国家的政策。

第三，法制统一原则。法制统一原则是法律面前人人平等的具体体现，对法律的解释要坚持体系化的思维，遵循效力的等级位阶，保持技术和方法的统一。

第四，历史与现实相统一原则。

第五，国内法与国际法相协调原则。

（五）法律解释的方法

法律解释必须遵循一定的方法，才能为法律适用提供前提，也才能有助于解决实践中的法律问题。整体而言，法律解释方法可以分为一般的（常态的）解释方法和特殊的（非常态的）解释方法。

一般的法律解释方法包括文义解释、体系解释、历史解释和目的解释。（1）文义解释在诸多法律解释方法中占据首位，这是学界和实践部门的共识。文义解释主要是澄清和界定法律文本可能存在的含义，构成后续解释的基础和框架。（2）体系解释是运用形式逻辑的方法分析法律规范的结构、内容、适用范围和所释概念之间的关系，从而保持法律内部统一的解释方法。体系解释可以归因于法律自身的体系性，因此解释某个概念的时候要考虑到上下文的语境和整个的法律体系。实践中体系解释的体现形式包括同类解释规则和择其一则排斥其他规则。（3）历史解释是指通过研究立法时的历史背景材料、立法机关审议情况、草案说明以及档案资料，从而说明立法当时立法者准备赋予法律的内容和含义。（4）目的解释是指从法律的客观目的出发对法律所作的说明。目的解释在民法解释领域中被称为"帝王解释方式"，应用非常广泛。这种解释方式追求的不仅包括某个规则的目的，也包括整个法律制度和体系的目的，既有明确规定的目的，也包括隐藏于法律规则背后的目的。

特殊的法律解释方法包括当然解释、扩大解释和限缩解释等。（1）当然解释是指在法律没有明文规定的情况下，根据已有的法律规定，某一个行为合乎逻辑地应该被纳入该规定的适用范围内，从而对适用该规定所作的解释。当然解释通常被描述为"举重明轻"和"举轻明重"，但这种适用通常要根据该规范的目的和逻辑结构进行，并不是所有的情况都能适用当然解释。（2）扩张解释是指当法律条文的字面含义过于狭窄，不足以表现立法意图、体现社会需要时，对法律条文所作的宽于其文字含义的解释。扩张解释通常是为了回应一些社会新情况，但是这种扩张不能超越法律条文和制度的目的。有争议的地方在于，有人认为扩张解释不是一种解释方式,而是一种漏洞填补方式。(3)限缩解释是指在法律条文的字面含义较之于立法意图或社会实际需求明显过宽时,对法律条文所作的窄于其字面含义的解释。限缩解释的运用通常基于以下情形:如果不对法律条文进行限缩,就会导致不公平的后果或者无法实现立法目的。

五、法律推理

法律推理是人们从一个或几个已知的前提(法律事实、法律规范、法律原则、法律概念、判例等法律资料)得出某种法律结论的思维过程。法律推理构成法官审判活动的全部内容。法律推理与纯粹的逻辑推理有相似之处,两者都建立在逻辑的基础上。同时也有不同之处,纯粹的逻辑推理只关注推理形式的准确性和无矛盾性,而法律推理不仅要关注推理的形式,还要关注推理的前提,也就是法律规范和法律事实。这是因为法律推理不只是纯粹逻辑的计算或演绎,而且是一个价值判断的过程。

法律推理主要包括形式推理、辩证推理和权利推理。其中,形式推理包括演绎推理、归纳推理和类比推理三种形式。辩证推理不是从固定的概念或规则出发进行的推理,而是对各种价值、利益、政策进行的综合平衡和选择,属于一种实践推理。

(一)形式推理

形式推理又被称为"分析推理",是运用形式逻辑进行的推理,包括下列三种形式。

演绎推理是指从一般的法律规定到个别的特殊行为的推理,也就是通常所说的三段论推理,主要适用于成文法国家。演绎推理的大前提就是可以适用的法律规范,小前提是经过认定的案件事实,结果体现在具有法律效力的判决或裁定中。在演绎推理中,如果大前提是确定的,小前提也是确定的,那么结论就具有必然性。对于大前提,需要运用法律解释和漏洞填补等法律方法进行确定;对于小前提,需要依据证据法进行确定。

归纳推理是指从特殊到一般的推理,法官在处理案件时,没有合适的法律规范适用,需要从一系列判例中总结出可以适用的规则和原则。归纳推理主要适用于判例法国家,遵循的基本原则是"同案同判"理念。比如在司法实践中,张三的口头不动产转让契约是无效的,李四的口头不动产转让契约是无效的,王五的口头不动产转让契约是无效的,赵六的口头不动产转让契约是无效的……经过诸多案例的累积,法官就会归纳出"口头不动产转让契约是无效的"这样的规则。这种推理就是归纳推理,形成一般性规则后,以后遇到类似的案件就可以运用演绎推理的方式进行解决。

类比推理也是一种形式推理。类比推理是在法律没有明文规定的情况下,比照相应的法律规定加以处理的推理形式。它遵循的是从特殊到特殊的过程。类比推理具有如下特点:第一,类比的关键是寻找两个对象之间的相似性。第二,类比推理的结论需要论证,才能够获得可接受性。第三,类比推理的结论具有或然性。

(二)辩证推理

在面对现实的法律问题时,形式推理并不能解决所有问题。因为形式推理需要有明确的前提,但是很多疑难案件并无明确的法律前提,这时就需要辩证推理才能解决问题。司法过程中的辩证推理一般产生于下列具体情况:

第一,法律没有明文规定,且对如何处理存在两种对立的理由。

第二,法律虽然有规定,但规定过于笼统模糊,需要法官进行判断和选择。

第三,法律规定本身就是矛盾的,存在两种相互对立的法律规定,法官需要从中加以选择。

第四,法律虽然有规定,但是由于新情况的出现,适用一般规定明显不合理。

面对上述情况,法官必须根据一定的价值观和法律信念进行推理,并且往往需要从法理、政策、公共道德、习俗等方面进行综合考虑与平衡,在相互冲突的价值之间确定处于优先地位的价值。

(三)权利推理

权利推理是法律推理的一种特殊形式。因为法律推理是一种创造性的实践活动,这种活动应以保护公民权利为目的,以此为目的的实践推理就是权利推理。

第一,权利推理表现为权利发现或权利体系扩充。法定权利为人们提供了一种特殊的保护,但人们享有的权利并不限于法律明文规定的内容,权利推理就是根据社会经济、政治和文化发展水平,依照法律的精神、法律逻辑和法律经验发现、补充和确认权利。

第二,权利推理表现为自由推定,也就是法不禁止即自由。凡是法律没有禁止的,都是允许的。凡是法律没有禁止的,都是合法的。每个人只要其行为不侵犯别人的自由和公认的公共利益,就有权利(自由)按照自己的意志活动。

第三,权利推理表现为保护社会弱者的原则。对社会弱者可以从宏观层面和微观层面进行理解,前者是指整体的社会弱势群体,后者指的是权利受到侵害的个人。保护社会弱者原则可以体现在立法层面,在法律中对社会弱者的权利进行特殊保护,也可以体现在司法层面,对弱势群体进行个案的特殊保护。

第四,权利推理还指刑事诉讼领域的无罪推定。

六、法律论证

法律论证是指通过提出一定的根据和理由来证明某种立法意见、法律表述、法律陈述、法律决定的正确性和正当性。这种论证不只是要证明自己的主张,更要反驳可能不同的意见。法律论证广泛存在于法律实践中,如立法中的辩论、审判中的双方当事人辩论、法官在判决书中的裁判说理等。一个正确和正当的法律决定、法律陈述必须建立在合乎逻辑的证明过程之上,必须有足够的理由。

法律论证与法律规则、法律陈述、法律决定正确与否的标准问题联系密切,法律论证的方法包括三个问题:

第一,"正确"的标准。在知识论上,陈述或判断的正确与否取决于对客观真理的把握,依赖于人的认识能力。尽管法律制度存在于日常生活中,并不都意味着对真理的把握,但不能因此就不作出决定,因此法律论证的"正确"标准更多依赖于一定范围的共识,这种共识取决于多数人的意见。

第二,达致"正确"的方式。法律论证追求的"正确"并不是单纯的少数服从多数,而是需要一个达成共识的理性机制,这种机制往往取决于是否具有一种理性协商和论辩程序。

第三,达致"正确"需要遵循的论证规则。这些规则可以分为一般性规则和特殊性规则,前者是指各种类型的法律论证都必须遵循的规则,后者则是不同类型的法律论证活动各自应该遵循的规则。法律论证的一般性规则和正当程序的标准有诸多相似之处,具有如下要求:(1)每个论证参与者都拥有平等的发言权;(2)每个人的主张不能自相矛盾,也就是不能"双标";(3)每个人都可以质疑,被质疑的一方需要作出回应;(4)每个人在提出自己的判断时,都需要援引相应的普遍性规范;(5)主张必须以已经生效的法律规则作为依据。特殊性规则取决于法律论证的具体类型,如法庭辩论、司法决定形成和表述、司法决定文字表达的过程中都有各自不同的论证规则。

七、司法数据处理

司法数据处理是信息化时代出现的一种法律方法。法律自身的确定性与自然语言的模糊性构成一种矛盾,人类本身的计算能力和大量数据之间构成一种矛盾,随着现代科学技术的发展,量化计算能力迅速提高,人们可以凭借技术来对法律运行进行体系化和形式化处理,司法数据处理方法逐渐出现。这种司法数据处理方法在本质上并无新意,更多的是技术发展使得很多方法的运用变得具有普遍意义。例如,通过电子数据处理,在立法上可以避免矛盾和重复,可以获得和处理更多信息,使得立法更为科学;在司法上可以建立越来越准确的类型化案例和类型划分,更好地实现同案同判。

在司法数据处理的过程中,我们需要遵循一些基本的原则、规则和方法。

第一,推理有效原则。数据具有客观性,但是根据数据推理出来的一些结论需要依赖两个前提:一个是数据具有真实性,二是使用数据的科学性。为此,推理有效原则要求:(1)保真性,即正确有效地确保从真的前提推出真的结论。(2)必然性,即推理的前提与结论之间存在必然的联系。(3)相关性,即推理的前提和结论之间必须具有意义和内容上的关联。(4)普遍性,即数据处理方法要具有一般性和普遍性。(5)简单性,即数据处理必须容易被理解和掌握。

第二,法官主体原则。人工智能处理司法数据的优点是具有客观性和无情感参与,但这同时也是缺点,因为法律实践的主体是人,所以司法裁判最终还是需要法官作为主体。法官主体原则要求:(1)司法中的数据是过去的经验积累,从过去的数据预测未来需要法官来进行。(2)法官判断数据的完整性。(3)法官确定数据处理的最终结论。(4)在疑难案件中,法官需要有超越数据本身的更多思考。

第三,司法论辩原则。数据处理同样接受论辩,在论辩中达成最后的共识。

第四,数据处理方式只是辅助手段,不能本末倒置,盲目依赖数据技术而忘记法官主体的智慧。

第十三章 法律方法

阅读材料

材料1　自由裁量的法治意蕴[①]

我们经常说法治是规则之治,而法律规则具有一般性、确定性和清晰性等特征。因此,完备的法律体系能够涵盖可能发生的社会事实,执行法律就如同机器人运用简单的三段论,一头输入法条和事实,另一端就能输出判决结果,不需要自由裁量。

很多时候,我们会在潜意识里支持这种机械式的法律适用方式,认为这样才能限制执法、司法人员滥用职权,才能丁是丁卯是卯,才能让法律规则具有权威,所以希望执法或司法就像爬格子一样按图索骥。与此同时,我们也会批评法律适用过于机械和形式主义,不顾及事实的千差万别,导致个案正义往往被忽视。其实,这些不同场合中的不同认识,在一定程度上表明,很多人并没有真正地意识到在法律适用中自由裁量对法治的重要意义。

自由裁量是现代法治与生俱来的特性和组成部分。法律作为一种社会调控方式,本身就在运用"有穷"的规则来调整"无尽"的社会事实。立法者的有限理性不可能面面俱到,面对纷繁复杂的社会,只能让法律规则具有较强的一般性和概括性来涵摄尽可能多的情况。这种一般性和概括性自然就不可避免地为法律执行者留下自由裁量的空间。同时,法律规则要形诸文字,语言本身的特性就像一个圆圈,核心部分比较清晰,越往外越模糊,如同文字词语的阴影地带。法律执行者面对社会现实与法律的对接时,难免会落入阴影地带,也就自然而然地需要自由裁量。法律规则并不是文本上的算术题,从文本到现实的过程必然会需要自由裁量。

自由裁量权只能赋予具有专业知识和职业素养的人。对于任何一个行业或职业,无论是内部的行业规则还是外在的法律规则,执行者在据其解决问题时都需要自由裁量。那么,我们为什么应该将自由裁量的权力赋予规则的执行者?为什么不将这个权力给其他人?我们可以先转化一下视角,如在涉及人命关天的医疗过程中,当医生执行医疗操作规程的过程中遇到需要裁量判断的问题时,我们是否应该将这个权力给予当事人或家属呢?当事人的知情权重要,但是在

[①] 参见侯学宾:《自由裁量的法治意蕴》,载《检察日报》2017年9月13日第7版。少量内容有调整。

治疗过程中的模糊地带,自由裁量的权力还是应该赋予作为专业人员的医生。回到法律领域,我们可能觉得这个问题显得很荒唐,觉得不可能将自由裁量权力赋予规则执行者之外的人,尤其是调整的对象。但是,现实中的舆论审判就在发挥着这种作用——让拥有自由裁量权的专业人士不敢行使这个权力。

自由裁量权并不意味着一种任意和滥用,同样要受到责任制度和职业素养上的限制。在现实生活中,人们有时会将自由裁量和任意的权力滥用画上等号,因为在实践中确实出现很多滥用自由裁量的事例。面对这些问题,一方面,我们需要在赋权的同时建立严格的责任制度,只有权力没有责任,自然会导致权力滥用。但是,只注重责任而忽视赋权,就会导致法律适用的教条主义,损害法治的权威。另一方面,职业素养需要逐步培养,形成共同的法律思维。这无形中也在引导着自由裁量不超过法律职业共同形成的边界,通过相互的竞争与合作,最后实现良币驱逐劣币的效果。

材料2　自由裁量权的正确行使之道①

自由裁量权是指法律适用者在法律规范明示或默示的范围内,基于执法或司法的目的,自由斟酌选择自己认为正确的行为的权力。它的特点在于这一权力在行使前的不确定性。法律设定这一权力时只是给予适用者一个范围,至于如何行使这一权力,则完全由适用者在此范围内自由决定,国家一般不予干涉。显然,法律适用者的主观因素对权力的行使起着重要作用。如果法律适用者在法定范围内行使权力,那么原则上无论最后权力的基点落在何处都是合法的。也就是说,只要在自由裁量权的范围内行使权力,即使事实上有偏差,也只有科学与否的问题,而没有违不违法的问题。因此,从某种程度上说,在自由裁量范围内权力的行使是缺乏制约的,故易产生权力滥用。比如在刑事司法中法定幅度内量刑的轻重不当,又如在行政执法中法定幅度内罚款数额的多少不当等。正是基于此点,从资本主义启蒙时期至今都有严格限制或取消自由裁量权的呼声。那么,自由裁量权是否可以过分限制或取消呢?笔者的回答是否定的。

现实生活中的事物都是具体的、个别的,但由于法律规范自身的局限性,立法者只能针对某一类社会关系进行概括性的调整,因此任何法律规范都是抽象的、一般的、概括性的。比如,刑法中对故意杀人罪的规定就是一个概括性的规

---

① 节选自李拥军:《道法古今——拥军教授随笔集》,知识产权出版社2016年版,第251—255页。少量内容有调整。

范,其立法本意是,在现实生活中以故意的心理态度实施剥夺他人生命的这一类行为均受此规范调整,而现实生活中故意杀人行为远不是条文规定得那么简单,它会因犯罪的目的、动机、手段、对象、犯罪时的环境和条件等等因素的差异而呈现出各种形态,因此我们不能把法律规范与案件事实简单地对号入座。既然法律不能对各种情况一一作出规定,那么在法律适用中国家就必须给予适用法律的人以一定的自由裁量权。如果没有这样的自由裁量权,法律规范就无法适应复杂多变的现实世界。早在19世纪,西方理性主义者就曾乐观地预言人类的司法将进入一个"自动售货机"式的状态,即这边放上诉状和诉讼费,那边判决就出来了。然而这种理想之所以始终没能实现,其原因就在于此。

诚然,在权力的行使过程中,适用法律的人的主观因素必然融入其中,使司法、执法过程渗透着人为的色彩,但能否因这种主观因素的加入就否定自由裁量权存在的合法性呢?答案也是否定的。按照马克思主义的基本原理:物质决定意识,意识又对物质世界有着巨大的反作用。意识是人类所特有的,是对客观世界能动的、创造性的活动。从该种意义上讲,自由裁量权是法律适用者能动性、创造性地运用法律,解决纠纷,弥补法律漏洞,实现法律正义的动力之源。如抛弃这一动力之源,法律功能则无法实现;如过分地削弱这一动力之源,法律适用则会变得呆板,进而无法实现法律公正。

如前所述,为了保证法律功能的实现,客观上必须要给予法律适用者自由裁量权,但又由于权力行使中加入了适用者的主观因素,而主观认识与客观事实有意或无意的偏差,往往会造成权力行使不当,从而给当事人合法权益造成损害。所以,如何在发挥法律适用者主观能动性的前提下保障自由裁量权的行使,始终是法律界亟待解决的难题。在这个问题上,理论界往往侧重于对自由裁量权的限制。诚然,自由裁量权应该有一个合理的界线,不能过宽,但同时也不能过窄。如上所述,自由裁量的利弊是同时存在的,如过分限制,虽能减少权力行使不当的弊端,但同时也会削弱法律适用者的主观能动性,法律适应社会的能力必然受到削弱。实践中对自由裁量权的制约主要是通过对"显失公正"案件的撤销和纠正来实现的,如原《行政诉讼法》第54条的规定,但笔者认为这种制约有很大的局限性。其一,对"显失公正"的认定难度大,不易操作,且纠正后未必就能实现公正。其二,这种制约仅限于对权力行使中"明显失去公平正义"的情形,那么对于其他有失正义的情形又如何制约呢?无论是理论还是实践,对此都很难作出满意的回答。

笔者认为,解决这一问题的重点不在"外"而在"内",即在一定的自由裁量存在的前提下,只能在法律适用者自身上找答案。"解铃还须系铃人",既然自由裁量要发挥的就是法律适用者的主观能动性,那么权力能够正确行使的关键还在于法律适用者本身。具体来说,要靠法律适用者两方面的素质,即业务素质和道德素质。

业务素质是指法律适用者自身的执法和司法能力,而道德素质是指其自身职业道德水平、抗腐蚀能力。这两方面素质越高,自由裁量权的行使就越能体现公正。现实中权力行使不当的情形恰恰都是由这两种素质欠缺造成的。例如,某一法律适用者业务素质低下,对法律原理掌握不熟,没有裁判案件的经验和技能,对案件的事实认识不清,纵有为人民服务的思想和秉公执法的精神,也会因不能分清是非而使权力行使不当。又如,某一法律适用者道德素质低下,没有"司法良心""执法良心"和抗腐能力,从来不坚持职业伦理,那么他纵有深厚的法律功底和司法经验,也终会因贪赃枉法而滥用权力。因此,努力提高法律适用者的这两种素质应该是自由裁量权正确行使的根本途径和最有效的保障。

一是业务素质。适用法律的人是掌握国家司法、执法重要权力的阶层,工作性质决定了他们必须具有较高的知识水平,否则必定会危及司法和执法的质量,伤害法律公正。因此,国家应该设立严格的选拔制度,遴选高层次的人才作为法律适用者,并且要不断地为其创造学习条件,提高其业务素质。在这一点上,英美法系国家的法官选拔制度值得借鉴。在英美法系国家,一个人必须取得法学硕士学位并经过律师公会培训且考试合格后方能从事律师职业,而具有长期律师经历的优秀者才能被选举或任命为法官。这一制度充分保障了法官业务上的高素质。

二是道德素质。适用法律的人若道德素质低下,直接导致的便是权力腐败。这也是在当前司法、执法领域存在的最为普遍的问题。从某种程度上说,法律适用者道德素质越高,腐败问题就越少,自由裁量权正确行使就越有思想保障。保障法律适用者道德素质的途径有三:

第一,教育。国家应持续不断地进行思想道德教育,树立先进典型,鼓励先进,鞭策后进,营造一种人人向上的氛围,并在这种氛围中努力培养司法、执法人员爱岗敬业、秉公执法的精神。

第二，监督。即用健全的制度来监督司法、执法活动,遏制掌权者的违法行为,让其"莫伸手,伸手必被捉"。借助强大的监督机制,使法律适用者必须秉公执法,否则就要受到党纪、政纪、国法的严厉制裁。法律适用者在行使权力时秉公办事,不敢挟带私心,于是道德水平就提高了。从这个意义上说,司法者、执法者的道德水平是"管"出来的,而司法和执法之中的"不道德"是"惯"出来的。

第三,对法律适用者公允的社会定位。无论是执法者还是司法官,都是行使国家重要权力的阶层,但他们又都是普通人,有普通人追求自身利益的一面。因此,他们同样受自利性本能的支配,同样存在着"幽暗意识",如果条件成熟,这种本能和意识就很容易变成以公权谋私利的现实。遏制腐败的关键就是消灭滋生腐败的条件和土壤,其手段除上述教育、监督外,对法律适用者公允的社会定位也是重要方面。人的道德是建立在一定的经济基础之上的,我们不能脱离客观实际来空谈道德。这是马克思主义的一般原理。既然执法官、司法官掌握着国家的重要权力,具有较高的素质,那么他们就应该赢得较高的社会定位和经济定位。较高的社会定位就是,社会上应有一种人人尊重执法者和司法者、人人以做此职业为荣的风尚。如果没有这种风尚,如何保证法律适用者爱岗敬业呢?较高的经济定位就是,法律适用者应有较为稳定和丰厚的经济来源,使其生活无后顾之忧。从历史和现实来看,如果法律适用者过于清贫,腐败就很难克制。如明朝时期,国家给官吏的俸禄非常低,光靠俸禄官员的生活几乎没法维持,因此即使重刑反腐,腐败仍然难以杜绝,以至于明太祖朱元璋发出"奈何朝杀而暮犯"的感慨。原因很简单,法律适用者手里有权而无钱,而处于"被管理者"地位的当事人有钱而无权,于是钱权交易就很容易达成。要保障法律适用者较高的社会定位和经济地位,客观上就要求这一阶层的人数应少而精,不能多而滥。要做到这一点,就要适当地提高取得该职业资格的难度,同时一旦取得这个资格,如能秉公执法,在物质上就应该有充分保障,职位就应该尽可能地稳定,社会价值就应该充分地给予体现;如不能秉公执法,在强大的监督压力面前原形毕露,就会立即失去这一资格。这样,法律适用者轻易不敢铤而走险,特别是权位高、待遇好、工龄长的法律适用者更不敢如此,会倍加珍惜自己的岗位,努力秉公执法,腐败即得到遏制,自由裁量的正确行使就有了思想保障。在此方面,西方国家的高薪养廉制度值得借鉴。

经典案例

案例1 不同法官不同解释（虚拟案例）

2020年9月，某大学3名研究生因为在校外嫖娼被抓，警方分别给予行政拘留3天的行政处罚，并通知了学生家长和学校。某大学在收到警方的通报后，认为学生的嫖娼行为违反了该校学生纪律处分条例的相关规定，遂决定给予3名学生开除学籍的处分。其中一名叫阿苏的同学认为学校的处分过重，向学校提交了《异议书》，学校驳回了阿苏的诉求，并且在2021年9月将处分决定以实名的形式公开粘贴在学校的公示栏里。阿苏不服，以"处分决定程序严重违法，认定事实、法律适用均错误，目的不合法"为由，于2021年10月将学校起诉至所在区法院，请求法院撤销该校作出的处分决定，同时要求对学校学籍管理相关内容进行合法性审查。

面对这个案件，不同的法官有不同的看法。

A法官认为，《某大学学生纪律处分条例》第40条规定，"卖淫、嫖娼，或者组织、强迫、引诱、容留、介绍他人卖淫的，给予开除学籍处分"，而阿苏的嫖娼行为已经受到警方的确认，因此阿苏应当被开除。B法官认为，《某大学学生纪律处分条例》第40条的规定与《普通高等学校学生管理规定》第52条第3款"受到治安管理处罚，情节严重、性质恶劣的"，"学校可以给予开除学籍处分"的规定有不一致之处。根据上位法优于下位法的原则，应当适用教育部的部门规章，这才是正确的依法裁判。C法官主张，根据《普通高等学校学生管理规定》第52条第3款的规定，即使阿苏的行为已经构成嫖娼，受到了治安管理处罚，学校进行处分也需要符合"情节严重、性质恶劣"，但是后者中的概念需要进行解释才能确定是否适用该案。D法官主张，解释《普通高等学校学生管理规定》第52条第3款，需要看到"情节严重、性质恶劣"是对前文所言"治安管理处罚"行为的限制。也就是说，并不是所有受到治安管理处罚的行为都可能受到开除的处分，而必须是性质恶劣和情节严重的情况，不能孤立地脱离整个法律条文进行理解，因此可以说《某大学学生纪律处分条例》第40条的规定就是对《普通高等学校学生管理规定》第52条第3款的一种细化。F法官提出，解释"情节严重、性质恶劣"需要考虑顿号的使用，根据语言规范的要求，顿号表明前后是并列关系，也就是受到治安管理处罚的行为必须同时达到性质恶劣和情节严重才能被开除学籍。E法官提出，解释《普通高等学校学生管理规定》第52条第3款，需要看到这个条款的变化。在 2016 年修改之前,该条款规定是"违反治安管理规定受到处罚,性质恶劣的",其中并没有规定"情节严重",因此解释这个条款需要看到"情节严重"的重要性。如果说嫖娼行为属于性质恶劣,那么是否情节严重则需要认真考虑,这是立法者在新的条文中新增加的内容。H 法官则提出,理解《普通高等学校学生管理规定》第 52 条第 3 款需要看立法者试图通过该条文解决什么问题,只要违法就不能再接受大学教育,这是否符合教育惩戒的初衷,只有明白这一点,才能更好地解释这个条款,也才能解决阿苏的诉求。

【说明】 针对这个案件,不同的法官运用不同的方法进行了解释。这也说明了这样一个命题:法律思维的任务不仅是获得处理法律问题的结论,而且更重要的是提供一个能够支持所获结论的理由。当一个待决法律问题有两个以上可能的法律结论时,最终的结论是哪一个,完全取决于最好的理由是哪一个。①

案例 2 "狸貉异同"案②

在日本大正年间,大审院曾有一著名之"狸貉异同"判例。据日本狩猎法施行规则规定,狸之猎期,始自每年 12 月 1 日,终于次年 2 月底。某猎户于大正十三年(1924 年)2 月 29 日(闰年)在山林间见二狸,急射之,狸受惊后逃到一个洞里。猎户大喜,遂取石塞洞口,以防逃脱,然后扬长而归。迨 3 月 3 日重归前址,搬开石头,用枪击之,复趋犬咬逃出之狸。此事为警察所知,乃移至法办,遂由检察官提起公诉。于法院审判时,被告力辩:其一,捕猎之日为 2 月 29 日,而非 3 月 3 日;其二,所捕兽为貉而非狸。一、二审法院依据动物学家川濑博士的鉴定结果,认为貉与狸同属一物,乃据以论罪科刑。被告上诉到大审院。大审院撤销原判决,改判无罪,其判决理论如下:

第一,被告利用天然之岩穴,对于狸加以围封,事实对之业有支配之力,已遂所谓"先占"无主物之行为,与狩猎法所谓的"捕获"意义一样。原审拘泥文义,谓必实际控制,尚有未合。该捕获行为既已于十三年(1924 年)2 月 29 日完成,与狩猎法施行规则第二条所定狸之狩猎期间所为不相违背。至 3 月 3 日趋犬杀狸之节,殊难以完成捕获行为,应解为已遂行其适法之捕获行为,而后处分已获之狸。控被告于狩猎禁止期间捕狸之事实,难以为据。

第二,被告捕获之兽,有十字形斑纹,被告所在地方宇都官,向称之为"十字

---

① 参见郑成良:《论法治理念与法律思维》,载《吉林大学社会科学学报》2000 年第 4 期。
② 参见杨仁寿:《法学方法论(第二版)》,中国政法大学出版社 2013 年版,第 139—140 页。

纹貉",鲜有人名之曰"狸"。虽学理上"狸""貉"同属一物,然此系具有动物学知识的人才能认识到。若以此"貉"亦在不批准捕获之列,则狩猎法中"狸"字之下允应将"貉"亦附带提及。在法条中仅书"狸"字,却罚及信"狸"与"貉"有别之人,即欠公允。

【说明】 该案例中大审院的法官使用了文义解释的方法对捕"狸"行为进行无罪认定。这是一个法官使用文义解释的方法进行裁判的经典案例。该案中具体在两个地方使用了文义解释的方法。其一,对"狸"的认定,如果非"狸"而是其他动物,就不能适用该法;其二,对捕获"狸",即"狸"的所有权的认定。如果从将"狸"赶入洞中视为实际控制并占有,此时"狸"已经为猎人所有物,非野生动物,而后杀"狸"的行为是正常处分自己所有物的行为,并不违反该法。

金句法谚

1. 法的现实性本身是根基于一种类推,因此法律认识一直是类推性的认识。

——〔德〕亚图·考夫曼

2. 法律解释必须要努力在语言和逻辑的可能框架内找到对问题的合乎正义的解决办法。

——〔德〕齐佩利乌斯

3. 法律如果要被人尊重,就必须提出理由,而法律论证要被人接受,就必须符合逻辑思考的规范。

——〔美〕鲁格罗·亚狄瑟

4. 只要法律、法院的判决决议或契约不能全然以象征性的符号语言来表达,解释就始终必要。

——〔德〕卡尔·拉伦茨

5. 解释者带着"先前理解"来面对各该文字,亦惟有借助"先前理解"才能获得前述的意义期待。

——〔德〕卡尔·拉伦茨

习题精选

习题 1：

2002年1月29日，清华大学机电系大四学生刘某某为了测试熊的嗅觉的灵敏度，决定前往北京动物园做现场实验。当天，刘某某将火碱泼向北京动物园的熊，但是发现熊当时似乎没有什么反应。于是，刘某某改变试验方法，于2002年2月23日将硫酸泼向北京动物园的熊，造成五只熊被烧伤，一头黑熊双目失明，其中两只棕熊属于国家二级保护动物。北京市公安局西城分局以涉嫌寻衅滋事罪对刘某某进行了羁押，并提请西城区检察院批捕刘某某。然而，检察院认为没有批准逮捕的必要，将该案退回西城分局。事件发生后，在社会上引起广泛讨论和关注。有人主张，大学生知法犯法，应当在定罪量刑的时候加重刑罚，以儆效尤，督促更多人的遵法守法；有人主张，应当考虑到刘某某的大学生身份，注重批评教育，要从轻发落。

2003年3月25日，西城区检察院向西城区法院提起公诉。同年4月29日，法院依法公开开庭审理此案。在审理过程中，控辩双方对于法律适用产生争议。公诉人主张应当适用《刑法》第341条，"非法猎捕、杀害国家重点保护的珍贵、濒危野生动物的，或者非法收购、运输、出售国家重点保护的珍贵、濒危野生动物及其制品的，处五年以下有期徒刑或者拘役，并处罚金……"。被告人的辩护律师主张应当适用《刑法》第275条，"故意毁坏公私财物，数额较大或者有其他严重情节的，处三年以下有期徒刑、拘役或者罚金；……"。控辩双方对量刑也有争议，体现在是否要考虑被告人的悔罪表现和大学生身份。控辩双方围绕定罪量刑进行了充分的辩论。最后，法庭判决被告人刘某某犯故意毁坏财物罪。刘某某没有上诉，判决在法定时限内生效。

2009年，有专家向全国人大常委会提出修订《刑法》保护动物的立法建议，主张在第六章"妨害社会管理秩序罪"第一节"扰乱公共秩序罪"中增设"虐待动物罪""传播虐待动物影像罪"和"遗弃动物罪"专条，将动物保护的范围进行扩展，不限于国家保护动物。全国人大常委会经过会议讨论后向全社会征求意见，社会各方面的意见不一，争议很大，最后全国人大常委会认为该项修法建议还不成熟，也缺乏可操作性，没有进行立法修改。

阅读上述材料，回答下列问题：

1. 西城区法院的审理工作体现了哪些司法原则？请结合材料进行具体分

析论述。

2. 本案审理过程如何体现法律发现的途径的？请结合材料进行具体论述。

3. 法院判决刘某某有罪的过程符合何种类型的法律推理？请结合材料具体说明其推理过程。

4. 案件审理过程体现了正当法律程序的哪些基本要件？

5. 材料中的立法过程体现了何种法律原则？请结合材料进行具体论述。

【解析】 问题1：法院的审理工作体现了司法权依法独立行使原则和司法平等原则。司法权依法独立行使原则是指司法机关在办案过程中依照法律规定独立行使司法权。联合国《关于司法机关独立的基本原则》提出："司法机关应不偏不倚，以事实为根据并依据法律规定裁决其所受理的案件，而不应有任何约束，也不应为任何直接间接不当影响、怂恿、压力、威胁或干涉所左右，不论其来自何方或出于何种理由。"司法平等原则体现为"公民在法律面前一律平等"的原则，这个原则的内涵是各级司法机关及其司法人员在处理案件、行使司法权时，对于任何公民，不论其民族、种族、性别、职业、宗教信仰、教育程度、财产状况、居住期限等有何差别，也不论其出身、历史、社会地位和政治地位有何不同，在适用法律上一律平等，不允许有任何的特殊和差别对待。对于任何公民的违法犯罪行为，都必须同样地追究法律责任，并给予相应的法律制裁。

问题2：在案件审理中体现了法律发现中的法律识别和法律规范选择。法律发现的途径有两种，即法律识别和法律规范选择。

问题3：本案中的法律推理是一种演绎推理。演绎推理是一种三段论推理，在本案中，大前提是《刑法》关于故意毁坏财物罪的规定，小前提是刘某某故意毁损作为动物园财产的熊，结论是刘某某构成故意毁坏财物罪。演绎推理是指从一般的法律规定到个别特殊行为的推理。由于我国是成文法国家，因此司法活动中的形式推理一般被认为主要是演绎推理，即三段论推理，大前提是可以适用的法律规则和原则，小前提是经过认定的案件事实，结论是具有法律效力的针对个别行为的非规范性法律文件，即判决或裁定。

问题4：本案审理体现了正当程序中的程序分化、自由平等且实质性参与、理性对话与交涉、公开、及时性和终结性。程序分化指的是正当法律程序通过分散决定权来限制权力的恣意行使，而决定权的分散通过程序的功能分化和角色分派得以实现。自由平等且实质性参与指的是控辩双方的平等论辩，与法官之间的论辩交涉，自由平等地参与程序之中。理性对话与交涉指的是对话是参与程序的不同主体间为达成理性的合意围绕争论点而展开的意见交涉,如民刑事审判中的质证和论辩。公开指的是程序进行过程、结果、理由的公开。程序的及时性意味着程序在时间顺序和时间限度上有统一明确的规范标准,终结性意味着程序对结果有唯一的决定作用。

问题5:材料中的立法过程体现了立法民主和科学原则,征求意见是立法民主的体现,考虑到时机不成熟是遵循科学原则。科学立法的要义是尊重立法规律,克服立法中的主观随意性和盲目性,避免或减少错误和失误,降低成本,提高立法效益。立法民主原则要求完善社会公众民主参与立法,除了人民代表大会制度以及人大代表的代议民主外,社会公众直接参与立法活动的参与民主同样重要。

习题2:

材料1 2013修正的《中华人民共和国消费者权益保护法》(以下简称《消费者权益保护法》)第2条规定,"消费者为生活消费需要购买、使用商品或者接受服务,其权益受本法保护";第32条第1款规定:"各级人民政府工商行政管理部门和其他有关行政部门应当依照法律、法规的规定,在各自的职责范围内,采取措施,保护消费者的合法权益。"

材料2 2019年国家市场监督管理总局制定的《市场监督管理投诉举报处理暂行办法》中规定,"本办法所称的投诉,是指为生活消费需要购买、使用商品或者接受服务,与经营者发生消费者权益争议,请求市场监督管理部门解决该争议的行为"。有的地方市场监督管理局就据此不受理基于知假买假的投诉。

材料3 2014年1月9日发布的《最高人民法院关于审理食品药品纠纷案件适用法律若干问题的规定》第3条规定:"因食品、药品质量问题发生纠纷,购买者向生产者、销售者主张权利,生产者、销售者以购买者明知食品、药品存在质量问题而仍然购买为由进行抗辩的,人民法院不予支持。"

材料4 2018年修正的《中华人民共和国食品安全法》(以下简称《食品安全法》)第148条第2款规定:"生产不符合食品安全标准的食品或者经营明知是不符合食品安全标准的食品,消费者除要求赔偿损失外,还可以向生产者或者经营者要求支付价款十倍或者损失三倍的赔偿金;增加赔偿的金额不足一千元的,为一千元。但是,食品的标签、说明书存在不影响食品安全且不会对消费者造成误导的瑕疵的除外。"

材料5 2018年7月,韩某发现青岛市一家超市出售的意大利产SALV-ALAI红酒没有粘贴中文标签,便分两次购买了12瓶,共支付酒款20160元。

随后,韩某向超市所在地的李沧区法院提起诉讼,理由是:酒瓶上未粘贴中文标签,不符合《食品安全法》第 97 条的规定,属于禁止进口的产品,超市明知其不符合我国食品安全标准仍然出售,侵害了自己的合法权益。韩某的诉讼请求包括:判决被告返还其货款 20160 元;被告向原告支付货款 10 倍赔偿金 201600 元;本案诉讼费由被告承担。一审法院认为韩某不是消费者,因此不支持韩某的诉讼请求。韩某提起上诉,青岛市中院在经过严格的庭审后,认为职业打假者也是消费者,故二审判决超市向韩某支付 10 倍赔偿金 201600 元。理由有:(1) 判断消费者的标准,不是以购买主体的主观状态,而是以标的物的性质为标准。(2) 难以给"职业打假者"下定义。普通打假者打假多少次就转变成职业打假者,难以给出标准。(3) 打假是好事不是坏事。法律规定成功的打假者有权主张惩罚性赔偿金,表明法律鼓励打假。(4) 即使是社会公认的职业打假者,在购买生活资料时也改变不了其消费者的身份。

阅读上述材料,回答下列问题:

1. 材料1、材料2、材料3、材料4中,哪个(些)规范性法律文件属于法律,为什么?

2. 地方市场监督管理局能否根据《市场监督管理投诉举报处理暂行办法》的规定不受理基于知假买假(职业打假人)的投诉?为什么?

3. 法院在审理案件时,能否依据《最高人民法院关于审理食品药品纠纷案件适用法律若干问题的规定》审理案件,为什么?

4. 法官在选择审判依据时遵循了怎样的途径?应该选择上述哪个规范进行判决?

5. 知假买假的行为是违反法律的行为吗?为什么?

6. 法院根据 2013 年修正的《消费者权益保护法》第 2 条规定,认定知假买假的人属于消费者。这应用了哪种或者哪些解释方法?青岛市中院作出的判决采用了哪种推理方式?理由何在?

7. 青岛市中院在审理该案中体现了什么样的思维方式?

8. 国家市场监督管理总局能否以职业打假扰乱经济秩序为由,要求法庭不得支持知假买假的诉讼请求?为什么?

【解析】 第一,《消费者权益保护法》和《食品安全法》是法律,根据立法的定义和特点,立法是由特定的主体依据一定的职权和程序,运用一定的技术对法律进行创制、认可、修改和废止的活动。

第二,地方市场监督管理局不能不受理基于知假买假(职业打假人)的投诉,因为执法必须具有合法性,这是执法机关的法定职权。合法性原则要求执法主体必须在法律规定的范围内活动,法定职责必须为、法无授权不可为。

第三,法院在审理案件时,可以依据《最高人民法院关于审理食品药品纠纷案件适用法律若干问题的规定》审理案件,因为司法解释具有法律拘束力。

第四,法官在选择审判依据时遵循了法律发现的途径。法律发现是在司法过程中法官面对具体案件时,在法治理念的指引下,从各种法律渊源中寻找、选择、确定可以用来裁判具体案件的法律规范,即法律推理的大前提。(1)法律识别。是指在适用法律规范时,依据一定的法律观念,对案件中的事实构成进行定性或分类,从而确定应适用哪一法律规范的认识过程。法律识别可以分为三级:法律意义识别;部门法识别;法律关系类型识别。(2)法律规范选择。该案应该选择《消费者权益保护法》和《食品安全法》。有法律效力优于无效力,或者上位法优于下位法。

第五,知假买假的行为不是违反法律的行为,是守法的行为。守法是指国家机关、社会组织和公民个人依照宪法和法律的规定行使权利(职权)和履行义务(职责)的活动。在法理学中,守法不仅仅是履行法律义务,还包括享有和行使权利,其中后者是更积极的守法。索赔和诉讼是消费者的权利。

第六,使用的法律方法有:(1)语法解释,又称"文法解释""文义解释""文理解释",是指根据语法规则对法律条文的含义进行分析,以说明其内容的解释方法。(2)逻辑解释,又称"体系解释""系统解释",是指运用形式逻辑的方法分析法律规范的结构、内容、适用范围和所用概念之间的关系,以保持法律内部统一的解释方法。(3)目的解释,是指从法律的目的出发对法律所作的说明。消费者权益保护法是为了保护消费者的权利。青岛市中院作出的判决采用了辩证推理。辩证推理是对各种价值、利益、政策进行综合平衡和选择。

第七,青岛市中院在审理该案时体现了下列法律思维方式:运用法律术语进行观察、思考和判断;通过程序进行思考;判断结论非此即彼。

第八,国家市场监督管理总局不能要求法院不得支持知假买假的诉讼请求,因为依据司法权依法独立行使的原则,司法机关在办案过程中依照法律规定独立行使司法权,不受其他主体的干涉。

习题 3：

甲公司把名为"桃花大厦"的大楼卖给了乙公司,办理产权过户后乙公司就把"桃花大厦"改名为"荷花大厦"。甲公司得知后,责令乙公司必须恢复原"桃花大厦"的名称,遂双方发生争议。甲公司以"我卖的是大楼,并没有把大楼的命名权出卖给你"为由提起诉讼。法院审理发现,在甲乙合同中只有出卖大楼产权的条款,确实没有出卖大楼的命名权的条款。法院认为:自然人和法人都有名称权,自然人的名称由自然人自己决定,法人的名称权由法人的代表机构决定,由此推出,财产如果需要名称,也应该由财产所有人决定。该大楼随着所有权的转移已经有了新的所有人,它的名称理应由其新所有权人决定。所以,甲公司无权干涉乙公司对大楼名称的更改。

联系上述材料,回答下列问题:

1. 本案中法院运用了什么类型的推理从而得出"甲公司无权干涉乙公司对大楼名称的更改"的结论?理由是什么?

2. 这样的推理形式能否在刑事案件中适用?为什么?

3. 从法律解释的角度看,法官运用了什么解释方法推出了上述结论?理由是什么?

【解析】 该题从一个案例出发,考察了类比推理、类推适用原则、罪刑法定原则、当然解释方法等知识点。法院运用的是类比推理,将大楼与自然人和法人类比推出结论。类推适用,是指当法律没有明确的规定时,比之最为相似的条文定罪处刑。这一原则是与罪刑法定原则相冲突的,因此这种推理形式不能运用到刑事案件中。从法律解释的角度看,法官运用常识、常理的方法得出甲公司无权干涉乙公司对大楼名称的更改的结论,这属于当然解释,又称"公理解释"。

四、价值体系篇

　　法的价值体系是在公民等主体和作为客体的法的法律实践关系中围绕价值问题展开的法理学内容,是法学知识大厦构建的理念基础,是法的价值论,是理解法律现象的价值基础,是法学的基本概念和原理研究,是法的制定和实施以及处理法与其他社会现象外部关系必须遵循的价值指引和方向。准确地揭示、理解并最大限度地促进法的价值实现,能够促进和引导法学和法理学的发展,也能够为中国特色社会主义法治国家、法治政府和法治社会建设进一步提供相应的价值基础。

第十四章
Chapter 14

法的价值概述

章前提示

法的价值问题是法理学最根本的问题之一，它涉及人们对法律制度的期待以及对法律的目的、正当性和理想图景的思考。法的价值体系是由一组相关价值构成的系统，从结构上看，法的价值体系是由法的目的价值、形式价值和评价标准三种形式组成的价值系统。社会主义法的价值体系是由社会主义社会中一组法的相关价值所组成的体系，它集中反映了在社会主义法治实践中，社会主义法律制度满足人民需要的积极意义和有用性。社会主义法的价值体系是社会主义法律制度的内在精神，是社会主义法治实践的价值指引，在整个社会主义法律制度中处于支配地位。

原理阐释

一、法的价值的概念

（一）价值释义

价值是一个与评价相联系的概念，是指客体（事物）对主体（人）需求的满足状况以及由此产生的主体对客体的意义或者有用性的认识。价值概念主要涉及以下四个方面：

第一,价值涉及"关系"问题,具有实践性。价值存在于主体与客体的关系之中,反映的是人类实践活动中作为主体的人与作为客体的外在对象之间的需求与被需求的关系,揭示的是人的实践活动的动机和目的。

第二,价值涉及"存在"问题,具有客观性。客体的功能和属性以及对于满足主体需求所具有的意义是客观存在的,并不以主体是否认识和如何认识而改变。世界上各种客观事物正是以其独特的属性和功能,以不同方式、在不同程度上满足主体的需求和发挥效用。

第三,价值涉及"偏好"问题,具有主观性。价值用以表示客体所具有的对主体有意义的、可以满足主体需要的功能和属性。尽管客体具有的功能和属性构成主体评价的基础,但是主体基于其需求满足给予客体何种程度和什么意义上的评价是不同的。在整个主体客体关系中,主体处于主导地位。

第四,价值涉及"互动"问题,具有人际性。价值不仅仅存在于主客体关系之中,而且反映了人类社会中主体与主体之间在客体有用性上的复杂互动。在一定程度上,价值呈现了社会关系中不同主体对客体意义评价存在的共识和冲突。

(二) 法的价值的内涵

法的价值,是指在作为客体的法律与作为主体的人的立法、执法、司法、守法和法律监督等关系中,法律对一定的人需求的满足状态以及由此产生的主体(往往以国家为代表)对法律的属性、功能和作用的评价。作为社会价值的子系统,法的价值是价值在法学、法律和法治领域中的具体表现。

在法学中,"法的价值"这一术语主要有以下三种不同的使用方法和含义:第一,"法的价值"指称法律在发挥其社会作用的过程中能够保护和促进哪些人类社会值得期冀的或美好的东西。这些价值构成了法律所追求的理性或目的,因此也被称为法的"目的价值"或者"外在价值"。第二,"法的价值"指称法律作为社会规范自身所具有的或者应当具有的值得追求的品质和属性。这些价值是法自身具有的独立价值,使法区别于道德、习惯和宗教教义等其他社会规范,因此也被称为法的"形式价值"或者"内在价值"。第三,"法的价值"指称法律所包含的价值评价标准,尤其是在社会中占据主流地位的共识性的价值评价标准。当同类的或者不同类的价值发生冲突时,法律就要作为评价标准对上述价值进行评价。

（三）法的价值的基本特征

法的价值是阶级性与社会性的统一。其一，法的价值是以人为主体的价值关系，具有阶级性和社会性。其二，法的价值客体，即法律具有双重性，一方面法是统治阶级意志的反映，另一方面法也必须承担社会公共职能。

法的价值是主观性与客观性的统一。就其主观性而言，法的价值是以主体的需求为基础的。就其客观性而言，法的价值的主体的需求并非凭空产生，而是由主体在社会关系中的地位以及社会实践决定的。

法的价值是多样性与统一性的统一。一方面，法的价值基于主体的需求而产生，而主体的需求却是多种多样且不断发展变化的，这导致法律在满足主体需求方面也会相应多样化，从而使法律的价值呈现出复杂多样的状态。另一方面，生活在同一时代、同一社会的人们总有某种共同的价值追求，甚至生活在不同时代、不同社会的人们也会有某种共同的价值追求。例如，正义、自由、秩序、平等和生命、财产等价值是各个时代、不同社会的人们共同追求的美好事物。这决定了法的价值也有统一性的一面。

二、法的价值体系

（一）法的价值体系的概念和特征

法的价值体系可以被看作是由一组相关法的价值所构成的系统，具有以下三个基本特征：

第一，从价值属性上看，法的价值体系是由一组与法律意义上的权利、义务、责任以及法的制定、实施相关的价值组成的系统。

第二，从价值主体上看，法的价值是由占统治地位的社会集团，即有效地控制了立法权、执法权和司法权的集团，持有的一组价值所组成的系统。

第三，从价值体系的结构上看，法的价值体系是由法的目的价值、形式价值和评价标准三种形式组成的价值系统。其中，目的价值是法的社会作用要达到的目的，反映着法律制度所追求的社会理想；形式价值是法本身具有的功能和属性，是保证目的价值能够有效实现的必要条件；评价标准体现了人们对法律的意义的共识，是用来证成目的价值的准则，也是用以评价形式价值的尺度。

(二) 法的目的价值

法的目的价值构成了法律制度所追求的社会目的,反映着法律制定和实施的宗旨。它是关于社会关系的理想状态是什么的权威性蓝图,也是关于权利义务的分配格局应当怎样的权威性宣告。

法的目的价值是整个法的价值体系的基础,在法的价值体系中居于主导地位,法的形式价值和评价标准都是为一定的目的价值服务的,目的价值最集中地体现着法律制度的本质规定性和基本使命。对于社会秩序的形成和维系而言,法的目的价值具有无以复加的重要意义。在这种意义上,我们可以把法律理解为对社会最低限度价值共识和共同标准的权威性表达。同时,任何法律制度的目的价值都具有两方面的重要属性:

第一,法的目的价值的多元性。凡是可以通过法律上的权利、义务和责任等方式来加以保护和促进的美好事物都可以成为法的目的价值,如正义、安全、自由、秩序等。法的目的价值的多元性,是与人的需求的多样性和法所调整的社会关系的多样性直接联系在一起的。

第二,法的目的价值的时代性。特定的社会物质和精神生活条件是一定价值观念形成的基础。在历史演进的过程中,由于社会物质和精神生活条件的发展变化,不同时代的社会价值观不可能完全一致,因此,反映在法律制度层面的法的目的价值也呈现出一定的时代特征。

(三) 法的形式价值

法的形式价值是指法律制度在形式上或表层上所具有的优良品质。尽管这些品质并不直接反映法的社会理想和目的,但它们使法律在促进上述理想和目的的实现上,与道德、习惯和宗教教义等社会规范相比具有优越性。因此,法的形式价值构成了"良法"或"善法"在形式上所必须具备的特殊品质。

对于促进法治国家、法治政府和法治社会一体建设而言,在法的诸多形式价值中,有四种价值最为重要,即法的权威性、普遍性、统一性和完备性。法的权威性来源于制定或认可法律的国家的权威性,是指任何个人或团体都必须无条件地服从法律,法律的尊严神圣不可侵犯。法的普遍性来源于法具有的规范性和国家具有的主权,是指不因人设法,用一般性的规则来调控效力所及范围内的所有人的同类行为。法的统一性是指法律制度要保持本身的和谐一致,尽可能消除单一法律内部、法律部门之间等存在的矛盾和混乱。法的完备性是指实现有法可依,在应由法律进行调整的行为领域中消除法律空白和法律漏洞。

(四) 法的评价标准

法的评价标准是指在法律上对各种事物进行价值判断时所遵循的准则。它主要用来解决三类问题:第一,进行价值确认。即按照一定的标准来确定什么样的要求、期待、行为或利益在法律上是正当的,是符合法律的理想和目的的,因而值得从法律上予以肯定和保护。同时,也要确定什么样的要求、期待、行为或利益在法律上是不正当的,是抵触法律的理想和目的的,因而应当从法律上予以禁止和取缔。第二,确定价值位阶。由于各种法的价值的实现都需要相应的资源和机会,而资源和机会总是有限的,因此有必要对法的诸多价值按照一定的位阶顺序排列组合。当那些低位阶的价值与高位阶的价值发生冲突并不可兼得时,高位阶的价值就会被优先考虑。第三,进行价值权衡。当特定情境下处于相同或者相近位阶的价值发生冲突、不可兼得的时候,就需要进行价值的权衡,进一步确定该特定情境下需要优先保护的价值。

根据马克思主义基本原理及其中国化的理论成果,在我国的社会主义法治建设中,应当主要坚持以下法的评价标准:第一,生产力标准。马克思主义认为,物质生产力是全部社会生活的物质前提,同生产力发展到一定阶段相适应的生产关系的总和构成社会经济基础。解放和发展生产力是社会主义的本质要求,是中国共产党人竭力探索、着力解决的重大问题。理论与实践告诉我们,在对法律现象进行价值评价时,必须坚持生产力标准。第二,以人民为中心标准。这一标准的核心含义是:以人民为中心、人民至上,一切政治、法律制度,一切社会活动,只有在有利于最广大人民根本利益和对美好生活的追求,有助于实现人类解放和人的自由而全面发展时,才是有价值的。

三、社会主义法的价值体系

(一) 社会主义法的价值体系的概念

社会主义法的价值体系是由社会主义社会中一组相关价值所构成的体系,它反映了人民在社会主义法律制度实践中,社会主义法律制度满足人民需要的积极意义和有用性。社会主义法的价值体系是社会主义法律制度的内在精神,在整个社会主义法律制度中处于支配地位。

理解社会主义法的价值体系,需要把握以下三层含义:

第一,法的价值体系是由一组与法律的制定和实施相关的价值所构成的系统。社会主义法的价值体系所包含的各种价值,必然是"与法律直接相关"的价值,而不是所有的价值,其核心标准是能否通过法律上的权利义务规定对相应的价值进行确认和保护。

第二,法的价值体系是一个社会中占统治地位的社会集团所持有的价值体系。在社会主义国家,人民是国家的主人,社会主义法的价值体系当然是反映人民群众对法产生的需要和期待的价值体系,并贯彻"以人民为中心"的要求。

第三,法的价值体系是建立在一定的社会主流价值观基础之上的,并与之在本质上是一致的。社会主义法的价值体系是以社会主义核心价值观为基础和依据的,并且与社会主义核心价值观在本质上是一致的。

(二) 社会主义法的价值体系的特征

1. 社会主义法的价值体系关注人民利益与个人权利的统一性

社会主义法整体上反映人民的意志,保护人民的利益,体现了"以人民为中心"的价值理念。同时,社会主义法也关注构成社会的个体的正当需求以及实质平等。社会主义法的价值体系关注人的真正需求,并在关注人的生存与发展需求的过程中不断促进人民利益与个人权利的统一。

2. 社会主义法的价值体系关注价值之间的协调统一

安全、秩序、自由、平等、正义、人权等共同构成社会主义法律追求和促进的基本价值。依据"生产力标准"和"以人民为中心标准",中国特色社会主义法律确立了法的价值的位阶顺序,在优先保障更有利于"生产力发展"和"广大人民利益"的法的价值实现的基础上,兼顾较低位阶的法的价值,从而实现价值之间的协调。

四、法的价值冲突与整合

（一）法的价值冲突

法的价值是一个包括目的价值、形式价值和评价标准的多元化系统，虽然都体现了人类追求的理想和目的，但每一种价值又有着自身相对的独特性。多种具有不同属性和功能的价值在法的价值体系中共存，首先在逻辑上就有相互冲突的可能性。例如，法的自由价值强调实现主体的个性，而法的秩序价值则注重保护社会的整体利益，而自由和秩序在逻辑上存在冲突的可能。同时，在一定的物质和精神生活条件下，以下原因导致了法的价值冲突：

第一，法的价值冲突的客观原因。对特定的社会而言，一方面，人的生存和发展必须具备一定的物质和精神条件，而社会能够给予每个人以及不同社会群体生存和发展的条件并不相同，这就会导致人们在法的价值上有一定程度的冲突和对立。另一方面，即使同一社会的同一个人或者不同的人在不同情况下，也会形成不同层次或者类型的社会需求，从而产生对法的价值的不同认识、理解和要求。

第二，法的价值冲突的主体因素。法的价值的主体非常广泛，立法、执法、司法、守法和法律监督等环节的主体都属于对法律进行评价的主体。多元的主体必然会具有多元的法律价值观念，进而产生和导致法的价值冲突的复杂化。同时，法的价值主体又具有多样性，表现为个人、群体、国家等多种样态。而不同的价值主体可能对法具有不同的需求和希望，这些也会引起个体之间、个体与群体之间、群体与群体之间、个人与国家之间的法律价值的冲突。

（二）法的价值整合

法的价值整合，是指法的价值冲突的解决过程。法的价值冲突的解决，是法的价值的核心问题之一，也是立法、执法、司法、守法和法律监督等法律实践环节的关键问题。在一个法治国家，不论是立法还是法律实施上的价值冲突，都应当努力通过合法的方式加以解决。法的价值整合原则主要有：

第一，价值位阶原则。位阶排列不同的法的价值具有主次关系，当不同位阶的价值发生冲突时，位阶在先的价值优先于在后的价值。例如，我国《民法典》第

1002 条规定,"自然人享有生命权。自然人的生命安全和生命尊严受法律保护。任何组织或者个人不得侵害他人的生命权。"

第二,个案平衡原则。处于同一位阶上的法的价值之间发生冲突时,必须综合考虑特定情境下的主体的需求和利益,以使得个案的解决能够适当兼顾双方或者各方的正当权益。例如,我国《宪法》第 51 条规定:"中华人民共和国公民在行使自由和权利的时候,不得损害国家的、社会的、集体的利益和其他公民的合法的自由和权利。"上述规定虽然明确公民行使自身权利的同时不得损害其他公民的权利和自由,但是具体在何种情况下才能够行使,就需要进行个案判断,要针对具体的情境进行个案平衡。

第三,比例原则。在为了保护某个更为优先的法的价值必须侵害或者妨碍其他合法权益时,不得逾越这一目的所必需的限度。也就是说,如果某一法的价值的实现必须要以损害其他价值作为代价,那么应当使被损害的价值降低到最小的限度。例如,我国《刑法》第 20 条规定,"为了使国家、公共利益、本人或者他人的人身、财产和其他权利免受正在进行的不法侵害,而采取的制止不法侵害的行为,对不法侵害人造成损害的,属于正当防卫,不负刑事责任。正当防卫明显超过必要限度造成重大损害的,应当负刑事责任,但是应当减轻或者免除处罚。对正在进行行凶、杀人、抢劫、强奸、绑架以及其他严重危及人身安全的暴力犯罪,采取防卫行为,造成不法侵害人伤亡的,不属于防卫过当,不负刑事责任。"

阅读材料

材料 1　情义法交织的复仇案[①]

复仇案件,在古今中外的司法史上都是一种引人注目的特殊案件类型,因其不仅涉及一般意义上对他人人身权利的伤害以及对社会秩序的破坏,同时也夹杂着颇为复杂的伦理、情感和道德诉求。尤其在中国法律传统的历史脉络中,复仇案件能够特别鲜明地体现出中华法系以宗法家族为本位的伦理法特征,这一点显然区别于以个体为本位的西方契约型法律。譬如同样是复仇,西方的经典复仇故事或案件中,主要是基于个体利益或荣誉的考量,而中国式的复仇则更多地源于道义担当和情感责任。因此,尽管对古今复仇案件的研究已有不少成果,

---

① 参见刘毅:《情义法交织的复仇案》,载《读书》2020 年第 9 期。

但是其中蕴含的法理深意,仍值得继续深入探索和挖掘。

在中国古代的实际司法处断中,总是有很多法外容情或法中有义的情况。例如,在朱谦之案中,南齐世祖曰:"此皆是义事,不可问。"悉赦之。在孙男玉案中,北魏显祖诏曰:"男玉重节轻身,以义犯法,缘情定罪,理在可原,其特恕之。"在王舜案中,高祖闻而嘉叹,特原其罪。在梁悦案中,唐宪宗特敕减死,宜决一百,配流循州。其中,最令人感慨的当属东汉赵娥案。赵娥复仇的决心和激烈的过程令人血脉贲张、群情激奋,"乡人闻之,倾城奔往,观者如堵焉,莫不为之悲喜慷慨嗟叹也"。负责此案的官员禄福长尹嘉甚同情之,竟然自己也弃官不做,"解印绶去官,弛法纵之"。最终,赵娥不仅被赦免,而且"凉州刺史周洪、酒泉太守刘班等并共表上,称其烈义,刊石立碑,显其门闾。太常弘农张奂贵尚所履,以束帛二十端礼之。海内闻之者,莫不改容赞善,高大其义"。

但是,传统中国毕竟是一个成文法国家,自秦汉以降皆有律典颁行,大多对私自复仇行为明令禁止。根据瞿同祖先生的研究:"从东汉以来的法律,除元代一时期外,都是禁止人民私自复仇的。法律上都有一共同趋势,即生杀权操于主权,人民如有冤枉须请求政府为之昭雪。……从主权来讲,国法断不能将杀人权交给人民,凶犯只能受国法的制裁,无论公允与否,人民断不能否定法律的效力,因不满意法律的制裁而自求补偿。"(见《瞿同祖法学论著集》,中国政法大学出版社1998年版,第82—83页)

如何在理论上辨清复仇问题上的礼法关系,是贯穿中华法系发展过程的一个经典问题,唐人韩愈针对梁悦案曾有长篇大论,或许可以作为重要的参考:

《周官》曰:"凡杀人而义者,令勿仇,仇之则死。"义,宜也,明杀人而不得其宜者,子得复仇也。此百姓之相仇者也。《公羊传》曰:"父不受诛,子复仇可也。"不受诛者,罪不当诛也。又《周官》曰:"凡报仇雠者,杀之无罪。"言将复仇,必先言于官,则无罪也。今陛下垂意典章,思立定制。惜有司之守,怜孝子之心,示不自专,访议群下。臣愚以为复仇之名虽同,而其事各异。或百姓相仇,如《周官》所称,可议于今者;或为官吏所诛,如《公羊》所称,不可行于今者。又《周官》所称,将复仇,先告于士则无罪者。若孤稚羸弱,抱微志而伺敌人之便,恐不能自言于官,未可以为断于今也。然则杀之与赦,不可一例。宜定其制曰:凡有复父仇者,事发,具其事由,下尚书省集议奏闻。酌其宜而处之,则经律无失其指矣。(见《旧唐书·刑法志》)

尽管韩愈以其文学家的健笔,非常周全且均衡地论述了不同情况下应如何看待和处断复仇案件,并自认为如此便可以针对具体案件作出相对合情合法的裁断。但是事实上,在此后千年的国史中,复仇案件从未消失,关于这些案件之裁决的争议亦从未中断,甚至延续到近代的中华民国时期。最著名的就是1935年施剑翘为报父仇枪杀孙传芳案,这一年虽然已是民国24年,名义上帝制中国已经走入历史,但是礼法秩序的流风余韵和情、义、法的矛盾纠葛依然主导着当时的民间、媒体、司法界以及国民政府。案件经历了天津地方法院的初审、河北高等法院的二审、南京最高法院的终审,始终聚焦在被告施剑翘为父申冤而杀死仇人的行为是否属于道德上的"义举",是否"其情可矜",是否应该在司法上确认这种复仇行为属于可以宽恕和豁免的情形。最终,"情"和"义"的考量不仅在三级法院的裁决中都占据了上风,甚至形成了全国性的舆情,并促成当时的国民政府颁布特赦令,对施剑翘予以特赦释放。

在这场震惊海内、举国关注的复仇案件的审理过程中,控方、辩方以及各级法院法官的言辞、立场和态度,特别是围绕复仇行为展开的关于情、义、法的论辩,让人仿佛再次回到汉唐或宋明的公堂之上,但是仔细审视这些控状、辩词和判决书又会发现,其中更多的还是现代社会的法律语言。这种传统与现代相交织的司法实例,很值得今天的法律人斟酌。

施剑翘的辩护律师们从初审阶段就把辩护的重心之一放在了其复仇行为在情和义方面的伦理正当性,并引用中华民国1935年《刑法》第59条:"犯罪之情状可悯恕者,得酌量减轻其刑。"以及第273条:"当场激于义愤而杀人者,处七年以下有期徒刑。"他们还引用了《公羊传》的原文:"父不受诛,子复仇可也。父受诛,子不可复仇也。"以及宋人王安石对此经典的解读:"上不可告,辜罪不常获之时,有父兄之仇而辄杀之者,君子权其势、恕其情,而与之可也。"目的均在于通过对施剑翘之"孝心"和"情义"的彰显,激起法官以及民众对她替父报仇行为的理解和同情。正如施剑翘案的研究者林郁沁所揭示的:"被告方的策略并不遵循被法律改革者们所偏爱的狭隘的法律主义的辩论,而是注入了熔礼治和法治于一炉的古典的法理学传统。"而公诉方则与辩方的言辞针锋相对,坚决要求以现代法律作为唯一的司法权威,反对引用古典学说并诉诸道德伦理,并提出如果不能让法治凌驾于情治之上,将会导致社会动乱,法院的责任是惩罚复仇行为并且驳回一切同情的情况。

非常有意思并值得深究的是,作为裁判者的法院一方,并没有简单地采信控辩双方的主张和意见,而是另辟蹊径,站在程序正义的高度和依法原情的角度,作出了足以服众同时也符合现代法治理念的判决。河北高等法院和南京最高法院均认为,构成减刑条件的既不是施剑翘孝情所包含的道德价值,也不是对罪犯压倒性的公众支持,而是其父施从滨的不合法的死亡,即施从滨被孙传芳处死之前并未得到公正的审判,施从滨之死未经正当的法律程序。因此,被告施剑翘替父报仇的行为就有了值得同情和宽恕的条件。如河北高等法院的判决书所言:"被告(施剑翘)痛父惨死,含冤莫伸,预立遗嘱,舍身杀仇,以纯孝之心理发而为壮烈之行为,核其情状,实堪悯恕。"南京最高法院的判词中也提到:"论法虽无可恕,衡情究有可原。"正如林郁沁所评价:"法官们确实设法找到了一个折中的办法来强调程序正义的必要性。他们证明了当正当的法律程序遭到否定时,法律的机制确实能够容纳司法宽恕和给予豁免。"

不过更耐人寻味的是,此案虽经南京最高法院终审裁决(维持河北高院判决施剑翘有期徒刑七年),却并不是真正的大结局。1936年10月14日,在施剑翘入狱十一个月的时候,时任中华民国国民政府主席的林森向全国发表公告,决定赦免施剑翘。此后,南京最高法院下达特赦令,将施剑翘特赦释放。特赦令的原文如下:"据司法院呈称,施剑翘因其父施从滨曩年为孙传芳所残害,痛切父仇,乘机行刺,并即时坦然自陈,听候惩处。论其杀人行为,固属触犯刑法,而以一女子发于孝思,奋身不顾,其志可哀,其情有可原。现据各学校各民众团体纷纷请特赦,所有该施剑翘原判徒刑,拟请依法免其执行等语。兹依《中华民国训政时期约法》第68条之规定,宣告将原判处有期徒刑七年之施剑翘特予赦免,以示矜恤。此令。"

从这份特赦令的文句中可以看出,国民政府在其中既考虑到"父仇"与"孝思",认为"其志可哀,其情有可原",又援引了法律,即《中华民国训政时期约法》,甚至还照顾到民情,即各民众团体之请愿,可以说面面俱到,且有理有据。但归根结底,仍是为了调和传统伦理道德与现代法律之间的冲突与矛盾,从而彰显国民政府作为现代化的合法政权,在保守传统价值和推进现代法治之间能够实现包容与均衡,可谓用心良苦。

纵观古今诸复仇案件可以发现,尽管自汉代以后,私人复仇已经被法律明令禁止,但是在世道人心中,复仇(特别是子女为父母复仇)仍然是一种类似西方"自然法"一样的"天道",不仅在民间受到尊敬与鼓励,而且在官方或司法官员以及皇帝那里也能得到实质性的默许、宽宥甚至褒奖。这样的案例从秦汉到明清都绵延不绝,甚至延续至民国,由于其案情的传奇色彩和其中体现出的孝义精神,不仅被历代官修史书广为记载,也为文学和影视作品所青睐(例如施剑翘复仇案因其本身就具有强烈的悲情风格和传奇色彩,不仅在当时备受瞩目,也为后世不断传诵。2013 年王家卫导演的电影《一代宗师》和 2018 年姜文导演的电影《邪不压正》,都在一定程度上取材于此案)。究其根本,在于这些古代复仇案件,能够特别集中和鲜明地体现出中华法系之礼法交融、儒法互用甚至屈法伸情之特点。

复仇行为的动机或者说缘由,皆因"情"而起。不论是亲子情、夫妻情还是朋友情,尤其是亲子情,原本是人类固有的生物属性,但是在华夏礼乐文明的映照下,这些情感都具有了社会性意义,"情"甚至成为维系整个华夏民族文明体的一个最基本的要素,而且是所有其他文明价值的出发点和基础。"道由情生",因情而生义,甚至因情而成"礼",可以说,以情感或人情为基础,才逐步生发出华夏文明的最初样态:礼乐秩序。因此,因亲子情、夫妻情、朋友情所引发的复仇动机以及复仇行动,显然早已超越了初民社会普遍存在的"血亲复仇",而具有了浓厚的社会文化意义。

这种由人情或情感而来的社会文化意义,在孔孟儒家的语境下,就是所谓的"义"。简单来说,"义"就是具有情感因素的礼乐秩序的基本原则,庶几等同于西方语义下的"right"(即正当或正确),可以理解为个体行为的准则、规范、义务和责任等。一个"义"字,可以语成仁义、道义、忠义、信义、节义等许多词语,而这些概念中的每一个,几乎都可以成为礼法秩序下的"自然法"。

中华法系的固有属性和特色具有非常顽强的生命力,诸如"礼法结合""儒法互用"这些内生于华夏民族文明体的法律文化基因,并未随着大清律例的终结而消失,而是长期隐含或潜伏在我们的文化与观念深处,在不经意间影响和支配着我们的法律和社会发展。这些复仇案件虽是历史往事,却值得今人分析和反思。

材料 2 民法典中的人伦价值 [①]

《民法典》自通过以来,在学界和社会上引起了强烈的反响。《民法典》七编的内容几乎涵盖了人民生活的方方面面,尤其是"婚姻家庭"编,在社会上引起了

---

① 参见付栋:《民法典中的人伦价值》,载《人民法院报》2020 年 11 月 6 日第 5 版。

广泛的讨论。笔者认为,作为新时代的一项重大立法,我国《民法典》不仅弘扬了法治精神,同时也肯定了人伦价值。

中国思想文化中的人伦问题

中国思想文化的核心,可以说是围绕着人伦问题展开的。《周易·序卦》中说:"有天地然后有万物,有万物然后有男女,有男女然后有夫妇,有夫妇然后有父子,有父子然后有君臣。"《中庸·第二十章》也有类似的说法:"天下之达道五,所以行之者三。曰:君臣也,父子也,夫妇也,昆弟也,朋友之交也。五者,天下之达道也。"这些典籍中的描述表明,人伦秩序不仅是天地秩序的体现,也是社会秩序的根源,更是国家秩序的基础,因为它包含了人与家庭的关系、人与社会的关系以及人与国家的关系,所以人伦问题绝非一个简单的政治、经济、社会或道德问题,而是一种贯通着天、地、人的文明理想。

现代学者将人伦问题称为"五伦问题",认为其构成了中华礼乐文明的内核,特别是贺麟先生在《五伦观念的新检讨》中强调:"五伦的观念是几千年来支配了我们中国人的道德生活的最有力量的传统观念之一。它是我们礼教的核心,它是维系中华民族的群体的纲纪。"曾参与近代中国变法修律的法国人宝道也持类似的看法,甚至在1930年《中国亲属法之改造》一文中明确指出:"此制度(指中国家庭制度)固中国三千年来文化所由生之基础也。中华民族之至今不致于沦亡者,实赖于……此旧家庭之制度,固非一破坏之分子,而为主要之建设元素也。中华民族之五伦道德由此而生,而中国亦因其势力,虽屡经危难,尚巍然独存,其在中国,向为势力之渊源,存续之保障。"职是之故,人伦问题作为中国思想文化的核心,得到了广泛的认同。然而在近代中国的转型中,人伦问题却被批判、打倒甚至彻底抛弃。

人伦问题的近代批判

正是因为人伦问题在中国思想文化中的核心地位,所以近代中国的转型也可以说是从人伦批判开始的。近代著名思想家康有为将人伦批判作为其代表作《大同书》的写作重心,这甚至也是其总体思想的关键。康有为思想的基本框架立足于公羊三世说,这是一种融合了西方思想与传统儒家的综合学说。世界遵循了乱世、升平世到太平世的演进,看似承认了传统的人伦价值,而实际上却将众生平等视为归宿,于是康有为便将《礼运》中的大同社会解释为一个男女平等、政治民主、经济公有的社会。

相反,家庭乃至家族则成为实现前述理想社会的障碍,"有所偏亲者即有所不亲,有所偏爱者即有所不爱。中国人以族姓之固结,故同姓则亲之,异姓则疏之;同姓则相恤,异姓则不恤。于是两姓相斗,习于一统之旧,则不知有国而惟知有姓,乃至群徙数万里之外若美国者,而分姓不相恤而相殴杀者比比也,盖于一国之中分万姓则如万国。"后来,梁启超总结《大同书》的核心就是"其最要关键,在毁灭家族"。康氏的批判思路在新文化运动中被推向了极致,恰如余英时先生所指出的那样,"20世纪转折之际,传统中国家庭及其体现的保守价值成为寻求将耻辱震荡的中国拽入现代社会的热情改革家们攻击的主要目标之一。"陈独秀在《青年杂志》上撰文强烈批判人伦制度是人格独立的根本桎梏,"儒者三纲之说,为一切道德政治之大原:君为臣纲,则民于君为附属品,而无独立自主之人格矣;父为子纲,则子于父为附属品,而无独立自主之人格矣;夫为妻纲,则妻于夫为附属品,而无独立自主之人格矣。率天下之男女,为臣,为子,为妻,而不见有一独立自主之人者,三纲之说为之也。"近代思想家吴虞还写了一系列"非孝"的文章,"我的意思,以为父子母子不必有尊卑的观念,却当有互相扶助的责任。同为人类,同做人事,没有什么恩,也没有什么德。要承认子女自有人格,大家都向'人'的路上走。从前讲孝的说法,应该改正。"坦诚地说,新文化运动的旗手们都对西洋思想充满了艳羡之情,于是便以西式家庭为圭臬,不遗余力地批判传统的人伦制度,提出了各种"破家非孝"主张,旨在将政治上的自由平等纳入中国的家庭领域。

人伦秩序的当代价值

　　近代中国学者对人伦问题的激烈批判是可以理解的,因为近代西方思想进入中国后给我们带来了"家庭革命与个体自由"的武器,继而迫使我们被动接受西方政法体系。这种被动接受使我们思考自己的人伦问题时捉襟见肘、漏洞百出,最后造成学者们对人伦秩序完全失去了信心。

　　然而,当前学界的一些学者几乎都对人伦秩序给予了肯定,如吴飞教授就人伦问题有过许多专题研究。这种肯定固然是对近代否定、批判主张的矫正,更是基于文化自信的重新审视。从现实的角度看,复兴中华优秀传统文化也符合国家的顶层设计理念,正如习近平总书记在2014年《努力实现传统文化创造性转化、创新性发展》的讲话中指出,"不忘历史才能开辟未来,善于继承才能善于创新。优秀传统文化是一个国家、一个民族传承和发展的根本,如果丢掉了,就割断了精神命脉。我们要善于把弘扬优秀传统文化和发展现实文化有机统一起来,紧密结合起来,在继承中发展,在发展中继承。"习近平总书记在2018年《在全国宣传思想工作会上的讲话》中再次深化了前述主张,"中华优秀传统文化是中华民族的文化根脉,其蕴含的思想观念、人文精神、道德规范,不仅是我们中国人思想和精神的内核,对解决人类问题也有重要价值。要把优秀传统文化的精神标识提炼出来、展示出来,把优秀传统文化中具有当代价值、世界意义的文化精髓提炼出来、展示出来。"基于此,我们需要重新审视传统中国的思想文化,并在新时代的法治建设中发挥其应有作用和价值。

民法典时代的启示

中国《民法典》的制定可谓恰逢其时。众所周知,现代世界有三部重要的民法典,分别是《法国民法典》《德国民法典》以及《苏俄民法典》。《苏俄民法典》在其颁布将近半世纪后被废除,而前两部民法典至今仍然规制着法国和德国的民事生活。《法国民法典》之所以能够适用至今,有三个重要的原因:其一,充分借鉴和吸收了查士丁尼的《法学阶梯》的内容,全面继受了罗马法的精华,尤其是罗马私法;其二,确立私有产权、契约自由和过失责任三大基本法律原则;其三,拿破仑本人因热爱民法典,于是要求立法者们使用平实的语言,让法国民众能够像阅读《圣经》那样阅读民法典。正是因此,《法国民法典》以体例完整、语言通俗易懂以及立法技艺高超而得到了广泛赞誉,并一直沿用至今。

《德国民法典》不可避免地受到了德国古典哲学的影响,虽然也吸收了罗马法的精华,却聚焦于哲理化的查士丁尼的《学说汇纂》,让罗马法学家的思想再现光芒,所以这部民法典不仅体系完整,而且法律条款高度抽象概括又相互参照,同时也做到了逻辑周延,具有普遍而广泛的适用性,所以《德国民法典》也被称为"法律专家的《民法典》"。然而,这部民法典在诞生之初却引发了一场著名的争论,两大著名法学家蒂博与萨维尼为此还分别著书立说。蒂博撰文"论制定一部统一的德国民法典的必要性",认为德国应该制定一部民法典,借此通过法律上的统一来实现国家的统一,所以需要"博学多识、事理通达"的法学专家精心规划,设计出人类行为的完美规则,从而为人们的行为提供理想的法律指导。但蒂博的主张受到了萨维尼的反对。萨维尼认为当时的德国并不具备制定一部民法典的能力,而且客观上也没有制定民法典的社会历史基础,因为"法律是一种民族精神(volksgeist)",是民族的语言、习俗、文化的体现,更是民族的"共同信念"及"共同意识"的化身。当时的德国尚未统一,故无民族精神之说,所以想要通过立法构建民族精神而不是在历史文化中发现民族精神的做法是难以成立的。尽管萨维尼反对,却不能阻止《德国民法典》的最终制定。

人伦价值与《民法典》的中国性

《法国民法典》和《德国民法典》的确堪称经典,然而无论是理性构建的法律秩序还是民族精神的完美再现,都立足于大陆法系的传统。现代中国的法律传统虽然深受欧陆法的影响,但中国社会实际与法德两国有着天壤之别,所以中国的民法典固然可以参考它们,却也必须直面中国自身的社会现实。根据甘阳教授研究,中国社会存在三种传统,第一种是自由主义传统,这是西学东渐以来带给我们的,在政治、法律、社会等中都有明显的体现;第二种是中国共产党成立以来形成的马克思主义传统,它也深刻地改变了中国社会;第三种是中国源远流长的文化传统,它已经内化在我们民族的血液中。这三种传统相互交织在一起,构成了当前中国的现实。第三种传统曾一度被我们弃若敝屣并批判,现在已经得到纠正,并在国家的顶层制度设计上焕发新的生命力,所以在民法典的立法中自然也少不了它们的身影,它们是构成具有鲜明的中国特色民法典的关键。

如前所述,人伦问题是传统文化的核心,所以主要呈现在《民法典》的"婚姻家庭"编中。虽然本编只有79个条文,却有多条就"父子之伦""夫妇之伦""兄弟之伦"等进行了规定。例如,第1069条规定,"子女对父母的赡养义务,不因父母的婚姻关系变化而终止"。再如,第1074条关于广义的赡养关系的规定。这些条款不仅仅是细化了《宪法》第49条的规定,也是对原《婚姻法》第21条、《老年人权益保障法》第14条等法律内容的重申。尽管现代中国的家庭更加注重平等自由,但成年子女或孙子女对年老父母或祖父母等近亲属的赡养问题,却无法单纯地用孝与不孝的道德规范,《民法典》的相关条款表明立法者似乎也是有意地向人伦秩序回归。同样地,夫妇之伦原本强调男女有别,因为这种生物学上的差别导致夫妇在社会分工上的差别,从而造成他们社会地位上的差别。这种"差别"被很多人轻率地理解为不平等,所以主张通过法律消除这种不平等。通过空洞的平等话语来解释男女有别,其实是一种误解。事实上,中国也有很多保护女性的法律法规,如《妇女权益保障法》《女职工劳动保护特别规定》等法律法规,这并非偏袒女性,而是承认两性的差别,进而给予的"额外"保护。但是,有些平等话语从根本上漠视了男女的天然差别,将两性抽象为两个无差别的独立存在,显然违背了基本的社会事实。然而人伦秩序承认了男女的差别,并且认为这种差别是天然存在的,于是在抽象的平等之外对这种天然差别给予人为的弥补。换言之,两性之间固然可以强调平等,但并不是说两性之间就毫无差别,所以《民法典》一方面承认了两性间的法律平等,同时也注意到了男女间的自然差别,进而在婚姻关系、财产分割等方面承认了男女有别的客观事实,并在法律上对女性给予额外的支持,如《民法典》第1082条的规定。另一方面,诸如"兄弟之伦"强调兄弟姊妹之间的相互扶持和帮助等,这种人伦关系无论是古代还是现代,都是被普遍承认和遵守的,所以《民法典》第1075条也再现了这种人伦关系。

人伦问题作为中国思想和文化的核心,对中国社会的影响是根深蒂固的。近代的家庭革命对人伦的批判和否定,有其积极的一面,但不可否认有其偏激的一面。现在反思,我们固然可以追求家庭中的自由平等,却可能造成家庭本身分崩离析,从而失去了家庭中最基本的温情,那么这无疑是家庭的灾难。曾经的祠堂、宗族、祖先祭祀都成为强化人伦关系的纽带,但在现代社会都遭到了破坏和毁损,家庭已成为重建人伦秩序的最后"堡垒"。虽然我们一度追求西式家庭中的自由平等,但那也只应该是抽象意义上的价值平等,而不是对长幼秩序和家庭分工的取消。爷孙之间人格价值的平等,绝不意味着爷爷与孙子必须拥有一样多的财产,承担完全相等的工作量,得到完全一样的照顾。夫妻之间虽是通过婚约形成,但彼此的相濡以沫和相敬如宾却难以通过婚约来规范。人伦秩序强调的父母当慈、子女当孝、友于兄弟等才可能使每个人得到其人格的充分实现,成为一个自由且幸福的人,最终达到"彝伦攸叙"的境界。我国《民法典》"婚姻家庭"编立足自身的文化传统,让人伦价值重新焕发生命力。

材料3　五分钟法哲学①

第一分钟

对军人而言,命令就是命令。对法律职业人来说,法律就是法律。然而,当军人懂得命令的目的在于犯罪或违法时,他有义务和权利中止服从;但自从大约一百年前最后一批自然法学者从法学家群体中消逝以来,法律职业人就再也认识不到法律的效力和臣服法律的相同例外。法律之有效,只因为它是法律;而且,只要在一般情况下由权力来贯彻执行的话,它就是法律。对法律及其效力持上述观点(我们称之为实证主义学说),使法律职业人连同整个民族均无自卫能力来抵抗如此专横、如此残暴、如此罪恶的法律(此处指希特勒统治的"第三帝国"法律)。它们最终把法与强权等同起来:哪里有强权,哪里就有法。

---

① 参见〔德〕古斯塔夫·拉德布鲁赫:《五分钟法哲学》,舒国滢译,载〔德〕古斯塔夫·拉德布鲁赫:《法律智慧警句集》,舒国滢译,中国法制出版社2001年版,第157—160页。

第二分钟

有人想以下一句话来补充或取代上述的一段话：凡对人民有利的，就是法。这意味着：任性、背约、违法，只要对人民有利，就是法。这实际上是说：掌握国家权力者自认为对社会有益的事，独裁者每一次的突发奇想和喜怒无常的脾性，没有法律和判决的惩罚，对病弱者的非法谋杀，如此等等都是法。还可能意味着：统治者的自私自利被当作为公共利益看待。

故此，将法与臆造的或杜撰的人民利益相提并论，就把法治国家变成了一个不法国家。不，不是必须声称，所有对人民有利的，都是法；毋宁相反：仅仅是法的东西，才是对人民有利的。

第三分钟

法意图趋向正义。正义不过是指：不管是谁，一视同仁。如果谋杀政治对手的行为被推崇，谋杀异类的行为被愿求，以相同的行为对待自己志同道合之人而处以最残忍、最羞辱的刑罚，这既不是正义，也不是法。一旦法律有意拒绝去趋向正义，譬如根据人性承认和否认人权，那么这样的法律就缺乏有效性，人民对此就不承担服从的义务，法律职业人也就必须鼓起勇气，否定这些法律具有法的本性。

第四分钟

的确，除了正义，公共利益也是法的一个目标。的确，法律，即便恶法也还总有某种价值——对法保持怀疑的价值。的确，人的不完善性不会总能将法的三种价值即公共利益、法的安定性、正义和谐地统一起来。故此，人们只能权衡：要么为了法的安定性而宣扬恶的法律、有害的法律或不公正的法律有效，要么因为法的不公正性或危害公共性而否认其有效。必须给整个民族和法学家的意识本身深深打上这样的烙印：可能有些法律，其不公正性、公共危害性是如此之大，以至于它们的效力，它们的法的本性必须被否定。

第五分钟

也有一些法的基本原则，它们的效力比任何法律规则更强而有力，以至于一项法律若与它们相矛盾就变得无效。人们将这些基本原则称为"自然法"或"理性法"。确实，它们在具体方面还包含若干疑点，但几个世纪的努力已经塑造出了这样一个稳固的实体，而且广泛协调地融于所谓人权和公民权宣言之中。至于说它们的某些方面，也还只能由于有心里的疑问而保持怀疑。在宗教信仰语言里，相同的思想以《圣经》的两句话写下来。其中一句写着：应当顺从掌握你们权柄的人。另一句写着：顺从神，不顺从人，是应当的——这不只是一个虔诚的愿望，而且也是一个有效的法的规则。不过，这两个语句之间的紧张关系（张力）不能通过第三句话来化解，比方说通过箴言"恺撒的事当归给恺撒，神的事当归给神"来化解，因为这句箴言使人对（神俗）界线表示怀疑。更确切地说，应该诉诸上帝的声音来解决，而上帝声音只是面对特殊的情况时在个人良心里向人宣示。

经典案例

案例 1　中国建设银行大庆分行与姚丽劳动争议案[①]

　　1999 年 7 月 9 日 12 时许，中国建设银行大庆分行（以下简称"大庆建行"）某储蓄所的三名女储蓄员姚丽、孙海波、李蓬正在吃饭，突然闯进来两名男子，其中一人从提包内取出一把 8 磅重的铁锤猛击防弹玻璃，另一人从旁吼道："快开门，报警就整死你们！"受到惊吓的三名女子躲在柜台下面，姚丽按下了报警器开关，但警讯未能传出。这时，歹徒再次叫骂："不开门，等我们进去就杀了你们。"孙海波说没有钥匙，姚丽装作找钥匙拖延时间，并蹲在柜台下再次打电话报警，然而电话一直未能打通。这个时候，孙海波见被砸坏的玻璃要掉下来，内心非常害怕，在歹徒恐吓下将柜台门打开了。为保住公章和票据，姚丽打开了自己的钱匣，歹徒抢走了姚丽钱匣中的 13568.46 元现金和孙海波钱匣中的 30190 元现金。之后，歹徒又威胁姚丽打开保险柜。姚丽谎称"保险柜里没钱，今天没从行里提款"，最终也没有将钥匙交出，使保险柜中 25 万元现金安然无损。第二天，姚丽从自己家中取来 1.3 万余元交给单位，补上了歹徒从自己手中抢走的现金。

　　1999 年 8 月 5 日，大庆建行领导向姚丽宣布了处分决定，认为她在 7 月 9 日发生的歹徒持械抢劫案件中没有制止孙海波打开柜台门是错误行为，也没有与歹徒搏斗，并在歹徒威胁下将匣箱中的 13568.46 元现金交出，属于严重的失职行为。决定给予行政开除公职、开除党籍处分。姚丽对此决定非常愤怒，她认为自己面对歹徒已经尽了最大努力，不顾危险一次次报警，事后才知道早已下发的恐吓报警器没有安装，且 110 报警器失灵；为了不让保险柜中的更多的现金被歹徒抢走，冒着生命危险始终没有交出钥匙，并且还保住了更多的国家财产和票

[①] 参见舒言：《危急时刻，必须以死相拼吗？》，载《公民导刊》2000 年第 6 期。编者对部分内容进行了调整。

据。在当时的情况下,难道非要手无寸铁的我与穷凶极恶的歹徒搏斗,才是正确的吗?"姚丽和父亲在求见行长遭到拒绝并被驳回行政复议请求后,向大庆市萨尔图区劳动争议仲裁委员会申请仲裁。该仲裁委员会于1999年11月8日作出裁决:撤销大庆建行对姚丽开除公职的处分决定,恢复姚丽公职,安排工作,补发工资。

大庆建行不服该仲裁裁决,向大庆市萨尔图区人民法院提起诉讼。2000年1月26日,萨尔图区人民法院判决大庆建行败诉。大庆建行再次不服,上诉至大庆市中级人民法院。2000年3月1日,大庆市中级人民法院开庭审理该案,并在终审判决中判定大庆建行败诉。

【说明】 即使案件发生的年代网络并不如当下这样发达,但该案件也引起了社会广泛的争议,质疑银行对当事人的处理。之所以如此,主要原因在于,在我国社会转型时期价值观念也处于剧烈的变动中。长期以来,在集体主义教育下,集体财产、国家财产高于一切的观念深入人心,因此出现了很多为了保护集体财产、国家财产而牺牲生命的感人事迹。而当下的时代,我们对价值位阶有了新的观念,保障人民的生命安全,建设安全中国,也是我国建设社会主义法治国家的重要目标。因此,本案中姚丽与歹徒斗智斗勇,最大限度地保证了自己和同事的生命与国家财产,获得了法律的肯定,得到公众的理解以及赞赏。

案例2 王力军非法经营再审改判无罪案[①]

内蒙古自治区巴彦淖尔市临河区人民检察院指控被告人王力军犯非法经营罪一案,临河区人民法院经审理认为,2014年11月至2015年1月期间,被告人王力军未办理粮食收购许可证,未经工商行政管理机关核准登记并颁发营业执照,擅自在临河区白脑包镇附近村组无证照违法收购玉米,将所收购的玉米卖给巴彦淖尔市粮油公司杭锦后旗蛮会分库,非法经营数额218288.6元,非法获利6000元。案发后,被告人王力军主动退缴非法获利6000元。2015年3月27日,王力军主动到临河区公安局经侦大队投案自首。原审法院认为,被告人王力军违反国家法律和行政法规规定,未经粮食主管部门许可及工商行政管理机关核准登记并颁发营业执照,非法收购玉米,非法经营数额218288.6元,数额较大,其行为构成非法经营罪。临河区人民法院于2016年4月15日作出(2016)

[①] 参见《最高人民法院指导性案例(2018年1月—2020年12月)》,人民出版社2021年版,第21—23页。

内0802刑初54号刑事判决,认定被告人王力军犯非法经营罪,判处有期徒刑一年,缓刑二年,并处罚金人民币2万元;被告人王力军退缴的非法获利款人民币6000元,由侦查机关上缴国库。宣判后,王力军未上诉,检察机关未抗诉,判决发生法律效力。

最高人民法院于2016年12月16日作出(2016)最高法刑监6号再审决定,指令巴彦淖尔市中级人民法院对本案进行再审。

再审中,原审被告人王力军及检辩双方对原审判决认定的事实无异议,再审查明的事实与原审判决认定的事实一致。巴彦淖尔市人民检察院提出了原审被告人王力军的行为虽具有行政违法性,但不具有与《刑法》第225条规定的非法经营行为相当的社会危害性和刑事处罚必要性,不构成非法经营罪,建议再审依法改判。王力军在庭审中对原审认定的事实及证据无异议,但认为其行为不构成非法经营罪。辩护人提出了王力军无证收购玉米的行为,不具有社会危害性、刑事违法性和应受惩罚性,不符合刑法规定的非法经营罪的构成要件,也不符合刑法谦抑性原则,应宣告原审被告人王力军无罪。

巴彦淖尔市中级人民法院再审认为,原判决认定的原审被告人王力军于2014年11月至2015年1月期间没有办理粮食收购许可证及工商营业执照买卖玉米的事实清楚,其行为违反了当时的国家粮食流通管理有关规定,但尚未达到严重扰乱市场秩序的危害程度,不具备与《刑法》第225条规定的非法经营罪相当的社会危害性、刑事违法性和刑事处罚必要性,不构成非法经营罪。原审判决认定王力军构成非法经营罪适用法律错误,检察机关提出的王力军无证照买卖玉米的行为不构成非法经营罪的意见成立,原审被告人王力军及其辩护人提出的王力军的行为不构成犯罪的意见成立。

【说明】 市场秩序是社会秩序的一种,也是现代社会法的一项重要价值,在刑法中也是一项重要的入罪理由。与此同时,营业自由也是法的自由价值的内容之一,需要获得保障。在自由和秩序发生冲突的情况下,需要进行价值的整合。我国《刑法》第225条的规定,体现了严重扰乱市场秩序的非法经营行为是不受法律保护的。不过,在刑法适用过程中,司法机关应当避免机械适用刑法,应根据具体个案中主体的行为对秩序价值侵犯的轻重来定罪量刑,以实现个案中的价值平衡。我国《刑法》第225条第4项规定的"其他严重扰乱市场秩序的非法经营行为"之所以入罪,其原因在于该行为对市场秩序的侵害。因此,在适用该兜底条款时,应当根据相关行为是否具有与《刑法》第225条前三项规定的非法经营行为相当的社会危害性、刑事违法性和刑事处罚必要性进行判断。对于违反行政管理有关规定的经营行为是否构成非法经营罪,应当考虑该经营行为是否严重地扰乱了市场秩序。对于虽然违反行政管理有关规定,但尚未严重扰乱市场秩序的经营行为,不应当认定为非法经营罪。

金句法谚

1. 坚持以人民为中心的发展思想,不是一句空洞的口号,必须落实到各项决策部署和实际工作之中。

——习近平

2. 正义是社会制度的首要德性,正像真理是思想体系的首要德性一样。

——〔美〕约翰·罗尔斯

3. 要使事物合于正义(公平),须有毫无偏私的权衡;法律恰恰正是这样一个中道的权衡。

——〔古希腊〕亚里士多德

4. 一次不公的判断比多次不平的举动为祸尤烈。因为这些不平的举动不过弄脏了水流,而不公的判断则把水源败坏了。

——〔英〕弗·培根

5. 法律一旦模糊或不确定,人们就会陷入可怕的奴役。

——西方法谚

6. 全面依法治国最广泛、最深厚的基础是人民,必须坚持为了人民、依靠人民。要把体现人民利益、反映人民愿望、维护人民权益、增进人民福祉落实到全面依法治国各领域全过程。

——习近平

7. 法律是治国之重器,良法是善治之前提。

——《中共中央关于全面推进依法治国若干重大问题的决定》

习题精选

习题1:

2017年3月,被称为"民法典之魂"的《民法总则(草案)》提请全国人大审议。民法典编纂工作专班的同志在汇总代表审议意见后发现,大家普遍对草案中"因自愿实施紧急救助行为造成受助人损害的,救助人不承担民事责任。但是救助人因重大过失造成受助人不应有的重大损害的,承担适当的民事责任"的有关规定十分关注,引发了热烈讨论。

有代表指出,做好事又让人承担责任,不太合适,不能让见义勇为者既流血又流泪。还有代表认为,紧急情况的发生具有突然性,见义勇为者自身也承担风险,让其承担赔偿责任将有损社会价值,不利于鼓励见义勇为,可能导致无人施救的后果。

在立法过程中,某个条文遭到批评甚至反对的情况很常见,但在大会审议阶段,还有如此多且强烈的反对意见,让不少同志十分意外。代表的审议意见引起了专班同志的高度关注。大家对代表提出的意见进行了反复研究,一直忙到次日凌晨3点多才完成相关条文修改工作。经全国人大法律委员会审议,"好人条款"有关规定在综合考量后被修改为:因自愿实施紧急救助行为造成受助人损害的,救助人不承担民事责任。受助人能够证明救助人有重大过失造成自己不应有的重大损害的,救助人承担适当的民事责任。

为帮助代表们理解条文如此修改的原因,消解代表们的疑虑,法工委领导同志主动带领有关同志来到代表团,认真讲解该条文保留但书的必要性。法案组驻地联络员也积极为代表们答疑解惑。

但在后续审议时,代表们对修改后的"好人条款"还是不满意。法律委员会和专班同志充分尊重代表意见,经过热烈讨论,决定删除但书。这才有了我们最终看到的"好人条款"。

"好人条款"面世后,受到社会广泛好评,大家普遍认为,这一规定为见义勇为者解除后顾之忧,无疑是给善意的救助人吃下了一颗定心丸,让善行善意得到尊重,大力弘扬了社会主义核心价值观。

根据上述材料,试分析"好人条款"中的价值取向。

【解析】 "好人条款"之所以能够得到广泛的支持,关键在于该条款符合中国传统的观念——"好人应当有好报",而如果"好人"没有"好报",那一定是什么地方出了问题。这种朴素的观念正是"好人条款"的强大社会心理基础;从法的价值来看,它也是法的公平正义价值的体现。随着依法治国的深入发展,全社会对公平正义的渴望比以往任何时候都更加强烈,我国法律也应当将公平正义作为法治国家建设的生命线。

习题 2：

1986年6月23日，患者夏某因肝硬化晚期腹胀伴严重腹水，被送进陕西汉中市某医院。

看着母亲痛苦不堪的惨状，患者儿子王某和妹妹觉得母亲既然痛苦得生不如死，不如请求医生对她实施安乐死。6月28日，在王某等一再央求下，医生蒲某开了一张100毫升的复方氯丙嗪（又称"冬眠灵"）的处方，并注明"家属要求安乐死"，王某在上面签了字。当天中午至下午，该院实习生蔡某和值班护士分两次给夏某注射冬眠灵。次日凌晨5时，夏某在昏睡中去世。同年9月，检察院以故意杀人罪将蒲某和王某批准逮捕，并于1988年2月向法院提起公诉。

1990年3月，法院对此案进行了公开审理，并报至最高人民法院。最高人民法院于1991年2月28日批复陕西省高院："你院请求的蒲某、王某故意杀人一案，经高法讨论认为：安乐死的定性问题有待立法解决，就本案的具体情节，不提安乐死问题，可以依照《刑法》第10条的规定，对蒲某、王某的行为不做犯罪处理。"1991年4月6日，法院作出一审判决："被告人王某在母夏某病危难愈的情况下，产生并且再三要求主治医生蒲某为其母注射药物，让其无痛苦地死去，其行为显属剥夺其母生命权利的故意行为，但情节显著轻微，危害不大，不构成犯罪。被告人蒲某在王某再三要求下，同其他医生先后向危重病人夏某注射促进死亡的药物，对夏的死亡起了一定的促进作用，其行为已属剥夺公民生命权利的故意行为。但情节显著轻微，危害不大，不构成犯罪。依照《中华人民共和国刑法》第十条，宣告蒲某、王某二人无罪。"一审后，汉中市人民检察院对一审判决两名被告行为不构成犯罪提起抗诉；蒲某和王某则对一审判决认定其行为属于违法行为不服提起上诉。汉中市中院于1992年3月25日二审裁定：驳回汉中市检察院的抗诉和蒲某、王某的上诉，维持一审法院的刑事判决。

事隔近18年后，2004年5月，当初要求为母亲实施安乐死的王某患胃癌并转移，向医院提出安乐死，被医院拒绝。2004年8月3日，王某病逝。

根据上述材料，分析安乐死争议中的价值冲突及我国的立法取向。

【解析】 安乐死是极少的能够引起社会广泛关注的法律问题。在我国传统观念中，"好死不如赖活着"。而当今，要求生活质量的观念逐渐获得了越来越多人的认可，安乐死也成为一个严肃的法律问题。从法律价值角度来看，安乐死争议体现了自由与安全、秩序之间的冲突。从理念来说，人是否有权在有尊严地死去和维持自己的生命之间作出选择是一个可讨论的议题。但是，法律还要关注价值实现的现实环境。安乐死的本质在于个人选择的自由,而在我国目前医疗保障体制并不完善的情形下,人的选择自由可能难以保障。因此,我国不支持安乐死并不是否认人的选择自由,而是在不具备相应条件下保障人不选择的自由。

习题3：

材料1 何某玮通过其祖父何某新的遗赠和祖母杜某妹的赠与取得某房屋所有权。后何某玮的父母离婚,何某玮由其母亲伍某抚养。何某玮及其法定代理人伍某向法院起诉,请求判令杜某妹腾空交还其赠与的房屋,并支付租金损失。法院认为,何某玮受遗赠、赠与取得房屋产权时年仅4岁,根据生活常理,何某新、杜某妹将二人的家庭重要资产全部赠给何某玮显然是基于双方存在祖孙关系。此种源于血缘关系的房屋赠与,即便双方没有明确约定赠与人有继续居住的权利,基于人民群众朴素的价值观和善良风俗考虑,在杜某妹年逾六旬且已丧偶的情况下,何某玮取得房屋所有权后不足一年即要求杜某妹迁出房屋,明显有违社会伦理和家庭道德。何某玮虽享有涉案房屋所有权,但杜某妹在该房屋内居住是基于双方存在赠与关系、祖孙关系以及长期共同生活的客观事实,如以所有权人享有的物权请求权剥夺六旬老人的居住权益,显然有违人之常情和社会伦理,故杜某妹的居住行为不属于无权占有的侵权行为。何某玮要求杜某妹腾退房屋,缺乏法律依据,不应予以支持。故判决驳回何某玮的全部诉讼请求。

材料2 杨某顺系杨某洪、吴某春夫妇的儿子。杨某顺出生后一直随其父母在农村同一房屋中居住生活。杨某顺成年后,长期沉迷赌博,欠下巨额赌债。后该房屋被列入平改范围,经拆迁征收补偿后置换楼房三套。三套楼房交付后,其中一套房屋出售他人,所得款项用于帮助杨某顺偿还赌债;剩余两套一套出租给他人,一套供三人共同居住生活。后因产生家庭矛盾,杨某洪、吴某春夫妇不再允许杨某顺在二人的房屋内居住。杨某顺遂以自出生以来一直与父母在一起居住生活,双方形成事实上的共同居住关系,从而对涉案房屋享有居住权为由,将杨某洪、吴某春夫妇诉至法院,请求判决其对用于出租的房屋享有居住的权利。法院认为,杨某顺成年后具有完全民事行为能力和劳动能力,应当为了自身及家庭的美好生活自力更生,而非依靠父母。杨某洪、吴某春夫妇虽为父母,但对成年子女已没有法定抚养义务。案涉房屋系夫妻共同财产,杨某洪、吴某春夫妇有权决定如何使用和处分该房屋,其他人无权干涉。杨某顺虽然自出生就与杨某洪、吴某春夫妇共同生活,但并不因此当然享有涉案房屋的居住权,无权要求继续居住在父母所有的房屋中。故判决驳回杨某顺的诉讼请求。

根据上述两个材料,分析法院判决中所体现的价值观念。

【解析】 两个案件看似同案不同判,但毋庸置疑的是,判决能否得到公众的支持答案很明显。法律不外乎人情,而人情很多时候是公平正义观念在具体情境中的体现,同时法律也为其留下了容身之所,如公序良俗原则。上述两个案件中,一则保护了祖母的居住权,另一则否认了儿子的居住权,看似不同,实则统一于法律的公平正义价值中。

习题4:
出租车司机甲送孕妇乙去医院,途中乙临产,情况紧急。为争取时间,甲将车开至非机动车道掉头,被交警拦截并被罚款。经甲解释,交警对甲未予以处罚并为其开警车引道,将乙送到医院。

阅读上述案例,回答下列问题:
1. 交警对甲未予以处罚是运用了什么形式的法律推理?
2. 此案中法的价值之间发生了冲突,警察根据什么原则作了价值取舍?
3. 警察的执法行为坚持了什么原则?

【解析】 交警运用了辩证推理,对甲未予以处罚。辩证推理,又称"实质推理",是指在两个相互矛盾的都有一定道理的陈述中选择其一的推理。辩证推理是在缺乏使结论得以产生的确定无疑的法律与事实的情况下进行的推理。法律虽然有规定,但是由于新的情况的出现,适用这一规定明显不合理,此时可以运用辩证推理。按照既有的交通规则,交警应该对甲予以处罚,但是在这种紧急情况下,对甲进行处罚明显不合理,因此交警运用了辩证推理,对甲未予以处罚。此案中人的生命权和交通秩序在价值上发生了冲突,警察根据价值位阶作了价值取舍,优先保护了人的生命价值。该案中,警察在执法中坚持了合理性原则。

第十五章 Chapter 15
法的基本价值

章前提示

在现代社会,法的基本价值集中体现在安全、秩序、自由、平等、正义等目的价值上。必要程度的安全是人类生存与发展的基础性条件,也是法的价值的基本内容之一,法律必须保证更高标准的安全价值的实现。一定的社会秩序是人类存在和发展的前提和基础,也是法的价值的基本内容之一,法律在保障社会秩序上具有不可或缺的作用。自由自始至终与人的主体性相关,是法的基本的价值之一,法律对于人的自由的实现具有根本的意义。平等是人类追求的美好价值之一,也是法的基本价值之一,现代法律是实现平等的基本手段。正义是人类追求的共同理想,也是法律的核心价值,法律必须为正义的实现而服务。

原理阐释

一、法与安全

必要程度的安全是人类生存与发展的基础性条件,它既是一切正常社会不可或缺的特质,也是法的基本内容之一。党的十九大报告指出,"我国社会主要矛盾已经转化为人民日益增长的美好生活需要和不平衡不充分的发展之间的矛盾"。这对法律的安全价值提出了更高的标准。

（一）安全的概念

1. 安全的意义

在日常用语的意义上,安全就是没有危险、不会发生损失或损害的状态,即绝对的安全。在现实意义上,对于实际生活中的所有个人、机构等社会主体来说,安全是一个包含安全程度的概念,即相对的安全。

2. 安全的类型

按照所涉及的主体,安全包括以下类型：

（1）公民个人权益安全。就公民个人权益而言,安全主要涉及人身安全、财产安全、隐私信息安全等。保障公民个人权益领域安全的法律主要有《民法典》《个人信息保护法》《中华人民共和国治安管理处罚法》(以下简称《治安管理处罚法》)、《刑法》等。

（2）企业发展安全。就企业发展而言,安全主要涉及生产安全、交易安全、财产安全、商业秘密安全等。保障企业发展安全的法律主要有《民法典》《安全生产法》《矿山安全法》《刑法》等。

（3）社会管理安全。就社会管理而言,安全主要涉及交通安全、消防安全、公共卫生安全、食品安全等,涉及的法律主要有《道路交通安全法》《消防法》《食品安全法》《突发事件应对法》《刑法》等。

（4）国家治理安全。就国家治理而言,安全主要涉及国防安全、政治安全、经济安全、生态安全等,涉及的法律主要有《国家安全法》《国防法》《网络安全法》《刑法》等。

3. 安全与发展的关系

在任何一个时代,安全和发展都密切相关,呈现一体两翼的关系。在当代,安全和发展的关系主要涉及以下方面：

（1）安全是发展的前提。任何一个领域出现安全隐患,都有可能损害人民的切身利益甚至影响国家的根本利益。为此,习近平总书记强调我国要坚持"总体国家安全观",即"以人民安全为宗旨,以政治安全为根本,以经济安全为基础,以军事、文化、社会安全为保障,以促进国际安全为依托","构建集政治安全、国土安全、军事安全、经济安全、文化安全、社会安全、科技安全、信息安全、生态安全、资源安全、核安全等于一体的国家安全体系"。

（2）发展是安全的保障。要解决各种社会矛盾和问题，防范和化解各类风险隐患，维护个人、社会和国家安全，归根到底要靠发展。

（3）我国处理安全与发展关系的基本方针。要处理好安全和发展的关系，就要坚持总体国家安全观，实施国家安全战略，维护和塑造国家安全，统筹传统安全和非传统安全，把安全贯穿国家发展各领域和全过程，防范和化解影响我国现代化进程的各种风险，筑牢国家安全屏障。总之，我国要加强国家安全法律体系建设，确保国家经济安全，保障人民生命财产安全，维护社会稳定和安全。

（二）法的安全价值

1. 安全价值的意义

安全是一切主体的切身利益中最为直接和最为关键的价值。在法的各种价值中，安全属于基础性价值，构成秩序、自由、平等、正义、人权等其他价值的存在基础。只有在人身安全、财产安全等最起码的安全得到保障的基础上，秩序、自由等其他价值才有实现的可能性。

2. 安全作为法的基础性价值的意义

在法的各种价值中，安全作为法的基础性或者底线性的价值的意义，主要表现在两个方面：

（1）在私人领域，如果自然人或者法人的安全总是处于危险之中，生命安全没有基本的保障，自由和财产随时可能被剥夺，那么，对于自然人和法人主体而言，所谓的秩序、自由、平等、正义和人权就会变得毫无实际意义。

（2）在公共领域，如果领土安全、国防安全、公共安全、经济安全、生态安全等安全价值得不到基本的保障，则表明国家这一政治共同体面临着解体的危机，这种时候，公共权力也不可能有足够的能力来保护秩序、自由、平等、正义和人权等法的价值的实现。

3. 对安全造成威胁的因素以及法律的作用

（1）对安全造成威胁的因素。对于安全造成威胁的主要来自以下因素：第一，人为因素，如故意伤害、侵占财产等。第二，自然力，如洪水、瘟疫等。第三，人为因素和自然因素的共同作用，如责任事故导致的矿难。

（2）法消除威胁安全的因素的方式。第一，法通过对人的行为的控制来防止和减少人为因素对安全的妨害，涉及的主要法律有《民法典》《刑法》《治安管理处罚法》等。第二,法律可以借助义务和职责的设定来使处于特定场合或者负有特定职责的人以特定的方式使用、控制和干预自然力,同时法律的制定与实施也可以消灭或减少自然力对安全的威胁,涉及的法律主要有《防洪法》《防震减灾法》《传染病防治法》等。

4. 法对安全的保障

法对安全的保障作用主要通过以下三个逻辑环节来实现:

(1) 确立与安全保障相关的权利、义务(含职责)和责任。首先,法律所确认的生命权、健康权、人身自由权、财产权等实体性权利,是法律对权利主体相关安全利益范围的确认和承诺。其次,法律所施加的相关义务和职责意味着义务人必须以消极行为来防止对权利人安全利益的减损,或者必须以积极行为来消除或降低对权利人安全利益的威胁。最后,法律所规定的责任,是义务人违反相关义务和职责所引起的不利后果。

(2) 设立安全保障的相关标准。20世纪中期以来,为各个领域尤其是高度危险的领域制定安全标准,成为国际社会普遍关注的重大课题。高度危险的领域主要是指高温、高压、易燃、易爆、剧毒、放射性、高速运输等对从业人员和周围环境有高度危险的作业。

(3) 严格和有效地实施与安全保障相关的法律规范和标准。在法律上确认与安全保障相关的权利、义务和责任,设立各个行业和领域的安全保障标准,这只是以法律保障安全的制度性基础条件。在上述基础性条件具备之后,与安全保障有关的法律规范和标准能否得到严格和有效的实施才是安全保障问题的关键所在。

在我国社会主义法治国家建设中,与安全保障相关的法律规范和标准的实施受到了越来越高的重视。

二、法与秩序

人类社会的生存和发展始终都以一定的秩序作为前提和基础。而作为基本的社会规范系统的法律,本身就是保障社会秩序所不可或缺的,对于实现稳定的社会秩序具有重要的意义。

（一）秩序的概念

秩序是指在一定的时间和空间范围内，事物之间以及事物内部要素之间相对稳定的结构状态。与秩序相对应的是无序。

1. 秩序的类型

秩序可以分为自然秩序和社会秩序。

（1）自然秩序。自然秩序主要针对自然界之物，是一种依照事物的自然规律形成的一种状态。客观性是自然秩序的基本特征。自然秩序受制于客观规律，一般不属于法律调整范围。只有在自然秩序受到人的干预和影响、涉及人的利益和需求，成为社会化的自然秩序时，法律才有可能将其作为目的价值进行调整。

（2）社会秩序。社会秩序主要针对由人类生活形成的各个社会领域中的社会事物。与自然秩序不同，社会秩序在受社会发展的客观规律制约的同时，也受到人的主动性和能动性作用的影响。

在人类的社会生活领域中，秩序意味着在社会中存在着某种程度的关系的稳定性、进程的连续性、行为的规则性以及财产和心理的安全性等基本社会因素。

以一个社会的主要社会规范体系为标准，社会秩序可以分为宗教秩序、道德秩序和法律秩序等。从历史的发展来看，社会秩序大致经历了一个从宗教秩序、道德秩序到法律秩序的演进过程。

2. 秩序的意义

良好的秩序是社会进步的基础。这对于当代中国意义特别重大。正因为秩序和稳定对于当代中国社会主义各项事业的现代化建设来说至关重要，所以，通过法律建立良好的社会秩序和稳定局面是推进改革和建设的重要前提。

（二）法的秩序价值

1. 秩序作为法的价值的意义

（1）社会的秩序需求和秩序维持是法律产生的初始动机和直接目的。一方面，法律有助于解决社会纠纷和矛盾，减少冲突和混乱，维护社会秩序。另一方面，法律作为阶级分化、阶级斗争的产物，它必然成为维护阶级统治秩序的重要方式之一。

(2) 秩序是消解、缓和社会矛盾和冲突的一个基本参照标准。一般来说,社会矛盾和冲突的发生总是表现为秩序被破坏。这就要求社会管理者从中思考如何解决矛盾和冲突以维持现有的秩序,或改善制度建立新的秩序。

(3) 秩序作为一种社会理想状态存在。秩序不只作为法律价值,还作为社会的一种理想状态,鼓励社会合作,促进社会和谐。

2. 法律有助于秩序的建立

在现代社会,社会秩序的建立很多情况下需要通过法律的方式来实现。主要表现为以下三点:

(1) 法律制度的设计本身就是在描绘人们所向往的社会秩序的基本蓝图,这种蓝图也当然地成为某个特定的社会所追求的目标,成为各该社会建立其社会秩序的标准与参照。例如,我国《民法典》第1条规定:"为了保护民事主体的合法权益,调整民事关系,维护社会和经济秩序,适应中国特色社会主义发展要求,弘扬社会主义核心价值观,根据宪法,制定本法。"

(2) 法律通过赋予社会主体一定的权利和自由引导社会主体的行为,使社会主体在行为方式和行为结果上能够彼此协调和顺应,从而建立相应的社会秩序。例如,我国《民法典》第3条规定:"民事主体的人身权利、财产权利以及其他合法权益受法律保护,任何组织或者个人不得侵犯。"

(3) 法律通过给社会主体施加一定的义务与责任的方式,使社会主体对自身的行为加以必要的克制与自我约束,从而建立相应的社会秩序。例如,我国《民法典》第7条规定:"民事主体从事民事活动,应当遵循诚信原则,秉持诚实,恪守承诺。"

3. 法律有助于社会秩序的维护

(1) 维护统治阶级秩序

第一,法律必然要维护以统治阶级整体的根本利益为核心而形成的统治阶级秩序,使其阶级统治合法化、制度化,从而最大限度地实现统治阶级的根本利益。

第二,出于把阶级矛盾和冲突有效地控制在社会秩序所许可的范围的政治需要,统治阶级也会适当地考虑被统治阶级的某些利益和需求,以减少其统治的社会阻力。

(2) 维护权力运行秩序

权力是指个人、集团、国家不管他人同意与否而贯彻自己的意志或政策以及控制、影响他人行为的能力。

第一,规范和约束权力运行的必要性。由于人类社会的社会合作和分工需要在一定的权力作用下才能存在和发展,一方面,社会秩序的存在离不开权力的存在与有效运行;另一方面,权力运用不当很可能给社会带来危害甚至灾难。因此,必须对权力运行加以规范和约束,建立和维护有效的权力运行秩序,使权力运行始终处于可预期和可控制的状态。

第二,权力运行秩序约束的主体和对象。权力运行秩序主要是针对社会的管理者而建构的,规范和约束的主要是国家权力、政治权力、公共权力。例如,《中华人民共和国监察法》第1条规定:"为了深化国家监察体制改革,加强对所有行使公权力的公职人员的监督,实现国家监察全面覆盖,深入开展反腐败工作,推进国家治理体系和治理能力现代化,根据宪法,制定本法。"

第三,现代法对权力运行秩序的作用。在人民主权原则的基础上,现代各国一般通过宪法和基本法律等对权力运行秩序进行规定。其一,各国宪法和法律一般会明确规定公民享有的各项政治权利和自由,并加以有力的保障,确保国家政权的民主性质。其二,各国宪法和法律通常会对国家权力系统的结构作出科学的安排,对权力进行监督和制约,防止权力滥用。

(3) 维护经济秩序

法律本身是从人们的现实生活特别是经济生活的规范性需求中产生出来的。法律既是一定经济秩序的内在需求,同时也是一定经济秩序的体现。法律对经济秩序的维护体现为,使人们的经济活动摆脱偶然性与任意性,使之逐渐趋于稳定性并获得相应的连续性和可预测性。

第一,法律保护财产所有权。只有明确了谁是财产的合法所有人这一问题,商品生产才能有足够的动力,商品交换才能有合法的起点。现代各国宪法和法律都会规定对于公私财产权依法进行保护。

第二,法律规范经济主体资格。对经济主体如不加以规范,则必然会产生经济主体的无限多样性,加之不合格主体的大量存在,会危及交易安全,造成经济秩序的混乱。因此,现代各国主要通过公司法、企业法等市场主体法来规范经济主体资格。

第三,法律调控经济活动。一是以禁止性法律规定严禁经济活动中偏离正常经济秩序的行为。二是将计划、税收等宏观调控手段纳入法律体系,对全社会的生产、分配和交换加以必要的调节,防止或缓和各经济部门的比例失调,消除生产经营中的盲目性。现代各国主要通过计划、财政税收、金融等宏观调控法律来保证经济活动的秩序。

第四,保障劳动者的生存条件。劳动是经济运行的起点,为了经济的正常运行,必须确保劳动者能够维持正常的生存条件。现代各国主要通过劳动法、社会保障法等来保障劳动者的生存条件和维护劳动秩序。

(4)维护正常的社会生活秩序

在任何社会,最起码的社会生活秩序以及相应的社会基本安全的保障与维护,始终都是国家的首要职责。国家履行上述职责的典型方式就是通过法律进行的。

第一,法律通过在各种社会利益及其需求的基础上确定主体相应的权利义务,最大限度避免社会矛盾和社会纠纷的产生。现代各国主要通过民法、行政法和刑法等维护社会秩序。

第二,法律明确地规定和平、文明的纠纷解决程序与机制。现代社会主要通过民事诉讼法、刑事诉讼法和行政诉讼法来保障社会矛盾和纠纷依法获得解决。

三、法与自由

法与自由是密切相关的。自由表示人在意志上对自身的控制和支配不受他人干涉,对自身活动和行为享有独立自主权,不受他人的妨碍。因此,自由自始至终与人的主体性相关。或者说,自由是人的本性。

(一)自由的概念

自由的一般含义是指从受到束缚的状态之中摆脱出来或不受约束的姿态。

1. 自由的基本内涵

(1)哲学上的自由。自由是指主体对必然的认识,是主体对客观世界的改造。

(2)政治学与社会学上的自由。自由是指主体的利益需求与整个社会秩序的和谐统一。第一,自由体现了主体对社会规范的认识和支配。第二,自由是指主体免于他人的压迫和控制,能够自主安排自己的行为(包括对公共事务的自主参与)。

(3) 法理学意义上的自由。自由是指主体的行为与法律的既有规定相一致或相统一。自由意味着主体可以自主地选择和从事一定的行为。自由表现为主体自主选择的行为必须与相关法律规范的规定相一致。

2. 自由的基本类型

(1) 意志自由和行为自由

主体的意志自由是主体借助对事物的认识来作出决定的能力。

行为自由是主体在自由意志支配下实施行为的自由。由于主体自由意志支配下的行为自由会涉及自我和他人的利益,因此,在实践中自由不能不与控制有关。其一,自我控制或内在控制,是指主体自身对于自己的意志和行为的认识或控制。其二,外在控制,是指各种社会组织、机构等社会主体,最主要是国家,运用多种手段对自由的控制、约束、规范、调整与引导。自由的外在控制需要控制者的理性认知和选择,在控制与放任之间寻求一种恰当的理性平衡。

(2) 消极自由和积极自由

消极自由一般是指在私权利领域中,个人的生活选择不受公权力干涉的自由。但随着福利国家的出现,传统上属于消极自由的领域,如就业、医疗、住房等,开始越来越受到政府福利政策的大幅干预。

积极自由是主体可以合法地享有行使各项权利的自由。在现代社会,国家应为个人发展提供平等机会,使个人能够自由地追求自己的目标。同时,为了保障个人的积极自由,国家也必须提供必要的帮助。

(二) 法的自由价值

1. 自由作为法的价值的意义

追求自由是人的本性,人类的历史就是不断追求自由的历史。第一,自由作为法的价值的主要意义在于,法律应将确认和保障自由作为自己的价值追求。是否以保障人的自由为目的以及是否能够切实保障人的自由,可以说已经成为现代社会衡量法律好坏的一个重要标准。第二,为了帮助主体实现自由,法律除了要确认和保障自由外,还应积极为主体实现自由提供各种现实条件。

2. 法律确认自由

法律确认自由的基本途径是以权利义务的方式设定自由的范围及其方式,

其实质是将自由法律化为法律自由。从现代社会各国法律的具体规定来看,法律对自由的确认主要采取以下方式:

第一,以权利义务规定来设定主体自由的具体范围。法律权利确立主体享有的具体自由的法律正当性,法律义务则对主体享有自由的范围进行界定。

第二,以权利和义务规定来设定主体自由的实现方式。如果说法律以权利和义务规定来设定主体自由的具体范围还只具有静态意义的话,那么,法律以权利和义务规定来设定主体自由的实现方式就具有了动态意义。这是从动态角度对主体追求自由的行为给予规范化的引导、限定和约束。

3. 法律保障自由

自由需要法律的保障,因为对自由构成妨碍的条件需要法律去排除;只有在法律的保障下,自由才可能是稳定和现实的。

现代社会自由受到侵害的主要来源有两个方面:第一,行使国家权力或者公共权力的国家机关等对主体自由的侵害。第二,上述主体之外的其他私主体对自由的侵害。

为此,法律采取以下几种基本方式来保障自由:第一,法律通过划定国家权力本身的合理权限范围,并明确规定国家权力正当行使的程序,排除国家权力对于主体自由的各种非法妨碍。现代社会,国家掌握着巨大的资源和垄断着警察、监狱、军队等暴力,可能对自由构成强制和侵害。在国家的立法、行政、司法等权力中,行政权与人们的日常生活更为密切,也更可能造成对自由的强制和侵害。这需要国家通过宪法和法律规定国家权力本身的合理权限范围以及通过法律明确规定国家权力正当行使的基本程序。第二,法律对每个主体享有的自由进行界定和限制,防止主体对他人自由的侵害。第三,法律为各种被非法侵害自由的主体确立救济手段与程序。对于各种侵害自由的行为,法律都会通过对侵害者进行惩罚、对自由受到侵害的主体进行赔偿等方式提供救济。

(三) 法律确认和保障自由的主要原则

1. 消极自由之保障原则

法律应当最大限度地保持对主体行为的不干预,除非干预具有足够的正当理由,如伤害原则、冒犯原则或者法律道德主义等。

2. 积极自由之保障原则

为了保障主体享有去做某事的特定自由,而对其进行干预是可行的和必要的。这种干预在形式上限制了主体一定的自由,但实质上是为了更好地保障主体实现自己的自由,如法律家长主义。

3. 公益干预原则

为了保护公共利益或促进重要的公共福利,可以限制主体自由。但是,这需要满足以下条件:第一,证明干预的依据的确是法律保护的公共利益或者重要的公共福利。第二,证明对自由干预是最后的不可替代的选择。第三,证明干预自由的措施是众多选择中对自由侵害最小的一种。第四,对自由的干预应当符合正当程序的要求。

即使在符合上述条件的情况下,国家为了公共利益或重要的公共福利对主体的自由可以进行干预,但同时也应当给予主体公平的补偿。

四、法与平等

(一) 平等的概念和特征

平等的基本含义是社会主体在政治、经济、文化和社会等领域中应当获得同等的对待或者待遇。平等具有以下特征:

1. 平等是一个历史的范畴

平等是一个历史的范畴,其所表达的内涵是随着社会历史环境和条件的变化而变化的。法律所保障的平等具有显著的历史性。近代之前的法律,根本没有体现平等,即使有,也仅仅是社会等级之内的平等。近代资本主义法律关注主体资格形式上的平等。社会主义社会的法律不仅关注主体资格形式上的平等,而且关注主体法律权利、法律义务和法律责任实质上的平等。

2. 平等不等于平均

平均一般被理解为在机会的获取、财富的分配、义务的承担等方面按份均摊,不论在事实上是否存在自然的和社会的具体差别,所有的人都一样。但是,平等不是完全的绝对平均。第一,在任何社会,完全的绝对平均都是做不到的。第二,绝对平均从社会效果看基本上也是有害于社会发展的,因为它往往不是对进取者的激励,而恰恰是对怠惰者的容忍与鼓励。绝对平均向社会和公众所释放的基本上都是负面的消极信号。

3. 平等要求排除特权和消除歧视

（1）平等要求排除特权。特权是基于特殊身份或关系而对社会中的一部分人所给予的不公正的特殊优待。特权的存在本身就是对平等的一种否定。我国《宪法》第5条第5款规定，"任何组织或者个人都不得有超越宪法和法律的特权。"

（2）平等要求消除歧视。歧视是指以认可人们天生存在身份、地位的高低贵贱差别为前提和基础，而把一部分人当作低于其他人的身份、地位来对待。歧视的存在同样是对平等的一种否定。

4. 平等与差别对待有条件共存

从人的共性和特殊性的角度来看，一方面，人与人在尊严和主体资格上是平等的。另一方面，由于人与人之间确实存在着自然的和社会的各种差别，因此对具有各种差别的人们给予权利、义务方面的合理的差别对待是正当的，这有助于实质平等的实现。

（二）平等的主要类型

1. 形式平等和实质平等

形式意义上的平等和实质意义上的平等的区分具有重大意义。形式平等和实质平等的分类标准主要是指对主体是否适用同一法律评价标准。

（1）形式平等，就是不考虑主体本身各种自然的、社会的、历史的和现实的具体情况而适用同一评价标准。形式平等就是无差别地同等对待。

（2）实质平等，就是考虑主体本身各种自然的、社会的、历史的和现实的具体情况而相应地适用差别性的评价标准。实质平等是有差别地不同等对待，以使有差别的主体之间在形式上和实质上都能够得到真正同等的对待。

对于现代社会来说，形式平等是实质平等的前提。只有真正实现形式平等，才能实现实质平等。当然，法律在实现形式平等的同时，要不断推进实质平等的实现，因为法律的最终目的是达到实质平等。

2. 机会平等和结果平等

机会平等和结果平等的分类的主要标准是平等指向的稀缺资源的分配情况。

（1）机会平等。机会平等是指，人们应该拥有平等的人生起点，拥有平等的机会去发展自己的才能,并应该确保每个人有平等的机会去做他们想做的、与自己能力相适应的事情。机会平等作为一种重要的价值取向,它以个人为基本出发点,主张如果我们要实现自主的人的平等,就应该尽可能排除妨碍自主的各种外在因素的影响。同时,机会平等尊重个人因选择、努力程度所造成的差异结果。

（2）结果平等。结果平等主要强调分配的结果是平等和非歧视的。结果平等是最终衡量平等与否的重要指标,也是人们追求平等的根本目的。结果平等有助于弱势群体获得与其他群体相同的生存境遇。从目前生产力水平和社会发展状况来看,机会平等作为发展的重要手段和持续动力,比结果平等更重要。但结果的相对平等也不容忽视,要使其得到基本和合理的保障。随着经济社会的不断发展,平等的总体趋势是由机会平等到结果平等。

（三）平等作为法的价值的意义

1. 主体的角度

从主体的角度看,主体本身的社会身份与地位直接决定或影响其对法律及其功能的现实需求。在等级制（前现代）社会,所谓的主体平等就是等级内部的相对平等,在等级之间则是绝对不平等的。不平等的主体关系决定了统治阶级总是试图制定并维护具有不平等内容的法律。

在现代社会,人与人之间的普遍平等是一项基本原则,差别对待只是作为例外而存在。这决定了法律主体资格的普遍平等,也决定了法律中的差别对待必须有正当的理由。

2. 客体的角度

作为价值关系客体的法律,平等价值是决定其内在属性的关键所在。其一,法律的内容是否以平等为标准。在等级社会,法律往往维护身份和等级制度,公开地以不平等为标准。现代社会的法律则明确以平等作为标准。其二,法律的内容在何种范围内、何种程度上以何种平等为标准。在平等的范围上,现代社会法律依据平等所涉及的范围不同,表现为性别平等、出生平等具体的形式。在平等的程度上,在同一范围、领域或对象上,依据主体的个性差异,平等的程度存在差异。

(四) 法确认和保障平等

法通过具体的规范设计和制度安排来确认和保障平等。从法律技术的角度看,现代社会的法律确认和保障平等的基本方式主要有以下几种:

1. 把平等宣布为一项基本的法律原则

对平等原则的法律宣告贯穿于一个国家的整个法律体系。在作为国家根本大法的宪法层面,所有公民在法律面前一律平等是普遍的平等;在宪法之下的各个具体法律制度领域,平等也是居于支配地位的法律原则。

2. 确认和保障主体法律地位的平等

不同于前现代社会法律公开确认主体地位的不平等,在现代社会,主体法律地位的平等是法律的基本特色。主体法律地位的平等既是法律的形式平等的最重要体现,也是法律的实质平等的基本前提。

3. 确认和保障社会财富、资源、机会与社会负担的平等分配

法律通常把社会财富、资源、机会与社会负担的分配都转化为主体相应的法律权利和法律义务。在依法享有法律权利和承担法律义务上,社会主体的地位也是平等的。

4. 公平地分配法律责任

在法律责任分配方面,主体法律行为的性质与法律责任的性质相一致、违法程度与法律责任强度相一致,行为主体责任自负,以主体过错责任原则为主、以无过错责任原则为例外等,都体现了法律在法律责任设定和分配方面对平等原则的贯彻和遵循。

五、法 与 正 义

(一) 正义释义

1. 正义的含义

"正义"是一个古老而又常新的概念。在中文里,"正义"即公正、公平、公道。但是,给正义下一个大家都能接受的定义却是非常困难的。尽管正义在不同的时空会改变其内容,但它也有不变的内容,即正义有一个底线,这个底线就是文

明的人类社会所共同具有的价值标准。

现代社会是而且应当是建立在共同的价值底线之上的人类共同体。现代社会正义的基本底线应当建立在尊重人的尊严之上,它的基本内容是对人权和基本自由的尊重。

2. 正义的主要种类

第一,从正义的适用范围的角度,可把正义划分为一般正义和特殊正义。依据亚里士多德在《尼各马可伦理学》一书中的论述,一般正义涉及的是一种美德,具有这种美德的人实施的行为就是正义的。特殊正义(具体正义)包括分配正义、矫正正义和交换正义。其中,分配正义主要关注在社会成员或群体成员之间进行权利、权力、义务和责任等配置的问题,这就涉及依据什么样的标准来确定不同的人在所分配的财富上获取其应得的部分。在现代社会,分配正义主要用于政府在公民之间对财物和负担进行的分配和再分配,是社会正义理论关注的核心内容。矫正正义主要应用于当某人以某种方式伤害了其他人时,需要对这种情境进行的矫正,并主要体现在现代侵权法律制度和刑事司法制度之中。交换正义关注的主要是市场中的公平交易问题。

第二,从主体的角度,可把正义划分为个人正义和社会正义。个人正义适用于个人及其在特殊环境中的行动,指个人在处理与他人的关系中应公平地对待他人的那种道德态度和行为准则。社会正义适用于社会及其基本的经济制度、政治制度、法律制度和伦理道德制度,指一个社会基本制度及其所含规则和原则的合理性和公正性。

第三,从正义的判断标准的角度,可把正义划分为形式正义和实质正义。形式正义就是要求以同一方式对待他人,或者说,凡属于同一范畴的人应受到同等的对待。在这一意义上,正义意味着某种平等。实质正义就是对什么属于同一范畴的具体规定。

第四,从正义的内容和相互依赖关系的角度,可把正义划分为实体正义和程序正义。实体正义是指通过法律制度和道德制度等规定的实体权利和义务公正地分配社会合作利益与负担的正义。程序正义是指为了实现法律制度和道德制度等规定的实体权利和义务而公正地设定的一系列必要的程序。

第五,从正义涉及的空间和领域的角度,可把正义划分为国内正义、国际正义和全球正义。国内正义是在一国主权管辖范围的正义问题。国际正义主要是在国际社会中国家与国家之间的正义问题。全球正义是在国家平等、民族平等、文明平等以及人类社会命运共同体等理念和原则上形成的正义问题。

（二）法对正义的捍卫和实现作用

法是而且应当是捍卫和实现正义的最主要的手段，法最重要的价值就在于实现正义。

1. 法促进和保障分配正义

（1）人类社会的主要正义：分配原则

人类社会既存在着利益的一致，也存在着利益的冲突，因此每个社会都需要有一套原则指导社会适当地分配利益和负担，这套原则就是正义原则。

人类社会迄今实行过五种均曾被人们视为"公正的"分配原则。它们分别是：（1）无差别分配原则。无差别分配是对每个人同样对待。根据这一分配原则，参加分配的人必须受到同样对待，而不管他们的年龄、富裕程度、社会地位、道德品性、工作能力、性别等方面的差别。（2）按照优点分配原则。按照优点分配是对每个人根据其天资或德行进行分配。这里的"优点"或"天资"具体表现为某一方面的能力。（3）按照劳动分配。按照劳动分配是对每个人根据其劳动时间或对社会（集体）的贡献、工作表现和劳动成果进行分配。（4）按照需要分配原则。按照需要分配是根据每个人及其家庭必须得到的最低限度或一定限度的需要进行分配。（5）按照身份分配原则。按照身份分配是根据每个人在社会中所处的地位、种族、民族、宗教状况、家庭出身、政治面貌等进行分配。

（2）法促进和保障分配正义的主要方式

法在实现分配正义方面的作用，主要表现为把指导分配的正义原则法律化、制度化，并具体化为权利和义务，实现对资源、社会合作的利益和负担进行权威性、公正地分配。

法促进和保障分配正义，主要表现为平等地分配法律权利。第一，权利主体平等。排除性别、身份、出身、地位、职业、财产、民族等各种附加条件的限制，公民皆为权利主体，谁都不能被排除在主体之外。第二，主体享有的权利特别是基本权利平等。在基本权利方面不允许有不平等的存在，更不允许任何组织或者个人有超越宪法和法律的特权。第三，权利保护和权利救济平等。无救济则无权利。任何人的权利都有可能受到侵害或削弱，当权利受到侵害或者削弱的时候，应当能够获得平等的法律保护和救济。

当然，法所促成实现的分配正义，并非对一切人都是公正的。但是，分配正义也不是绝对没有一致的共同的内容。分配正义的底线是,任何分配都不能是完全任意的,而是要依靠一定的可识别性的标准进行。

2. 法促进和保障程序正义

在社会生活中,权利和义务的分配关系不可能得到所有人的尊重,人与人之间发生利益冲突是不可避免的,由此引发法律纠纷也就在所难免。这些冲突和纠纷不仅应当和平地(即不单方使用武力)解决,而且应当公正地得到解决。

在纠纷解决方面,法一方面可以为和平地解决冲突提供规则和程序,另一方面也可以为公正地解决冲突提供规则和程序。借助法律公正地解决冲突,主要就是通过司法的途径和平、理性地解决冲突。司法是维护社会公平正义的最后一道防线,司法公正是社会公平正义的底线。法促进和保障司法公正的主要标志是无偏见地适用公开的法律规范:类似案件类似处理,同等情况同等对待,也就是法律面前一律平等。

在现代社会,为了保障冲突和纠纷的公正解决,法律所提供的规则和程序主要有:第一,独立公正司法。第二,回避制度。第三,审判公开。第四,诉权平等。第五,判决的内容应当有事实和法律依据,并为公认的正义观所支持。第六,案件的审理应当及时高效,不得延误。第七,上诉和申诉制度。第八,律师依法为当事人提供咨询、代理、辩护等法律帮助。

3. **法促进和保障社会正义**

这里的社会正义是指一种特殊的正义,社会体制的正义或社会基本结构的正义。所谓社会体制或社会基本结构,是指分配基本权利和义务的经济制度、政治制度和法律制度。

法律对于社会基本结构的正义具有的重要作用主要有:第一,由法律规定各种社会资源的分配与社会负担的承担,提高其确定性、规范性程度,以防止权力对资源的垄断,防止权力对负担的无理分配。第二,法律可保障公民公平地参与社会竞争的环境,为每个公民发展进步提供公平的机会。第三,法律为公民参与社会竞争的能力提供必要的社会保障,特别是保障公民平等地享有教育资源的权利。

4. **法促进和保障国际正义**

法与国际正义产生关联是人类进步与法律进化的产物。这就对法律(主要指国际法)在实现国际正义中的作用提出了更高的期望,同时也提供了更好的观念条件。法促进和保障国际正义的实现主要由以《联合国宪章》为代表的国际法律体系承担。法律主要在以下方面促进国际正义：

第一，促进国家之间的平等相处，废除不人道的殖民主义。国家不论大小一律平等，这是平等原则在国际法中的体现，它提供与保障了最重要、最基本的国际正义。这一非殖民化的原则是以国际法的形式实现的。

第二，促进和平解决国际争端和纠纷。弱肉强食曾经是国际社会的常态。现在暴力解决国际争端和纠纷不仅不具有正当性（对严重违反国际法者的惩罚是例外），而且为国际法所不容。依据《联合国宪章》等国际法和国际关系准则，明确宣示在国际关系上不得使用威胁或武力等不正义方式而以和平方法解决争端，推进了国际正义的和平有序实现。

第三，对国际自然资源的合理分配以及为弱化因发展不均衡所产生的不正义提供了规范保障。这主要是指法律在对发展中国家提供必要的优惠或帮助方面起到越来越大的作用。根据世界贸易组织的规定，凡是世界贸易组织认可的发展中国家，均可享有特殊与差别待遇。

第四，制止国际犯罪行为。这里的国际犯罪行为不仅指跨国犯罪，也包括国家的犯罪。跨国犯罪主要有跨国贩卖妇女儿童、贩毒、清洗黑钱、国际恐怖主义等。国家的犯罪一般指灭绝种族罪、危害人类罪、战争罪、侵略罪，虽然不多见，但是它往往会带来严重的后果。在预防和制止国际犯罪上，世界各国和国际社会应当依据《联合国宪章》为代表的国际法和各国法律的规定进行密切合作。

阅读材料

材料1　形式正义——诉讼的真谛[①]

因为赌博，许多人顷刻之时万贯家财化为乌有，弹指之间幸福家庭毁于一旦，所以许多人厌恶它、憎恨它，称其为"魔鬼"，视其为"毒瘤"，它为文明的社会所不齿。但赌博又极富生命力，它历史悠久，形式多样，屡禁不止，经久不衰；许多人钟情它，迷恋它，为它铤而走险，为它舍财舍命；几乎在每个社会群体中都有它生存的土壤，甚至有些地方因为赌博而闻名于世，如美国的拉斯维加斯、中国的澳门。我们不禁要追问：赌博的生命力的根源何在？

---

① 节选自李拥军：《道法古今——拥军教授随笔集》，知识产权出版社2016年版，第19—22页。少量内容有调整。

第十五章　法的基本价值

当今世界中最令人激动的场面莫过于世界杯足球赛中的冠亚军争夺战了。当两支队伍苦战两个半场后仍不能决出输赢时,先是加时再战,如果还分不出胜负,便要踢点球了。点球大战开始那一刻,全世界都为之凝固。当决定冠亚军命运的最后一个点球踢出时,全世界为之沸腾。球场上,赢得比赛的队员们欢呼雀跃,失之交臂的队员们顿足捶胸。太残酷了!一个小小的点球就决定了一支球队在世界杯上的命运,它给人的落差太大了。因此有人一直在反思:以偶然代替实力,这合理吗?

在日常生活中,我们经常采用投票或抽签的形式来决定某些事件的结果,特别是没有其他方式或其他方式许多人都不能接受时,更要把它们作为最后选择。有的时候我们用投票的方式决定真假与对错,有的时候我们用抽签的形式决定财产的归属,评审委员会用投票的方式确定学生是否获得学位,学生们以少数服从多数的原则决定谁应领取奖学金,甚至在美国总统大选中正常途径不能确定谁应当选时,也得依靠联邦最高法院9名大法官通过投票来表决。我们不禁要反思:多数人决定的就是真理吗?真理往往掌握在少数人手里。民主的方式就能代表公正吗?少数人的权利更需要保护。抽签的形式所确定的结果就意味着真实吗?真实拒斥偶然。既然如此,它们何以被我们用得如此普遍呢?

我来揭示其中的奥妙。赌博的生命力在于:赌场上不分长幼贵贱,身份平等,认赌服输,公平竞争;点球的合理性在于:用它决胜负,凭的是运气,运气对于每个人都是平等的,人为因素被排除在外;投票和抽签运用的普遍性在于:用它们确定结果,遵循的是"多数者得"和"中标者得"的原则,这一原则适用于每个人,只要符合条件的人都可能被确定。总之,赌博、点球、投票和抽签的共性在于它们都具有形式上的合理性,这种合理性的核心则是机会平等。这体现的正是罗尔斯的实现社会正义的差别原则的内涵:社会和经济资源分配可以不平等,但这种不平等必须与职位相连,而职位必须对所有人都开放。

由此我想到了诉讼,诉讼是现代社会中解决纠纷的最主要的途径,也是最后一道合法救济的屏障,利用它来解决纠纷是现代文明和法治社会的一大标志。人类文明之所以选择它来处理纠纷,根本原因在于它自身的形式合理性。诚然,诉讼的根本目标是实现社会的实质正义,重新恢复失序的社会关系,但由于人自身的局限,有时通过诉讼并不能实现真正的正义。正如哈耶克认为的:所有人的知识都是不完全的,掌握终极真理的先知先觉的天才是不存在的,人总是处于一种相对的"无知"状态,正是存在着这种无知,才决定了人必须遵守规则。人对某一事物的认识是依托于一定的规则和物质载体来实现的,当我们认为某事为"真"时,它并不一定真正为"真",而只是它符合了我们认定它为"真"的规则和特征而已。比如,当我说在校园里走的人是张三,那么我头脑中就必须先有张三的一系列特征(这一系列特征就表现为一个规则),符合这一系列特征的人才能被我视为张三。但我对张三特征的认识是不完全的,并且这种认识经常受到许多外界条件的限制和干扰,所以有时我根本无法认识张三或者经常把别人当成张三。对诉讼中的事实认定也是如此,正是存在着这种无知和认识上的不能,立法者才在诉讼中设立了许多认识规则。诉讼中的事实是能用证据证明或以法律规则推导出来的事实,如果不是能用证据证明或用法律规则推导出来的"事实",哪怕就是"事实",也不能算作"事实"。从另一个角度讲,如果法官离开了证据和法律,即使客观事实存在,通往实质正义的大道向他敞开,他也无法认知。正基于此,"谁主张谁举证""以事实(即证据)为根据,以法律为准绳"是现代司法的根本原则。综上,我们可以这样说,诉讼之所以能作为解决社会纠纷的手段,就在于它存在这种形式合理性。即在诉前设立一套认定事实、判断胜负的规则,符合规则者胜,不合规则者败,规则对一切人都平等,机会为每个人都开放。在这种既定的制度下,在法官中立的主持下,只要给诉讼双方平等、充分的发言、举证和适用规则的机会,即使是在诉讼中未实现实质正义或经济受损的人也往往会认为这是公平的,因为每个人都有这样的认识和预期:法官对任何人在任何情况下都不能突破证据和法律来裁决;即使今天我因规则而受损,或许明天我会因规则而受益,即使这次他因规则而受益,或许下次他因规则而受损。从这个意义上说,即使中世纪欧洲流行的野蛮的"神明裁判",就当时的审判水平、侦破技术和人们的认识能力而言,也有其存在合理性。因此,我们说,不能达到实质正义的司法人们是可以接受的,但连形式合理性都不具有、连形式正义都不能实现的司法则是人们不能原谅的。我们通常所说的"审判不公""司法腐败"指的就是司法不能实现形式正义的情况。

目前我国司法存在的最大问题莫过于诉讼中形式合理性的缺失,这种缺失直接导致民众对司法的不信任,其后果,一方面表现为许多人不愿通过诉讼来解决纠纷,另一方面表现为上访案件的数量急剧增加,同时以暴制暴的私力救济形式甚至运用黑社会手段催要债务等现象在某些地方也多有发生。如前所述,利用诉讼解决纠纷是现代文明和法治社会的一大标志,如果欲实现司法的权威,欲将更多的纠纷纳入诉讼的轨道,消弭诉讼中的形式不合理现象是解决问题的关键所在。

材料2　思想、言论和惩罚的边界[①]

元狩六年（前117），由于国库空虚，汉武帝决定进行货币改革，发行白鹿皮币，一币值40万钱。原料是现成的——皇家园林上林苑中的白鹿。发行新币，武帝想听听大司农颜异的意见，因为此人性格耿直，为官清廉。而颜异表示反对，理由是现今王侯朝贺所献的苍璧（玉器的一种）才值数千钱，而白鹿皮反值40万钱，有点本末不相称。听罢此言，汉武帝非常不爽。

武帝的心情是政治的晴雨表，不用领导亲自指示，下面的人就开始忙活，到处收集颜异的"黑材料"。不久，就有人向武帝密告颜异谋反，武帝当即指示酷吏张汤负责侦办此案。随后，有人向张汤反映，说有客人到颜异家议论国事，对缗钱之法大发牢骚，颜异没有表态，但却微微撇嘴——"异不应，微反唇"。张汤立即向武帝汇报，说颜异见法令有不当之处，不到朝廷反映，居然在心里非议——"不入言而腹诽"，该判死刑。武帝准奏。

张汤这个发明很伟大，因为他将刑法的镇压功能发挥到了一个无法超越的高度，"腹诽"不需要有任何语言、行为或举动，只需皇帝一句话，甚至一个眼神，说你有罪，你就有罪，无罪也是有罪；说你无罪你就无罪，有罪也是无罪，这也就是司马迁所说的，其所治"即上意所欲罪，予监史深祸者；即上意所欲释，与监史轻平者"（史记·酷吏列传）。总之，一切的一切只需揣摩"上意"，唯此马首是瞻。

将腹诽的发明权完全算在张汤头上，其实是抬举他，他不过是站在巨人的肩膀上，创造性地将前人的智慧发扬光大而已。张汤是个大老粗，当时的丞相汲黯就嘲笑他没什么文化。张汤手下有一批文化人为他寻章摘句，充当理论打手，"汤决大狱，欲附古义，乃请博士弟子治尚书、春秋，补廷尉史，平亭疑法"。（史记·酷吏列传）腹诽是有理论依据的，据《荀子·宥坐》等文献记载，它来源于孔子的春秋大义。鲁定公十四年（前496），孔子时来运转，受聘为鲁国最高司法官员（大司寇）并代理宰相一职（摄相事），上台仅七天，就诛杀了当时的著名学者少正卯。据荀子与东汉王充考证，少正卯和孔子一样，都系当时名重一方的著名学者，但两人学术观念迥然有别，两人同时都在讲学，而且少正卯的授课方式可能

[①] 节选自罗翔：《圆圈正义——作为自由前提的信念》，中国法制出版社2019年版，第146—155页。注释从略。

更受学生欢迎,以致孔子的学生也跑去旁听,孔子的课堂一度出现三满三空的现象。最绝的一次,课堂上只剩下颜渊一个人,其他人都跑了。孔子掌权之后,第一件事情就是拿这位学术对手开刀。孔子给少正卯罗织了五大罪名:其一,心达而险,为人通达但居心叵测;其二,行辟而坚,行为乖僻但意志坚强;其三,言伪而辩,观点不对但却善于狡辩;其四,记丑而博,宣扬歪理邪说但却非常博学;其五,顺非而泽,是顺从异端且大力赞赏。孔子说,这五种罪恶,有其中一种就应被诛杀,而少正卯五条全占齐了,是小人的奸雄,不杀不足以平民愤。最后,孔子用《诗经》的话总结道:"忧心悄悄。愠于群小"——宵小成群,让人担忧啦!

这可谓开思想治罪之先河,后世的君王都或明或暗对这种做法非常推崇,汉文帝就觉得杀得好,遵照这个指示,一大批博士(官名)把孔子的教诲直接写进了《王制》,成了定罪的正式法律条文:"行伪而坚、言伪而辩、学非而博、顺非而泽以疑众,杀。"颜异的"腹诽"、岳飞的"莫须有"、于谦的"意欲罪"以至后世反反复复的文字大狱都是从这个传统脱胎而出,而且越走越远,越走越宽。

根据思想治罪,将思想作为刑法恣意干涉的对象,人的自由也就彻底丧失,人完全失去了作为人应有的价值,人们活着的目标就是成为一只听话的小狗,即便这样,也不能保证就受当权者欢喜,任意刑杀的恐惧残留在每个人的心中。我不禁想起帕斯卡尔,这位孱弱的法国思想家,39岁就离开人世,他告诉我们:"人只不过是一根苇草,是自然界最脆弱的东西;但他是一根能思想的苇草。用不着整个宇宙都拿起武器来才能毁灭;一口气、一滴水就足以致他死命了。然而,纵使宇宙毁灭了他,人却仍然要比致他于死命的东西更高贵得多;因为他知道自己要死亡,以及宇宙对他所具有的优势,而宇宙对此却是一无所知。"

"思想,人的全部尊严就在于思想!"

如果认为人有区别于其他生物的价值,如果不想人类社会故步自封,那么我们怎能没有思想自由?马克思曾不无激情地指出:

"你们赞美大自然悦人心目的千变万化和无穷无尽的丰富宝藏,你们并不要求玫瑰花和紫罗兰散发出同样的芬芳,但你们为什么却要求世界上最丰富的东西——精神只能有一种存在形式呢?我是一个幽默的人,可是法律却命令我用严肃的笔调。我是一个豪放不羁的人,可是法律却指定我用谦逊的风格。一片灰色就是这种自由所许可的唯一色彩。每一滴露水在太阳的照耀下都闪现着无穷无尽的色彩。但是精神的太阳,无论它照耀着多少个体,无论它照耀什么事物,却只准产生一种色彩,就是官方的色彩!精神的最主要形式是欢乐、光明,但你们却要使阴暗成为精神的唯一合适的表现;精神只准穿着黑色的衣服,可是花丛中却没有一枝黑色的花朵。"

刑法要促进社会发展,而不能使社会陷入停滞,因此必须确立思想自由,尊重人之为人的价值,将人从恐惧中解放出来,为社会的发展提供源源不断的思想动力。密尔在其大作《论自由》中,曾激动地指出:

"作为一个思想家,其第一个义务就是随其智力所知而不论它会导致什么结论……不是单单为着或者主要为着形成伟大的思想家才需要思想自由。相反为着使一般人都能获致他们所能达到的精神体量,思想自由是同样或者甚至更加必不可少。在精神奴役的一般气氛中,曾经有过而且也会再有伟大的思想家。可是在那种气氛中,从来没有而且永不会有一种智力活跃的人民。"

现代刑法理论认为,思想是绝对自由的,如果没有行为,无论如何异端邪恶的思想都不能进入刑法评价。孟德斯鸠在《论法的精神》中举了个例子:马尔西斯做梦割断了狄欧尼西乌斯的咽喉。狄欧尼西乌斯因此把他处死,说他白天不这样想夜里就不会做这样的梦。用孟德斯鸠的话来说,这是大暴政,因为即使马尔西斯曾经这样想,但并没有实际行动。无行为,无犯罪,这是惩罚的底线。

退一步说,对思想进行惩罚在客观上也是不现实的。当甲与乙发生口角,遂生杀害乙之意图,每日无时无刻不在思索此事,甚至策划如何杀人、如何掩盖罪证等种种步骤。如果要对甲的意图进行惩罚,就必须证明意图的存在。但如果没有具体的行为,人们如何能知道甲的意图呢?我们对于自己先前的想法都很难重构,更不要说去还原别人的心了。

如果有一天科技发达,可以发明一种"扫描器"识别人之内心,对于流露出像甲这种邪恶想法的人,那是否可以处罚呢?结论当然也是否定的,即便是完全遵纪守法的公民,偶尔也会流露出邪恶的念头。如果要求人们时时刻刻都保持善良公正的念头,不允许有丝毫的恶念,这种社会不可能存在于人间。类似于甲的想法,很可能是一种白日梦,邪恶的念头可能转瞬即逝,很少有人会把这种念头付诸实践。只有当人们在错误的意图支配下实施了错误的行为,对他才可以进行惩罚。而当人们出现错误的念头,但最终选择放弃,没有任何实施危害行为时,对他就完全没有必要惩罚。社会必须给人们适度的喘息空间。

只有当思想变成行为,才可能进入刑法领域。比如,甲在杀人意图的折磨下已无法自拔,已经开始购买刀具、毒药准备杀人,这种杀人的预备行为就不再属于思想,具有惩罚的必要性。

一个非常经典的案件就是美国的雷诺德案。雷诺德是摩门教徒,此教全称叫作"耶稣基督后期圣徒教会",曾奉行一夫多妻制。19世纪50年代,一批摩门教徒西进至后来成为犹他州的地方,并在此发展壮大。当时大部分美国人是传统的基督教徒,实行一夫一妻制,但是联邦法律并没有关于重婚或一夫多妻制的禁止性规定,直到1862年,国会才通过法律,明确宣布一夫多妻制为非法。

摩门教的领袖叫作布瑞厄姆·杨,他和顾问乔治·加农都是犹他州议会的议员,认为这侵犯了他们神圣的宗教信仰,于是决定通过司法程序向法律提出挑战。他们找到杨的私人秘书乔治·雷诺德,让他作"替罪羊",他是虔诚的摩门教徒,娶了两个太太。他们让人检举雷诺德重婚,试图将案件最终告至联邦最高法院,从而推翻法律。经过马拉松式的诉讼过程,案件终于到了联邦最高法院。1878年11月14日和15日,在最高法院,雷诺德的辩护律师慷慨陈词,认为根据《宪法》第一修正案,雷诺德的宗教信仰自由必须得到尊重,国会通过禁止重婚的法律是违宪的,应予推翻。经过激烈的辩论,1879年1月6日,联邦最高法院最终维持雷诺德重婚罪成立的判决。最高法院认为,《宪法》第一修正案不保护一夫多妻制,因为一夫一妻制是基于美国历史的基本价值取向由法律确认的婚姻制度,任何公民和团体都没有超越法律的特权。

雷诺德案是一个经典的关于思想自由边界的案件,作为一种宗教,如果仅仅宣称一夫多妻,即使这种教义已经形成一套缜密的理论体系,严重威胁一夫一妻制的理论基础,但只要没有真正实践,那它就属于思想范畴,法律也不能干涉。但是,雷诺德却从思想进入行为领域,实施了重婚行为,这就踏入了法律的雷池禁区。事实上,在陪审团对雷诺德案进行定罪时,根本不涉及摩门教教义本身是否正确,他们只是对雷诺德重婚的事实进行认定。

除了思想,任何人都不能以自由的名义免除自己应该承担的法律义务,正如对雷诺德案作出维持原判的联邦最高法院大法官杰弗逊所指出的:"如果有人相信,以人殉葬也算一种宗教仪式,难道也允许这么做吗?同样,基督教科学家也不能禁止他们上学的孩子接种牛痘。"最高法院的判决沉重打击了摩门教徒,1890年,摩门教会会长韦尔福德·伍德拉大发表声明,宣布结束"任何被本国法律禁止的婚姻"。1890年以后,大多数摩门教徒都放弃了一夫多妻制。

与思想相关的是言论,它是思想的延伸,但又不完全等同于思想。言论,如同出版、集会、结社、游行、示威等方式一样,都是思想的表达形式。如果言论等表达方式不自由,也就不可能存在思想自由。当哥白尼终日思考着"日心说",如果不将这种念头表达出来,那他就不可能拥有完全的思想自由,表达自由是思想自由的合理延伸。然而,表达自由毕竟不同于思想自由,思想是绝对自由的,而言论等表达自由则是相对的。比如,对他人的公然侮辱,或者在电影院假称有炸弹而恐吓他人,这些言论在任何国家都是要受到限制的。

何种言论应当受到限制?这个标准不能过于严格苛刻,否则就会妨碍思想自由的实现。美国有一个"清楚且现实的危险标准",意思是只有当某种行为会"清楚且现实"地造成危害社会的结果,才有限制的必要。这种标准要考虑三个要素:其一,主观上是否是恶意的;其二,是否具有侵害的急迫性;其三,在概率法则上,是否具有侵害的可能性(likelihood)。根据这个标准,即便一种言论在鼓吹暴力,但一般人看到或听到此类宣传会感觉可笑,不会清楚且现实地产生危险,那就没有惩罚的必要。这个标准越来越值得我们借鉴。

经典案例

案例1　张那木拉正当防卫案[①]

张那木拉与其兄张某1二人均在天津市西青区打工。2016年1月11日,张某1与案外人李某某驾驶机动车发生交通事故。事故发生后,李某某驾车逃逸。在处理事故过程中,张那木拉一方认为交警处置懈怠。此后,张那木拉听说周某强在交警队有人脉关系,遂通过鱼塘老板牛某找到周某强,请周某强向交警"打招呼",周某强应允。3月10日,张那木拉在交警队处理纠纷时与交警发生争吵,这时恰巧周某强给张那木拉打来电话,张那木拉以为周某强能够压制交警,就让交警直接接听周某强的电话,张那木拉此举引起周某强不满,周某强随即挂掉电话。次日,牛某在电话里提醒张那木拉小心点,周某强对此事没完。

3月12日早上8时许,张那木拉与其兄张某1及赵某在天津市西青区鱼塘旁的小屋内闲聊,周某强纠集丛某、张某2、陈某2新,由丛某驾车,并携带了陈某2新事先准备好的两把砍刀,至天津市西青区张那木拉暂住处(分为里屋外屋)。四人首次进入张那木拉暂住处确认张那木拉在屋后,随即返回车内,取出事前准备好的两把砍刀。其中,周某强、陈某2新二人各持砍刀一把,丛某、张某2分别从鱼塘边操起铁锹、铁锤再次进入张那木拉暂住处。张某1见状上前将

[①] 参见《指导案例144号:张那木拉正当防卫案》,最高人民法院官网,2021年1月12日,https://www.court.gov.cn/shenpan-xiangqing-283881.html,2023年1月29日访问。

走在最后边的张某2截在外屋,二人发生厮打。周某强、陈某2新、丛某进入里屋内,三人共同向屋外拉拽张那木拉,张那木拉向后挣脱。此刻,周某强、陈某2新见张那木拉不肯出屋,持刀砍向张那木拉后脑部,张那木拉随手在茶几上抓起一把尖刀捅刺了陈某2新的胸部,陈某2新被捅后退到外屋,随后倒地。其间,丛某持铁锨击打张那木拉后脑处。周某强、丛某见陈某2新倒地后也跑出屋外。张那木拉将尖刀放回原处。此时,张那木拉发现张某2仍在屋外与其兄张某1相互厮打,为防止张某1被殴打,张那木拉到屋外随手拿起门口处的铁锨,将正挥舞砍刀的周某强打入鱼塘中,周某强爬上岸后张那木拉再次将其打落水中,最终致周某强左尺骨近段粉碎性骨折,张那木拉所持砍刀落入鱼塘中。此时,张某1已经将张某2手中的铁锤夺下,并将张某2打落鱼塘中。张那木拉随即拨打电话报警并在现场等待。陈某2新被送往医院后,因单刃锐器刺破心脏致失血性休克死亡;张那木拉头皮损伤程度构成轻微伤;周某强左尺骨损伤程度构成轻伤一级。

  天津市西青区法院于2017年12月13日作出(2016)津0111刑初576号刑事附带民事判决,以被告人张那木拉犯故意伤害罪,判处有期徒刑十二年六个月。被告人张那木拉以其系正当防卫、不构成犯罪为由提出上诉。天津市一中院于2018年12月14日作出(2018)津01刑终326号刑事附带民事判决,撤销天津市西青区法院(2016)津0111刑初576号刑事附带民事判决,宣告张那木拉无罪。

  法院生效裁判认为,张那木拉的行为系正当防卫行为,而且是《刑法》第20条第3款规定的特殊防卫行为。本案中,张那木拉是在周某强、陈某2新等人突然闯入其私人场所,实施严重不法侵害的情况下进行反击的。周某强、陈某2新等四人均提前准备了作案工具,进入现场时两人分别手持长约50厘米的砍刀,一人持铁锨,一人持铁锤,而张那木拉一方是并无任何思想准备的。周某强一方闯入屋内后径行对张那木拉实施拖拽,并在张那木拉转身向后挣脱时,使用所携带的凶器砸砍张那木拉后脑部。从侵害方人数、所持凶器、打击部位等情节看,以普通人的认识水平判断,应当认为不法侵害已经达到现实危害张那木拉的人身安全、危及其生命安全的程度,属于《刑法》第20条第3款规定的"行凶"。张那木拉为制止正在进行的不法侵害,顺手从身边抓起一把平时生活所用刀具捅刺不法侵害人,具有正当性,属于正当防卫。

  另外,监控录像显示陈某2新倒地后,周某强跑向屋外后仍然挥舞砍刀,此时张那木拉及其兄张某1人身安全面临的危险并没有完全排除,他在屋外打伤周某强的行为仍然属于防卫行为。

根据《刑法》第20条第3款的规定,对正在进行行凶、杀人、抢劫、强奸、绑架以及其他严重危及人身安全的暴力犯罪,采取防卫行为,造成不法侵害人伤亡的,不属于防卫过当,不负刑事责任。本案中,张那木拉的行为虽然造成了一死一伤的后果,但是属于制止不法侵害的正当防卫行为,依法不负刑事责任。

【说明】 法院生效裁判认为,张那木拉的行为系正当防卫行为,而且是《刑法》第20条第3款规定的特殊防卫行为。本案中,张那木拉是在周某强、陈某2新等人突然闯入其私人场所,实施严重不法侵害的情况下进行反击的。本案主要体现了法的安全、自由、秩序、正义价值以及相互之间的关系。公民的生命安全和人身安全是法的安全价值的重要内容之一。公民的行为自由必须在一定范围内实施,不得侵害国家、社会和其他人的权利和自由,不得危害安全和秩序。只有社会秩序得到维护,才能保障公民的自由。刑法和刑事诉讼法促进和保障了分配正义和程序正义的实现。

案例2　董某某、宋某某抢劫案①

被告人董某某、宋某某(时年17周岁)迷恋网络游戏,平时经常结伴到网吧上网,时常彻夜不归。2010年7月27日11时许,因在网吧上网的网费用完,二被告人即伙同王某(作案时未达到刑事责任年龄)到河南省平顶山市红旗街社区健身器材处,持刀对被害人张某某和王某某实施抢劫,抢走张某某5元现金及手机一部。后将所抢的手机卖掉,所得赃款用于上网。

河南省平顶山市新华区法院于2011年5月10日作出(2011)新刑未初字第29号刑事判决,认定被告人董某某、宋某某犯抢劫罪,分别判处有期徒刑二年六个月,缓刑三年,并处罚金人民币1000元。同时禁止董某某和宋某某在36个月内进入网吧、游戏机房等场所。宣判后,二被告人均未上诉,判决已发生法律效力。

【说明】 法院生效裁判认为:被告人董某某、宋某某以非法占有为目的,以暴力威胁方法劫取他人财物,其行为均已构成抢劫罪。鉴于董某某、宋某某系持刀抢劫;犯罪时不满十八周岁,且均为初犯,到案后认罪悔罪态度较好,宋某某还

---

① 参见《指导案例14号:董某某、宋某某抢劫案》,最高人民法院官网,2013年2月7日,https://www.court.gov.cn/shenpan-xiangqing-13320.html,2023年1月29日访问。

是在校学生,符合缓刑条件,决定分别判处二被告人有期徒刑二年六个月,缓刑三年。考虑到被告人主要是因上网吧需要网费而实施抢劫犯罪;二被告人长期迷恋网络游戏,网吧等场所与其犯罪有密切联系;只有将被告人与引发其犯罪的场所相隔离,才能有利于家长和社区在缓刑期间对其进行有效管教,预防其再次犯罪;被告人犯罪时不满十八周岁,平时自我控制能力较差,对其适用禁止令的期限确定为与缓刑考验期相同的三年,有利于其改过自新。因此,依法判决禁止二被告人在缓刑考验期内进入网吧等特定场所。本案主要体现了法与平等、法与自由、法与安全、法与正义的关系。公民的行为自由不得侵害他人的人身和财产安全,以及不得危害社会秩序,否则要依法承担相应的法律责任。刑法和刑事诉讼法等法律促进和保障了正义的实现,包括分配正义和程序正义。依据董某某等人年龄和实施的行为等,人民法院对其依法给予不同的处罚,体现了分配正义和平等的要求。

案例3 牛某某诉某物流公司劳动合同纠纷案[①]

牛某某为左手大拇指缺失残疾,于2019年10月10日到某物流公司工作,担任叉车工。牛某某入职时提交了在有效期内的叉车证,入职体检合格。公司要求其填写的"员工登记表"上列明有无大病病史、家族病史、工伤史、传染病史,并列了"其他"栏,牛某某均勾选"无"。2020年7月4日,某物流公司以牛某某隐瞒持有残疾人证,不接受公司安排的工作为由解除劳动合同。2020年7月10日,牛某某申请仲裁,要求某物流公司支付违法解除劳动合同赔偿金3万元。2020年10月13日,劳动人事争议仲裁委员会裁决某物流公司支付牛某某违法解除劳动合同赔偿金5860元。牛某某起诉请求某物流公司支付其违法解除劳动合同赔偿金3万元。

上海市浦东新区法院经审理认为,某物流公司招聘的系叉车工,牛某某已提供有效期内的叉车证,入职时体检合格,从工作情况来看,牛某某是否持有残疾人证并不影响其从事叉车工的工作。故某物流公司以牛某某隐瞒残疾人证为由解除合同,理由不能成立,其解除劳动合同违法。遂判决某物流公司支付牛某某违法解除劳动合同赔偿金5860元。上海市一中院维持一审判决。

[①] 参见《最高人民法院、中国残疾人联合会残疾人权益保护十大典型案例》,最高人民法院官网,2021年12月2日,https://www.court.gov.cn/hudong-xiangqing-334501.html,2023年1月29日访问。

【说明】 本案主要体现了法与平等、法与正义的关系。法律面前人人平等不仅是我国《宪法》的规定,也贯穿在《劳动法》《就业促进法》《残疾人保障法》等法律法规之中。在不存在法律规定的例外情况下,公民都应当获得平等的对待,包括享有劳动的权利。在牛某某符合用工条件的前提下,某物流公司以其残疾为由解除劳动合同,构成歧视,属于违法行为。人民法院依法作出要求某物流公司支付牛某某违法解除劳动合同赔偿金5860元的判决,保障了平等价值的实现,也体现了分配正义和程序正义。

金句法谚

1. 作为法律首要目的的,恰恰是秩序、公平、个人自由这三个基本的价值。

——〔英〕彼得·斯坦、约翰·香德

2. 如果我们探讨,应该成为一切立法体系最终目的的全体最大的幸福究竟是什么,我们便会发现它可以归结为两大主要的目标,即自由与平等。

——〔法〕卢梭

3. 在法律面前人人平等,说明社会能建立起有条件的平等。法律在法庭上和其他法律程序中,对谁都一视同仁。

——〔美〕穆蒂莫·艾德勒

4. 放弃自己的自由,就是放弃自己做人的资格,就是放弃人类的权利,甚至就是放弃自己的义务。

——〔法〕卢梭

5. 平等是一项神圣的法律,一项先于其他一切法律的法律,一项派生其他法律的法律。

——〔法〕皮埃尔·勒鲁

6. 公共利益、正义和法的安定性共同宰制着法——这种共同宰制不是处在紧张消除的和谐状态,恰恰相反,它们处在生动的紧张关系之中。

——〔德〕古斯塔夫·拉德布鲁赫

7. 圣奥古斯丁说:"如果法律是非正义的,它就不能存在。"所以,法律是否有效,取决于它的正义性。

——〔意大利〕托马斯·阿奎那

8. 自由是人所固有的随意表现自己一切能力的权力。它以正义为准则,以他人的权利为限制,以自然为原则,以法律为保障。

——〔法〕罗伯斯比尔

9. 法律是最安全的盔甲,在法律的保护下,任何人都不受侵犯。

——西方法谚

习题精选

习题 1:

材料 1 最高人民法院 2003 年 12 月公布的《最高人民法院关于审理人身损害赔偿案件适用法律若干问题的解释》(以下简称《人身损害赔偿解释》)明确了关于审理人身损害赔偿案件适用法律的若干问题,确定了城乡人身损害赔偿的不同标准,规定残疾赔偿金、死亡赔偿金按照城镇居民人均可支配收入或者农村居民人均纯收入标准计算,被扶养人生活费按照城镇居民人均消费性支出和农村居民人均年生活消费支出标准计算,其中死亡赔偿金最高计算 20 年。这一关于审理人身损害赔偿案件适用法律若干问题的司法解释于 2004 年 5 月 1 日施行。

2005 年 12 月 15 日,14 岁的重庆女孩何某和两名同学一起坐三轮车上学,三轮车驶到一段上坡路时,迎面驶来一辆满载货物的卡车。卡车刹车避让不及,失控后侧翻将三轮车压在下边,三名少女丧生。事故发生后,人民法院依据 2004 年 5 月 1 日施行的《人身损害赔偿解释》判决肇事方赔偿何某两名同学家属各 20 余万元,但仅赔偿何某父母 8 万元。

材料 2 2010 年 7 月 1 日正式实施的《侵权责任法》第 17 条规定:"因同一侵权行为造成多人死亡的,可以以相同数额确定死亡赔偿金。"2022 年 1 月 1 日施行的《民法典》第 1180 条规定:"因同一侵权行为造成多人死亡的,可以以相同数额确定死亡赔偿金。"

材料 3 2019 年 4 月发布的《中共中央、国务院关于建立健全城乡融合发展体制机制和政策体系的意见》,明确提出"改革人身损害赔偿制度,统一城乡居民赔偿标准"。2019 年 9 月,最高人民法院发布《关于授权开展人身损害赔偿标准城乡统一试点的通知》,授权各高级人民法院在辖区内开展人身损害赔偿纠纷案件统一城乡居民赔偿标准试点工作。2022 年 4 月 24 日,最高人民法院发布《关于修改〈最高人民法院关于审理人身损害赔偿案件适用法律若干问题的解释〉的决定》(以下简称《人身损害赔偿标准修改决定》)。新司法解释将残疾赔偿金、死亡赔偿金以及被扶养人生活费由原来的城乡区分的赔偿标准修改为统一采用城镇居民标准计算,不再区分城镇居民和农村居民。《人身损害赔偿标准修改决定》自 2022 年 5 月 1 日起施行。

联系上述材料,回答下列问题:

1. 材料 1 中的 2003 年《人身损害赔偿解释》和材料 3 中的 2022 年《人身损害赔偿标准修改决定》对于残疾赔偿金、死亡赔偿金以及被扶养人生活费的赔偿标准的规定,是否体现了同样的平等观念,为什么?

2. 结合材料 1、材料 2 和材料 3 的内容,说明平等的立法保护和司法保护的关系。

【解析】 第一,2003 年《人身损害赔偿解释》和 2022 年《人身损害赔偿标准修改决定》对于残疾赔偿金、死亡赔偿金以及被扶养人生活费的赔偿标准的规定,体现着不同的平等观念。2003 年《人身损害赔偿解释》基于人具有的城乡差别确定不同的赔偿标准,构成基于城乡差别的一种不合理的差别对待,不符合我国《宪法》关于法律面前人人平等的规定和形式平等的要求。2022 年《人身损害赔偿标准修改决定》体现了我国《宪法》和《民法典》中的人人平等要求,符合形式平等的要求。

第二,平等的立法保护是司法保护的前提和基础,平等的司法保护是立法保护的保障和落实。尽管我国《宪法》有法律面前人人平等的规定,但是在缺乏具体的人身损害赔偿标准法律规定的情况下,平等的司法保护缺乏有力的法律规范基础,导致材料 1 中的基于城乡身份差别而同命不同价的情况。在我国相继通过《侵权责任法》和《民法典》规定"因同一侵权行为造成多人死亡的,可以以相同数额确定死亡赔偿金"后,司法机关依据上述法律依据及时调整了司法解释,对城乡居民的人身损害赔偿给予了平等的保护。

习题 2:

材料 1 2017 年,贺建奎等人指示 6 名男性冒名顶替感染艾滋病病毒的男性,通过了艾滋病病毒检查,顺利伪装成接受辅助生殖的正常候诊者。后贺建奎指使张仁礼等人伪造医学伦理审查材料,并安排他人从境外购买严禁用于人体诊疗的试剂原料,调配基因编辑试剂。贺建奎等人对 6 对夫妇的受精卵注射基因编辑试剂,之后对培养成功的囊胚取样送检并选定囊胚移植入母体,使得两名女性先后受孕。2018 年,一名女性产下双胞胎婴儿;2019 年,另一名女性生下 1 名婴儿。法院认为,贺建奎等人违反法律,采取欺骗、造假手段,恶意逃避国家主管部门监管,多次实施将基因编辑技术应用于辅助生殖医疗的行为,造成多名基因被编辑的婴儿出生,严重扰乱了医疗管理秩序,情节严重。这种行为已经越过了科学实验的边界,应认定为医疗行为。而贺建奎等人未取得医生执业资格却进行辅助生殖医疗的行为,违反了《中华人民共和国执业医师法》等国家规定。根据《刑法》第336条规定,贺建奎等人的行为构成非法行医罪。法院依法判处被告人贺建奎有期徒刑三年,并处罚金人民币300万元;判处参与基因编辑婴儿事件的张仁礼有期徒刑二年,并处罚金人民币100万元;判处参与基因编辑婴儿事件的覃金洲有期徒刑一年六个月,缓刑二年,并处罚金人民币50万元。

材料2 在2019年3月的全国两会上,人大代表和政协委员对贺建奎案给予高度关注。农工党中央专门就此问题向全国政协十三届二次会议提交提案。2020年10月17日,全国人大常委会审议通过《中华人民共和国生物安全法》。该法第56条第1款规定:"从事下列活动,应当经国务院科学技术主管部门批准:(一)采集我国重要遗传家系、特定地区人类遗传资源或者采集国务院科学技术主管部门规定的种类、数量的人类遗传资源;(二)保藏我国人类遗传资源;(三)利用我国人类遗传资源开展国际科学研究合作;(四)将我国人类遗传资源材料运送、邮寄、携带出境。"为了维护国家安全和生物安全,防范生物威胁,2021年3月1日起施行的《刑法修正案(十一)》增加规定了三类犯罪行为:非法从事人体基因编辑、克隆胚胎的犯罪;严重危害国家人类遗传资源安全的犯罪;非法处置外来入侵物种的犯罪等。其中,《刑法修正案(十一)》第39条规定,在《刑法》第336条后增加一条,作为第336条之一:"将基因编辑、克隆的人类胚胎植入人体或者动物体内,或者将基因编辑、克隆的动物胚胎植入人体内,情节严重的,处三年以下有期徒刑或者拘役,并处罚金;情节特别严重的,处三年以上七年以下有期徒刑,并处罚金。"

联系上述材料,回答下列问题:
1. 材料1涉及法的自由、安全和秩序价值是如何体现的?
2. 材料2体现了法律保护自由的哪些原则?

【解析】 第一,贺建奎依法可以享有的从事科学研究的自由,属于法的自由的一种类型。贺建奎从事的人类基因编辑行为,危及了生物安全这一基本安全类型。贺建奎的行为严重扰乱了医疗管理秩序,构成对秩序价值中的社会秩序的损害。

第二,科研自由属于消极自由的一种。法律保护消极自由主要有伤害原则、冒犯原则和法律道德主义。从材料2的规定看,其一,法律禁止将基因编辑、克隆的人类胚胎植入人体的行为,这涉及对他人身体健康的保护,体现了法律保护自由的伤害原则。其二,将基因编辑、克隆的人类胚胎植入动物体内或者将基因编辑、克隆的动物胚胎植入人体内,是严重违反科研伦理的行为,也与社会公众的道德观念发生剧烈的冲突,体现了法律道德主义。

第十六章
Chapter 16

法与人权

章前提示

人权是现代法最基本的价值之一。尊重和保障人权既是人类文明的标志和法治文明的基本特征,也是现代法区别于传统法的基本标志。本章论述了人权的概念和体系、中国特色社会主义人权思想、法对人权的保护等问题。

原理阐释

一、人权的概念

(一) 人权的含义

1. 人权的内涵

不同的学者对于人权的概念有不同的理解,一般来说,人权是指人作为人所享有或应当享有的那些权利。人权包含"人的权利""人作为人的权利""使人成为人的权利"和"使人成为有尊严的人的权利"等多个层次。就此而言,一方面,人权表达了所有的人在人格上的普遍平等观念;另一方面,人权表达了所有的人在人格上享有绝对尊严的观念。

人权中的"人",或者说"人权主体""人权的权利主体",首要和基本的是自然人或者个人。依据国际人权文书、各国宪法、人权原理和学说等,人权主体也可以解释为"人民""市民""公民""国民""民族""种族""集体"甚至"法人"。承担保障上述人权主体享有人权的主体,即人权的义务主体,主要和基本的是国家,还有法人和其他非法人组织、群体、他人等。

人权中的"权",主要涉及人权主体具有什么样的基本需求或者享有何种根本利益问题。依据国际人权文书、各国宪法、人权原理和学说等,人之为人所享有的这种权利可以解释为"自然的权利""市民的权利""国民的权利""人民的权利""公民权""基本权""宪法权""公民的基本权利"等,涉及的是人权在所有权利中的地位以及其指向的利益和需求问题。

2. 人权的特征

在现代社会的权利体系中,人权具有特别的地位,也因而具有与其他权利相比不同的特点,具体体现为以下几种。

第一,人权是最普遍性的权利。人权的普遍性首先就是享有人权的权利主体的普遍性。也就是说,人权是最普遍地为所有的人平等地享有或应当享有的权利。全体社会成员,不分民族、种族、性别、职业、家庭出身、宗教信仰、教育程度、居住年限、财产状况等,都平等地享有人权。

第二,人权是根本性的权利。并非所有需求和利益都被视为人权。人权是对人的生存和发展来说最基本、最重要、最根本的那些需求和利益,如生命、人身自由和安全、财产利益、获得公平审判的权利等。也就是说,人权是对于人的生存和发展的一种基础性标准,是人在特定社会中得以体面、有尊严地生存所必须具备的最基本条件。

第三,人权是本源性的权利。人权是其他法律权利存在的正当性根据和理由,在整个权利体系中属于最基础性的权利。

第四,人权是综合性的权利。人权是包含多项权利内容的复杂的综合性权利体系。人权的综合性特征说明,人权本身就是一个开放性的权利体系,随着人们对自身的认识和理解的不断深化,人权的具体权利项,即新的权利类型,也将不断地出现并加入人权的权利体系之中。同时,这也说明人权的权利范围具有扩展的可能性。

3. 人权的历史发展

尽管从思想史的角度考察,人权思想的萌芽确实可以追溯到人类生活的早期,但那时的人权思想还处于一种朦胧状态。到了资产阶级革命时期,人权思想才真正逐渐地明确而清晰起来,开始具有了理性的色彩。18世纪末,法国的《人权和公民权利宣言》(即《人权宣言》)第一次以法律形式提出"人权"这个概念。自此以后,"人权"不仅仅是一个思想内涵明确的概念,而且在一系列国际性、区域性和国家层面的法律文件中获得确认。人权的历史发展体现出了若干明显的特点。

第一,从人权的主体来看,人权主体的发展是一个从特殊的有限主体到普遍主体发展的过程。

第二,从人权的内容来看,人权内容的发展表现为从简单到丰富、从个体性权利到集体性权利甚至整个人类共同性的权利的过程。

表 16-1　法国学者卡雷尔·瓦萨克(Karel Vasak)的人权代际学说

	主要内容	代表性权利	指向的核心价值
第一代人权	公民权利和政治权利	生命权,自由权,公正审判权,选举权与被选举权,等等	自由
第二代人权	经济社会文化权利	工作权,获得报酬权,劳动与社会保障权,受教育权,等等	平等
第三代人权	社会连带权	发展权,和平权,环境权,等等	博爱

第三,从人权保障的角度来看,人权的发展已经从一般的人权观念与原则的宣告逐渐发展到在国际层面(比如联合国有关的人权机构)、区域层面(比如欧洲、美洲、非洲的人权机构)和国家层面(国家签署和批准国际人权公约,在国家层面承诺尊重和保护人权)建立起了人权保障和人权救济机制。

(二) 人权体系和分类

人权是一个由不同权利形式构成的统一整体。人权体系是指将人权划分为不同类别并由不同人权形式相互区分、相互联系而形成的人权系统。在历史上最早进行人权分类的是英国思想家洛克,他将人权分为生命权、健康权、自由权和财产权四种。1689年英国《权利法案》首次以法律的形式宣告了请愿权、表达权、选举权和财产权等人权类型。1776年美国《独立宣言》宣告人人享有"生命权、自由权和追求幸福的权利"。1789年法国《人权宣言》宣布人人享有的"权利是自由、财产、安全与反抗压迫"。二战以后,出现了新兴独立国家特别是社会主义国家的人权体系。以《联合国宪章》为核心,以《世界人权宣言》《经济、社会及文化权利国际公约》《公民权利和政治权利国际公约》组成的"国际人权宪章"为主要载体的国际人权体系得以逐步建立。

1. 依据人权的存在形式，人权可分为应然人权、法定人权和实有人权

应然人权是从道德意义上讲人应当享有的一切人权。换句话说，人权首先是一种道德权利，人一旦失去了应然意义上的人权，也就意味着其失去了做人的资格。法定人权是人权法定化的具体表现，即为现行的法律规范所确认和保障的人权。正如有学者指出："应有权利要转化为实有权利，必须经过法律或其他社会规范的中介，并使这种规范在社会生活中真正实现。"[①]当人权成为一种法律权利，相关主体就可以通过具体的法律程序来伸张人权和保障人权，这是人权保障的关键性步骤。实有人权是指主体在现实中实际上可以享有的人权。人权作为一种道德权利和法律权利，仅仅为人权的实现提供了一种可能性与资格，因此人权还必须是一种实有权利，而法定人权转化为实有人权意味着人权的义务主体承担了相应的人权义务。同样，应然人权和法定人权获得实现，也意味着人权主体的根本利益和基本需求获得实现和满足。

2. 依据人权的实现方式，人权可分为消极人权、积极人权和社会连带人权

消极人权是指仅凭主体自身的存在和活动，无须相对方即义务人积极作为便可享有和实现的人权，主要是公民权利和政治权利。积极人权是指不仅需要人权义务主体消极不侵犯，而且更需要其积极作为，履行特定义务并付出相应的代价方能实现的人权，主要是经济、社会、文化权利。社会连带人权是只有通过人类社会所有成员的分工与合作才能实现的人权，包括发展权、环境权、和平权等。

3. 依据人权享有的主体，人权可分为一般主体的人权和特殊主体的人权

一般主体的人权，即个人人权，是全体人普遍享有的共同的权利，也是一切人都无差别地平等享有的权利。特殊主体的人权是由于主体具有的生理、心理、社会等特殊身份而需要特别保障的人权。主要包括：第一，特殊个体享有的人权，如妇女、儿童、老人、残疾人等享有的人权。第二，特殊集体享有的人权，如土著人民、少数民族等享有的人权。

---

① 孙国华主编：《人权：走向自由的标尺》，山东人民出版社1993年版，第66页。

4. 依据人权主体的数量,人权可分为个人人权和集体人权

个人人权是指自然人或公民个人所享有的权利。集体人权是人的集合体所享有的人权,以维护个人所组成的集体的根本利益和需求。集体人权主要包括生存权、发展权等,其主体主要是国家、民族等。

二、中国特色社会主义人权思想

中国特色社会主义人权思想是马克思主义人权观中国化、现实化和当代化的时代产物,是马克思主义人权原理与中国实际结合后进行创造性转化的思想结晶,是对西方人权价值观和历史上的人权思想进行扬弃的必然结果,是当代中国人权建设的根本指南。

第一,中国共产党和中国政府始终尊重和保障人权,强调人民生活幸福是最大的人权。中国共产党从成立之日起,就坚持把为中国人民谋幸福、为中华民族谋复兴作为初心使命,一百多年来,党团结带领中国人民为创造美好生活进行了长期艰辛奋斗。基于带领人民创造幸福生活的奋斗目标和对人民生活幸福是最大的人权的深刻认识,在党和政府的努力下,中国人权事业已经取得了举世瞩目的巨大成就,并将继续不断推进。

第二,走适合中国国情的人权发展道路。世界上没有放之四海而皆准的人权发展道路和保障模式,人权事业发展必须也只能按照本国国情和人民需要加以推进。长期以来,中国坚持把人权的普遍性原则同中国实际相结合,不断推动经济社会发展,增进人民福祉,促进社会公平正义,加强人权法治保障,努力促进经济、社会、文化权利和公民政治权利全面协调发展,显著提高了人民生存权、发展权的保障水平,走出了一条适合中国国情的人权发展道路。

第三,奉行以人民为中心的人权理念。中国共产党深刻认识到,人民是历史的创造者,是决定党和国家命运的根本力量。党和政府在人权保障上必须坚持以人民为中心,不断实现人民对美好生活的向往。中国特色社会主义进入新时代之后,我国社会主要矛盾已经转化为人民日益增长的美好生活需要和不平衡不充分的发展之间的矛盾。为此,我们必须把实现好、维护好、发展好最广大人民根本利益作为出发点和落脚点,不断解决好人民最关心、最直接、最现实的利益问题,让人民共享经济、政治、文化、社会、生态等各方面发展成果,给人民带来更多、更直接、更实在的获得感、幸福感、安全感。

第四,坚持生存权和发展权是首要的基本人权,逐步实现全体人民共同富裕。发展是人类社会永恒的主题。联合国《发展权利宣言》确认发展权利是一项不可剥夺的人权。党和政府深刻认识到,作为世界上最大的发展中国家,以经济建设为中心是兴国之要,发展仍是解决我国所有问题的关键,是我们党执政兴国的第一要务。在全面建设社会主义现代化国家新征程中,中国必须把促进全体人民共同富裕摆在更加重要的位置;要自觉主动解决地区差距、城乡差距、收入分配差距,坚持在发展中保障和改善民生,促进社会公平正义,逐步实现全体人民共同富裕,坚决防止两极分化。

第五,把人民群众生命安全和身体健康放在第一位。生命权和健康权关涉着人民享有和实现其他人权不可或缺的生命和身体基础,党和政府在人权事业发展和人权保障中,始终把人民群众生命安全放在第一位;把人民健康放在优先发展的战略地位,推进健康中国建设,努力全方位、全周期保障人民健康,形成有利于健康的生活方式、生产方式、经济社会发展模式和治理模式,实现健康和经济社会良性协调发展,保障人民充分地享有人权和基本自由。

第六,协调增进全体人民的经济、政治、社会、文化、环境权利,促进人的全面发展。每个人的自由发展是一切人的自由发展的条件。人权的主体是人,人权事业发展从根本上说是人的发展,要为人实现自身潜能创造条件。党和政府坚持和发展中国特色社会主义,统筹推进"五位一体"总体布局、协调推进"四个全面"战略布局,全面深化改革开放,立足新发展阶段,完整、准确、全面贯彻新发展理念,努力保障人民的经济、政治、社会、文化和生态文明权利,为每个人的全面发展提供可能。

第七,保障少数民族、妇女儿童、老年人、残疾人等特定群体权益。中国梦,是民族梦、国家梦,是每一个中国人的梦;全面建成小康社会,全面建设社会主义现代化国家,一个都不能少,一个都不能掉队。党和政府始终通过制定和实施相关法律规范和政策,促进少数民族、妇女儿童、老年人、残疾人等特定群体平等和充分地享有生命权、平等权、财产权、政治权利、劳动权、社会保障权等人权和基本自由。

第八,加强人权法治保障,保证人民依法享有广泛权利和自由。法治是人权的重要保障。党和政府推进全面依法治国,根本目的是依法保障人民权益。要坚持党的领导、人民当家做主、依法治国有机统一,健全人民当家做主的制度体系;要把以人民为中心的发展思想贯穿立法、执法、司法、守法各个环节,加快完善体现权利公平、机会公平、规则公平的法律制度,保障公民人身权、财产权、人格权和基本政治权利不受侵犯,保障公民经济、文化、社会等各方面权利得到落实,确保法律面前人人平等。

第九,基于平等和相互尊重,中国愿同世界各国一起在丰富人类文明多样性、推进世界人权事业发展上发挥重要作用和做出应有的贡献。首先,人权是全人类的共同追求,然而由于文化、制度、道路的不同,各国人民对人权的理解不尽相同。中国主张加强不同文明交流互鉴、促进各国人权交流合作,推动各国人权事业更好发展。其次,中国高度重视世界和平和发展在人权保障上的重大意义,主张维护和平是尊重和保障人权的前提,发展是实现人民幸福的关键以及保障人权的重要基础。最后,中国主张人类命运休戚与共,中国人民愿同各国人民一起维护人的尊严和权利,推动形成更加公正、合理、包容的全球人权治理,共同构建人类命运共同体。

让人民充分享有人权是人类社会的共同奋斗目标。在人权问题上没有完成时,只有进行时;没有最好,只有更好。在中国共产党的领导下,中国人民正在为实现中华民族伟大复兴的中国梦而奋斗,这将在更高水平上保障中国人民的人权,促进人的全面发展。

三、法对人权的保护

人权与法有着十分密切的联系。没有法律对人权的确认、宣示和保障,人权要么只能停留于道德权利的应然状态,要么经常面临受侵害的危险或得不到救济,不能转化为人权主体的根本利益和基本需求的实现。

当代人权的法律保护既表现为人权的国内法的保护,又表现为人权的国际法的保护。人权的这两种法律保护互为补充、互为促进、互为保障。

(一)人权的国内法保护

人权的国内法保护是人权法律保护的最主要、最经常、最有效形式,主要包括宪法保障、立法保护、行政保护、司法救济四个方面。

1. 人权的宪法保障

确认和保障人权是现代宪法的核心价值和主要功能。以宪法的形式确认和保障人权,是近现代民主和法治的显著特征。宪法是一个国家的根本大法,是一个国家其他法律的母体。只有宪法首先对人权给予保护,才能使整个法律体系都对人权给予保护。一项人权只有为宪法所确认和保障,才能确立起崇高的法律地位和权威,才能有效地排除各种势力(包括国家机关)的侵犯。从实践来看,在很多国家,人权(尤其是新的人权)都首先为本国宪法所宣告和确立,然后再由其他法律予以具体保护。

人权的宪法保障的主要方式包括:(1)宪法通过合理配置国家权力和防止权力滥用保障人权;(2)宪法宣告基本人权原则;(3)宪法确认人权的基本内容;(4)宪法通过建立宪法保障机制保护人权。当代绝大多数国家都是通过实施宪法监督开展违宪审查或者合宪性审查,以维护宪法权威,进而实现宪法对人权的保障价值。

2. 人权的立法保护

国家必须通过立法把宪法中的基本人权原则或者人权的基本内容转化为法定人权,形成明确的法律权利和义务,才能真正地为人权提供法律保障。人权的立法保护包括两方面的内容:

第一,实质上的保护。法律规定了法定人权的内容和范围,为人权的享有和实现、行政保护和司法救济提供了法定的标准。同时,人权的法定化和制度化是随着社会发展进化的程度而逐渐完备起来的。法定化和制度化的人权规则是人权主体请求行政保护和司法救济的文本依据,也是行政机关采取保护措施、司法机关进行司法判决的权威性依据,即司法机关和行政机关采取人权保护的前提性条件。

第二,程序上的保护。法律规定了享有和实现人权,行政机关对人权采取保护措施,司法机关对人权案件进行审判的原则、程序、方式、方法,以及为人权的享有、实现、保护和救济提供有效的措施和可行的方式。为此,应当依法保障公民权利,加快完善体现权利公平、机会公平、规则公平的法律制度,保障公民人身权、财产权、基本政治权利等各项权利不受侵犯,保障公民经济、文化、社会等各方面权利得到落实,构建一套公民权利保障的法律规范体系。

3. 人权的行政保护

按照民主政治的内在逻辑,成立政府(行政机关)的目的在于保护社会成员的利益和权利,其中当然包括保护地位最为重要和根本的人权。

人权的行政保护主要体现在三个方面:一是划定政府权力和公民权利的界

线,坚持政府权力法定、公民权利推定这一法治原则。对政府,法无授权不可为;对公民,法无禁止即可为。尽可能减少并取消不适当的行政审批事项,确保人权的充分自由实现。二是政府认真执行宪法的人权条款和权力机关的人权立法,将法定的人权转化为现实的人权。三是政府将保障人权作为决策的决定性因素,从而将保障人权贯穿于政府的全部行政决策和实践之中。

与人权的司法救济相比较,人权的行政保护具有主动性。政府可以借助国家的强制力,及时、有效地对侵犯人权的行为予以制止,把侵权人(包括行政机关本身)对人权的侵害程度限制在最小的可能内,而不至于在人权已经受到侵害或完全被侵害时才予救济。因此,人权的行政保护是人权实现的重要环节。

4. 人权的司法救济

司法救济是人权的法律保护体系的重要环节,也是人权的法律保护的最后一道防线。一是司法为解决私人主体之间的人权纠纷提供了一种公正的、值得信赖的、有效的渠道。二是司法是纠正和遏制行政机关侵犯人权行为的有力机制。公民的人权受到行政机关侵害,可以向司法机关提起行政诉讼,要求司法机关审查、纠正行政机关的侵权行为。三是符合正当程序和法治原则的司法程序和司法过程,本身就是对人权的保障。例如,遵守罪刑法定、无罪推定、非法证据排除规则,禁止刑讯逼供、体罚虐待,保障当事人的知情权、陈述权、辩护辩论权、申请权、申诉权,以及法律援助权、司法救助权等。

(二) 国际法对人权的保护

1. 国际人权法律体系与保护机制

二战以后,一个以《联合国宪章》和《世界人权宣言》为基础、由八十多种人权法律文件构成的国际人权法律体系逐渐形成,并在不断完善。国际人权法大体包括以下四类:一是人权宪章类,如联合国《公民权利和政治权利国际公约》《经济、社会及文化权利国际公约》《欧洲人权公约》《欧洲社会宪章》《美洲人权公约》《非洲人权和民族权利宪章》;二是防止和反对种族歧视类,如《防止及惩治灭绝种族罪公约》《消除一切形式种族歧视国际公约》;三是对妇女、儿童、难民和无国籍人员等特殊主体(社会弱者)人权保护类,如《消除对妇女一切形式歧视公约》、联合国《儿童权利公约》《保护所有移徙工人及其家庭成员权利国际公约》《残疾人权利公约》;四是战时国际人道主义保护类,如《改善战地武装部队伤者病者境遇之日内瓦公约》《改善海上武装部队伤者病者及遇船难者境遇之日内瓦公约》《关于战俘待遇之日内瓦公约》《关于战时保护平民之日内瓦公约》。

建立在国际法基础上的国际人权保护和救济制度，具有以下两个方面的内容：一是国家因加入国际人权公约和公认的国际法原则而承担保护人权的国际义务。国家既要保护本国人权主体的人权，也要保护非本国人权主体的人权。二是有关人权保护的国际机构负有调查、监督人权问题及其解决情况的职责。

2. 国家主权与人权的国际法保护

人权的国际法保护，必须建立在尊重国家主权的基础上。人权的国际法保护同国家主权原则、不干涉他国内政原则并不矛盾，要正确认识与处理三者的关系，一方面要抵制和反对"人权无国界论"，维护《联合国宪章》的宗旨与原则，维护国家主权，坚持不干涉他国内政原则；另一方面，各国和国际社会也应依据国际法和《联合国宪章》的规定，实行人权的国际法保护。对于危害人类和严重侵犯基本人权与自由，已构成国际罪行的行为，国际社会应进行干预与制止。同时，对于人权公约缔约国来说，也应按其所缔结的人权公约的规定，履行保护人权的国际义务。

人权的国际法保护是一个复杂的问题，涉及尖锐的政治斗争与外交斗争，既是国际人权法中的重要理论与实践问题，也是涉及国家相互关系的重要理论与实践问题。我们要把握问题的实质，从有利于人类进步与世界和平的高度去正确认识与处理，从有利于当前反对恐怖主义、霸权主义、民族分裂主义的大局去认识与处理。

我国政府一贯尊重和支持《联合国宪章》促进与保护人权的宗旨，并为实现这一宗旨做了大量的工作，为推动国际人权领域的合作发挥了积极的作用。我国在参加联合国人权机构的活动中，维护、丰富和发展了人权概念与理论，积极参与联合国人权文件的起草工作，并在较短时间内加入了一系列重要的国际人权公约。同时，我国为制止大规模粗暴侵犯人权的行为，抵制人权领域内的霸权主义，推动建设相互尊重、公平正义、合作共赢的新型国际关系，倡导构建人类命运共同体做出了巨大贡献，受到了广大第三世界国家的支持与好评。

阅读材料

材料1　变性人与少数人的权利[①]

最近,新闻媒体上对有关变性人的问题讨论得十分热烈。其中,变性手术应不应该合法化,变性人的权利是否应得到保障,如何保障是讨论的主要话题。笔者认为,变性手术应该合法化,变性人的权利应该得到切实的尊重与保护。

世界本来就是丰富多彩的,不同的人、不同的物、不同的语言、不同的颜色才构成一个真实的世界,正如毛泽东同志在早年的诗句中写道的:"万类霜天竞自由"。所有人都吃一样的饭、穿一样的衣服、唱一样歌的社会只能是一个畸形的社会。因此,近代英国思想家密尔告诉我们,人性不应当是一架毫厘不爽的按程序工作的机器,它应该是一棵"按照那使它成为活的东西的内在力量的趋向生长和发展起来"的树。世界是由矛盾构成的,而矛盾双方是互为存在的,如果失去一方,另一方也就没有了存在的意义。有天才有地,有阴才有阳,有正才有负,有异端才有正道。因此,在这个意义上说,变性人这种所谓的"异端"的存在在一定程度上起到了肯定正常人生活的作用。那么,我们还有什么理由对此大惊小怪呢?一个多元竞争、个性自由的社会才是一个富有生机和活力的社会。历史虽然由人民创造,但它的发展却总是靠少数离经叛道者推动。试想,如果没有当年敢于冲破旧的枷锁的共产党人,哪有今天的人民共和国?如果没有20世纪70年代末安徽凤阳小岗村农民的包产到户,哪有今天的中国农村的土地改革?如果没有20世纪70年代末或80年代初所谓的"投机倒把"者,哪有今天的社会主义市场经济?因此,在某种意义上说,一个社会需要"异端"和"另类",因为"异端"常常代表创新,"另类"往往象征活力。它们的存在更是对正道的督促和警醒,而多元的社会是法治形成的基础。

多数人的权利固然应该保护,但少数人的权利更不应该受到轻视。多数人因其占多数而是社会的强者,他们往往能够利用自身的优势很好地保护自己。而处于弱势地位的少数人,因其命运易被多数人掌握,故其权利常易受侵犯。少数人专权可以形成暴政,多数人专权未必不会如此。从法国大革命中雅各宾派的红色恐怖到苏联建立初期对地主富农的消灭,从希特勒对犹太人的屠戮到美

[①] 节选自李拥军:《道法古今——拥军教授随笔集》,知识产权出版社2016年版,第216—218页。少量内容有调整。

国历史上南方白人对黑人施加的私刑,无不是多数人为少数人制造的人间悲剧。人生而平等,多数人有什么理由为自己而牺牲少数人呢?饱受精神之苦的"阴阳人"凭什么没有确定自己性别、实现幸福的权利呢?诚然,允许变性人合法化会对传统的伦理构成冲击,会给正常人带来一些冒犯和不适。但是,我们必须知道,法治是有代价的,任何一种权利都具有一定的风险。我们在倡导言论自由时,不免会带来谬论、流言和偏见;我们在弘扬契约自由时,也不免会出现诈欺与违约。正是如此,法治的福祉在于宽容,想不承担风险而建成法治无异于痴人说梦。唯有如此,旧道德才能除弊,新伦理才能更新,社会才能发展。

中国传统文化是一种"大一统"思想居主导地位的文化,"异端"得不到宽容,少数人的权利得不到尊重,因此中国的传统社会是一个死气沉沉的社会。但值得我们欣慰的是,改革开放以来,我们的社会日益宽容,人们的个性日益得到尊重,多元的文化正在形成。思想观念在更新,时代在进步,公权的专横正在消解,人权正在受到尊重。我们应该对此欢呼,因为法治的基础在于人性,法治的福祉在于宽容,正如德沃金先生所说:"如果政府不能认真对待权利,那它也就不能认真对待法律。"

材料2 权利存在与权利保障[①]

中央电视台的一个有关法律的栏目曾经作过如下报道(具体栏目与时间我记不清了):重庆市某监狱一名正在服刑(被判处了无期徒刑)的在押犯人,服刑前与一女子未履行结婚的法定手续而同居多年并育有子女,如今孩子该上学了,但由于他们是同居、未履行结婚的法定手续,而且因为他犯罪服刑的缘故,孩子没有能够落上户口,因而无法入学。于是,该犯人向监狱提出申请正式与女方结婚。据该监狱调查,具有类似情况正在该监狱服刑的犯人有50多人。报道说,由于法律也没有明确规定,该监狱不知如何处理。一个法律"难题"就此产生。

我不知道为什么人们认为这里存在法律的"难题"。在我看来,说当前境况之中存在法律"难题"实际上是一个绝对的假问题,说现行法律对于当前境况之中服刑的在押犯人的要求没有明确的规定实际上也绝对不真实。我认为产生如此认识的根本原因可能恰恰在于,我们缺乏对于"权利"及其存在的正确认识,我们仍然习惯于将"权利"与所谓的道德的或者法律的"好人"相连,而仍然习惯于

[①] 节选自姚建宗:《法治思语》,法律出版社2014年版,第117—119页。少量内容有调整。

将"权利"从所谓的道德的或者法律的"坏人"身边移开。而这认识无论在理论上还是在实践上都是错误的,也是极其有害于"法治"的。实际上,当前境况下,正在服刑的在押犯人要求结婚的"合法""权利"在理论上和法律的现实规定中都是实际存在的,因此,他们的正当要求与合法权利理应受到法律的切实保障。

首先,在押的服刑犯人也是与你我一样的"人",同样享有与你我一样的基本人权。人权是根本不可能被"剥夺"掉的。这是在押的服刑犯人的法律权利应当得到切实的法律保障的正当理由和终极原因。

其次,当前境况之中的在押服刑犯人只是被限制了人身自由权利的行使方式,而没有被根本剥夺,这一点与死刑犯人的情况不同。也就是说,在押服刑犯人除了政治权利和自由可能被剥夺之外,最多也就是人身自由权利的行使受到了一定的限制,其他各种法定权利仍然存在。

最后,显然,当前境况之中的在押服刑犯人的民事权利的"合法"状况、范围与你我所享有的民事权利的"合法"状况、范围没有什么两样,是完全相同的。所以,服刑的在押犯人的婚姻自由权利既是完全"合法"的又是现实存在的。

由此看来,说在押服刑犯人要求结婚是否"合法"没有明确的法律规定,认为这是一个法律"难题",的的确确是没有任何道理的,真的是一种错误认识,同样也是一种缺乏法律意识和良好的法治观念的表现。

既然在押服刑犯人的民事权利在事实上的确现实地存在着,并不因为其在押服刑犯人的特殊"身份"而有所不同,那么,对于在押服刑犯人的诸如民事权利这些合法权利理应加以切实的保障,而且这种权利保障还不应与普通人的权利保障有所差别。换句话说,当前境况之中的在押服刑犯人要求结婚是完全"合法"的,因为我国现行法律规定公民享有婚姻自由权利,而且,这一权利是一般性的普遍权利。如果从另外一个角度来理解,人权的存在只是也只能是基于人的存在,任何政治的、法律的制度设定与存在,毫无例外地是也只能是以人权保障为终极目标和价值追求的,现实的人的各种实证的法律权利不过就是人权的具体化和现实化而已,对于公民的权利保障而言,从人权角度来看,权利推定优先应当是一个公理。既然法律没有明确宣布(即使明确宣布了,其合法性还应当受到人权保障的检验)取消或者剥夺这些在押服刑犯人的婚姻自由权利,那么,有关当局认为不好处理就是没有道理的,把这视为法律的"难题"也正是"法盲"思维的典型反映。

问题是,对于类似问题习惯性地以这种"法盲"思维来进行认识、理解和处理的人在我国绝对不是少数,而是绝大多数。所以,在我们的法治建设中,法律意识和法治观念的培育的确是极其关键的一环。而对待在押服刑犯人的权利存在与权利保障的"权利态度"就是这一环节的重要方面。

我们应当明确而且应当有勇气承认,在现代社会尤其在法治之下,任何"权利"或者"权利要求"是否"正当"、是否"合法",完全取决于这些"权利"或者"权利要求"本身的社会意义与法律意义,而绝不是也绝对不能是取决于提出这些"权利"或者"权利要求"的主体是道德的、政治的或者法律的等意义上的"好人"还是"坏人"。

在法治之下,任何意义上的"好人"的"非法"的、"不正当"的所谓"权利要求",都决不能也决不应该获得法律的支持;相反,任何意义上的"坏人"的"合法"的、"正当"的"权利"或者"权利要求",法律在任何时候都决不能也决不应该拒绝提供切实而充分的适当保障。

材料3 生命的尊严:未知死,焉知生?[①]

母亲身患重病,瘫痪在床,女儿女婿打工赚钱,为母治病,终日端茶喂饭、洗脚擦身。母亲实在无法忍受疾病的折磨,一次一次哀求家人帮忙购买毒药,让她尽快解脱。终于,女婿买来毒药,女儿、女婿和老伴儿眼睁睁地看着她服下毒药。数个小时后,她离开了人世。

这起令人唏嘘不已的案件发生在浙江台州,2018年6月1日,法院以故意杀人罪判处女婿、老伴儿有期徒刑三年,缓刑五年;判处女儿有期徒刑二年,缓刑三年。这个判决算是在现有法律框架中非常宽宥的处理了。

该案涉及安乐死这个让人无比沉重的话题。

一般说来,安乐死可以分为积极安乐死和消极安乐死,前者是采用积极的措施加速患者的死亡进程,如给患者注射或服用剧毒药品、麻醉药物让其迅速死亡;后者则是通过停止、放弃治疗,让患者自然死亡。包括我国在内的绝大多数国家和地区都对消极安乐死持容忍态度,但对积极安乐死则认为属于犯罪。

荷兰是世界上第一个将积极安乐死合法化的国家。2001年4月1日,荷兰国会众议院、参议院分别以104票赞同、40票反对和46票赞同、40票反对、1票弃权,通过了安乐死合法化法案。紧随其后的是邻邦比利时,2002年5月,该国

[①] 节选自罗翔:《圆圈正义:作为自由前提的信念》,中国法制出版社2019年版,第245—258页。注释从略。

成为世界上第二个将安乐死合法化的国家。当然,两国对于安乐死的条件有严格的限制。荷兰法律要求安乐死只能对 12 周岁以上的人实施,而且必须符合"合理关怀标准"(Due Care Criteria),否则其行为还是构成刑法中所规定的受嘱托自杀罪,最高刑为 12 年监禁。这个标准共有六个要点:

第一,患者必须经过深思熟虑的审慎考虑。

第二,医院方经过确诊认为患者的病情没有治愈的可能,而其本人正经受着无法忍受的痛苦。

第三,医院方必须如实地向患者本人告知病情的现状及前景。

第四,医院方已经与患者一致认为,除了安乐死,别无他法解脱病人的痛苦。

第五,负责治疗的医生就上述 4 点出具书面意见书,并同时要得到另外一位独立医生的支持。

第六,医院方必须保证对患者实施正当合理的安乐死方式。

其他国家对安乐死的态度则颇为保守,德国、奥地利、意大利、英国等主要发达国家,法律明确禁止积极安乐死,并对实施者处以重刑。相比而言,美国的态度更为保守,虽然美国大多数州都承认了消极安乐死,但相当多的民众和政要甚至认为这也不能接受。

我国的立场与大多数国家相同,消极安乐死不构成犯罪,但对积极安乐死,主流的刑法理论及司法实践从来都认为这属于故意杀人,只是在量刑时可以从轻。率先对法律提出挑战的是王明成及医生蒲连升。1986 年 6 月 23 日,陕西省汉中市的夏素文因肝硬化腹水病情恶化,神志不清,被儿子王明成送到汉中市传染病医院救治。因不忍看到母亲忍受生不如死的痛苦,王明成跪地向蒲连升求情,希望对母亲实施安乐死,蒲连升最终开具了处方,并让王明成在处方上签字。随后,他同另一位医生分别给患者用了若干毫克的"冬眠灵"注射药。1986 年 6 月 29 日凌晨,患者夏素文死亡。后王明成和蒲连升被检察机关以故意杀人罪起诉。1991 年 5 月 6 日,一审法院判决两人无罪,但检察机关提起抗诉。1992 年 6 月 25 日,二审法院维持了原判。法院虽然判处两人无罪,但巧妙地回避了安乐死这个问题。因为"冬眠灵"是慎用品,而非忌用品,其致死量是 800 毫克,但蒲医生给患者只用了 87.5 毫克。法院最后认为,医生的行为不是导致患者死亡的直接原因,夏素文的直接死因是肝性脑病、严重肝肾功能衰竭,不排除褥疮感染等原因。也就是说,蒲医生对夏素文实施的并非真正的安乐死。如果药物是患者致死的直接原因,法院就无法回避了。

多年之后,王明成患上了胃癌,他多次希望能有人对他实施安乐死,但均遭拒绝。2003年8月3日凌晨,王明成在极度的病痛中停止了呼吸。

生存还是死亡,这个哈姆雷特式的诘问,在安乐死中被追问到了极致。今天,人们讨论安乐死有关问题的时候,往往拒绝形而上学的道义考量,而倾向从后果角度进行功利主义的考虑。

反对安乐死的人士,大多认为救死扶伤是医生神圣职责,延长生命是医生不可推卸的责任,医生必须尽一切可能挽救患者的生命,安乐死不仅不道德,还违背了医学的宗旨。这也使医学故步自封,失去发展的机会。允许安乐死将使得患者至少失去三个治愈的机会:自然康复的机会、继续治疗恢复的机会、医学发展治愈的机会。他们担心允许安乐死将造成严重的伦理危机,它不仅会使那些居心不良的人利用安乐死来谋害他人,还可能纵容那些不愿照顾亲人的家属放弃对病患的照顾,这将使得家庭成员的互相扶助义务变得越来越冷漠,更有甚者,它还可能为医疗人员谋私打开方便之门。

而赞同安乐死的人却认为,人的生命只有在有质量的状态下才是有意义的,对于濒临死亡的患者,在穷尽一切治疗手段都无效的情况下,死亡是不可避免的,那么为什么不能尽量减少他们所承受的痛苦呢?安乐死并非从生到死的转变,而是在死亡过程中让人从"痛苦"转变到"安乐"。这是对患者人格的尊重,如果不顾患者的意愿,在根本无法治疗的情况下,空谈救死扶伤,眼睁睁地看着他们承受无法忍受的痛苦和煎熬,是对患者人格尊严的亵渎,这才是真正的不道德。为了医学进步而无视患者尊严,把患者作为研究对象,以期发现治病良方,这太不人道。更何况,医学的发展并不总是依赖于临床医学,大量的疾病都是在实验室攻破的。在病人无法治愈的情况下,用医疗设备维持他的生命特征,这将浪费大量的医疗经费,反而不利于医学的发展。至于安乐死可能带来的家庭和医生责任问题,赞同者认为这完全可以通过严格的法律条件来加以限制。相反,如果视安乐死为犯罪,那将会出现大量私下的安乐死,这反而会使问题变得更为恶化。

然而,脱离形而上学的功利讨论会陷入无解的难题,功利主义所考虑的变量总是有限的。如果出现新的变量,先前的功利计算就要推翻重来。比如,赞同者认为允许安乐死可以节约医疗经费,促进医学发展。但是,如果允许安乐死,若医生对安乐死的条件判断失误,是否会引发严重的医患冲突,导致医疗经费成为维稳支出,让医疗经费更加短缺?

赞同者和反对者各执一词，谁也无法真正说服谁。在这两种立场之间，其实有一种折中，这就是尊严死。尊严死是指患者事先以书面形式确认，如果疾病在现有的医疗条件下属于无法挽救的，就拒绝没有意义的延长生命的医疗措施，如停止采取呼吸机、人工透析、化学疗法、静脉输血、补给营养液等措施，而让其自然死亡。尊严死与安乐死相似，但又有很大不同。它不同于积极安乐死，尊严死不主动为患者提供致死的手段和方法，它也不是消极的安乐死，它不需要在患者濒临死亡时才可以实施，比消极安乐死的时间有所提前。尊严死的观念最早在美国产生，后来推广到很多国家，日本现在也很流行，很多人都在"不进行没有意义的延长生命，积极迎接自然死"的文件上签名。在日本尊严死协会的《尊严死宣言》上签名的会员，截至1994年已近7万人。尊严死并不存在像积极安乐死那么强烈的道德指责，医生没有实施积极的终止生命方式，因此它和民众的情感以及法律没有太多抵触。

在我国刑法理论中，安乐死至少涉及两个问题：一是帮助自杀，二是得到被害人承诺的杀人。在帮助自杀的情况下，行为人并不实施故意杀人的实行行为，只是为自杀者提供便利条件。但在得到被害人承诺的杀人中，行为人则实施了故意杀人的实行行为，只是这种行为是当事人所同意的。

积极安乐死一般都属于得到被害人承诺的杀人行为。但是，在许多案件中两种情况往往混在一起。以台州发生的案件为例，为患者购买毒药是帮助自杀行为，但是当患者中毒，负有救助义务的亲人不予救助，在法律上则是故意杀人罪的实行行为（不作为），只是这种实行行为是被害人所承诺的。

根据现行刑法的规定，故意杀人罪的表述是"故意杀人的……"，而非"故意杀害他人的"，因此，自杀至少在文理上符合故意杀人罪的构成要件并无问题。但是法律的适用并非冰冷的逻辑推导，它一定要考虑社会生活的实际需要，体悟每个血肉之躯的喜怒哀乐。

关于安乐死的法律性质，关键的问题在于人是否有权处分自己的生命？如果这个问题的答案是肯定的，那么无论是帮助自杀，还是安乐死，不说是助人为乐，也绝非犯罪。但如果答案是否定的，那么把它们视为犯罪的传统观点就具有合理性。

关于这个问题的回答依然只有两种进路，一是基于后果的功利论，二是传统的道义论。

功利主义认为，人类由痛苦和快乐主宰，道德的最高原则就是使幸福最大化，使快乐总体上超过痛苦。法律的根本目的在于追求"最大多数人的最大幸福"。然而，这种立场最大的缺陷在于对个体权利和人类尊严的忽视。"最大多数人的最大幸福"不仅容易导致多数人的暴政，而且更为可怕的是，少数也往往假多数之名，肆意侵犯人权。

因此，今天的功利主义大多接受自由主义的修正，这主要拜穆勒所赐。穆勒认为，从长远来看，尊重个体自由会导向最大的人类幸福。

根据穆勒的观点，只要行为不妨害他人，法律就不得干涉。穆勒认为："对于他自己，对于其身体和心灵，个人就是最高的主权者。"根据这种观点，似乎可以推导出自杀是被允许的，因为人是自己生命的主宰。但是，穆勒显然不同意这种结论，在论及自愿卖身为奴契约的有效性问题上，他告诉我们："自由原则不允许一个人有不要自由的自由，而允许一个人让渡自己的自由，也不是真正的自由。"

总之，对于人是否可以处分自己的生命，功利主义者是模棱两可的。除了少数极端的自由主义者认为人拥有处分自己生命的权利，大多数功利主义者都难以接受这种结论。因此，自杀行为不可能与人无涉，如果自杀可以随意为之，它不仅会带给当事人家庭极大的痛苦，也会给社会秩序带来巨大冲击。

更为可怕的是，如果根据快乐和痛苦来作为人生的福祉，当痛苦远超快乐，人就有权终止生命。那么，对某些人而言，出生本身就可能是一种严重的伤害。人可以选择死亡，但却无法选择出生。如果生来就是智力障碍、残疾，一生凄苦，这种人生值得度过吗？如果不值得度过，那么父母是否构成对子女的侵权呢？尤其当父母没有听从医生的建议，依然生产有缺陷的孩子。长大成人的孩子是否可以起诉父母，国家是否又可以追究父母的不当之举呢？

甚至，国家是否可以基于功利主义而任意终止这些活在痛苦中的生命呢？不要把这看成荒诞的推理。格茨·阿利在《累赘：第三帝国的国民净化》一书中就揭示了纳粹德国如何根据功利主义哲学，以科学的人道的"安乐死"名义"毁灭没有生存价值的生命"。1935年到1945年，在德国纳粹政府的主导下，有近20万德国人死于这场以安乐死为名义的国家谋杀。除了德国犹太人，在"二战"期间，没有第二个德国国内群体遭受过比这更大规模的屠杀。事实上，这种国家屠杀还有着一定的民意基础。

托克维尔在《旧制度与大革命》一书中早已警告我们："谁要求过大的独立自由，谁就在寻求过大的奴役。"没有道义约束的自由往往开启的是一条通往奴役的道路。

　　传统的道义论并不根据后果进行功利计算，而只考虑行为本身是否正当。正如康德所言："道德本来就不教导我们如何使自己幸福，而是教导我们如何使自己无愧于幸福。"

　　在道义论看来，人类尊严是超越经验的，而非人类理性和逻辑推导的结论。它不是一个可以根据情况随意更改的假设，而是维持人类生存的先验本体。康德认为，人是目的，因此不能作为手段对待。谋杀和自杀都把人当成了手段，没有把他的人性当作目的来尊重。如果为了逃避一种痛苦的情形，就结束自己的生命，那么人就是将自己作为一种解脱痛苦的手段。

　　不同于功利主义的含糊不清，道义论则直截了当地认为人无权处分自己的生命，自杀与谋杀一样都是错误的。

　　对于习惯了快乐、自由、满足这些话语体系的人们而言，道义论的观点很不讨人喜欢。但是，它的合理性显而易见。一方面，道义的限制可以对自由进行合理的约束，防止人们因着无节制的自由走向放纵的毁灭。在道义论看来，穆勒式的自由主义对人性有着过高的估计。但是，人性有幽暗的成分，如果缺乏必要的道义约束，人的幽暗会因着自由被无限放大。人们习以为常地认为，人会因着自由选择高尚，但事情往往事与愿违，很多人并不喜欢高尚的事物，往往更喜欢卑下，尤其当人在没有任何约束的情况下，更是如此。

　　另一方面，道义的限制也是对国家威权的约束，防止国家拥有无限的权力。国家并非最高道德权威的化身，相反它要接受传统道义的必要限制。国家不能以任何美好的名义突破道义的底线。在道义论看来，没有限制的个人自由和没有约束的权力专断不过是一枚硬币的两面。历史一再告诉我们，当社会道德约束一旦松弛，每个人都成为一种自由的离子状态，社会秩序将大乱，人们也就会甘心献上自己的一切自由，接受权力专断所带来的秩序与安全，自由会彻底地走向它的反面。

　　有许多人非常反感道义论的道德强迫，认为不能以道义之名来强推价值观。但是问题在于，在道义规范所推崇的价值观与无视道义的国家意志之间，哪种更具有强迫性呢？

　　小说《莱博维茨的赞歌》讲了这样一个故事：核辐射给人们带来了巨大的痛苦，为了应对这种情况，政府成立了救助机构"绿星"，那些无法挽救的人可以到

"绿星"让医生帮助结束生命,从痛苦中"解脱"。科斯医生是"绿星"的负责人,他要求泽而基修士利用修道院来协助他做这项工作。泽而基修士答应了他,但条件是不能在修道院内实施安乐死。但是科斯医生有着坚定的信念,他认为痛苦是唯一的恶,只要能够减轻痛苦,做什么都是应该的。冲突于是发生,一个未婚的母亲和她的孩子遭受了无法忍受的核辐射,承受了巨大的痛苦。在修道院,科斯医生劝这位母亲接受"绿星"的"治疗"。但泽而基修士却认为必须尽一切的可能阻止她们接受这种治疗。

面对这种冲突,有人可能说,"我认为安乐死是错误的,但我永远不会把自己的价值观强加于人,每个人都应自主决定。"

故事是这样发展的:年轻的母亲不知该如何决定。一方面,科斯医生不能强迫她们接受"治疗";另一方面,她也不确定是否听从泽而基修士的观点。

她该如何选择呢?

科斯医生代表功利论,泽而基修士代表的则是道义论。

年轻的母亲决定去"绿星"再听听科斯医生的建议。但泽而基修士认为她们面临着生命的危险。在良心的煎熬下,泽而基修士把那位母亲和她的孩子带到自己的车里,想把她们带到修道院,以保证她们的安全。科斯医生却叫来了警察,警察让泽而基修士把车停到路边。

警察问这位年轻的母亲,"你准备怎么办?"她不知道如何抉择。

当泽而基修士想开动车辆时,警察却将钥匙拔了出来。这注定了年轻的母亲只有接受科斯医生的建议。

这个故事告诉我们,很多时候人们并不知道如何选择,你不是遵循道义的指引,就是按照国家意志来生活。无视道义约束的个人自由与漠视道义的国家意志不过是一体两面。

笔者总体认同道义论的立场,人无权处分自己的生命,自杀是错误的。但是刑法是最严厉的惩罚措施,错误不一定就是犯罪,虽然犯罪一定是错误的。犯罪也不一定要受到刑罚处罚,虽然受到刑罚处罚的行为一定是犯罪。现代刑法理论区分不法与责任,一种不法的行为如果是一般人可以去宽恕的,那么它虽然错误,但却可以从宽甚至免于处罚。因此,台州市中级人民法院的判决值得肯定。

法律的推理应该是有温度的,我们在原则上要维护生命神圣这个基本的信条,在法律上宣示自杀及其关联行为的错误性。但是在每个具体的案件中,我们必须考虑个体在不同情境中的迫不得已,接受每个个体无可奈何的悲情诉说。

古希腊哲学家爱比荷泰德说:"我们登上并非我们所选择的舞台,演绎并非我们所选择的剧本。"按照这种观念,即使在痛苦之中,人也可以经历生命中的圆满。这段话的现代表述是电影《无问西东》的台词:"如果提前了解了你们要面对的人生,不知你们是否还会有勇气前来?看见的和听到的经常会令你们沮丧?"

孔老夫子教导他的门徒:未知生,焉知死?

但安乐死给我们提出的另一个问题却是:未知死,焉知生?

经典案例

案例1 希米特诉德国案[①]

原告希米特居住在德国的特朗市,1982年4月30日,市政当局依据《陆地消防法》1978年修正案规定:居住在特朗市的成年男子在每一财政年度初均有义务缴纳防火费用,要求其缴纳75马克消防服务费。希米特认为这一决定违反了宪法上规定的"法律面前人人平等"的原则,遂提出申诉,然而纳科地区当局驳回了其申诉。

1982年8月,希米特诉至西格玛尔林根行政法院,又遭拒绝。接着,他的申诉被包括联邦宪法法院在内的各级司法机关相继驳回。1987年8月11日,希米特向欧洲人权委员会提出申诉,指控德国有关当局要求男子尽公共消防义务或缴纳消防服务费的做法违反了男女平等原则,并违背了《欧洲人权公约》第14条、第4条第3款第4项和第一议定书第1条。欧洲人权委员会将该案移交欧洲人权法院,后者受理了该案,并于1994年7月判决希米特胜诉。

希米特认为,消防服务对男女来说都是一样的,并通过合理的分工可以顾及男女之间的生理差别,对保护妇女的关注并不能成为给予差别待遇的借口,因为1991年年底在德国已有68612名妇女从事消防服务工作,如果仅要求男性缴纳

[①] 节选自胡建淼主编:《外国宪法:案例及评述(下册)》,北京大学出版社2004年版,第712—714页。

防火费显然构成歧视和强迫劳动。德国政府则认为,待遇差别是有客观、合理的理由的。消防在特朗市属纯粹的公民义务,即联邦宪法法院定义为"属于公共职能的真正的、潜在的义务"。在仅仅为男性设定这一强迫性义务时,立法机关考虑了消防的特殊要求和妇女的身体特征,这样规定是为了保护妇女的利益,且缴纳消防费纯粹是补偿性的。

欧洲人权法院指出,不论目前在区别对待男女的消防义务方面是否存在合理理由,在本案中起决定作用的是从事这一服务的义务完全是法律上的义务。鉴于大量自愿参与者的长期存在,而且在实践中并没有男子被强迫从事防火工作。因而,财政资助不是在法律上而是在事实上已失去补偿性。因此设置此等财政负担,源于性别的待遇差别几乎找不到理由,被告显然违反了《欧洲人权公约》第14条、第4条第3款第4项。

【说明】 第一,本案是有关平等权与合理差别的典型案例。除非有充分的理由,否则男女性别差异不能构成区别对待的理由。第二,本案体现了人权的国内法保护和国际法保护的关系。作为《欧洲人权公约》的缔约国,德国依据《欧洲人权公约》的规定应承担相应的人权保障义务,否则就要承担相应的国际人权法律责任。

案例2 "乙肝歧视第一案":张先著诉芜湖市人事局案[①]

2003年6月,原告张先著在芜湖市人事局报名参加安徽省公务员考试,报考职位为芜湖县委办公室经济管理专业。经过笔试和面试,综合成绩在报考该职位的三十名考生中名列第一,按规定进入体检程序。9月17日,张先著在芜湖市人事局指定的铜陵市人民医院的体检报告显示其乙肝"小三阳",主检医生依据《安徽省国家公务员录用体检实施细则(试行)》确定其体检不合格。张先著随后向芜湖市人事局提出复检要求,并递交书面报告。9月25日,芜湖市人事局经请示安徽省人事厅同意,组织包括张先著在内的十一名考生前往解放军第八六医院进行复检。复检结果显示,张先著乙肝"一、五阳",但体检结果仍为不合格。依照体检结果,芜湖市人事局依据成绩高低顺序,改由该职位的第二名考生进入体检程序。并以口头方式向张先著宣布,张先著由于体检结论不合格而不予录取。

---

① 参见《张先著诉芜湖人事局歧视案——安徽芜湖乙肝歧视案》,西北政法大学官网,https://xbxzf.nwupl.edu.cn/lslm/68560.htm,2023年1月29日访问。

10月18日,张先著在接到不予录取的通知后,表示不服,向安徽省人事厅递交行政复议申请书。10月28日,安徽省人事厅作出皖人复字〔2003〕1号《不予受理决定书》。11月10日,原告张先著以被告芜湖市人事局的行为剥夺其担任国家公务员的资格,侵犯其合法权利为由,向法院提起行政诉讼。请求法院依法判令被告认定原告体检"一、五阳"不符合国家公务员身体健康标准,并非法剥夺原告进入考核程序资格而未被录用到国家公务员职位的具体行政行为违法,撤销其不准许原告进入考核程序的具体行政行为,并恢复录用。

法院审理后认为,国家行政机关招录公务员,由人事部门制定一定的标准是必要的,国家人事部作为国家公务员的综合管理部门,根据国务院《国家公务员暂行条例》制定了《国家公务员录用暂行规定》这一部门规章,安徽省人事厅及卫生厅共同按照规章授权目的和范围行使权力,制定《安徽省国家公务员录用体检实施细则(试行)》,该规范性文件与上位法并不冲突,既未突破高位阶法设定的范围,也未突破高位阶法的禁止性规定。因此,依照《关于执行〈中华人民共和国行政诉讼法〉若干问题的解释》第62条第2款规定,《安徽省国家公务员录用体检实施细则(试行)》属合法有效的规范性文件,可以参考适用。

被告芜湖市人事局根据《安徽省国家公务员录用体检实施细则(试行)》的规定,委托解放军第八六医院对考生进行体检,属于行政委托关系,被委托人所实施的行为后果应由委托人承担。因解放军第八六医院的体检不合格的结论违反《安徽省国家公务员录用体检实施细则(试行)》的规定,芜湖市人事局作为招录国家公务员的主管行政机关,仅依据解放军第八六医院的体检结论,认定原告张先著体检检查不合格,作出取消原告进入考核程序资格的行政行为主要证据不足。依照《中华人民共和国行政诉讼法》第54条第2项第1、2目之规定,应予撤销,但鉴于2003年安徽省国家公务员招考工作已结束,且张先著报考的职位已由该专业考试成绩第二名的考生进入,故该被诉具体行政行为不具有可撤销内容,依据最高人民法院《关于执行〈中华人民共和国行政诉讼法〉若干问题的解释》第56条第4项之规定,对原告其他诉讼请求应不予支持。

据此,法院依据最高人民法院《关于执行〈中华人民共和国行政诉讼法〉若干问题的解释》第57条第2款第2项之规定,判决确认,被告芜湖市人事局在2003年安徽省国家公务员招录过程中作出取消原告张先著进入考核程序资格的具体行政行为,主要证据不足。

【说明】 本案是有关人权的司法救济的典型案例。人权的司法救济是人权国内法保护的最后一个环节,也是国内人权保护的最后一道防线。本案中张先著在自己的平等就业权受到侵害的情况下,依法提起行政诉讼并获得了法院的支持,体现了人权的司法救济在人权保障体系中的地位和作用。

案例3 张玉环案①

1993年10月24日,在江西省南昌市进贤县凰岭乡张家村,两名男童窒息而死后被抛尸水库。时年26岁的张玉环被认定为"杀人嫌犯",主要依据是两份有罪供述,一个麻袋、一条麻绳和两道伤痕。1995年1月26日,南昌市中院作出一审判决,判处张玉环死刑,缓期二年执行,剥夺政治权利终身。张玉环上诉后,江西省高院撤销原判,发回重审。南昌市中院经重审后,于2001年11月7日作出了与此前判决相同的判决。张玉环再上诉后,江西省高院驳回上诉,维持并核准原判。

裁判发生法律效力后,张玉环提出申诉,并于2017年8月22日向江西省高级人民法院提交刑事申诉书。2019年3月1日,江西省高院作出再审决定,对本案进行再审,并于2020年7月9日进行了公开开庭审理。

江西省高院再审认为,原审认定为作案工具的麻袋和麻绳,经查与本案或张玉环缺乏关联;原审认定被害人将张玉环手背抓伤所依据的人体损伤检验证明,仅能证明伤痕手抓可形成,不具有排他性;原审认定的第一作案现场,公安机关在现场勘查中没有发现、提取到任何与案件相关的痕迹物证;张玉环的两次有罪供述在杀人地点、作案工具、作案过程等方面存在明显矛盾,亦未得到在案物证的印证,真实性存疑,依法不能作为定案的根据。本案除张玉环有罪供述外,没有直接证据证明张玉环实施了犯罪行为,间接证据亦不能形成完整锁链。原审据以定案的证据没有达到确实、充分的法定证明标准,认定张玉环犯故意杀人罪的事实不清、证据不足,按照疑罪从无的原则,不能认定张玉环有罪。对张玉环及其辩护人、江西省人民检察院提出的应当改判张玉环无罪的意见,江西省高院予以采纳。

2020年8月4日,江西省高院依法对原审被告人张玉环故意杀人再审一案进行公开宣判,撤销原审裁判,宣告张玉环无罪。同年10月下旬,张玉环从江西省高院拿到了国家赔偿决定书。决定书显示,在自愿协商的基础上,江西省高院

---

① 参见江西省高级人民法院刑事判决书(2019)赣刑再3号。

与张玉环达成国家赔偿协议：向张玉环支付国家赔偿金共计 496 万余元，包括无罪羁押 9778 天人身自由赔偿金 339 万余元和精神损害抚慰金 157 万元。

【说明】 本案体现了人权的权利主体和义务主体以及人权的国内法保护问题。公民的生命、人身自由和获得公正审判的权利属于人权和基本自由的重要内容，国家应当尊重和保障上述人权的实现。经过江西省高院的再审，张玉环被依法宣告无罪，重获自由并得到了国家赔偿，体现了人权的立法保护和司法救济等国内法保护的要求。

金句法谚

1. 我们要随时随刻倾听人民呼声、回应人民期待，保证人民平等参与、平等发展权利，维护社会公平正义，在学有所教、劳有所得、病有所医、老有所养、住有所居上持续取得新进展，不断实现好、维护好、发展好最广大人民根本利益，使发展成果更多更公平惠及全体人民，在经济社会不断发展的基础上，朝着共同富裕方向稳步前进。

——习近平

2. 鉴于对人类家庭所有成员的固有尊严及其平等的和不移的权利的承认，乃是世界自由、正义与和平的基础……大会发布这一世界人权宣言，作为所有公民和所有国家努力实现的共同标准，以期每一个人和社会机构经常铭念本宣言，努力通过教诲和教育促进对权利和自由的尊重，并通过国家的和国际的渐进措施，使这些权利和自由在各会员国公民及其管辖的领土的公民中得到普遍和有效的承认和遵行。

——《世界人权宣言》

3. 人人有资格享受本宣言所载的一切权利和自由，不分种族、肤色、性别、语言、宗教、政治或其他见解、国籍或社会出身、财产、出生或其他身份等任何区别。

——《世界人权宣言》

4. 人权就是人按照其本性生活并与他人生活在一起的权利。

——〔瑞士〕托马斯·弗莱纳

5. 人权的追求与实现必须通过世界各种不同文化的实践,而不只是来自其中一种文化的政治选择。

——〔美〕R.J.文森特

6. 一个保护人权的制度就是好制度。一个侵犯人权甚至根本不承认人权的制度便是坏制度。

——〔英〕A.J.M.米尔恩

7. 我们的时代是权利的时代。人权是我们时代的观念,是已经得到普遍接受的唯一的政治与道德观念。

——〔美〕L.亨金

8. 人权是一种特殊的权利,一个人之所以拥有这种权利,仅仅因为他是人。

——〔美〕杰克·唐纳利

习题精选

习题1：

2005年4月中旬,一名"青年医生"发布网络帖子:"前天,医院来了两名少女,是南通市儿童福利院送来的,两名智力有障碍的女孩子,大约十三四岁。有人告诉我,她们是来做阑尾切除手术的,我当时就奇怪,好好的切什么阑尾? 后来,她们看的是妇科。昨天,她们进行了手术,天啊,被切除的竟是子宫……手术是在福利院再三要求下做的,福利院的人说,两名女孩最近来了初潮,收拾起来非常麻烦,以后性成熟之后会更麻烦,反正她们也不能结婚生育,现在切了她们的子宫,省了许多麻烦。"

此案于2005年6月3日、12月9日两次开庭审理。引人注目的是,涉及此事的医院院长、医生表示此种事情早已有之,并坚持认为他们"在做一项公益事业"。出具医学鉴定报告的专家组甚至认为,对智障少女切除子宫"已成约定俗成的惯例"。与之相反,残联有关人士对此事件表示十分震惊和气愤,认为这种做法不仅伤害了智障少女的身体,而且侵犯了她们的正当权利。检察院决定以故意伤害罪对福利院院长、主刀医生等4人提起公诉。

阅读以上材料,回答下列问题:

1. 残疾人是否享有和健康人平等的公民权利——人身权、生育权?
2. 监护人是否有权决定切除残障人的人体器官?

3. 实施切除手术的医生是否应承担法律责任?
4. 残疾人的人权应当如何保障?

【解析】 该题涉及人权的特征、人权体系、法对人权的保护等知识点,需要进一步结合民法学理论解答。首先,人权是人作为人的权利,是最普遍性的权利。残疾人与正常人平等地享有人权。在民法上,包括子宫在内的人体器官权属于公民身体权,是与生命权、健康权并列的一项重要的人权。作为法定监护人,福利院只对被监护人的财产进行处分的权利,并无处分其人身权的权利。其次,我国法律对于智障人士的婚姻没有限制,智障女性结婚生子也比较多。福利院无权剥夺智障少女的结婚生育权,智力障碍也决不能成为切除她们子宫的理由。尽管智障少女不具备独立的民事能力,但她们仍具有"同意与否"的权利,这是作为一个人的起码的尊严和权利。医院、医生的天职在于救死扶伤,手术刀理应切除的是人身体上危害人体健康的"毒瘤"。而智障少女的子宫"没有任何问题""没有任何器质性病变",医生施行子宫切除手术严重侵犯了她们的生命健康权。按照《刑法》第234条之一规定,"未经本人同意摘取其器官,或者摘取不满十八周岁的人的器官,或者强迫、欺骗他人捐献器官的",依照故意伤害罪、故意杀人罪的规定定罪处罚。最后,残疾人的人权保障关键在于平等对待残疾人,将残疾人作为"人"来对待。该案既要追究福利院、涉事医院和医生的法律责任,又要加强对福利院等公益机构的支持和监管;既可以诉诸司法途径维权护益,又可以通过残联、民政等部门提供行政保护,切实保障残疾人的人权。

习题2:

材料1 2020年3月15日,朝阳公安分局接某小区卫生防疫工作人员报警称:一女子拒不配合社区防疫工作。接报后,呼家楼派出所民警立即赶赴现场开展工作。经核查,梁某妍,女,47岁,澳大利亚籍,就职于拜耳医药保健有限公司,3月14日由首都机场入境进京。15日下午,本应在租住地居家观察的梁某妍,未戴口罩在小区内跑步,社区卫生防疫工作人员发现后进行劝阻,但该人情绪激动,拒不配合。民警到场后,对梁某妍进行了批评教育,要求其严格遵守疫情防控相关规定,梁某妍表示服从管理,未再外出。梁某妍的行为在网上曝光后,引发社会关注,所在公司对其做辞退处理。3月18日,北京市公安局出入境管理局依据《中华人民共和国出境入境管理法》第67条等规定,决定依法注销梁某妍工作类居留许可、限期离境。

材料2 生命至上,集中体现了中国人民深厚的仁爱传统和中国共产党人以人民为中心的价值追求。"爱人利物之谓仁。"疫情无情人有情。人的生命是最宝贵的,生命只有一次,失去不会再来。在保护人民生命安全面前,我们必须不惜一切代价,我们也能够做到不惜一切代价……为了保护人民生命安全,我们什么都可以豁得出来！从出生仅30多个小时的婴儿到100多岁的老人,从在华外国留学生到来华外国人员,每一个生命都得到全力护佑,人的生命、人的价值、人的尊严得到悉心呵护。这是中国共产党执政为民理念的最好诠释！这是中华文明人命关天的道德观念的最好体现！这也是中国人民敬仰生命的人文精神的最好印证！

——习近平:《在全国抗击新冠肺炎疫情表彰大会上的讲话》

材料3 为了加强疫苗管理,保证疫苗质量和供应,规范预防接种,促进疫苗行业发展,保障公众健康,维护公共卫生安全,制定本法。

——《中华人民共和国疫苗管理法》第1条

国家实行免疫规划制度。

居住在中国境内的居民,依法享有接种免疫规划疫苗的权利,履行接种免疫规划疫苗的义务。政府免费向居民提供免疫规划疫苗。

县级以上人民政府及其有关部门应当保障适龄儿童接种免疫规划疫苗。监护人应当依法保证适龄儿童按时接种免疫规划疫苗。

——《中华人民共和国疫苗管理法》第6条

材料4 在这场史无前例的抗疫斗争中,中国得到很多国家支持和帮助,中国也开展了大规模的全球人道主义行动。去年5月,我在第七十三届世界卫生大会上宣布中国支持全球抗疫合作的5项举措,正在抓紧落实。在产能有限、自身需求巨大的情况下,中国履行承诺,向80多个有急需的发展中国家提供疫苗援助,向43个国家出口疫苗。中国已为受疫情影响的发展中国家抗疫以及恢复经济社会发展提供了20亿美元援助,向150多个国家和13个国际组织提供了抗疫物资援助,为全球供应了2800多亿只口罩、34亿多件防护服、40多亿份检测试剂盒。中非建立了41个对口医院合作机制,中国援建的非洲疾控中心总部大楼项目已于去年年底正式开工。中国同联合国合作在华设立全球人道主义应急仓库和枢纽也取得了重要进展。

——习近平:《携手共建人类卫生健康共同体——在全球健康峰会上的讲话》

阅读上述材料,回答下列问题:

1. 根据材料1,运用有关法的价值的理论,讨论疫情防控措施是否能够限制人权。

2. 结合材料2、材料4,简述中国特色社会主义人权思想主要内容。

3. 结合材料3,如何理解人权的国内法保护?

【解析】 该题从疫情防控与人权保障的关系入手,涉及法的价值、中国特色社会主义人权思想、人权的国内法保护等知识点。首先,疫情本身构成对人权的重大威胁,首当其冲的是无数人的生命权和健康权,因为疫病是对人的生命和健康的直接威胁。如果疫情得不到控制或有效控制,将会造成民众的恐惧和慌乱,并有可能造成整个社会的正常生活与秩序的失调甚至混乱,进而损害几乎所有人权的享有和行使。其次,由于疫情导致生产停顿、经济萎缩,国家的收入将会减少,国家可用于人权保障的资源可能相对或绝对减少,这必然会对需要大量资源的权利如社会保障权的享有造成影响。最后,国家为防控疫情而采取的措施也会对人权产生重大影响。比如,暂停公共交通(迁徙自由)、限制人员流动(人身自由)和人员轨迹追踪排查(隐私权)。但是,鉴于疫情对正常生活和秩序构成严重威胁,任何国家都必然会采取各种各样的措施来防控疫情。新冠疫情暴发以来,我国坚持人民至上、生命至上,始终把人民群众生命安全和身体健康放在第一位,不惜一切代价救治每一名患者,举全国之力坚决打赢这场疫情防控阻击战。我国坚持同舟共济,倡导团结合作,秉持人类卫生健康共同体理念,坚定不移推进抗疫国际合作,共同守护人类健康美好未来。

五、外部关系篇

法之理在法内,还是法之理在法外?这是法理学领域内争议的核心问题之一。不同的法理学流派给出的回答不尽相同,而多数教科书对于这一问题采取了相对包容的立场。在本篇中,我们就将从宏观角度讨论法律与各种外部要素之间的关系问题。如果按照我国法理学教科书的通常做法,将作为法律外部环境的"社会"作广义理解,那么它也包括文化、经济、科技等方方面面与法律制度之间的关系。

第十七章
Chapter 17

法与社会

章前提示

从本章开始,我们将从宏观角度讨论法与社会的关系。如果按照我国法理学教科书的通常做法,对"社会"作广义理解,那么本章的讨论也包括文化、经济、科技等方方面面与法律制度之间的关系。

法学是世界上最为古老的学科之一,其历史早于近代的自然科学,更早于诸如社会学、管理学、经济学等社会科学。在近代之前,法学受到哲学、神学的影响非常大,并由此产生了绵延两千余年的自然法传统。自然法观念主张在"实在法"(Positive Law)之外存在着更为根本的、永恒不变的正义源泉,只是在不同时期和不同思想中,这种终极正义源泉的存在形式不尽相同。近代以来,随着世界的"祛魅化",作为对自然法传统的反动,实证主义法学和法社会学相继兴起。其中,实证主义法学(也称"法律实证主义",英文为"Legal Positivism")是现代法学范式的主流,尤其在大陆法系国家的法学传统中占据重要地位。它强调法学应该以实在法作为起点进行推理和研究,而不是诉诸实在法以外的正义理念或者社会实践。

法社会学(或称"法律与社会")则是法律实证主义之外另外一种重要的法学研究范式,主要研究法律与社会的互动关系。它在不同地区有不同称谓,比如在北美,它与"法律与社会运动"(Law and Society Movement)有着最亲近的关系;而在我国,它也经常被称为"社科法学"。可以看出,广义的法社会学就是把法律放在与社会互动的背景中进行考察,它往往不是以实在法作为唯一或者最重要的出发点,也不是诉诸法律之外形而上的正义理念,而是重点考察法律问题的社会背景,从社会中理解法律。这与本章及之后章节要讨论的内容高度相关。当然,鉴于社会背景的高度复杂与多元,在不少法理学教科书中"法律与社会"又被分解为"法律与政治""法律与经济""法律与文化""法律与科技"等分项主题进行讨论。

原理阐释

一、法与社会的一般原理

在法与社会的一般原理部分,一些重要的法理学的教科书都强调"只有全面依法治国……才能最大限度凝聚社会共识"[①]。但是,对于这样一个命题,这些教科书没有给予太多的详细解释。我们可以从法治的社会功能角度,以系统论为框架对它进行进一步解释。系统论主要是指德国社会理论家尼古拉斯·卢曼[②]所创立的一套宏大理论,这一理论可以解释包括法律在内的各种社会现象。卢曼认为,在现代社会中,法律系统的最重要作用在于满足人们的规范性预期。[③] 规范性预期意味着,在法治社会中,普通人做一件事情或者不做一件事情,会对结果有一个确定的预期,而这个预期就是法律规范提供的。也就是说,在法律运转良好的社会中,法律可以指引人们的生活,让人们明确知道任何行动的后果。基于此,人们可以作出相应的选择。

在系统论看来,当所有人都认为法律是真实有效的,而且所有人都明确依据法律所产生的规范性预期的时候,那么这个社会就可以说是一个凝聚社会共识的有序社会。在这里,"所有人"强调的是法治的普遍性,也就是"全面依法治国"中"全面"的重要含义之一,"全面"意味着"无差别"。因为一旦法律有例外,公众对法律的信任感就会下降,规范性预期也会逐渐失效。总而言之,对普罗大众来

---

① 《法理学》编写组:《法理学(第二版)》,人民出版社、高等教育出版社 2020 年版,第 284—285 页。
② 我国台湾地区常译作"尼可拉斯·鲁曼"。
③ 参见〔德〕尼可拉斯·鲁曼:《社会中的法(第二版)》,李君韬译,五南图书出版股份有限公司 2015 年版,第 152—184 页;〔美〕詹姆斯·E.赫格特:《当代德语法哲学》,宋旭光译,中国政法大学出版社 2019 年版,第 204—207 页。

说,社会共识必须建立在一个法律对所有人都是确定的状态下,而这个状态就是法治社会最重要的特征之一。

　　法律如何对社会产生作用?具体来说,第一,法律可以引导和维护人与人的和谐。人与人之间之所以会发生冲突,多数情况下是因为权利和义务的不明确,而法律的直接作用恰恰是明确权利义务关系。第二,法律可以引导和维护人与社会的和谐。如果对"社会"进行广义理解,把国家也加入进来,那么人与社会的和谐至少包括如下方面:公民与国家的和谐、个人与集体的和谐、居民与社区的和谐、群体(阶层)与群体(阶层)的和谐。在当今中国,这几对权利和利益关系是最为重要的关系,必须以法治精神、以确定性思维进行规制和保护,才能达到和谐的状态。在以集体或者国家利益为目标对公民权利进行限制的时候,必须合乎法律的精神与规定,不能由公权力任意创制规定进而去剥夺私权利。同时,一旦私权利被侵害,必须具备行之有效的合法救济制度。不同群体之间的和谐也需要法律的维护,任何群体都不能享受法律之外的特权,这跟前述法律的"全面"和"无差别"是一个意思。

二、法社会学的学科立场

　　以上是传统法理学教科书对于法与社会一般原理的阐释。除此之外,在法社会学领域,法与社会的一般关系也是被高度关注的话题。如前所述,相对于实证主义法学的"内部视角",[①]法社会学通常被视为法学研究的一种"外部视角"。它研究法律与社会的互动关系——在法律中认识社会,在社会中改善法律。法社会学与法律职业者对法律的适用距离较远,它通常都是从法律的外部,也就是社会视角,来解读法律现象,是一种对法律的反思性、学术性的视角。所以,在某种程度上说,马克思主义的法理学与法社会学的"亲缘"关系是最近的。马克思主义的法理学,也就是我们通常在教科书上学到的内容,基本上都是从社会视角(包括经济的视角)来看待法律,研究法律与社会的互动关系,而不是一种内部的、仅仅关注法律如何适用的视角。

---

　　① 实证主义法学范式在今天的重要代表就是法教义学,又以德国法学传统中的法教义学最为典型。作为内部视角,法教义学旨在对本国立法条文和司法案例中的法规范构成的实在法秩序作出体系化解释,主要关注法律规范下的法律解释和法律推理。

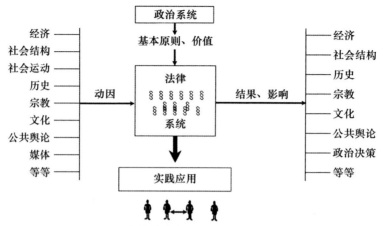

图 17-1　法律的内部视角与外部视角的关系

　　图 17-1 来自编者对某国外法社会教材中图表的借鉴与再编辑。它很好地体现了法社会学作为外部视角与内部视角的法学之间的关系,以及法律与社会的互动。在传统大陆法系法学院的教授和学习中,我们通常学习的都是图中纵向部分的内容,也就是主要学习法律规范是什么,以及如何在实践中应用法律。这也是大陆法系各国法律职业资格考试的主要形式。我们偶尔也会学习一些法律背后的基本原则和价值,它们往往来自政治系统,但是这一部分并不占据主要的课程内容(所以用细箭头表示)。这些内容的教授通常由法理学、法哲学、法史学等课程来完成。

　　但是在实践中,法律系统却与社会的各个方面都有着千丝万缕的联系。如图 17-1 中的横向内容所示,它体现了法律与社会的互动关系——一方面,法律受到社会方方面面的影响;另一方面,法律一旦确立(比如判决一旦生效),那么就会对社会的方方面面产生影响。法社会学思考和研究的就是这一部分内容。它在传统法学院中并不占据主要课程位置,但却是重要的法学研究范式(而非法律适用的方法)。

三、法与社会治理

　　一般来说,我国的社会治理有如下三个重要目标:第一,保障人民的安居乐业,具体表现为要让人民有获得感、安全感和幸福感。这三种感觉都是相对主观的,并且彼此之间可能相互涵盖和重复。第二,维护社会安定有序。第三,促进社会公平正义。安定有序和公平正义某种程度上也是主观感受,但是却比"安居乐业"更为客观和容易衡量一些。比如,一个地方的犯罪率比较低,那么就在一定程度上反映该地方社会的安定有序。又如,社会纠纷很少,诉讼很少,也能在一定程度上反映社会的公平正义。但这并不是绝对的客观的标准。在我们法律职业者看来,一个社会诉讼比较多,不一定代表这个社会缺少公平正义,也可能表明这个社会的人们乐于通过法律途径去解决问题,而不是通过其他非法律的途径。如果一个地方虽然诉讼比较少见,但是老百姓都通过找关系的方式去解决多数生活中遇到的问题,这显然并不说明该地区社会较为公平正义。总之,对于社会治理的三个大目标,我们需要辩证地去看待。

20世纪90年代,我们党就提出了"社会管理"的概念。到了2006年,党的十六届六中全会通过了《中共中央关于构建社会主义和谐社会若干重大问题的决定》,明确提出要"完善社会管理",并着重强调了"党委领导、政府负责、社会协同、公众参与"等几个重要方面。十八大之后,党中央在一系列重要文件中,用"社会治理"取代了原来的"社会管理"。党的十九大报告提出,"加强社会治理制度建设,完善党委领导、政府负责、社会协同、公众参与、法治保障的社会治理体制"。十九大报告不但继续沿用十八大"社会治理"这一概念,而且比十六届六中全会的决定多提了一个"法治保障"。这说明,在我国的社会治理体系中,法治的作用逐渐得到了重视。今天的社会治理,更强调是法治原则之下的治理。这一系列社会治理的理念变化,也被概括为"四民意识",即站稳人民的政治立场;始终坚持以人民为中心;始终坚持制度上的人民主体地位;坚持以人民的权利为目的的社会主义法治。

党的十九大报告提出的"社会治理体制"和十九届四中全会提出的"社会治理体系"的概念,进一步明确了我国社会治理体系的核心内容是:党委领导、政府负责、民主协商、社会协同、公众参与、法治保障、科技支撑。我们可以看到,除了之前强调的几个方面以外,还增加了"民主协商"和"科技支撑"两个方面。这说明我国当今的社会治理体系变得越来越丰富和全面,照顾到了社会发展的方方面面。

中国特色社会主义进入新时代之后,在实践的基础上形成了经济建设、政治建设、文化建设、社会建设和生态文明建设"五位一体"的总体布局。而建设更高水平的平安中国对于实现社会和谐意义重大,即加强和创新社会治理,维护社会和谐稳定,确保国家长治久安、人民安居乐业。为了实现以上社会建设的总体目标,我们就要认识到:法律是治国之重器,法治是国家治理体系和治理能力的重要依托。法治虽然只是国家社会治理体系的一部分,但却是极为重要的部分,它关涉以上目标能否顺利实现。

阅读材料

材料1　法律与政治的结构耦合:宪法[①]

在《社会中的法》中,卢曼曾专门论述政治与法律之间的关系。他认为,政治与法律分属两个不同的功能子系统,它们各自在运作上封闭,在认知上开放,将对方视为环境。与此同时,在社会演化过程中,政治与法律形成了"共生"、共同演化和结构耦合的关系。在卢曼看来,立法是政治与法律的结构耦合,而这里的立法包括宪法。

然而,法律系统论将宪法作为政治、法律结构耦合的机制加以理解的这种进路,对传统法学和政治学而言,仍然不无可议之处。仅就宪法学层面来讲,对宪法性质与功能的认识便大体存在三种类型的理论。一种是规范宪法学的观点,它采取法律实证主义立场,认为宪法是一种特殊的法,它既属于公法,又属于"母法",位于法律体系的最高位阶;第二种是政治宪法学的观点,认为宪法是政治意志的体现,它代表着政治共同体所沉淀下来的政治共识;第三种是价值宪法学的主张,认为宪法或者整个宪制承载着特定价值,包括自由和平等及类似的道德原则。而卢曼法律系统论的宪法观与以上三者都不相同。

在卢曼看来,规范宪法学从法律系统的自主性出发,看到了宪法的法律性;而政治宪法学则从政治系统的自主性出发,看到了宪法的政治性;价值宪法学则承接自然法的遗产,试图将宪法与伦理系统重新衔接。而问题的关键在于,从功能主义的视角观察,宪法是政治系统与法律系统的结构耦合。从此一视角对宪法性质和功能的定位,具有以下三重意义。

第一,宪法是使国家显现为政治与法律结构耦合承载者的必要条件。首先,欧洲社会在由封建等级国家转变为现代领土国家的过程中,塑造了以国家为载体的、政治与法律具有"统一性"的表象,但功能分化的趋势最终促成政治与法律

[①] 节选自鲁楠:《结构耦合——一种法律关系论的新视角》,载《荆楚法学》2022年第3期。注释从略。

彼此分化与结构耦合,这集中体现于法治国的图式中。但此时对于政治与法律结构耦合关系的理解仍然是层级式的,人们认为法律高于政治,或者认为政治高于法律。其次,18世纪末期,在北美成文宪法的出现,使政治民主化与法律实证化彼此支持,相得益彰,二者共同体现在宪法中,并借此使政治与法律各自的变异性都获得提升,此时关于政治与法律关系的思考逐步由层级式的高下之分,变成了并行的内外之别,这标志着新型结构耦合关系的形成。再次,在这种新型结构耦合关系中,宪法及其所建立的宪制并非意味着政治与法律的统一,而是借助结构耦合,一方面使两个系统都获得了较大的自由,另一方面也造成了两个系统彼此之间的强激扰。最后,这种宪法上的新型结构耦合关系有效排除了来自环境的其他激扰因素,包括经济领域财富、地位差异对政治的导控,政治上的恐怖、贪污,以及政治权力不当干涉司法等。这种宪制是西方社会演化的重大成就,它妥善处理了政治与法律之间的关系,其中暗藏着西方社会长治久安的奥秘,卢曼将其总结为"这种由立宪国家而进行耦合的形式,同时在两面上——无论对政治系统或法律系统而言——都为较高程度自由的实现,以及各自系统固有的动态性之值得注意的加速运转,提供了可能条件"。这种宪制是在诸多历史机缘的相互作用下"涌现"(或突变)而成,"宪法史是一部政治系统与法律系统交互激扰的扩散作用所形成的历史"。

第二,从法律系统的角度来看,宪法具有自我套用的性质。换言之,宪法是一份将自身规定为法律之一部分的文本。这与既往的宪法学理论都呈现出鲜明差异。规范宪法学试图将宪法视为"母法"的主张始终面临一个难题,即作为母法的宪法,其效力从何而来?凯尔森的"基础规范"式的解答并不令人满意;政治宪法学与价值宪法学则试图将此一问题的解答转移到政治或者伦理上去。而卢曼认为,以上回答都停留在旧式的结构耦合关系上。问题的关键恰恰在于,从新型结构耦合关系去考察,宪法具有自我套用性,其效力是由法律系统的运作所赋予。透过二阶观察便会发现,"法律系统看待宪法的方式是,将其视为一部应予解释与适用的现行有效的制定法",与其他制定法一样,宪法也有待于司法过程为这种"效力"赋值。因此,在法律系统的运作中,真正发挥作用的并非实证法律所构成的层级结构,而是一种中心/边缘的结构。这种由上/下区分到内/外区分的视角变化,使我们发现,即便是宪法,也和其他形式的立法一样,在法律系统中处于边缘位置,而司法才是法律系统的中心。因此,司法在法律系统中运作封闭,而作为边缘的立法(包括宪法)则通过结构耦合的机制实现法律系统的认知开放。那么,为什么在系统自身的运作过程中,仍然需要保留实证法的这种层级结构?这与法律系统自身对吊诡的掩藏密切相关。在这一过程中,司法的决断特质通过诉诸实证法的效力等级得到掩盖。就宪法层面而言,宪法的这种自我套用性质也借助结构耦合在立法过程中得到转移,从而使法律系统自我指涉的封闭性运转在暗中进行。宪法对政治系统而言具有内涵不同、但同样至关重要的意义。对政治系统而言,所面临的问题一方面是需要借助法律形式使政治决定具有稳定性和可变性,另一方面则须克服政治决定的恣意性。就后者而言,是通过将政治过程纳入宪制的轨道最终实现的。但与政治宪法学和价值宪法学的立场不同,卢曼并不认为这说明了宪制是另一种形式的政治,或者另一种形式的道德。因为若是如此,宪制就变成了政治权力,或者任何道德立场直接进入并扰乱法律系统的缺口。而如果将宪制理解为法律与政治的结构耦合,那么这种宪制便是赋予政治民主化以特定法律形式,正是在这个意义上政治民主化与法律实证化相互提升,也同时受到约束,使宪法兼具了限权与赋权的双重意蕴。"在这里,建构并界定国家宪法,在这两个系统里面获得了各自不同的意义。对于法律系统而言,它是最高位阶的制定法,也就是基本法;对于政治系统而言,它是政治的工具,而这又可在双重意义下来理解:工具性的(改变现状的)政治与象征性的(不改变现状的)政治。"

第三,现代宪制得以实现的根本条件是政治与法律各自的运作封闭。随着西方现代社会进入福利国家的阶段,政治权力涉入经济领域的现象越来越频密,"行政国现象"变得极为突出。与此同时,法律自身的变化也极为显著,传统公法/私法的区分有所松动,新型的社会法开始涌现。在这种情况下,政治系统与法律系统之间的激扰变得日益频密,传统宪制理论在诸多方向上受到挑战。面对福利国家阶段所出现的种种新趋势,其中一种引人注目的现象是司法权力的扩张,以及具有某种政治特征的违宪审查制度的活跃。很多思想家,如哈贝马斯、德沃金、阿克曼等,试图转而重新从政治与法律具有某种统一性的视角出发,去解释这种宪制实践。而卢曼的观点则与此恰恰相反,在他看来,宪法作为政治与法律的结构耦合本身建立在两个系统各自运作封闭的基础上,"唯有交互的漠然,才使得'特定交互依存性获得提升'这件事情成为可能"。因此,在对违宪审查制度发展的重大趋势进行分析时,不应仅着眼于它的政治性——这种政治性其实是由宪法作为结构耦合的形式所带来的,更应着眼于它的法律性,即它作为法律系统封闭运作的一部分发挥着作用。他指出,宪法针对福利国家趋势所进行的调试,更多显现在对中央银行独立性的保障,以及国家公债所预先规定的界线上,也就是关注到政治与经济结构耦合的方面。更值得一提的是,针对广大发展中国家的转型政治,卢曼特别提醒要关注建立宪制乃是基于政治与法律各自的运作封闭。卢曼说:"唯有在政治系统与法律系统具有功能分化与运作闭合状态的预设下,'宪法'这个演化上的成就,才能在完整的意义上满足其功能。"

材料 2　生活与法治①

正是在 20 世纪末,"法治"才成了中国社会生活的主流话语之一,但由此我们却完全可以想见,"法治"必将成为 21 世纪我国社会生活的中心与亮点。尽管如今,法治的理论主要还是由"学者"来阐释和讲解的,法治的实践主要还是由"官员"来施行与推动的,一句话,"法治"在其现象与表面上似乎与我国普通百姓的生活即使不是毫无相干至少也相距遥远。然而,事实恰好相反,"法治"始终离不开普通百姓的真实生活,它必然存在于普通人的日常生活之中并与其时刻相伴。因此,"法治"离我们并不遥远,它就在我们的身边,就在我们的琐碎的生活之中。"法治"之所以无法与生活分离,乃是因为"法治"始终是从"生活"起步的。因此,寻求"法治"的生活,必须首先尊重"生活"的法治。

20 世纪 30 年代,我国杰出的法学教育家、东吴法学院的代理教务长孙晓楼博士曾经非常赞赏其同代法学家燕树棠先生的见解:"所谓法律不外乎人情,人情便是社会常识。一个法律问题,都是人事问题,都是关于人干的事体的问题;所谓柴、米、油、盐、酱、醋、茶的开门七件事,所谓吸烟、吃饭、饮酒的问题,所谓住房、耕田的问题,买卖、借贷的问题,结婚、生小孩的问题,死亡分配财产的问题,骂人、打人、杀伤人的问题,偷鸡、摸鸭子的问题,大至国家大事,小至孩童争吵,都是人干的事情。"(孙晓楼:《法律教育》)正是在处理这些日常生活琐事的过程中,即在运用从这些日常生活需求之中产生的规则和法律来规制和调整日常生活的过程中,法治也在生活之中潜滋暗长并在其中持存与展开。如此看来,"法治"的的确确就是现实的人,即你、我、他一样的普通人的一种必然的生存状态与生活方式。作为现实的人的一种生活方式,"法治"的生活观照首先指向人类社会的历史,它是现实的人的生活经验与生活教训的总结、提炼与升华,是以人的生活传统、习惯与习俗形式表现出来的现实的人的实践智慧与理性成就。但"法

---

① 节选自姚建宗:《法治思语》,法律出版社 2014 年版,第 7—9 页。

治"的生活观照的重点却是指向现实的人的当前生活的,它特别关注正在发生的一个一个具体而实在的普通人正在"过着"的活生生的生活的现状——其背景、其环节、其领域、其层面……。正是基于此种意义,在20世纪30—40年代,郭叔壬先生就指出"宪政"或者"民主政治"不过是现实的人的一种"生活情态";张佛泉先生也强调民主宪政不是"悬在人民生活以外的一个空鹄的",而是一个"活的生活过程"。但也不可忘记,"法治"的生活观照还指向了现实的人的未来生活,它反映并时刻体现着现实的人的生活理想、生活愿望与生活期待。

这样看来,"法治"既绝非"学者"的刻意臆造,亦绝非"官员"们专横武断的安排,而的确本身就是我们每一个普通百姓的一种有意无意的自愿选择,也是我们普通百姓在我们的日常生活即照料自己的"油盐酱醋茶"与"吃喝拉撒睡"诸般俗务杂事的过程中,一点一滴地亲自实践和不断积累的。正因为如此,法治所表达的情感不过就是或者应当是普通百姓的常人情感,法治对人的关怀也不过就是或者应当是对普通百姓的日常生活(过去、现在与未来)的关怀。现实的人的生活之中蕴含、孕育并实践着法治的原则与精神、规范与制度,而法治也不能不在生活之中展现与落实。于是,生活的法治也就是活生生的法治,同时也就是常人的法治;法治的生活,也就是常人具体而实在的日常生活。

所以,真正的法治必定抱持这样一个基本的生活信条:尊重生活,尊重每一个作为常人的普通百姓。唯有从常人的日常生活开始的法治,才是可能获得成功的法治;也唯有立足于常人的生活、时刻关注并最终落实于常人的生活之中的法治,才是真正值得追求的法治。

材料3 我为什么不喜欢吃自助?[①]

单位食堂中午提供自助餐,每个职工交6元钱后随便吃。饭菜品种很多,凉的、热的、干的、稀的、粗粮、细粮、素菜、水果,应有尽有。这是一种带有福利性质的午餐。你只有赚,不会赔,只有内部职工才享有这样的优待,但我很少去吃。很多时候我甚至在楼下与学生们去挤普通食堂,也不愿到楼上吃自助。其中的原因,不是因为我高风亮节,不愿意占公家便宜。说实在的,我还没那么高的境界。是因为我一旦吃自助餐,总控制不住自己,每次都容易吃多。吃起来无所顾

[①] 节选自李拥军:《法理学教研中的体悟与随想》,上海三联书店2022年版,第266—268页。少量内容有调整。

忌,完事以后后悔不迭。每每都是,好不容易坚持了很长时间的减肥计划便随之破产。明知道自己的血糖偏高,一旦吃起来往往无所顾忌。鉴于此,我就不去吃自助。眼不见,心不烦,没有了这些诱惑,省去了很多烦恼。

我想,很多人也会有这样的烦恼。烦恼的根源不在于自助餐,而在于人的私欲。私欲其实就是一种实现自身利益最大化的心理倾向,这种倾向天然生长于每个人的心理,正如司马迁所说:"耳目欲极声色之好,口欲穷刍豢之味,身安逸乐,而心夸矜势能之荣,使俗之渐民久矣,虽户说以眇论,终不能化。"这正是行为经济学所给人的定位——人是追求利益最大化的理性的经济人。人有私欲,天经地义。其实,这个社会不能没有这样私欲。它是人们奋斗的动力,是社会创造的基础,如恩格斯所说的,贪欲是文明时代从第一日起直至今日的动力。问题是,这种私欲常常会越线行驶,且人很难有这样自我控制能力,就像我们吃自助餐常常会吃多一样。俗话说,"好吃不如饺子,舒服不如倒着",谁不爱倒着吃饺子呢!

现代社会人的很多疾病都是来源于贪吃。在动物界吃不饱是常态,甚至连老虎、狮子等这种食肉类猛兽,大部分时间也都是处于半饥饿状态,因此它们每天的主要工作就是找吃的。现代社会之前的人类,也是如此。到了现代社会,在高科技的帮助下,人类才开始吃饱,但由此各种疾病随之而来。从某种意义上说,现代人的诸如糖尿病、高血压、痛风、冠心病、肠胃病等等疾病大多是吃出来的,而这些吃出来的疾病又都和管不住自己的嘴有关。让我们管住自己的嘴太难了。前一分钟还信誓旦旦,豪言壮语,一定要减肥,但是到了餐桌上一吃起来就又忘乎所以了。即使管住了一时,也很难长久如此,我们身边所谓的减肥者,时胖时瘦,反反复复,原因恐怕就在于此。

卢梭说:"人生而自由,但无往不在枷锁之中。"渴望自由是人的天性,也可以说,人天生就不喜欢规则。然而,规则又是社会所必备的,没有规则,每个人都我行我素,任意而为,社会必然解体。虽然老子倡导"上善若水""含德之厚者,比于赤子",但如果人真的像水那样自由流动,像刚出生的婴儿那样无拘无束,什么事都由着自己性子来,社会肯定就不成其为社会了。因此,一个人成长的过程就是一个不断地接受社会规则的过程。我们说一个人"不成熟",其实是说他(她)接受社会规则的程度不充分。接受社会规则的过程应该说是一个被迫且痛苦的过程。从本性上讲,人对规则是抵触的。规则的本身就是人与人之间博弈的结果,即彼此发生冲突后相互妥协的结果。所以,不接受规则的人势必碰壁,为了减少痛苦,就必须回到规则上来。因此我说,对于规则的接受,更多地还得通过外力作用才能奏效,否则就容易发生类似自助餐容易吃多那样的现象。

由此说开去。权力如果没有监督,失去了控制,通常必将会走向腐败,其中的道理与自助餐容易吃撑是一样的。所以,近代的法治主义者一直对人性保持一种不信任的态度,将人无法有效地控制自己的欲望作为他们的逻辑前设。他们认为,"作恶的潜质,与生俱来;道德沦丧的趋势,普遍存在。"正是在这种心态下,潘恩将国家说成是"一件免不了的祸害";卡尔·波普将其视为"始终存在的危险";休谟主张以"无赖"的思维看待掌权者,认为在设计任何政府制度时必须把每个成员都假定为一个无赖;孟德斯鸠认为掌权者具有滥用权力的天性,"一切有权力的人都容易滥用权力,这是万古不易的一条经验"。其实,这一点与先前法家的立场也是一致的。商鞅说:"一兔走,百人逐之,非以兔也。夫卖者满市,而盗不敢取,由名分已定也。故名分未定,尧舜汤禹且皆如鹜焉而逐之;名分已定,贫盗不取。"在他看来,在市场上的兔子之所以没有人拿,不是因为出于良心不忍拿,而是因为慑于法律的威严不敢拿。如果没说没管,圣贤之士与市井之徒都是一样的,都会做出违法之事,因为人总有谋求自身利益最大化的天性。

既然人性不可靠,那么权力一旦掌握在人的手中,就难免要为恶。欲避免权力为恶,就必须加强制度建设,通过制度使掌权的人不敢为恶,于是善也就实现了。因此,法治主义的控权逻辑是一种"先小人,后君子"的逻辑。法治主义者认为人性不可靠,人很难通过自律的方式实现权力的规范行使,因此必须依靠在外部设定对其控制的力量和机制。

党的十八届三中全会报告中指出:"坚持用制度管权管事管人,让人民监督权力,让权力在阳光下运行,是把权力关进制度笼子的根本之策。"可谓道出了法治实现的真谛。法治实现的根本标志是权力受到制约。正因为人性有弱点,所以让行使公权力的人常"照照镜子""正正衣冠""洗洗澡""治治病"没有错,也正因如此,党和国家必须要持续"强化不敢腐的震慑,扎牢不能腐的笼子","打虎""拍蝇""猎狐"制度化、常态化。正因为人性有弱点,所以反腐永远在路上。

第十七章　法与社会

经典案例

案例1　深圳王鹏鹦鹉案[①]

王鹏与任盼盼2014年10月份结婚。一只鹦鹉的出现,改变了这个家庭的轨迹。与王鹏在同一个工厂工作的曹二军回忆说,有一天下雨,车间内跑来一只鹦鹉,不能飞,他和王鹏就捡回来养着,王鹏非常喜欢,买了一只配对,谁知道时间长了竟然下蛋了,蛋又孵化出小鹦鹉。

在任盼盼眼中,丈夫老实善良,乐于助人,没什么业余爱好,抽烟喝酒都不沾边。一开始养鹦鹉,任盼盼持反对态度,她觉得一个男人养鹦鹉是玩物丧志。但身边的人说王鹏没有不良嗜好,就养点鸟而已,任盼盼就没有再干预。任盼盼说,为了养好鹦鹉,王鹏花了很多精力。工厂有一片花坛,王鹏种过高粱、向日葵和青菜,经常晚上去超市买别人挑剩下的廉价玉米,给鹦鹉喂各种水果,鹦鹉受伤了,还用云南白药给它们包扎。

王鹏自学养殖技术,宿舍里的鹦鹉数量不断增多,竟然达到了45只。2016年4月,因孩子被检查出先天性巨结肠症,王鹏无暇照料鹦鹉,将两只小太阳鹦鹉和4只玄凤鹦鹉以每只500元的价格出售给了谢某。2016年5月17日,深圳宝安警方来到家中,将王鹏带走调查。次日,王鹏被刑事拘留。公诉机关指控,2016年4月初,王鹏将自己孵化的6只小太阳鹦鹉以每只500元的价格出售给谢某。法院查明并确认,6只中只有两只是小太阳鹦鹉,另外4只是玄凤鹦鹉。有证据表明,玄凤鹦鹉是珍贵、濒危鹦鹉。2017年3月30日,深圳市宝安区法院一审判处王鹏有期徒刑五年,并处罚金人民币3000元。

本案一审宣判后,引发各界热议。有人认为王鹏无罪,有人认为定罪量刑准确,也有人认为王鹏构成犯罪,但量刑偏高。具体意见如下:

第一种意见认为,被告人无罪。

现实生活中养鹦鹉的人非常多,很少有人意识到涉嫌犯罪。即便鹦鹉属于野生保护动物,但涉案鹦鹉是被告人自己繁殖养育的,自养鹦鹉不但没有侵害野生动物,还增加了鹦鹉数量,将其入罪与刑法中"保护珍贵、濒危野生动物"的立法宗旨相违背。

[①] 摘自顾开贵、涂俊峰:《二审法官详解"鹦鹉案"的法与情》,载《公民与法(综合版)》2018年第6期。

第二种意见认为,定罪量刑准确。

王鹏作为鹦鹉爱好者,不知所养鹦鹉是国家保护珍贵、濒危野生动物的辩解无法成立,也不合常理,而且他也认罪,只是对出售的数量有异议。

根据2000年12月施行的《最高人民法院关于审理破坏野生动物资源刑事案件具体应用法律若干问题的解释》(以下简称《野生动物案件司法解释》),《刑法》第341条第1款规定的"珍贵、濒危野生动物"包括驯养繁殖的物种。根据《野生动物保护法》,对于人工繁殖的国家重点保护野生动物,即使人工繁育技术已经成熟,也需经过一定的立法程序和许可方可出售,但本案所涉鹦鹉种类尚未列入可凭许可证出售的范围。

第三种意见认为,王鹏构成犯罪,但量刑偏重。

根据《野生动物案件司法解释》,《刑法》规定的"珍贵、濒危野生动物",包括列入国家重点保护野生动物名录的国家一、二级保护野生动物和列入《濒危野生动植物种国际贸易公约》附录一、二的野生动物以及驯养繁殖的上述物种。因此,本案所涉鹦鹉虽为人工驯养,亦属于法律规定的珍贵、濒危野生动物。

王鹏的行为确实触犯了现行《刑法》的规定,构成非法收购、出售珍贵、濒危野生动物罪。但其出售鹦鹉属人工繁殖,从这个角度看,一审量刑偏重。

2018年3月30日,由于此案社会危害性小,深圳市中院二审决定撤销一审判决,改判王鹏有期徒刑两年。

【说明】 本案之所以引起社会公众的热议,就是涉及了既有法律规定和外部社会变迁之间的复杂关系。依照法律,王鹏的行为确实触犯了现行《刑法》的规定,构成非法收购、出售珍贵、濒危野生动物罪,但其所出售鹦鹉属人工繁殖,社会危害性较小。合法的裁判却让公众难以接受,这表明,在认知层面法律人和普通人发生了分歧,在规范层面法律和情理产生了冲突。由此说来,该案的背后折射出来的是司法的合法性与合理性、法律的形式正义与实质正义、法律人思维和普通人思维之间的紧张关系。该案所暴露出来的这种矛盾、分歧以及紧张关系并不是孤立的,在当下中国司法中具有相当程度的普遍性。

案例2 "我不是药神"原型陆勇案①

2018年7月5日,电影《我不是药神》上映,徐峥饰演的保健品店店主在一

---

① 摘自张吟丰、文静:《陆勇案:"我不是药神"》,载《方圆》2019年第Z1期。

群癌症患者的恳求下,成了某种印度产"救命药"的总代理商,由此卷入生活和法律的旋涡,也使得法律和伦理不断碰撞。

实际上,这部电影改编自真实事件,故事的原型陆勇是一名慢性白血病患者,被称为"印度抗癌药代购第一人"。生病前,陆勇是江苏无锡一家针织品出口企业的老板。2002年,陆勇被检查出患有慢粒白血病,当时医生推荐他服用瑞士诺华公司生产的名为"格列卫"的抗癌药。服用这种药品,可以稳定病情、正常生活,但需不间断服用。这种药品的售价是 2.35 万元一盒,一名慢粒白血病患者每个月需要服用一盒,药费加治疗费用几乎掏空了他的家底。

2004 年 6 月,陆勇偶然了解到印度生产的仿制"格列卫"抗癌药,药效几乎相同,一盒仅售 4000 元(后降至 200 元)。印度和瑞士两种"格列卫"药检对比显示,药性相似度 99.9%。陆勇开始服用印度"格列卫",并于当年 8 月在病友群分享了这一消息。随后,很多病友让其帮忙购买此药,人数达数千人。为方便给印度汇款,陆勇从网上买了 3 张信用卡,并将其中一张卡交给印度公司作为收款账户,另两张因无法激活被丢弃。2013 年 8 月下旬,湖南省沅江市公安局在查办一网络银行卡贩卖团伙时,将曾购买信用卡的陆勇抓获。

庆幸的是,与电影《我不是药神》中"程勇因销售假药罪被判处五年有期徒刑"不同,现实中的陆勇有着迥异的结局。2015 年 2 月 27 日,湖南省沅江市检察院认为陆勇的行为不构成犯罪,决定不起诉。检察机关在该案的释法说理书中写道:"陆某某的行为虽然在一定程度上触及了国家对药品的管理秩序和对信用卡的管理秩序,但其行为对这些方面的实际危害程度,相对于白血病群体的生命权和健康权来讲,是难以相提并论的。如果不顾及后者而片面地将陆某某在主观上、客观上都惠及白血病患者的行为认定为犯罪,显然有悖于司法为民的价值观。"

正如有媒体评价,慧者心辩而不繁说,多力而不伐功,此以名誉扬天下。一纸不起诉决定书,为一群人在绝命门前开了一扇生门。不枉不纵背后,是铮铮检魂对人民福祉的担当,对公平正义的坚守。情与法激烈冲突之下,他们交出了无悔答卷:法律刚正不阿,但绝不冰冷。

电影《我不是药神》引发舆论热后,李克强总理作出批示,要求有关部门加快落实抗癌药降价保供等相关措施。"癌症等重病患者关于进口'救命药'买不起、拖不起、买不到等诉求,突出反映了推进解决药品降价保供问题的紧迫性。"批示中指出,"国务院常务会确定的相关措施要抓紧落实,能加快的要尽可能加快。"

此后,2018年10月10日,国家医疗保障局印发了《关于将17种药品纳入国家基本医疗保险、工伤保险和生育保险药品目录乙类范围的通知》。之后,经过3个多月的谈判,17种抗癌药纳入医保报销目录,大部分进口药品谈判后的支付标准低于周边国家或地区市场价格,极大减轻了我国肿瘤患者的用药负担。

【说明】 本案集中反映了法律的适用和修改与社会的密切联系。法律不能脱离社会公众生老病死的当下情势,只有立基于百姓日常生活基础上的法律运作,才会得到社会公众的真正认同。法律的本质在于它的社会性,法律源于人民的生活实践,普罗大众才是法律真正的塑造者。从某种意义上说,法律的合理性不在于其是否为"主权者的命令",而在于其是否符合人们生活的逻辑。中国社会是一个重人际关系、崇尚亲情伦理的社会,是一个充满人情味的社会,是一个更懂得生活的社会。由此说来,贴近这样的人的生活的法律才更有生命力,从这样人的生活来解释法律才更有说服力。在这样社会中,法律更需要从生活的常识、常理、常情的角度来理解,其正当性更需要一种生活之理来支撑。

金句法谚

1. 与法学家们的幻想相反,社会不是以法律为基础的,相反地,法律应该以社会为基础。

——〔德〕卡尔·马克思

2. 权利决不能超出社会的经济结构以及由经济结构制约的社会的文化发展。

——〔德〕卡尔·马克思

3. 政治、法、哲学、宗教、文学、艺术等等的发展是以经济发展为基础的。但是,它们又是互相作用并对经济基础发生作用。并非只有经济状况才是原因,才是积极的,其余一切都不过是消极的结果。

——〔德〕弗里德里希·恩格斯

4. 最佳的地理位置和最好的法制,没有民情的支持也不能维持一个政体;但民情却能减缓不利的地理环境和最坏的法制的影响。

——〔法〕托克维尔

5. 法,非从天下,非从地出,发于人间,合乎人心而已。

——(战国)慎到

6. 苟无岁,何有民? 苟无民,何有君? 故有舍本而问末者耶?

——(战国)赵威后

习题精选

习题 1：

秦王朝,"法繁于秋荼,而网密于凝脂",法律的严密带来的不是国家的长治久安,而是民众的反抗,最终二世而亡。西汉的统治阶级对此很早就有比较清醒的认识。刘邦进咸阳之时,就与关中父老"约法三章":"杀人者死,伤人及盗抵罪。"因此受到人民的拥戴。西汉初年,经济疲敝,甚至出现了"自天子不能具醇驷,而将相或乘牛车"的景象。统治者深知"马上得天下,犹不可以马上治之"的道理。因此,刘邦听从陆贾等人的建议,尊崇黄老思想,奉行"无为而治"的方针,实行休养生息的政策,轻徭薄赋、宽法省禁。由于汉初法律是沿袭秦律而来,《汉律》基本上是在《秦律》的基础上补充了《户》《厩》《兴》三章而成的,因此其中很多内容仍然很残酷。为了进一步适应休养生息的需要,汉初统治者进行了一系列的轻刑化的改革。汉惠帝四年(前 191)废除了秦的《挟书律》,吕后元年(前 187)又废除了夷三族罪和"妖言令"。文帝时期废除了"收孥相坐律令",以防止农民的奴婢化。文帝又诏废墨、劓、刖等伤残人肢体的肉刑,改用笞刑代替。景帝时又减轻笞刑,避免罪轻罚中。各级执法官也本着"慎刑"的原则断狱从轻、不滥用刑罚。汉初的轻刑化改革,极大地促进生产力的发展,出现了中国历史上少有的盛世——"文景之治"。

阅读上述材料,回答下列问题：

1. 从"约法三章"到颁布《汉律》,汉初在国法形式上发生了什么样的转变?

2. 秦朝虽有严法却二世而亡的史实和统治者"马上得天下,犹不可以马上治之"的道理,说明了法具有什么样的局限性?

3. 结合以上材料谈谈如何看待法与社会的关系。

【解析】 "杀人者死,伤人及盗抵罪"为口口相传的习惯法。《汉律》为成文法。这表明从"约法三章"到《汉律》,汉初的法律形式从习惯法向成文法发展。秦朝虽有严法却二世而亡的史实和统治者"马上得天下,犹不可以马上治之"的道理,说明了法的调整范围和作用都是有限的,法只是许多社会调整方法中的一种,法律有时不是解决问题的最佳或成本最低的方法。法的国家强制力是有一定限度的,而不是无限的,对于民心向背的问题不是通过国家强制力能够达到的。从这一史实可以看出,法的内容受社会存在这个因素的制约,并最终由一定的物质生活条件决定。法的产生和发展受制于一定的生产关系。法之所以成为社会生活的一种调整形式,归根结底,是经济关系和社会生活选择的结果。无论是法的根本性变更抑或量变的积累,在实质上都受制于一定经济关系或根本或局部的变化。

习题2:

材料1 党的十八届三中全会通过的《中共中央关于全面深化改革若干重大问题的决定》提出:"改进社会治理方式。坚持系统治理,加强党委领导,发挥政府主导作用,鼓励和支持社会各方面参与,实现政府治理和社会自我调节、居民自治良性互动。坚持依法治理,加强法治保障,运用法治思维和法治方式化解社会矛盾。坚持综合治理,强化道德约束,规范社会行为,调节利益关系,协调社会关系,解决社会问题。坚持源头治理,标本兼治、重在治本,以网格化管理、社会化服务为方向,健全基层综合服务管理平台,及时反映和协调人民群众各方面各层次利益诉求。"

材料2 党的十八届四中全会通过的《中共中央关于全面推进依法治国若干重大问题的决定》提出:"推进多层次多领域依法治理。坚持系统治理、依法治理、综合治理、源头治理,提高社会治理的法治化水平。深入开展多层次多形式法治创建活动,深化基层组织和部门、行业依法治理,支持各类社会主体自我约束、自我管理。发挥市民公约、乡规民约、行业规章、团体章程等社会规范在社会治理中的积极作用。"

材料3 党的二十大报告提出:"完善社会治理体系。健全共建共治共享的社会治理制度,提升社会治理效能。……畅通和规范群众诉求表达、利益协调、权益保障通道……建设人人有责、人人尽责、人人享有的社会治理共同体。"

请结合以上材料,谈谈法律与社会治理的关系。

【解析】 社会治理需要法律,将法律运用于社会治理领域进而形成依法治理的局面,是发挥法律的治理功能的重要体现,强调的是运用法治思维和法治方式化解社会矛盾。但是,依法治理只是社会治理的一种面向,还需要与自治、德治相结合,与系统治理、综合治理、源头治理相结合才能形成完善的治理体系,进而提升治理效能。

第十八章
Chapter 18

法律与市场经济

章前提示

　　法律制度与市场经济的关系是法理学关注的重点。在今天的法学学术体系中,"法律与经济"(Law and Economics)或者说"法经济学"占据了重要的位置,是北美法学界的主流研究范式之一,在全球都有着越来越重要的影响力。本章将在传统教科书对经济与法律的关系进行描述的基础上,对这一领域晚近发展的重要理论、学派进行讲解和介绍。

　　这一领域学者们所关心的问题,通常集中于法律制度与市场经济的互动机制与互动过程。例如,什么样的制度更能激励经济发展和社会创新？什么样的制度能在保障经济生产效率的同时,兼顾分配的公平？以及什么样的制度更有助于市场风险的公正分配？反过来,市场经济的发展对制度的形塑与刺激机制也同样重要。在经济学的视野中,这些主题也都属于制度经济学的关注对象。所以,本章的内容也具有很强的跨学科属性。

原理阐释

一、市场经济与法治的一般关系

　　法律制度、市场经济与社会三者之间的互动关系一直是近代思想家们关注的核心问题。例如,我们熟悉的马克思的多卷本著作《资本论》就是针对这一问题的最集中阐释。马克斯·韦伯一生中重要作品的合集,被后人冠以"经济与社会"这样的题目,其中有大量篇幅讨论了"经济与社会制度及权力"一类的主题。在涂尔干早期的经典著作《社会分工论》中,法律也是作为表征社会和经济发展程度的重要标识而存在。

(一) 马克思的理论及其影响

马克思对现代资本主义社会的批判、对法律制度在其中所扮演角色的深刻揭示,无疑是这一宏大主题中最为奠基性的。在马克思看来,资本主义社会虽然较之前的封建社会有更强的进步属性,但其基础性的经济机理依然是一个阶级对另外一个阶级的剥削,所以依然是阶级统治的社会。经济基础决定上层建筑,作为重要上层建筑的法律制度自然是由一种社会形态的基本经济运行方式所决定的。在资本主义社会中,工人通过劳动创造财富,而掌握更多生产资料的资本家们却以榨取工人们的剩余价值为目标,并以看似合理的市场手段与法律制度来"正当化"这一榨取过程。因此,法律并没有扮演某些资本家所宣称的"公平性"角色,而是成为他们进行阶级统治与剥削的工具。由这些法律所框定的资本主义市场经济,也因此被认为并非体现分配正义的经济模式。

马克思对资本主义社会的法律与经济制度进行了无情的批判。在他之后的百年多时间里,有不少受其影响的法社会学学者,都对不同时期的法律与经济制度进行了批判性研究。例如,钱伯里斯(Chambliss)对英国历史上的"流浪者法案"(Vagrancy Laws)进行了考察,并引用了马克思对于14到16世纪英国相关法案的描述。他发现,每当英国的地主和企业主们需要廉价劳动力的时候,各种流浪者法案就会被制定出来。这些法案通常把在城市流浪乞讨的行为定义为一种犯罪,其目的是强迫那些有劳动能力的失业者去参加劳动。换言之,这种法律的制定,其背后驱动力正是资本家的商业利益,而非其他因素。①

在钱伯里斯之后,美国法社会学的代表人物弗里德曼(Friedman)也在其著名的《美国法律史》一书中做过类似研究。他指出,虽然美国的黑人在南北战争之后通过《宪法》第十二、十四、十五修正案获得了形式上的平等选举权,但是在很长一段时间内,相关法案的制定权仍然操纵在那些南方的白人农场主手中。

---

① See William Chambliss, A Sociological Analysis of the Law of Vagrancy, *Social Problems*, Vol. 12, 1964, p. 67.

比如,19世纪70年代,美国密西西比州制定了自己的《流浪者法案》,其目的是使得那些在形式上被解放的黑人重新获得一个实质的农奴身份。该法案还规定,通过提供更好的工作机会等方式挖角黑人工人的行为是非法的。由此,在实践中,该法案确保了这个巨大的黑人农场工人产业链是被控制在白人雇主手中的。于是,弗里德曼得出了一个与钱伯里斯类似的结论:在种族以及阶级问题上,法律更多地扮演了服务一部分人而压迫另一部分人的作用。[①]

(二) 韦伯与批判理论

与马克思的观点不甚相同,韦伯并没有对资本主义社会进行太激烈的批判,而是从历史与宗教的角度对其机理进行了解释。他认为,受"新教"(Protestantism)观念影响的经济伦理在其中扮演了重要角色,是西欧社会能率先实现资本主义的关键。他将现代社会的本质特征归结于理性化,官僚科层制与形式理性的法律都是其重要表现。形式理性化的法律区别于传统社会实质理性的宗教法,它高度依赖于演绎逻辑基础上的法律推理,无形之中使得法律等现代制度成为一种"铁笼"。但是,韦伯并不是一个文化决定论或者物质决定论主义者。他认为现代社会的法律制度、经济活动与人的精神信仰之间是密切的互动关系。[②]韦伯的诸多社会学概念、框架,成为后世学者解释并发展自身理论的基础。

在马克思和韦伯之后,很多学者都对他们的思想进行了综合式的继承和解读,最具代表性的就是法兰克福学派。法兰克福学派的第一代学者,如赫伯特·马尔库塞(Herbert Marcuse)、马克斯·霍克海默(Max Horkheimer)、西奥多·W. 阿多诺(Theodor W. Adorno)等,以承袭马克思主义对资本主义社会的批判而著称,但同时他们也大量继承了韦伯的概念与分析框架,直接回应了不少韦伯所提出的问题。在他们之后,该学派第二代代表人物尤尔根·哈贝马斯(Jürgen Habermas)是对批判理论进行重大发展并对法社会学产生了深刻影响的最著名学者。哈贝马斯一定程度上也承袭了韦伯的论述,认为资本主义社会中的政治、经济等领域都出现了过度"工具理性化"的现象,并逐渐形成了"系统对生活世界

---

① See Lawrence M. Friedman, *A History of American Law*, Simon and Schuster, 1973, pp.504-505.
② 参见〔德〕马克斯·韦伯:《法律社会学》,康乐、简惠美译,广西师范大学出版社2005年版,第5—6页。

的殖民",①进而造成了晚期资本主义社会的"合法化危机"(legitimation crisis)。这种危机在法律领域体现为"合法律性"(legality)与"正当性"(legitimacy)的分离,意即法律通过自身的形式理性化运作所产生的结果与"生活世界"的正义理念越来越远。哈贝马斯认为这是晚期资本主义社会在法治领域最重要的危机。

纵观学界(尤其是法社会学领域)对于市场经济与法治关系的论述可以发现,直到今天,马克思的理论依然是基础性的。它深刻地揭示了经济与法律的一般关系,并对后世的研究产生了很大影响。

二、法经济学的视角

接下来,我们将进一步探寻经济发展如何作用于法律,以及法律制度的利益分配功能,同时也将对法律制度与市场经济的互动过程作一般性评价。为此,我们有必要引出法经济学(或称"制度经济学")的视角。在某种程度上说,现代法经济学也是马克思关于经济基础决定法律这一思想的延续。

(一) 法律制度与交易成本

法经济学的核心概念是"交易成本"(transaction cost,或称"交易费用")。这一概念最早由罗纳德·科斯(Ronald Coase)在《企业的性质》一文中提出,意指"市场上发生的每一笔交易的谈判和签约费用"。后来,这一概念被渐渐扩大解释为市场主体进行所有交易行为时所产生的成本,是除去生产成本以外的全部费用。理论上,只有在一个人的经济模型中才不会有交易成本,此时法律制度也无须存在。例如,一个人的社会中不可能出现传染病,那么任何防治传染病的制度与措施就都是交易成本。现代社会中,交易成本的存在是必然的。在理想状态下,交易成本越低,经济收益就越高,因此降低交易成本是促进经济成长的关键。制度经济学的代表人物道格拉斯·C.诺斯(Douglass C. North)认为,制

---

① "系统"(system)与"生活世界"(life world)是哈贝马斯对资本主义社会进行的划分,依据是不同的整合方式。其中,政治、经济等系统通过权力和金钱来约束人的行动。系统世界的理性观以工具性与策略性为特征,对应韦伯所说的"目的理性"或者"工具理性"观。系统之外,哈贝马斯称之为"生活世界",也就是他认为社会本来应该呈现的样子。"生活世界"主要通过大众文化的再生产来实现整合,主要媒介是大众语言和符号。在哈贝马斯看来,"生活世界"应该是"正当性"(legitimacy)的源泉。

度(包括各种形式的正式或者非正式制度)是决定交易成本高低的最关键要素。① 张五常也主张所有交易成本都可称为"制度成本"(institutional cost)。因此,交易成本成为从经济视角评价法律制度的最重要标尺。

法经济学最为关注的法律现象就是产权制度。科斯提出,在交易成本为零的情况下,无论把这种产权赋予谁,通过市场运作,最终都会把产权转移到能够发挥其最大作用的人的手里,从而实现资源的最有效配置。此即"科斯定理"(Coase Theorem)的简略版本。由此也延伸出了所谓的"科斯第二定理"(Coase Theorem Ⅱ):现实社会中,交易成本永远大于零,且不同的制度设置一定会带来不同的交易成本,进而影响资源配置和经济发展。所以,为了优化资源配置,实现经济增长,明晰的产权制度就是十分必要的。明晰的、可交易的产权是让市场发挥其作用的基础。反之,如果产权不明确,就会带来不确定的交易成本,从而影响经济效率。由此,法经济学一直强调在进行经济分析时首先要确定产权或者权利归属,只有明确了市场主体能做什么、不能做什么,才能在市场交易过程中提高效率。

除了产权问题备受关注以外,在法经济学学者眼中,合同是产权转移最重要的形式,它可以设定新的权利与义务,因此它也是市场主体经济行为的最重要载体。以产权为基础转向合同研究,是社会和市场发展的结果。围绕合同行为(包括合同的各个步骤和各种形式的合同)必然有各种各样的法律制度,也必然产生不同的交易成本。这些法律制度和交易成本与产权制度及其交易成本一样,也决定了市场是否可以实现优化资源配置的目标。围绕合同产生的交易成本可以被划分为缔约成本、履约成本、救济成本等,每一项成本的高低都决定了合同行为能否顺利完成,并最终发挥其优化配置资源的功能。例如,如果某个国家或地区的法律规范和实践对于政府采购合同关系中政府的违约行为能给相对人提供的救济途径非常有限,或者在实践中通常没法提供及时、完整的救济,那就意味着市场主体缔结此类合同存在高风险的救济成本。合同行为的交易成本高,通常就会对经济发展导致不利影响。

与合同行为类似,诉讼行为的各个环节同样存在着各种交易成本。例如,某一地区的某一类诉讼如果存在立案困难、审理周期长、举证困难、律师费与法律

---

① 参见〔美〕道格拉斯·C.诺斯:《制度、制度变迁与经济绩效》,刘守英译,上海三联书店1994年版,第143页。

知识门槛都高等现象,那就意味着通过诉讼解决纠纷的交易成本过高,诉讼因此就没有办法发挥应有的社会功能,进而影响该地区的经济发展。总之,并不局限于有关产权、合同和诉讼的法律规范,几乎所有成文或者不成文的法律制度和政策,以及这些制度、政策的具体实践表现,都可以用交易成本理论进行实证分析和评价。

(二) 市场经济与政府的制度性调控

著名学者弗朗西斯·福山(Francis Fukuyama)近些年来一直致力于对于"国家能力"问题的研究。他在一本书中讨论了拉美国家在20世纪后半期为什么经济会衰败的问题,着重强调了包括财政政策在内的各项宏观制度是其中的主要原因。比如,有些拉美国家没能较好地进行法治建设,并未在人力资源开发、机械设备应用和先进技术研发等方面进行更多投资,也没有推动民众广泛地参与经济和政治生活,更没有提出有效政策支持市场交易或反垄断,或者即便提出了相应的产业和竞争政策,其实践效果也不理想,朝令夕改。[①] 这些不健全的制度就会带来不健全的市场,进而严重阻碍经济的发展。福山等人虽然不是专业的法经济学学者,但是从他们的分析中依然可以看到很多运用交易成本等经济学工具对法律、政策进行评价的色彩。事实上,不只是拉美,我们可以找到非常多的制度性失败的例子,其共同特点都是不合理的制度与实践导致了高昂的交易成本,进而影响了创新与经济发展。

法经济学对于市场与政府的不同角色一直以来都十分关注。有两类典型的"失败"或"失灵"的理论先后被提了出来。

(1)"市场失败"(市场失灵)理论,20世纪50年代由美国经济学家弗朗西斯·M.巴托(Francis M. Bator)首先提出。这种理论反对古典经济学中市场万能的观点,指出市场也有其自身无法克服的缺陷,主要表现在:垄断的形成不可避免;经济增长不够均衡,地区和不同群体之间差异明显;滞涨与周期性经济危机;一方面公共产品供给不足,另一方面也会有公共资源过度消耗;等等。一般认为,市场失败往往与信息不对称有关,但是信息的这种不对称在自由市场中通常不可避免,于是就需要政府通过调控的方式来提供相应的公共产品。

---

① 参见〔美〕弗朗西斯·福山编著:《落后之源:诠释拉美和美国的发展鸿沟》,刘伟译,中信出版社2014年版,第7—9章。

(2) 与"市场失败"相对应的理论是"政府失败",以詹姆斯·M. 布坎南(James M. Buchanan)为代表的经济学"公共选择学派"于20世纪70年代提出。顾名思义,这一理论认为也不应该夸大政府调控和干预市场的作用,因为这种行为也有着无法克服的内在缺陷,主要表现在政府没有办法精确把握干预市场的力度,要么干预过强,要么过弱。如果政府对市场干预过强,超过了必要限度,如出现国有资本过度垄断、行政许可过于复杂烦琐且裁量权过大等情况,那么就会给市场主体带来较高的交易成本,影响经济发展;反过来,如果政府干预不足,如没有出台有效的反垄断法规、对环境保护投入不够等,那么就没法弥补市场失败所带来的各种负面效应。

无论是市场的失败,还是政府的失败,都是现代社会人们要面临的重要经济风险。综合来看,过去几十年来,经济成长较为成功的经济体,无疑都是在尊重交易成本规律的基础上,恰当地平衡了市场与政府的相互作用。即便市场存在着固有缺陷,但依然是资源配置的基础性手段;政府要尽可能以有效的竞争政策和产业政策来弥补市场的缺失,但是不宜过度扩张、与民争利,这样才能有效降低市场主体的交易成本。各国经济的快速发展通常表现为,政府适度参与,通过政策、法律等手段有效降低交易成本以维护市场良性运转。

三、经济风险与法律应对

无论是市场还是政府的失败,事实上都说明,在今天这样一个时代,经济领域的风险是无所不在的。法律制度在这样的风险社会所扮演的角色非常重要。如果其功能性角色是负面的,如前所述,则可能带来交易成本提高、市场调控失败、阻碍经济发展等后果,严重者甚至导致全球性的经济危机。例如,引发2008年全球金融危机的美国次贷危机,很大程度上就是由于其金融信贷领域的法律规则不完善造成的。但是反过来,在保障经济发展的同时,法律制度如果能起到公正分配市场风险的作用,那么将给今天全球经济和政治都带来福音。

(一) 调节学派的制度理论

在马克思主义经济学理论中,有一派被称为"调节学派"(regulation school)的制度理论。它不同于以往的法经济学看待法律制度与经济关系的路径,为通过制度手段应对经济危机和经济风险提供了新的视角。调节学派要回答的问题是资本主义经济危机产生的机理,以及如何通过制度调节的方式渡过经济危机。20世纪70年代起,法国学者米歇尔·阿格利埃塔、罗伯特·布瓦耶等人对当今资本主义社会的经济发展模式、积累制度和调节模式等进行了研究,与马克思的研究路径相似,他们也是综合运用历史的、社会的、政治的、哲学的多学科研究方法来分析经济现象,而不仅仅局限于经济学路径。

调节学派关注于资本主义经济的"积累体制"(accumulation regime),比如支出中的消费-投资比例和收入中的工资-利润比例,认为这种积累体制很大程度上决定了经济与社会的平稳发展。如果积累体制不合理,就会加剧经济的不稳定性,甚至带来危机。此外,"调节模式"(regulation mode)与"发展模式"(development mode)也是重要的分析工具。其中,翻译为"调节"含义的"regulation"一词本身还有"规制""规定"的意思,所以调节模式主要指的就是跟经济发展有关的各种制度现象,它是社会规范、传统、组织形式、社会网络、行为类型等内容的复合体,其运行决定了积累体制的稳定性。发展模式则指积累体制、调节模式等相互作用下的经济长期发展表现,也会反过来影响积累体制和调节模式。调节学派认为,这些方面要素彼此间的匹配程度决定了经济和社会发展的稳定性和可持续性。

调节学派以结构主义作为方法论资源,强调以制度来化解资本主义社会的各种冲突与危机,以实现社会的长期稳定增长。在早期发展过程中,调节学派对世界上各种政治经济转型运动都保持了密切关注,甚至有较多的互动,比如"福特主义""后福特主义"以及法国在20世纪80年代的左派经济政策等。进入21世纪以后,新一代的调节学派学者们逐渐转向"从微观经济主体入手研究制度的形成,对变化着的制度诸形态的阶层性等问题进行研究"[①]。在批判新制度经济学、比较制度经济学派和法国公约经济学等学派的理论之后,调节学派"从普遍的社会冲突入手,说明制度具有调节社会冲突的功能,而政治过程决定制度的形成"[②]。制度在形成之后,会与意识形态、政治媒介一起配合,相互影响,并共同扮演调节社会冲突的作用。

可以说,调节学派不同于传统制度经济学的交易成本分析路径,更关注制度

---

① 吕守军:《法国调节学派的制度理论》,载《上海交通大学学报(哲学社会科学版)》2009年第6期。

② 同上。

在调节经济运行、化解社会冲突、克服信任危机、重建社会团结方面的作用,并把政治博弈、妥协等视为制度形成最重要的机制。这一理论范式拓宽了对制度与社会、经济的关系进行研究的视野。

(二) 德沃金的保险市场模型

我们还可以从德沃金的法哲学理论出发,思考法律如何应对经济与社会风险的问题。德沃金一直在为平等理念辩护,认为平等是一种"至上的美德"。需要明确的是,他所说的平等特指"资源平等",而非"福利平等"或者其他内容。"资源平等"意味着政府应致力于在人们中分配初始资源,"直到再也无法使他们在总体资源份额上更加平等"[①]。个人的自由和市场经济机制都与这种资源平等理念不矛盾,甚至可以视为保障其实现的制度环境。因此,在以"资源平等"为基础关切的社会中,法律首先应当充分保障个人自由和市场秩序。但是,自由和市场都没法解决一个问题,那就是运气的不平等,尤其是初始运气(主要体现在生理方面)所带来的风险问题。

德沃金认为,应该以保险市场为手段来解决这种风险分配问题。他把经济风险概括为两种,一种是基于个人"自主选择的运气"(option luck),如个人自愿从事赌博、炒股等行为。他认为这种行为导致的风险应该被接受与认可。另一种是"无情的运气"(brute luck),如发生自然灾害等,这种风险才是保险市场应该调整和救济的对象。[②] 德沃金进一步主张,保费固定的强制保险可以有效地帮助每个人去规避由于其生理和智力问题所带来的不平等风险。而在个人的生理或者智力问题导致的不平等之外,个人天赋的不同所造成的不平等也应该受到保险市场的关切,只是此时,保险市场可以表现为个人所得税制度。

我们可以看出,德沃金关于保险市场的构想,实际上是运气平等主义的一种思考实验,它使得社会的风险分担机制发生了变化。过去,多数情况下的风险只能由社会成员作为命运来承担。而按照德沃金的理论,在现代社会,这种风险可以通过国家保障的方式由全民分担一部分或者全部,这样就可以有效解决生理和智力问题所导致的初始资源不平等问题。在实践中,这种保险理念一般体现

---

① 〔美〕罗纳德·德沃金:《至上的美德:平等的理论与实践》,冯克利译,江苏人民出版社 2012 年版,第 4 页。
② 同上书,第 70 页。

为强制型的普遍保险。在我国,一个典型的例子就是始于2012年的"大病保险"。这是一种典型的普惠保险,它惠及的范围非常广泛,有效地解决了"因病致贫""因病返贫"等社会问题。在这种普遍的强制保险基础上,还有些风险可以自由选择的形式,通过现代商业化的保险市场来实现分担,如实践中的各种商业保险等。

德沃金的这种保险市场模型,为现代社会通过保险来解决经济风险的分配问题提供某种形式的理论基础。虽然他本人也承认,通过保险市场促进"资源平等"的实现是一种复杂的理想,可能有不确定性,且在现实中有不同的表现方式。但是,这并不妨碍人们在实践中沿着这一方向努力前行,因为这不但是理论上比较融贯,也是实践中比较可行的公正分配风险的方式。在我国的实践中,保险市场(尤其是其中以政府作为经营主体的社会保险领域)在社会主义市场经济中的功能定位一定程度上就是提供一种公共产品,对风险进行再分配。因为再分配不仅指物质资源的分配,同样也包括市场风险的分配。由此,我国保险市场也应该在"第三次分配"中扮演重要的角色,为推动"共同富裕"目标的实现做出贡献。

阅读材料

材料1 制度的交易成本与东北地区经济发展[①]

在改善投资软环境方面,地方政府应是大有可为的。在我国的法律政策体系中,地方政府出台的占大多数。从改革开放的动力看,各级政府是推动者、组织者。从沿海的经验看,改善投资环境地方政府起着不可替代的作用,各地投资环境的差别相当程度上是地方政府工作的差别。和发展较快的沿海地区相比较,东北缺少的不是资源、政策、环境、人才等要素,所缺乏的是能够将资源组合在一起的机制,或者说创造这样一种机制的"软环境"。

东北是实行计划经济体制最早、时间最长、最彻底的地区,既在计划经济时期创造了辉煌,也集中了计划经济的所有弊端。东北集中了全国最大、最多、最基础的工业经济,形成了一个非常集中的国有企业经济。那时沿海地区地处前线,基本上没有搞项目投资,国有企业很少,现在变成了有利的条件,没有国有企业的负担,可以大力发展非国有经济。东北实施的计划经济体制不符合现实的

[①] 节选自孙少岩:《从交易成本的角度看改善东北地区投资软环境》,载《经济与管理研究》2005年第1期。

市场经济发展要求,陷入了低效率的状态,造成了难以摆脱的"路径依赖"。因为制度变迁有自我强化的机制,它使制度变迁一旦走上了某一条路径,其既定方向就会在以后的发展中得到自我强化。

东北计划经济的遗产不仅表现在思想观念,而且体现在"官本位"的制度安排上。高度集权的行政管理体制与计划经济体制最吻合。在由官本位、崇尚权力、完全遵循什么都由政府出面和管理、权力可以交换成既得利益所构成的社会里,经济体制转轨过程中市场经济的发展也是扭曲的。按理说,对于东北三省这样一个工业门类相对比较齐全,资源、人才、技术、工业文化都占有绝对优势的区域,民营企业本应该进入制造业领域,但是东北的民营企业大都从事餐饮、娱乐、桑拿、流通和房地产等行业,很少有从事制造业的。关键在于,东北民营企业进入市场靠的是和政府的关系。这就把民营经济引向了歧途,因为市长比市场更灵验,权力主导着市场。

谈到改善投资软环境,一些政府官员们振振有词:该下放的审批权力都下放了,再下放权力,那只有我们什么也不管了。其实,官员话中的一个"管"字,就刻画出东北一些地区对政府在市场经济中的位置的认识误区。在政府的职能和管理方面,一些东北的地方政府存在着两个不容忽视的问题:一是"管理错位",管了一些不该管的事情。政府实际工作中仍然偏好直接组织企业的生产经营活动,直接组织招商引资和项目实施,研究给某些企业特殊优惠,不充分发挥市场机制的作用。审批制度环节过多、内容泛滥,行政干预过多。在一些地区,暗箱操作、吃拿卡要、刁难勒索的现象仍然存在。二是"管理缺位",该由政府管的事情没有管住、管好。不恰当地把本应由政府或政府为主提供的某些公共产品,比如基础教育、公共卫生、环境保护、社会保障等基本的公共服务,推向社会。政策不透明,一些政策的制定程序不规范,不可预见性强,政策实施起伏较大。

东北的各级政府本身要适应市场经济的需要,通过制度创新来促使政府行政管理有效,实现从经济建设型政府向公共服务型政府的转变。政府行业主管部门的职能应定位于宏观管理和行业管理,主要任务是规划、协调、监督、服务,扶持中介组织,为企业创造公平、公正、公开的市场竞争环境,提高市场机制的调节功能和速度,促进资源的自由合理流动。投资环境的建设直接涉及社会主义市场经济体制的建立。可以说,投资环境的差距就是现状与成熟市场经济体制的差距,改善投资环境就是改革不适应市场经济的制度、习惯、方式。

材料2　私人财产权的法律真谛[①]

18世纪中叶的英国首相韦廉·皮特在一次演讲中曾这样形容私人财产权的神圣性：穷人的寒舍即使在风雨中飘摇，风可以吹进它，雨可以打进它，但英王和他的千军万马绝不敢踏进它。因为它虽为寒舍，却为私人所有。这可谓道出了财产权的真谛。财产权的首要价值就在于它为社会中的人划出了一道线，为社会中的财产圈上了一个圈，从而使人们的财产有了你、我之分，使人们的行为有了实行的标准；圈内的人对圈内的财产可以正大光明地占有和享用，但这种占有和享用仅能针对圈内的财产，否则即为权利滥用；圈外的人只能就圈外（或自己的圈内）的财产行使权利，而不能跨入此圈内享用他人的财产，否则就构成侵权。权力滥用和侵权行为都是法律所禁止的。这样，社会的正常的秩序得以维系，人们的正常的生活和生产得以进行。因此我们说，财产权的真谛在于定分止争，维护社会既定的秩序。我国古代的思想家商鞅曾用形象的比喻来描述财产权对治国安邦的重要意义，他说："一兔走，百人逐之，非以兔也。夫卖者满市，而盗不敢取，由名分已定也。故名分未定，尧舜禹汤皆如鹜焉而逐之；名分已定，贪盗不取。"（《商君书·定分》）。荀子曾这样阐述权利制度形成的原因："人生而有欲，欲而不得，则不能无求；求而无度量分界，则不能不争；争则乱，乱则穷。先王恶其乱也，故制礼义以分之。"有秩序的社会必然是财产权明晰的社会；否定财产权的社会，必然是盗贼横行、暴行泛起的社会，在这样的社会中法律没有生存的空间。因此马克思说：法律的精神就是所有权。

由于受"重义轻利"的传统文化的影响，国人往往更愿意提及财产权的负面影响，我们听到的更多的是诸如"为富不仁""饱暖思淫欲"等对财产权的指责。其实，历史发展的逻辑并非如此。古罗马的法谚说得好，"无财产即无责任"，一个人对社会的责任是和他的财产的多寡、财产权的稳定与否连在一起的。在一个社会里，人民越富足，财产权越受保护，民众对社会的责任感就越强，因为在这样社会里，每个人的利益和社会的利益紧紧地连在一起。民众的赤贫和财产权的不稳往往是社会动荡的根源，因为赤贫的人更希望在社会的重新洗牌中获得利益，不稳定的财产权常常诱使人们怠于创造和生产而乐于投机和抢夺。因此，穷国比之富国更容易爆发战乱和革命。

[①] 节选自李拥军：《定分止争》，载《深圳法制报》2004年3月26日"法律服务"版。少量内容有调整。

当今的时代主题是和平和发展,因而作为执政党的中国共产党,必须以中国的国富民强、长治久安为己任。事实上,改革开放20多年来,以经济建设为中心,实现人民的共同富裕始终是我们党和国家坚定不移的方针和政策。时下宪法修正案中增设了"公民的合法的私有财产不受侵犯"的规定即是这种政策和方针的升华。

经典案例

案例1　九鼎公司诉吉林省长白山保护开发区池北区管理委员会、吉林省长白山保护开发区管理委员会不履行招商引资行政协议案[①]

经吉林省长白山保护开发区池北区管理委员会(以下简称"池北区管委会")请示,吉林省长白山保护开发区管理委员会(以下简称"长白山管委会")于2011年6月28日作出会议纪要,允诺为招商企业长白山保护开发区润森热力有限公司(以下简称"润森公司")在办理前期手续、委托环评、争取政策和资金支持等项目筹建方面提供帮助和支持。随后,润森公司与长白山保护开发区九鼎商砼有限公司(以下简称"九鼎公司")负责人签署投资商砼混凝土搅拌站协议,九鼎公司负责人按照约定进行了投资建设。2014年,九鼎公司申请为商砼混凝土搅拌站项目办理环评手续,但因原选址不符合环境保护要求,未获批准。2017年,长白山管委会住房和城乡建设局作出长管建函〔2017〕25号《管委会住建局关于九鼎商砼混凝土搅拌站项目异地选址的函复》,内容有:"……现有城区无法选出符合条件的选址场所;九鼎商砼混凝土搅拌站项目为我区刚成立时的招商引资项目,建议将该商砼站临时选择到宝马城空地内,以保证商砼站正常生产;九鼎商砼站与润森供热项目同属管委会招商遗留问题,在处理润森供热问题时应同时处理九鼎商砼站问题。"2018年4月,因一直未能重新选定地址、无法继续经营,九鼎公司提起行政诉讼,请求判令池北区管委会及长白山管委会为其尽快办理前期手续及场地选址事宜;如确实无法异地选址,应给予适当的货币补偿。

[①] 参见《九鼎公司诉吉林省长白山保护开发区池北区管理委员会、吉林省长白山保护开发区管理委员会不履行招商引资行政协议案》,2021年5月11日,最高人民法院官网,https://www.chinacourt.org/article/detail/2021/05/id/6031409.shtml,2023年1月29日访问。

吉林省延边朝鲜族自治州中院一审认为,长白山管委会认可九鼎商砼混凝土搅拌站项目是招商引资项目,并认为九鼎商砼站属招商遗留问题,因此九鼎公司可以享受招商引资政策,具备本案原告主体资格。案涉招商引资协议系行政协议,在案涉商砼混凝土搅拌站因原选址不符合环境保护要求、无法正常生产的情况下,池北区管委会、长白山管委会应当履行协议义务,为九鼎公司及时办理前期手续和场地选址事宜;如果因客观原因在辖区内确实无法重新选址,项目无法继续推进,池北区管委会、长白山管委会应当对九鼎公司的相关损失依法作出处理。遂判决:限池北区管委会和长白山管委会于本判决生效之日起六个月内履行法定职责,为九鼎公司办理前期手续及场地选址事宜,或者对九鼎公司的损失依法作出处理。池北区管委会、长白山管委会不服,提起上诉。

吉林省高院二审认为,九鼎公司基于管委会的行政允诺,依约进行了投资建设。在相关政策及许可标准发生变化的情况下,项目成为招商遗留问题,池北区管委会、长白山管委会应当对此进行处理。在客观上无法实现原招商目的时,应当对实际投资人的损益作出处理,避免侵害营商环境。遂判决驳回上诉,维持一审判决。

【典型意义】

法治是最好的营商环境,诚信政府是最好的招商名片。地方政府为吸引外来投资、搞活本地市场,采取提供优惠政策的方式招商引资,符合法律规定。但有些招商引资项目建设、经营周期较长,在实际推进过程中,因客观情况导致相关允诺未能按时如约履行,进而产生纠纷。本案明确地方政府及其职能部门为实现公共管理职能或者公共服务目标与投资主体达成的给予一系列优惠政策的招商引资协议,属行政协议。对于此类协议,无论是从履行行政管理的公法主体角度,还是从合同缔约者的角度,地方政府都应本着诚实守信的原则依法依约履行协议义务。同时,一、二审判决遵循司法谦抑原则,充分尊重行政机关的首次判断权,并对行政机关的后续履职行为提出明确的司法指引,充分保障了行政相对人的合法权益。本案作为一起涉及优化营商环境、督促政府守信践诺的典型案件,彰显了人民法院通过行政诉讼保护民营企业合法权益的司法理念,保障民营企业参与当地投资建设的安全感,推动当地诚信政府、法治政府建设。

案例2 "爱奇艺账号"不正当竞争纠纷案[①]

北京爱奇艺科技有限公司(以下简称"爱奇艺公司")是爱奇艺网和手机端爱奇艺APP的经营者,用户支付相应对价成为爱奇艺VIP会员后能够享受跳过广告和观看VIP视频等会员特权。杭州龙魂网络科技有限公司(以下简称"龙魂公司")、杭州龙境科技有限公司(以下简称"龙境公司")通过运营的"马上玩"APP对其购买的爱奇艺VIP账号进行分时出租,使用户无须购买爱奇艺VIP账号、通过云流化技术手段即可限制爱奇艺APP部分功能。爱奇艺公司诉至法院,要求消除影响并赔偿经济损失及合理开支300万元。一审法院认定龙魂公司、龙境公司的涉案行为构成不正当竞争,判令其停止侵权,并赔偿爱奇艺公司经济损失及合理开支共计300万元。龙魂公司、龙境公司不服一审判决,提起上诉,北京知识产权法院二审认定,龙魂公司、龙境公司的行为妨碍了爱奇艺公司合法提供的网络服务的正常运行,主观恶意明显。龙魂公司、龙境公司运用网络新技术向社会提供新产品并非基于促进行业新发展的需求,该行为从长远来看也将逐步降低市场活力,破坏竞争秩序和机制,阻碍网络视频市场的正常、有序发展,并最终造成消费者福祉的减损,具有不正当性。北京知识产权法院判决驳回上诉、维持一审判决。

【说明】 本案是对网络环境下新型不正当竞争行为进行有效规制的典型案例,是最高人民法院发布的人民法院反垄断和反不正当竞争典型案例之一。本案体现了人民法院对互联网经营者与消费者合法利益的有效保护,同时也体现了人民法院对创新因素的考量。本案明确了网络视频行业中新商业模式的合理边界,彰显了人民法院促进网络平台有序发展、激发社会创新活力,打造公平竞争市场环境的司法导向。

金句法谚

1. 市场经济必然是法治经济。市场经济的高效率就在于价值规律、竞争规律、供求规律的作用,但发挥市场经济固有规律的作用和维护公平竞争、等价交换、诚实守信的市场经济基本法则,需要法治上的保障。

——习近平

[①] 参见北京知识产权法院(2019)京73民终3263号民事判决书。

2. 凡是属于最多数人的公共事物常常是最少受人照顾的事物,人们关怀自己的所有,而忽视公共的事物;对公共的一切,他至多只留心到其中对他个人多少相关的事物。

——〔古希腊〕亚里士多德

3. 除非一个集团中人数很少,或者存在强制或其他特殊手段以使个人按照他们的共同利益行事,否则有理性寻求自我利益的个人不会采取行动以实现他们共同的集团的利益。

——〔美〕奥尔森

4. 企业运作只有依靠正式的规章和制度,而规章和制度的由来则需要经过谈判、认可、法制化、执行的程序,有时候还需要配合强制手段。以种种法律措施来取代信任,必然造成经济学家所谓的"交易成本"上升。

——〔美〕弗兰西斯·福山

5. 无田甫田,维莠骄骄。无田甫田,维莠桀桀。

——《诗经》

习题精选

下列关于法律与经济的关系的表述正确的有( )
A. 经济基础的变化是法的发展的最终极动力
B. 法的内容不可能跳出经济基础为它设定的范围
C. 法总是表现为对经济发展的推动作用
D. 建立良性的稳定的经济形式必须依靠法治

【解析】 答案是 ABD。法作为社会上层建筑的组成部分,其本质、产生、发展以及特征,都是由经济基础所决定和制约的。A 和 B 选项的表述是正确的。市场经济本质上是法治经济。法律能够给市场经济提供一个稳定的、可预期的秩序。这是市场经济发展的前提。因此,D 选项的表述也是正确的。法并不总是表现为对经济发展的推动作用。如果它与经济关系相适应,那么法律便能推动经济的发展;如果它与经济关系不相适应,那么法律便可能成为经济发展的桎梏,从而阻碍经济的发展。所以,C 选项的表述是不正确的。

第十九章 Chapter 19

法律与文化

章前提示

本章,我们对"文化"进行广义的、综合的理解,即泛指各种与物质相对的群体性精神现象。法律文化属于文化的一种分支。按照马克思主义的基本原理,"物质决定意识",以及"经济基础决定上层建筑",文化主要由其背后的物质与经济基础决定,并且反过来对物质和经济基础有反作用。但是与此同时,在广义的文化现象内部又各有不同,比如道德现象、宗教现象与法律现象的区分。它们之间是什么关系?尤其是各种不同的文化现象与法律之间是什么关系?这是本章要讨论的话题。

原理阐释

一、法律与文化的一般原理

按照马克思主义的观点,文化具有综合性、民族性、历史性、传递性四项基本特征。综合性说明文化是复合的,与宗教、艺术等其他领域密切相关。民族性是说文化有一定的相对性。例如,中华文化作为一个复合整体,其主体是汉文化,也包括一些少数民族的文化。文化的相对性有时也表现为各个地方不同的习俗。文化的历史性意味着它是传承且不断发展的。文化的传递性意味着不同文化之间可以相互影响,不仅仅是纵向的历史的影响和传承,横向的不同文化之间更是互相影响的。文化的传递性在文化人类学领域体现为"传播学派",它是影响极为深远的人类学思想。①

同样,按照马克思主义的基本观点,文化对法律有着决定性的影响。法律在马克思主义的概念中属于典型的"上层建筑",甚至可以说是"上层建筑中的上层建筑",它受到经济、文化、社会等多方面的决定性影响。

文化对法律的影响可以从以下几个方面理解:第一,法律所包含的基本价值标准,是社会中居于主导地位的文化所包含的价值标准。这意味着主流文化塑造了法律的基础性价值。第二,法律的规则通常是社会中通行的重要规则的重述。这一点是上一点的延伸。主流文化塑造了通行的规则,法律就是这种规则的再现。比如,一个社会中的主流文化认为婚姻关系应该是一夫一妻的形式,那么这种形式就会变成通行的规则,并最终以法律的形式确定下来。第三,社会中的亚文化对法律也有重要影响。亚文化指的是主流文化以外的文化。在我们国家,亚文化与主流文化的区别不能完全看受众的数量,还要看这种文化是否得到官方的提倡和鼓励。亚文化对法律的影响通常体现为促进法律尊重和包容多元。

反过来,在我国,法律对文化的作用主要是"促进"和"保障"社会主义文化的健康发展,体现为如下几点:第一,法律可以支持文化事业的发展。第二,法律可以繁荣哲学社会科学。第三,法律强化社会主义核心价值观。

二、社会主义法与法治文化

通俗地说,法治文化一般指这样一种现象,即在一个社会中,无论政府还是普通民众,大家都比较遵守法律和崇尚法律。按照教科书上通常对法治文化的理解,它有如下五点特征:第一,法治文化是法律现象的组成部分。这里的"法律现象"是一个比较大的概念,不仅仅包括正式渠道的法律行为,还包括日常生活中人们对法律的各种看法,等等。第二,也是马克思主义的通常观点,法治文化是由社会的经济基础和政治结构决定的。第三,法治文化具有历史性,即法治文化既是历史地形成和传输下来的,又是历史地变化和不断更新的,没有从来就

---

① 参见黄剑波:《人类学家及其理论生成》,华东师范大学出版社 2021 年版,第 65—68 页。

有、永恒不变、自我绝对、僵化的法治文化。这也是马克思主义辩证法的体现。第四,法治文化具有群体性。第五,法治文化的内核是法律意识和法治精神。法律意识主要指公民个人对法律的看法;而法治精神是指社会整体上是否尊重和信仰法律。

法律意识对法治建设来说非常重要。法律现象一般是客观的,它会决定性地影响人们的法律意识。比如,一个社会中,人们习惯于遇事不找法律,而通常找关系去解决问题。这就是一种法律现象,它会塑造人们轻视法律的意识。与此同时,法律意识一经形成,又会对法律的创制和实施产生重要影响。这体现在三个方面:第一,在法律的创制过程中,法律意识决定人们对立法的必要性、目的及价值取向的认识。这就是说,社会群体的法律意识是通过立法的形式和过程被纳入实体法中的。在我国,它表现为立法机关的立法活动必须体现民意和公众法律意识。第二,在法律的实施过程中,公民的法律意识直接影响着法律的实现。比如之前提到的"找人办事"还是"找法办事"的法律意识,就会直接影响所在地方法律实施的效果。第三,人们的法律意识水平反映着国家的法治化程度,决定了他们在面临法律问题时的心理预期和行为方式。一个理想的法治社会应该是这样一种正循环:人们通过找制度、找法律就能办成事,而不是凡事都要通过找关系;这样形成的公民法律意识反过来就会极大地提升法律实施的效果,促进法治社会的建设。

在我们社会主义国家,法治文化建设应该做到如下几点:第一,坚持马克思主义在意识形态领域居指导地位的根本制度。第二,坚持以社会主义核心价值观引领文化建设制度。第三,健全人民文化权益保障制度。第四,完善坚持正确导向的舆论引导工作机制。第五,建立健全把社会效益放在首位、社会效益和经济效益相统一的文化创作生产体制机制。① 其中,第三点中的"文化权益"值得着重解释一下。文化权益是指公民享受、参与文化事业的权利和利益。在社会主义法治国家,要建设法治文化,如果公民的文化权益受到侵害,就应该有相应的保障和救济法律制度。这方面我们目前的法律实践做得还很不够,希望未来可以得到重视和改进。

---

① 参见《法理学》编写组:《法理学(第二版)》,人民出版社、高等教育出版社2020年版,第278—279页。

三、法律与道德的联系和区别

严格来说,道德与文化两者既有联系也有区别。我国多数的法理学教科书将道德放在文化部分进行讨论,作为文化现象的一部分。所以,我们在讨论完法律与文化的关系之后,直接过渡到法律与道德这一命题。事实上,法律与道德的关系也一直是世界各国法理学研究领域的核心问题,几乎所有重要的法理学学者都在法律与道德的关系这一问题上进行过原创性的、成体系的研究和判断。不仅法社会学研究范式对它特别关注,自然法、分析法学等法学范式也都非常关注法律与道德的关系问题,只是各流派讨论这一主题的视角和进路不甚相同。我们主要从马克思主义法理学看待法律与社会关系的视角来看待法律与道德的关系。

按照马克思主义法理学的观点,道德具有如下特征:第一,道德是特定社会历史文化的产物,即道德具有时间和空间的相对性。第二,道德具有阶级性,不同阶级有不同的道德标准。这还是在强调道德的相对性。第三,道德具有一定的普遍化内容。也就是说,道德除了相对性以外,还有一定的普遍性。这跟法律的属性十分类似。第四,道德具有多元性。这实际上是对前两点道德相对性命题的总结。

作为人类社会中两种主要的行为规范,法律与道德有着十分密切的联系。总体来说,一方面,法律和道德相辅相成、相得益彰。这具体体现为,两者都是对人类行为进行规制的"规范"。"规范"一词英文表述为"norm",它与另外一个单词"正常的"(normal)是同源词。很多时候,当我们说一件事情是"正常的"时候,说明我们也把它当成了一种应然的状态。"规范"指的就是这样一种应然的属性。① 所以,道德和法律都是指引人们应该如何行事的规范,是人类社会中应然性的载体。这是他们最重要的共同点。另一方面,法律与道德相互制约。法律与道德作为不同的行为规范,彼此之间也需要相互制约和相互限制,共同组成指引人们行为的规范体系。

与此同时,作为两种不同的行为规范,法律与道德的区别主要表现在以下六个方面:第一,产生方式不同。法律的产生一般需要正式的过程,而道德主要在

---

① 参见谢世民主编:《理由转向:规范性之哲学研究》,台大出版中心2015年版,第2页。

社会习惯和社会互动中产生。第二,表现形式不同。法律通常具有成文法或者判例等实在的表现形式,而道德一般存在于人们的观念中,表现于人们的言行上。第三,实现方式不同。法律的实现需要正规的程序,如诉讼程序等;而道德观念的实现没有固定的形式,主要通过非正式的社会制约等实现。第四,调整对象不完全相同。道德对人类行为的调整比较宽泛,关涉人们日常生活中的各种言行举止;而法律调整的通常只是少数被法律明文规定的人类行为。刑法原则中"法无明文规定不为罪",讲的就是这个道理。第五,评价尺度和标准不同。一方面,法律对违法行为的评价尺度和标准通常比较严格、明确;另一方面,只要人们的行为不去触碰法律,那么法律的容忍度也是很高的,"法无禁止即可为"。道德的评价尺度和标准则相对模糊,主要取决于人们的主观感受。第六,权利和义务的特点不同。法律上的权利和义务一般是明确的,在理想状态下也应该一一对应,即享受法律权利的同时也要承担相应的法律义务。相比之下,道德上的权利义务关系较为松散和模糊,很难做到一一对应。所以,权利和义务在法律与道德中的呈现非常不同。

在社会主义国家,法律与道德之间的关系应该如何定位?第一,社会主义法与社会主义道德之间可以达到高度统一,两者应该是彼此高度协调的关系。第二,社会主义法对社会主义道德具有积极的促进和保障作用。第三,社会主义道德为社会主义法的制定提供价值导引并促进法的实施。具体表现为:(1)社会主义道德是社会主义法制定的价值导引。这主要是指立法问题上道德对法律的指引作用。(2)社会主义道德促进社会主义法的实施。这主要指的是道德在司法和执法阶段的作用。(3)社会主义道德可弥补社会主义法在调整社会关系方面的不足。因为法律并不是万能的,社会主义道德应该是法律的必要补充,对法律没法调整或者没必要调整的领域进行规制。总之,在社会主义条件下,法律与道德依然是分工合作的关系。

四、法律与宗教

法律与宗教的关系,依然是一个中外法理学中重要的研究主题,尤其是在有着千百年宗教传统的一些西方国家。例如,伯尔曼的重要著作《法律与宗教》就对西方(尤其是美国)语境下法律与宗教的关系进行了系统性反思与阐发。他主张,没有宗教的法律,会退化成一种机械的法条主义;而没有法律的宗教,则会丧失其社会有效性。[1] 在我国,由于文化传统与西方不同,法律与宗教的关系肯定也不尽相同。按照马克思主义的观点,宗教是文化的一部分。因此,我国的法理学教科书也通常把"法律与宗教"这一主题放在"法律与文化"的框架之中进行介绍和讨论。

关于什么是宗教,不同的人有不同的理解。"宗教"的概念一般有狭义和广义之分。狭义的宗教一般有正式的组织以及仪式性的集体活动,比如世界三大宗教基督教、伊斯兰教和佛教,都有自己相对明确的教义、组织和各种形式的宗教活动。相应地,信仰宗教的人们也会以各种形式、行为来呈现自己的信仰。在学术上,这种狭义的宗教也被称为"制度化的"(institutionalized)宗教。广义的宗教泛指有关人的信仰的精神世界,甚至在不信仰特定神明的情况下,也可以被称为"宗教"。例如,在马克斯·韦伯的名著《儒教与道教》中,儒家思想也被理解为一种宗教。事实上,传统儒家思想中确有不少类宗教的仪式,如拜祖先、拜孔子等。除了仪式性的东西,儒家思想中更多的是一些内化于心的活动,如中国人所追求的孝道等。因此在广义上,儒家思想也可被理解为一种宗教。

法律与宗教的联系和区别,跟前文提到的法律与道德的联系和区别十分类似。两者的联系主要体现在它们都是调整人们行为的规范,彼此之间相互补充也相互制约。两者的区别也体现在产生方式、表现形式、实现方式、调整对象、评价尺度和标准、权利和义务的特点等方面。在我国,社会主义法律与宗教之间的关系有着明确的法律规定。一方面,按照我国宪法,宗教信仰自由既是公民的一项基本权利,也是国家的一项基本政策。另一方面,宪法在确立公民宗教信仰自由的同时,也禁止有人利用宗教从事非法活动。这样规定的目的是把利用宗教从事非法活动的人与广大信教群众严格区分开来,以真正保护我国公民的宗教信仰自由。

---

[1] 参见〔美〕伯尔曼:《法律与宗教》,梁治平译,中国政法大学出版社2003年版,第1—7页。

第十九章 法律与文化

阅读材料

材料1 不应将法律问题过分道德化[①]

赵　宏

近日网络流传一段视频：苏州一名女生穿和服在路边拍照遭到警察大声训斥："你穿汉服可以，但穿和服不可以，你是中国人！"女生克制询问："你这样大声吼可以吗？有什么理由？"警察回复："因为你涉嫌寻衅滋事！"遂将该女生带走。该视频一经传播，引起公众哗然。即使不是法律专业人士，也会感觉仅因当事人穿和服拍照，就认为其涉嫌寻衅滋事，不仅于法无据，也与公众朴素的法感相悖。这个案例，可说是寻衅滋事在实践中被滥用的又一典型例证。

行政处罚中的寻衅滋事行为，规定于《治安管理处罚法》第26条："有下列行为之一的，处五日以上十日以下拘留，可以并处五百元以下罚款；情节严重的，处十日以上十五日以下拘留，可以并处一千元以下罚款：（一）结伙斗殴的；（二）追逐、拦截他人的；（三）强拿硬要或者任意损毁、占用公私财物的；（四）其他寻衅滋事行为。"《治安管理处罚法》的此项规定，对应的正是《刑法》第293条的"寻衅滋事罪"。后者的行文与《治安管理处罚法》第26条几无二致。如此来看，作为行政违法的寻衅滋事与作为犯罪的寻衅滋事，两者在行为样态和要件构成上并无太大差异，区别只在于情节的轻重。

《刑法》规定寻衅滋事罪的原因，主要在于其有时确实可弥补其他罪名的打击不力。例如，在唐山烧烤店打人案中，警方就是以寻衅滋事罪对几个打人者进行刑事拘留。其背景就在于我国《刑法》没有单纯的暴行罪，若故意伤害只是导致当事人轻微伤并无法构成故意伤害罪，由此就会形成处罚漏洞，此时，寻衅滋事罪就可作为一项堵截式罪名予以兜底。但是，寻衅滋事罪又脱胎于此前的流氓罪，且与流氓罪一样边界模糊、无所不包，并因此与罪刑法定原则之间存在严重冲突。

这一罪名尽管因其补充性功能而可最大效率地实现刑法的惩罚功能，但也容易蜕变为"口袋罪"而被扩张滥用。也是基于这一原因，很多刑法学者都主张废除此罪，将其分解到其他犯罪中。与寻衅滋事罪一样，治安管理处罚中的寻衅滋事行为同样因为规范不清、界线不明而易被滥用。此外，相比《刑法》第293条的明确列举，《治安管理处罚法》第26条第4项还包含"其他寻衅滋事行为"这样

[①] 原载于2022年8月16日"风声OPINION"微信公众号，标题和少量内容有调整。

的兜底条款,更为一些执法机关的不当处罚留下空间。由此,实践中出现诸多奇葩的寻衅滋事案例。

为明晰寻衅滋事的边界,最高人民法院和最高人民检察院曾在2013年7月颁布的《关于办理寻衅滋事刑事案件适用法律若干问题的解释》中对"寻衅滋事"进行具体界定,认为其基本表现形态就是"行为人为寻求刺激、发泄情绪、逞强耍横等,无事生非"。但这四个词语包含强烈的道德色彩,对于在法律上区分哪类行为构成违法应予惩罚、哪类行为只是道德有亏,几无助益。

要提醒的是,道德化的评价,会使执法机关对在其看来不合道德伦理的行为贴上"寻衅滋事"的标签而予以处罚。其中,最典型的就是被认为挑衅公权机关权威、冒犯国家工作人员情感的。但刑法学理一般认为,构成犯罪必须还要有侵害具体法益,如仅因逞强耍横就对陌生人大打出手,或是因他人犯下丁点错误就揪住不放而毁损他人财物泄愤,就要有具体个人人身、财产的损害方可定罪。这种对具体法益侵害的强调,在某种程度上能够阻断寻衅滋事罪的泛化。但是,行政处罚因并不强调对具体法益的侵犯,违反行政规范、干扰社会管理、影响社会秩序都会被认为构成行政不法,寻衅滋事的滥用也就更无从遏制。

穿和服拍照侵犯了什么法益?从法治主义角度而言,个人要受到刑罚或是行政处罚这样的惩罚,除了其行为要满足《刑法》《治安管理处罚法》等具体规范所列举的行为要件外,还必须要有法益侵害,否则其行为在法律上就不具有可责性。所谓法益,就是法律所明确保障的权利和利益。这种法益侵害,可以是具体的,如对他人人身权、财产权的践踏毁损;也可以是抽象的,如对行政管理秩序的挑衅、破坏,但不应是某种道德信仰、宗教信条、纯粹感情或政治偏好,法律也不容许公职人员仅因自己不喜欢某种行为就随意对普通个人予以惩罚。

"法益"作为一个专业概念,在此充当的角色就是为国家的暴力干预设置界线,阻止国家的惩罚权仅基于公职人员的个人偏好而随意发动。这一认识,对于寻衅滋事当然同样适用。具体到本案,不仅女生穿和服拍照的行为难与寻衅滋事所要求的"寻求刺激、发泄情绪、逞强耍横、无事生非"这些行为要件沾边,我们也看不出这里面到底存在何种法益侵害。视频中警察斥责女生:"你穿汉服可以,但穿和服不可以,你是个中国人,你是中国人吗?"从警察情绪激动的斥责中可看出其认为女生构成寻衅滋事的原因在于,女孩作为中国人穿和服在公共场所拍照,冒犯了民族感情。但是,是否冒犯民族感情,并不能凭警察的一己偏见。

公众人物去参拜靖国神社还拍照上网,或是某个明星直接身着军条旗拍摄杂志照片,此时评价其冒犯了民族感情毫无疑问。只是在日本风情街穿和服拍照就被认为冒犯了民族情感,只能说属于警察的主观臆想,这种认识很难获得理性认同。此外,以冒犯民族感情作为处罚原因,本身界线模糊,也容易将法律道德化。在穿和服拍照的新闻爆出后,很多网友评价,如果这种行为也要被处罚,那么是不是吃日料、玩动漫或者学日文也会被认为冒犯了民族感情?然后就是被认定为寻衅滋事、被行政拘留,这距离"欲加之罪,何患无辞"又有多远呢?

我们常说,法律和道德要适度分离,法律一般只对个人作最低的道德要求,其功能并非对个人进行统一的道德规训,并由此将大家凝聚起来。法律的作用只是维护共同体在符合基本道德法则的基础上进行有效运作。这一点对立法如此,对执法也一样。执法者同样应严格恪守法律规范进行执法,而不能为纯粹的心愿、爱好或推行某种价值伦理和道德判断就随意扩张法律解释,扩大处罚范围。如果不是对个人的信仰、激烈批评或偏离规范的私人行为进行随便打压,那么惩罚就必须具有法律上的合法性,而立法者或执法者的道德偏好并不能提供这种合法性。

从此意义而言,如果对穿和服就被认为是寻衅滋事的执法方式不进行检讨和反思,最终带来的将是处罚的不断泛化。在"穿和服就被寻衅滋事"的背后,反映的不仅是法律的模糊规定为执法者留下的巨大空间,还有执法者本身的恣意妄为。执法者不能因为有权力加持,就将自己幻想为正义的化身,对他人随意开启道德审判甚至发动国家惩罚。执法者应认识到其自身也要受到法治的约束,也要恪守权力的界线。

材料2 对联中的法理①

河南省内乡县老县衙的"三省堂",大门两侧悬挂着一副对联:"得一官不荣,失一官不辱,勿道一官无用,地方全靠一官;穿百姓之衣,吃百姓之饭,莫以百姓可欺,自己也是百姓。"撰者为清康熙年间的内乡知县高以永。这副对联虽出自清代,但对今天的教育意义仍然是深刻的。

这副对联主要是劝诫官吏的。上联是说:得到官职或在仕途上获得升迁,你不要盲目地高兴,某一天丢了这个官或仕途不顺,你也不要一味地悲伤或轻易地沮丧。这么不看重官职,是不是说"官"没有用呢?不是,官很有用。为什么?因

---

① 节选自李拥军:《法理学教研中的体悟与随想》,上海三联书店2022年版,第254—256页。少量内容有调整。

为地方全靠这个"官"。俗话说,"火车跑得快,全凭车头带",地方经济的发展、人民的幸福、社会的安宁某种意义上说全靠这个"官"。百姓们如果遇到一个好的地方官,就能受益;如果遇到一个差的地方官,人民就会遭罪。"名分名分,无名则无分";"不在其位,不谋其政"。有名分的人不尽其责,在其位的人不谋其政,这个地方如何发展?没名分的人,再有能力,也是干着急,没有办法。俗话说,"皇帝不急太监急",没有用,因为你所"着的急"没有合法性。总之,官的作用太大了。"官"的作用大,同时责任也大。你肩负着发展地方经济、保障人民幸福的责任啊,你必须得有所作为。正可谓:"为官一任,造福一方";"当官不为民做主,不如回家卖红薯"。

下联说的是:你吃的是百姓给你提供的饭,穿的是百姓为你提供的衣,是他们种田、纺棉、织布供养着你,正像司马迁说的,"一夫不耕,或受之饥;一女不织,或受之寒",百姓是官员的衣食父母,你的收入与消费最终来源于百姓。虽然如此,但在现实生活中,官员却是百姓的管理者,百姓处于被管理者的地位。虽然官员有"欺负"百姓的权力和能力,但我劝诫你不要那么去做。为什么?因为其实你也是百姓。你今天不是百姓,你明天或许是百姓。俗话说:"铁打的营盘流水的兵","人无百日好,花无百日红""三十年河东,三十年河西",如果某一天你不做官了,你不还是百姓吗?从"春风得意马蹄疾"到"门前冷落车马稀",一切都得归于平淡。退一步讲,你今天不是百姓,但你昨天可能曾是百姓。"朝为田舍郎,暮登天子堂。将相本无种,男儿当自强。"你或许也是一个从普通人家成长起来,通过读书、奋斗,才一步步熬到今天这个位子的。如果你也曾经受过很多欺负,遇到过很多不平,那么你也知道被别人欺负的罪儿不好受,你今天就不要欺负别人。

清代学者申居郧就有这么一句话:"做官时,要往前想一想:我原不是官;又要往后想一想:我不能常有此官。寻取真我,方有着落。"这句话与该对联在寓意上异曲同工。

这副对联的内涵与现代的政治学原理并不相悖。马克思说:是市民社会创造了政治国家,不是政治国家创造了市民社会。因此,国家权力来源于人民的委托和授权。按照社会契约论的观点,公权力来源于私权利,来源于民众的授权,公权力不过是无数个私权利的合力而已。从这个意义上说,"官"不是"民"的父母,而恰恰"民"是"官"的父母,因为你吃的是百姓的饭,穿的是百姓的衣。正如中国古人所说的:"民为水,君为舟"。再大的官都是从百姓中选拔、成长起来的,都是人民的代理人。任何官,都是暂时的,总有一天还要回到民众中来。正像《咱老百姓》这首歌中唱到的那样:"天大的英雄也来自咱老百姓,叶高千尺也还要回到泥土中。"

正是由于"权"不是你的,而是别人授予你的,当你得到它的时候不要盲目地高兴,当你失去它的时候也用不着那么悲伤,平平淡淡才是真。在权力上表现得过于迫切的人,肯定用不好"权"。俗话说:"花人钱财,替人消灾","吃谁向谁",既然你吃的是百姓的饭,穿的是百姓的衣,那你就应该为百姓服务。因此,权力本质上是一种义务——一种全心全意为人民服务的义务,百姓的幸福和安乐依赖于这种义务履行的能力和程度,因为"地方全靠一官"。

理儿虽是这个理儿,但事儿却往往不是这个事儿。虽然国家来源于个人和社会并应当服务于个人和社会,但它一旦形成,便具有了相当的独立性。它以暴力为基础,常表现为对市民社会和个人权利的控制和支配,因此,国家权力必然带有一定的扩张性、腐蚀性和破坏性。又因为公权力的所有和行使是分离的,加之人本身的自利性,掌权者常常不能以罗马法上"善良家主"的心态行使权力,所以在人类历史上公权力又常常以异化的形式表现出来。这样,政治国家非但不能服务于民众,反而民众却成了它奴役的对象。正因如此,法治的核心就是对公权力的控制。在对公权力进行限制上,法治主义者主要设计了两条路径:一是"分权"路径,即把权力分配给不同的主体掌握,让它们之间互相制衡,以减少公权力的破坏性;二是"集权"路径,即把弱小的私权利集合在一起,组成各种社群和社团,以增加它们在与国家相抗衡的过程中的分量。

正因为你也是百姓,所以你才不能欺负百姓。这是一种人性上的"换位思考",体现的是儒家的"忠恕"思想,即"己所不欲,勿施于人"。自己不愿意做的,也不要强迫别人做。这是一种宽容的思想,是一种"爱人"的思想。这是人权和法治的基础。

这副对联告诉我们要走"群众路线",但群众从来都不是抽象的。"从群众中来,到群众中去。"群众在哪里?你我都是群众。我们不应该把"我"和"群众"分开,群众路线不应该是一种"我与群众"的路线的模式,而应该强调"人人爱我,我爱人人",因为每个人都是群众,为群众谋福利就是为自己谋福利,因为自己就是群众中的一分子。如卢梭所说:"每个人既然是向全体奉献出自己,他就没有向任何人奉献出自己;而且既然从任何一个结合者那里,人们都可以获得自己本身所渡让给他的同样的权利,所以人们就得到了自己所丧失的一切东西的等价物以及更大的力量来保全自己的所有。"这便是人民主权论的基础。正像罗尔斯所阐述的那样,正是因为我们都有可能成为社会的最大不利者,所以才要竭力救助眼前最大的社会不利者。这才构成基本的社会正义。

正因为我们吃的是百姓的,穿的是百姓的,所以,我们才要感恩百姓、敬畏百姓、服务百姓,权力才要从属于并服务于私权利,我们才应该强调"权为民所用、情为民所系、利为民所谋"。这副对联最大的价值就在于它向掌权者宣告了一个权力从何而来、为谁行使、对谁负责的基本政治公理。

经典案例

于 欢 案

2016年4月14日,女企业家苏银霞在遭11名催债人长达一小时的凌辱之后,杜志浩脱下裤子,用极端手段当着苏银霞儿子于欢的面侮辱苏银霞。22岁的于欢摸出一把水果刀乱刺,致4人受伤。被刺中的杜志浩自行驾车就医,却因失血过多休克死亡。2017年2月17日,山东省聊城市中院一审以故意伤害罪判处于欢无期徒刑。2017年5月27日,山东省高院二审公开开庭审理此案。2017年6月23日,山东省高院撤销一审判决,判决于欢犯故意伤害罪,判处有期徒刑五年。2018年2月1日,该案入选"2017年推动法治进程十大案件"。

【解析】 于欢应该被轻判的最为关键的理由应该是其行为"情有可原""其情可悯"。这里的"情"就是"人情""人性""天性"的意思。当母亲受到侮辱,儿子起来保护母亲实属人的本能、天性。中国有句俗语"母子连心,父子天性"。中华文化是亲伦文化,因此在中国,父母与子女之间的关系更具有特殊的内涵。显然,于欢是被杜志浩的极端行为激怒,才有了后来的持刀伤害举动。刀只是临时抓到的一把水果刀,显然是临时起意,基于义愤伤人。用老百姓的话讲,杜志浩的举动是"作死",于欢的反应是"常情"。当母亲受到侮辱,尤其是受到与性有关的侮辱,于欢无论是保护母亲还是复仇,都是正常的反应,具有"情有可原"的成分。在刑法理论中,这种情况属于"期待可能性"缺失。这应该是本案中于欢应被从轻处罚的最有力的理由。

第十九章 法律与文化

金句法谚

1. 法律必须被信仰,否则它将形同虚设。

——〔美〕伯尔曼

2. 其实这些规章只不过是穹窿顶上的拱梁,而唯有慢慢诞生的风尚才最后构成那个穹窿顶上的不可动摇的拱心石。

——〔法〕卢梭

3. (中国)也根本没有西方和伊斯兰世界的那种神圣法与世俗法之间的紧张关系,在一定的条件下,连印度都存在着这样的紧张关系。

——〔德〕马克斯·韦伯

4. 把一些中国文化传统中的符号与价值系统加以改造,使经过改造的符号与价值系统变成有利于变迁的种子,同时在变迁的过程中继续保持文化的认同。

——林毓生

5. 在法的问题上并无真理可言,每个国家依照各自的传统制定制度与规范是适当的。但传统并非老一套的同义语,许多改进可以在别人已有的经验中汲取源泉。

——〔法〕勒内·达维德

习题精选

习题1:

材料1 公元前399年,在地中海沿岸的雅典,一位伟大的法学家被处死了,他就是世界的哲人——苏格拉底。他被控犯有违反宗教、亵渎神灵和腐化青年等莫须有之罪,并被判处死刑——饮毒鸩而死。在狱中时,苏格拉底本有机会逃之夭夭。事实上,他的弟子也已经买通了能阻止他逃跑的人。但他拒绝了,因为他不愿违反法律。他认为,遵守法律是一种美德的要求,法律一旦制定,不管合理与否,作为公民都必须遵守。他的弟子柏拉图对老师临刑的场面是这样记载的:"他(狱卒)把杯子递给苏格拉底。苏格拉底轻松自如、温文尔雅地接过杯子,毫无惧色地说:'您说我可以用这杯酒祭奠神灵吗?能还不能?'狱卒回答说:'我就准备了这么多,苏格拉底,再也没有了。''我明白了,'他说,'不过我可以而且必须祈求众神保佑我在去另一个世界的旅途中一路平安——但愿我的祈求能得到满足。'说完,他把杯子举到唇边,高高兴兴地将毒鸩一饮而尽。"(文聘元:

《西方哲学的故事》,百花文艺出版社2001年版,第54页。)

材料2 半个多世纪后,即公元前338年,在黄河流域周王朝的诸侯国——秦国,一位著名的法学家也被处死了,他就是使秦国统一法度、富国强兵的法家代表人物——商鞅。司马迁在《史记·商君列传》中这样记载:秦孝公死后,惠王继位,有人告发商鞅谋反,遂惠王派人捉捕商鞅。商鞅逃到边境,打算到客店住宿,店主拒绝了,并告诉他:"商君之法,舍人无验者坐之。"(商君有法令规定,留宿没有证件的客人,店主与客人同时受罚。)商鞅感叹道:"为法之敝一至此哉!"(真想不到制定法律的弊病竟到了这样的地步啊!)于是他又逃到魏国,魏国惧怕秦国,不敢收留他,便把他送回秦国。入秦后,他又逃到商邑,举兵伐秦,兵败后被杀。这就是历史上著名的"作法自毙"的故事。

阅读上述材料,回答下列问题:

1. 从材料1和材料2中我们能看出两位法学家对法律的态度有什么样的不同?

2. 通过两位法学家对法律的不同态度,我们可以透视出中西方法律文化具有什么样的差异?

3. 联系上述材料,分析在当前我国建设社会主义法治国家的实践中我们应该培育什么样的法律文化?如何培养?

【解析】 从苏格拉底和商鞅两位法学家面对死亡的态度可以看出不同的法律思想,进而折射出东西方不同的法律文化。商鞅身上体现的是法律工具主义思想或文化观,苏格拉底的态度体现的是法律信仰主义思想或文化观。传统中国的法律文化是一种工具主义的法律文化,法律是维护皇权统治的工具,只能约束臣民,不能约束皇帝。西方具有法律信仰主义传统,一直具有"王在法下"的传统,这是近代法治主义的思想渊源。在全面推进依法治国、建设社会主义法治国家的今天,我们必须构建一种人人尊法、敬法、爱法的法律文化。正如习近平总书记所强调的,要"努力推动形成办事依法、遇事找法、解决问题用法、化解矛盾靠法的良好法治环境"。具体措施有:(1)约束公权力;(2)保护私权利;(3)提高国家的公信力;(4)培养积极守法观,强调守法不仅是不犯法,还应该把法提高到信仰的高度,处处维护法律的权威。

习题2:

材料1 兵者,诡道也。故能而示之不能,用而示之不用,近而示之远,远而示之近。利而诱之,乱而取之,实而备之,强而避之,怒而挠之,卑而骄之,佚而劳之,亲而离之。攻其不备,出其不意。此兵家之胜,不可先传也。

——《孙子兵法·计篇》

材料2 备周则意怠,常见则不疑。阴在阳之内,不在阳之对。太阳,太阴。

——《三十六计·瞒天过海》

材料3 陈述古密直知建州浦城县日,有人失物,捕得莫知的为盗者。述古乃绐之曰:"某寺有一钟,能辨盗,至灵。"使人迎置后阁祠之。引群囚立钟前,自陈不为盗者,摸之则无声;为盗者摸之则有声。述古自率同职,祷钟甚肃,祭讫,以帷帷之,乃阴使人以墨涂钟。良久,引囚逐一令引手入帷摸之。出乃验其手,皆有墨。唯有一囚无墨,讯之,遂承为盗。盖恐钟有声,不敢摸也。此亦古之法,出于小说。

——《梦溪笔谈·权智》

材料4 他们决不在超过一对一的情况下进行战斗,他们要避免一切欺诈和虚假的行为。

——中世纪骑士册封时的誓言

材料5 绝不回拒同等之人的挑战;回避不公正、恶意以及欺骗。

——中世纪《骑士法则》

材料6 在中世纪通过决斗来裁判胜负的司法裁判中,如果遇到男女对决,为了保证公平,男人必须站在一个半人深的坑里,女子则站在平地上,可以自由挪动身体并可用投石器作为武器。

阅读上述材料,回答下列问题:

1. 材料1和材料2中体现了传统中国人的什么思维?材料3和材料4体现了传统西方人的什么思维?

2. 在上一个问题的基础上联系材料3和材料6,分析这两种思维分别孕育了什么样的司法?这两种司法有什么不同?

3. 结合上述材料谈谈对罗马法的法谚"法官的使命在于裁判而不是发现"的理解。

【解析】 材料1、材料2中体现了传统中国人阴阳思维、辩证思维,材料3、材料4体现了西方人传统的因果思维、逻辑思维。传统中国的阴阳思维、辩证思维孕育了结果主义司法或治理型司法,西方的因果思维、逻辑思维孕育了程序主义司法或推理型司法。在推理型司法中,司法官强调通过法律和事实、依照程序推出结论,而治理型司法不强调按照既有的程序推出结论,更关注在案件中以怎样程度的比例分配双方的利益才能取得更好的平衡效果,实现社会的和谐。法官不是警官,不行使侦查权,因此,他的使命在于通过既有的法律和案件事实推出结论,而事实则需要通过证据来证明和规则来推导。从这个角度说,法官的使命确实在于裁判而不是发现。在中国古代司法体制中,由于审判权和侦查权是合一的,所以司法官又是警官,既要侦查又要审判,因此裁判和发现被合并在一起。

习题 3:

马某与赵某系生意上的朋友。2006 年 7 月 8 日,两人在饭店喝酒,马某说起现在生意不好做,不讲信义的人越来越多。赵某随声附和。一向爱开玩笑的马某说:"老兄,凭咱们的关系,我就给你张借条玩玩都放心。"马某随即写了"今向赵某借人民币 2 万元"的字条,签署自己的姓名后放到了饭桌上。不料,几日后,马某收到法院送达的起诉状,方知赵某以此借条为据将他起诉到法院,要求他偿还借款 2 万元。法院审理后认为,马某向赵某出具了借据,又没有证据证明其并非出于真实意思表示,故双方债权债务关系成立,支持赵某的诉讼请求。①

阅读上述材料,回答下列问题:
1. 法院的判决是否坚持了"以事实为根据,以法律为准绳"的原则?
2. 赵某的行为在法律上和道德上的评价有何不同?
3. 通过对赵某行为在法律上和道德上的不同评价,阐释法律和道德在调整对象上的差异。
4. 联系本案,谈谈法律的形式正义和实质正义的关系。

【解析】 该题是一个虚构的案例,考察了司法法治原则(依法裁判)、法律与道德的关系、形式正义与实质正义的关系等知识点。马某写了"今向赵某借人民币 2 万元"的字条,可作为一个证据证明马某实施了一个法律行为,这是一个能够通过证据证明的法律事实。根据这一法律事实,法院支持了赵某的诉讼请求,这正是坚持了"以事实为根据,以法律为准绳"的原则。赵某的行为是为道德所否定的行为,但是却在法律上获得了支持,这说明道德评价和法律评价有时会存在冲突。该案件的发生以及处理过程体现了形式正义和实质正义的关系问题。

---

① 该题材料取材于 2004 年全国法律硕士专业学位研究生入学联考综合课试题第 67 题,材料后的问题为编者自行设计。

形式正义是能够用证据证明和能够以法律规则推导出来的正义,是法律之内的正义,是看得见的正义,是有限的正义。它不完全以还原事实本来面目的形式出现,所以它和实质正义之间会存在着某些差距。

习题 4:

在 1783 年完全独立以后的美国,由于反英情绪高涨,英国法遭到了反对。甚至当时有一句流行全国的祝酒词是:"愿有益的制定法很快地把英国普通法——这部压迫人的机器从美国清除出去。"许多法官、律师拒绝援引英国的判例和法律;有几个州甚至通过立法禁止引用英国判例。但是,由于英美之间存在着深厚的法律渊源关系,在日后英美矛盾缓和后,美国人仍然以英国法律为基础结合美国国情创造新法。从后来的发展看,美国法依然是在英国人开创的普通法的道路上行进,有力地推进了英美法系的发展,塑造了美国式的英美法系模式。

阅读上述材料,回答下列问题:
1. 从法律发展的角度看,在美国法的成长中发生了哪些现象?
2. 联系上述材料谈谈法律与传统的关系。

【解析】 从法律发展的角度看,在美国法的成长中发生了法律继承和法律移植现象。美国法对英国法的吸收和借鉴的问题既是一个法律继承的问题,也是一个法律移植的问题。从最初美国人大多是英国人的后裔的角度讲,这是一个法律继承的问题;从后来美国和英国是两个平等的国家的角度讲,这又是一个法律移植的问题。总之,无论是继承还是移植,英国法都对美国法的发展具有重要意义。法律传统对一个国家的法律是在潜移默化中产生影响的,不是人为能够避免的,因此,法律传统作为一种社会历史的惯性机制制约着一个国家法律的长期发展过程;法律传统很多情况下是通过法律意识等潜在因素发挥作用的,因而它能影响到一国法律的未来走向。因此,任何国家的现代化都是在传统的基础上起步的。

第二十章
Chapter 20

法学实证研究

章前提示

社会学(或者说"法与社会"研究范式)通常被理解为"法学实证研究"(empirical study of law)的进路。事实上,两者之间既有联系也有一些区别。法社会学的概念范围要广一些,泛指各种从社会视角出发对法律现象进行研究的进路。而法学的实证研究一般仅仅指运用不同的经验科学方法,对法律问题进行探寻、总结规律的各类相关研究。近年来,实证研究方法在我国法学研究中占据了很重要的位置。法学专业期刊发表的基于实证研究的论文越来越多,有学者提出了"数据法学""计算法学"等相关概念,甚至也有法学院开设了相关课程。[①]国内众多法学院系都积极鼓励研究生、高年级本科生针对一些具体的法律问题多做实证研究,尤其是基于公开裁判文书的"司法大数据"研究越来越多地被提倡。这些都意味着,有必要在法理学的相关教材中对法学实证研究的概念、方法、意义以及实用价值等问题进行讲述。

原理阐释

一、法学实证研究的概念

为什么有人说实证研究是重要的法学方法,而有人却说实证研究并不主流,

[①] 参见于晓虹:《计算法学:展开维度、发展趋向与视域前瞻》,载《现代法学》2020年第1期。

法教义学才是主流的法学方法？为什么有些人说的"实证研究"跟其他人说的"法律实证主义"似乎不是一个概念？我们先要理清这些基本的概念，因为它们正是进行法学实证研究的基础。

（一）作为法学方法的实证研究

我们有必要首先对"法学方法"与"法律方法"两个概念进行区分和讨论。"法学方法"（Methodology of Legal Research）主要是学者针对法律现象开展研究的方法；而"法律方法"（Legal Method）主要是法律职业者从既有规范和事实出发去解决法律问题的方法。[①] 在一些国家的法律传统中，比如德国的法教义学传统中，法学方法与法律方法并没有作区分；但是在另外一些国家的传统中，主要是英美两国的传统，这两者之间却有一定的区分。这是为什么？

德国法学传统不大区分两者，教义学既是法律方法也是法学方法。其原因首先是因为以德国为代表的欧陆法学在历史上就受到高度形式化的神学解释学的深刻影响；其次，德语法学的学术市场相对较小，德国法学学者与司法实践的结合也非常紧密（比如司法判决会经常引用学者的观点，法官与法学教授经常交叉任职，等等）；最后，德国大学的教席设置十分有限、机制保守，新的研究范式很难快速获得传统法学的接纳。这种情况下，绝大多数德国法学学者研究法律的目的是为了解决法律争议问题，而较少有学者从社会科学的角度对法律现象进行"二阶观察"。

但是，这种情形放到美国、中国的法律和法学环境中却不见得可行。在美国，二战以来的法学研究经历了多次"法律实质化"运动的洗礼，比如"法律现实主义""批判法学运动""法与社会运动"等。今天的美国法学研究呈现高度实质化的特征，实证法学研究占据了非常主流的位置。在这样的背景下，多数当今英语世界的法学方法论书籍都会对法律方法与法学方法进行区分，而实证研究方法又是法学方法中最重要的部分。[②]

我国的情况则更为特殊。"一方面，我国历史上并没有与宗教神学、法解释学高度关联的形式主义法学传统，反而是受到马克思主义的'法律工具说'影响

[①] 参见陈林林：《法律方法比较研究——以法律解释为基点的考察》，浙江大学出版社2014年版，第3页。

[②] See Mike McConville & Wing Hong Chui (eds.), *Research Methods for Law*, 2nd Ed., Edinburgh University Press, 2017, pp.1-17.

较大,因此法律的外部视角在我国学界的历史土壤相对比较深厚。另一方面,我国当今的政治社会结构也处在急剧变革时期,社会主义法治建设还不尽完善,寻找法律规范的正当性基础是每一步'社会－法制'变革都亟待解决的问题。"[1]因此在中国,实证研究方法依然是一种重要的法学研究方法,有着坚实的社会基础和广阔前景。但是,目前它相对于法律方法(比如法律推理、法律论证、法律解释)以及部门法研究的主流情况来说,可能并没有那么显赫。在当今我国部门法学的研究中,尤其是民法和刑法部门中,教义学依然是占据主流地位的研究方法。[2] 这当然是学科逐渐成熟的一种表现。不过话又说回来,即便是像法教义学这样的法律方法发展到今天,也不能完全忽视事实问题,尤其是具有规范意义的"差异制造事实"。[3] 正因如此,实证研究方法在法律方法及部门法研究中也将会有广阔的用武之地,甚至已经越来越多地渗透并影响着部门法学研究。

(二) 法学实证研究与法律实证主义

第二组重要概念即法学实证研究与"法律实证主义"(legal positivism),虽然在中文翻译上共用了"实证"两个字,但是在含义上却相差很远,很多法学初学者容易将二者混淆。前者是指通过经验方法研究法律现象的进路;而后者则泛指一种以"实在法"(positive law)为基础的现代法学思潮,其超越的对象是在西方存在了两千多年的"自然法"(nature law)传统。在法律实证主义思潮诞生初期,它与"经验主义"(empiricism)也有着一定的亲缘关系。在孔德的理论中,"实证主义"(positivism)思想是"理性主义"(rationalism)与经验主义的混合——"一个通过理性建构的理论需要被经验观察去验证为真,才可说是正确的理论"[4]。应该说,孔德所强调的"实证"还是一种超越"本质主义"(naturalism)与"神定论"的"实在主义"。他的这一思想对后世涂尔干的社会学实证主义、维

---

[1] 杨帆:《法国法社会学的发展与转型——兼议中国语境下的法学研究范式之争》,载《法学家》2018年第1期。

[2] 我国部门法研究中对于实证方法的应用事实上很不均衡,传统的民法、刑法学科对于教义学的依赖还很强,但是在程序法(尤其是刑事诉讼法)研究中,实证方法的应用又非常主流和普遍。参见赵骏:《中国法律实证研究的回归与超越》,载《政法论坛》2013年第2期。

[3] 参见王鹏翔、张永健:《经验面向的规范意义——论实证研究在法学中的角色》,载《北航法律评论》2016年第1期。

[4] Anol Bhattacherjee, Social Science Research: Principles, Methods, and Practices, http://scholarcommons.usf.edu/oa_textbooks/3, visited on July 20, 2020.

特根斯坦的逻辑实证主义以及法律实证主义理论都有不同程度的影响。

但是在今天,法律实证主义已经很难说是一种法学方法。它可以被称为一种"视角",一种以实在法为基础解决法律争议或者进行法律续造的视角,而与其对应的方法则主要是教义学等。所以,我们今天说的法学实证研究不同于法律实证主义。中文语境下的实证研究主要是一种经验的、社会科学的法学研究方法,它与法社会学、法经济学等概念联系比较密切,但是并不等同于后两者。法社会学的历史比较长,概念外延也比较广阔。它可以追溯到社会学古典三大家(涂尔干、韦伯、马克思)甚至孟德斯鸠对法律现象的研究,是一种把法律现象作为社会整体的一部分,进而透过社会来研究法律的一种范式。与将社会学单纯地看作实证方法不同,法社会学还有其理论面向——在各种宏大的社会理论和社会哲学中考察法律现象的意义。法经济学主要是通过经济分析的方法来研究法律现象的一种范式,其基本前提是"经济理性人"假设,核心诉求是"成本－效益分析",也不排除以经济学理论构建法律学说的情况。但相对来说,法经济学的人性预设比法社会学更为单纯,概念外延也比法社会学要清晰明确一些。

二、法学实证研究的方法论问题

实证研究的英文对应词汇"empirical study",即"经验研究",只不过我们约定俗成把它翻译成"实证研究"。既然是经验研究,那么经验就可以来自各种社会事实,既有统计归纳的,当然也包括各种其他感知渠道的。在美国学术语境下,近年来的法学实证研究主要以量化分析为主,也有美国学者将实证研究等同于量化研究。[①]

事实上,社会科学的实证研究主要包括两种类型,即"定量研究"(quantitative study)和"定性研究"(qualitative study)。前者也被称为"量化研究""数量统计研究"等,我们通常说的"计算法学"等概念即立基于此种方法;而后者也有"质性研究"等称谓。两者之间的比较、争论、分化、融合,在社会科学领域持续了上百年,在不同地域、不同流派中都有不同的认识。简而言之,如果说定量研究

[①] See Theodore Eisenberg, The Origins, Nature, and Promise of Empirical Legal Studies and A Response to Concerns, *University of Illinois Law Review*, Vol. 5, 2011, pp. 1713-1738.

的方法论特征主要是数理统计,目的是发现宏观的社会事实及规律,那么定性研究的方法论特征则主要是深入挖掘小样本,寻找一些数字以外的信息,并对其进行意义的"阐释"(interpreting)。前者是当今社会科学(尤其是美国的社会学)领域比较主流的方法,而后者往往与人类学等注重个案阐释的学科联系在一起,但这并不意味着两者是截然对立的研究方法。定量研究与定性研究扮演了不同的社会科学研究角色,承担着不同功能,也没有办法相互替代。

最基础的定量研究方法实际上就是以数字显示比例或者趋势,比如以饼状图显示各种情况在总样本中所占的比例,或者以曲线显示数量对比及发展趋势等。统计学上所称的"单变量分析",是一个由点(个案)到线的、最直观和简单的数据信息呈现,也是其他量化研究的第一步。在此基础上,量化研究的主要功能是发掘不同变量之间的相关性,其路径包括双变量分析和多变量分析。

双变量分析是一种由线到面的统计分析。它预设两个变量之间存在相关性,并试图检验这种相关性是否存在以及强度问题,所以是一种共变分析。例如,在有关刑事诉讼的实证研究中,我们通常会考察量刑结果与审级、地域等变量之间的一对一关系。

但很多时候,事物之间的相互作用并不是简单的一一对应,很可能是多个因素综合地造成一种结果。单变量与双变量分析可能忽视另外因素的影响,造成所谓"数据内生性问题"。因此,现代社会统计学多提倡使用多变量分析,就是把各种可能的影响因素尽量多地搜集起来,考察它们之间错综复杂的相关性,这样就可以把变量间的内在联系和相互影响考虑在内,让结果更接近真实客观。多变量分析较为复杂,常见的路径包括回归分析、判别分析、因子分析、主成分分析、聚类分析、生存分析等。法学实证研究中运用多元回归分析较多,包括线性回归和非线性回归分析,其目的依然是发现相关性,并用于概率归因或者趋势预测。[①] 以刑事诉讼中影响量刑的因素为例,比较恰当的多变量分析就是把各种可能的自变量,如审级、地域以及犯罪嫌疑人的性别、年龄、有没有请律师、是否有前科等,都进行编码,以回归分析呈现各种因素或者因素组合对量刑结果的影响。这是一种典型的对司法规律进行研究的量化分析路径。

常见的定性研究方法包括访谈、参与式观察、话语分析、个案分析等。其中,

[①] 关于法学量化实证研究如何进行因果推论,参见张永健:《量化法律实证研究的因果革命》,载《中国法律评论》2019年第2期。

访谈又分为开放式访谈、半结构化访谈、结构化访谈,区别主要在于是否有拟定好的问题,故各自承担的功能也不相同。定性研究也可以在一定程度下转换成定量研究。尽管定性研究所呈现出来的结果不如定量研究显得那么科学,而更偏向人文学科的"讲故事"(story telling),但是在现代社会科学看来,它依然是不可或缺的研究方法,因为它可以发掘量化研究没有办法呈现的深层机理。比如,当你研究影响司法裁判行为的诸种要素的时候(这是司法大数据研究的常见提问方式),会发现很多内容没有办法体现在裁判文书中,因此就没法编码——它可能在附卷中被发掘,但更有可能需要通过对法官的访谈或者对审判的参与式观察来获知。当然,定性研究的数据积攒到一定规模,就可以以此为基础开展定量研究。两者也可以转化。问卷调查就是这种转化的重要方式,因为问卷往往被视为最结构化的访谈,在样本数量上也通常能满足统计的需要。

现代社会科学虽然强调科学性,但是对于自身属性也有着不断地反思和重新认知。无论是定量还是定性,都无法完全再现客观世界,因此对于意义的阐释(也就是能否完整、自洽地讲一个有意义的"故事")也越来越受到重视。这可以视为社会科学向人文的一种"回归"。当然,不同的地域流派也有些差别认知,比如美国社会科学传统一直比欧洲更强调所谓的"科学性",而欧洲则有更强的人文主义传统。但无论如何,一个理想的社会科学研究(包括法学实证研究),定量研究与定性研究相结合才是最好的状态,因为它们可以相互补充对方看不到的事实和问题。两者相结合,可以更好地进行归因,而不仅仅是描述性的实证研究,而这又是开展规范性法学实证研究的基础步骤。

针对什么样的问题选择什么样的方法(无论是宏观方法还是微观方法),这一点对于法学实证研究来说非常重要。初学者千万不要为了追求方法的"炫酷",而把简单的问题弄得复杂。比如,如果针对简单的两组变量进行相关性分析,多数情况下就没有必要运用复杂方法,只需用柱状图比对,就可以显而易见地发现规律。在可寻的自变量数量较少,且常识即可分辨彼此相关性不是很大的情况下,回归分析等方案通常也是可用可不用的选项,需要综合衡量其必要性。又如,当问题比较结构化且有效问卷较易获取的情况下,则没必要采用太多参与式观察的方法进行质性研究,因为有时太过刻意的参与式观察反而会有弄巧成拙的效果。社会科学方法的基础还是"常人方法学",其目的是让读者(尤其是同行读者)理解研究的"发现"(findings),因而没有必要追求方法上的所谓"高大上"。这也是刚接触实证研究的法科生比较容易犯的错误。

数据的科学性也值得被强调。一般来说，社会科学意义上的"数据"（data），不仅仅指表现为数字的各种信息，还包括以各种方法（比如质性研究诸方法）获得的经验材料。① 强调数据的科学性就是强调各种渠道获得的经验信息都必须完整、可靠，具有可信度，而不仅仅指运用数理方法来分析数据。甄别、选择和运用数据是社会科学训练的重要环节。比如，随机抽样如何才能做到不偏不倚？什么样的样本是合格样本？如何看待和恰当解释样本的异质性？如何建立与被访谈对象之间的信任关系？等等，都必须是被反复追问的问题，也需要在论文中进行详细的解释和说明。

例如，有同学的研究要比较一、二审法院对某一个问题的不同态度，但是他把所有发回重审或者撤诉之后又重新起诉的案件都算成了一审案件（因为不仔细看裁判文书很难甄别），而恰好实践中撤诉又重新起诉在某类案件（如离婚案件）中又很普遍，那么他的样本数据显然就是不合格的。又如，有同学通过关系找到了访谈基层法官的进路，这本无可厚非，但是在访谈过程中，被访谈基层法官的上级领导一直在场，并且明示或暗示其哪些不能说。这样的访谈所能获取的有效信息就是非常有限的，很难作为关键论点的支撑材料。这些现象都被归为数据本身的内生性问题，严谨的社会科学研究一定要避免。

三、法学实证研究的规范意义

法学实证研究与其他的社会科学研究有什么区别呢？或者说法学实证研究更强调什么？仅仅笼统地回答它更"关注法律现象"可能还不够。

与其他人文社会学科不同，法学专业比任何近代社会科学都要历史悠久。在漫长的历史发展中，法学学科不但积累了比其他学科多得多的专业术语，并由此筑起了高高的学科壁垒，还发展出了多数其他学科不具备的方法——基于规范进行阐释和分析，进而得出具有规范效力的确定性结论的方法。我们可以看到，这种方法过程的首尾两端都强调具有规范意义，这也是法学实证研究应该注意到的问题。当然，从广义上讲，我们这里所强调的"规范"（norm）不仅指实在

---

① See Data in the social sciences, https://www.cessda.eu/Training/Training-Resources/Library/Data-Management-Expert-Guide/1.-Plan/Data-in-the-social-sciences, visited on May 11, 2020.

法意义上的法律规范,也指具有规范性诉求(应然性指向)的各种法律/政治理论、政策等。

法学实证研究如何做到具有规范意义?一方面,法学实证研究针对的应该是具有规范性争议的问题,比如某一个问题在如何适用法律或者法律效力认定上具有不确定性。研究者在运用实证方法研究争议性问题之前,必须先运用法学传统的规范分析方法,确定其应然属性以及不确定的区间。举例来说,如果要研究"代孕合同的法律效力"问题,就应该首先梳理有关代孕的各种法律、政策等规范,从最宏观的法律原则开始,分析其语义指涉,理出其规范定位,进而锚定规范空白或者冲突的焦点所在。在此基础上进行的实证研究才是有针对性的法学实证研究。如果一个问题通过规范分析就能得出绝对确定的答案,那么对它进行实证研究的意义就值得怀疑。或者需要换个角度,对它背后的规范本身的正当性进行研究可能才是比较好的提问题方式。

另一方面,法学实证研究的结果最好也是具有规范意义的。也就是说,它需要具有应然指向性,最好可以指导争议性问题的解决,虽然不一定是彻底的、具体的解决方案。这种研究的结果可以是一种具体的"差异制造事实",它可以指导人们得到较优的结果。比如前面提到的代孕合同法律效力的问题,如果实证研究(此时可以主要表现为案例检索)表明,绝大多数在中国签订的代孕合同最终都被司法认定为无效,那么作为法律职业人就应该将以这一事实为基础的规范性建议(如不要在中国签订代孕合同)提供给自己的服务对象。又如关于是否应该禁止食用某种动物的立法实证研究,其结果如果是食用该动物会对公共利益造成重大损害,那么其规范性结论就应该是在立法中禁止食用该种动物。当然,实证研究的结果也可以是一种新的规范理论的建构或者趋势判断,从宏观或者隐微的层面影响人们的行为。例如,如果有实证研究表明,在高度风险化的社会中,来自专业系统的决策往往比严密科层组织的决策更为有效,那么,作为实证研究的结果就应该指导法律实践多向专业系统赋权。

以上两个方面是法学实证研究不同于其他描述性社会科学研究的关键所在。换言之,理想的法学实证研究要不断地游走于事实与规范之间去寻找意义,除了进行"是什么""为什么"的实然解释以外,还要在"怎么办"的规范向度上提出主张。这种视角也是实证研究能够影响传统的部门法(尤其是刑法和民法)研究的必由之路。

具体而言,有规范意义的法学实证研究主要关注的是"实践中的法律"(law

in action)。因此,从法律运行过程的角度讲,它可以被大体分为立法论的实证研究、执法的实证研究以及司法问题的实证研究,对应法律运行的不同环节。其中,立法论的实证研究与司法问题的实证研究是当今世界法学实证研究的主要问题域。执法的实证研究作品虽然也会出现在重要法学期刊上,但是因为它与政治学、行政管理学等学科过于接近,而这些学科又在经验化、科学化方面走在了法学的前面,因此对执法行为的实证研究在法学领域并不多见。立法论的实证研究在过去较为常见,其主要功能在于通过经验调研等方法为法律、法规的制定以及政策的出台提供科学的基础资讯,目的是让这些法律、法规、政策更为优化,发挥更大的功能性价值。一般而言,它在一个国家法律体系健全和快速发展阶段比较有用武之地。比如,二战之后的法国,法学与实证化的社会学之间就有一段很长的蜜月期,法学实证研究在建立更完备的法律体系过程中扮演了重要角色。[①] 我国的立法论实证研究也曾在法律、政策的制定过程中起过关键作用,很多重要政策、法规的出台都必须经过多次实证调研环节。未来的立法论实证研究需要更注重方法的科学性,避免走过场似的立法调研,从而为人大、政府等决策部门出台法律、法规、政策等行为提供更有力的支撑。

在今天的法律实践中,我们很少会遇到需要提出宏观建议的情况。即便是在政府决策部门工作,立法论的实证研究也需要更为深入细致的调研方法,提出行之有效的具体建议,才能为决策带来可行性参考。立法论是法学实证研究的蓝海,但是多数人并不会从事立法相关工作。在我国法律体系不断完善的今天,需要通过立法解决的问题已经越来越少,更多的是一些微观的法律实施和法律适用的问题。因此,今天的法学实证研究除了关注立法论以外,还应该更关注司法实践中的一些规范争议性问题。在法律体系相对成熟的国家,司法问题的实证研究一直是学术界普遍关注的重要议题。目前主流的司法问题实证研究主要关注司法行为和司法组织。前者是从动态的角度总结司法规律,而后者则更多从静态的视角考察司法系统内的相互关系。当然,两者之间并不是对立的,而是彼此影响并往往共存于相关研究中。我国的裁判文书公开、庭审直播等举措,为司法问题的实证研究提供了非常丰沃的土壤。近年来,司法实证研究在我国学界也越来越占据主流位置。

---

① 参见杨帆:《法国法社会学的发展与转型——兼议中国语境下的法学研究范式之争》,载《法学家》2018 年第 1 期。

四、实证研究对于提升法律职业技能的意义

前面我们提到了立法论的实证研究和司法的实证研究。其中,立法论的实证研究对于法律职业技能的意义主要体现在对法律规范正当性的反思层面。虽然它依然比较理论化,但是在法律工作中也并非遇不到。例如,人大和政府法制工作经常要就某个规范性文件的合理性进行论证,此时如果能应用高质量的实证研究进行辨析,就可以发现那些具有规范意义的"差异制造事实",进而论证出一些规范细节在什么情况下是合理的、什么情况下是不合理的。这对改变过往"靠文件治理"和"一刀切"的政府行政方式有很重要的纠偏意义,对实现"精细化治理"也有绝对正面的作用。即便是从事学术研究或者律师等法律实务工作,也经常会遇到就某个规范性文件给出专业性意见等,此时实证研究的应用就显得尤为必要。只有掌握专业的法学实证研究技能,注意方法的科学性,摒除各种不相干要素的干扰,不仅仅是走过场式的所谓"调研",才能够给出高质量的咨询意见,避免"拍脑袋决策"。只是在法治体系日益成熟完备的今天,立法论的实证研究应用起来可能确实没有关于司法问题的实证研究那样广泛,因为多数法律人还是要在司法机关工作,或者要面向市场提供专业服务。

司法实证研究的重要服务对象就是司法机关工作人员——法官、检察官。正如美国著名的霍姆斯大法官在《普通法》开篇所说:"法律的生命不是逻辑,而是经验。"[1]现代司法除了仰仗实在法为其提供规范基础以外,很多时候是依靠法官本身对法律和事实的经验性理解,以及过往案件的积累来最终作出决断。虽然我国的司法体系更倾向于大陆法系传统,并没有普通法那样"过分"依赖判例和经验的司法方法,也没有形成普通法传统中"师傅带徒弟"那种职业技能训练方式。但是,这并不妨碍我国司法官职业群体对既往司法经验越来越重视这一事实。

作为司法权威机关的最高人民法院、最高人民检察院和省级人民法院、人民检察院,也经常面向自身和下属司法机关发布指导性案例、典型案例等,目的就是将司法经验普遍化、固定化。2020年《最高人民法院关于统一法律适用加强

---

[1] 〔美〕小奥利弗·温德尔·霍姆斯:《普通法》,冉昊、姚中秋译,中国政法大学出版社2006年版,第1页。

类案检索的指导意见(试行)》,明确要求承办法官要在审判工作中"依托中国裁判文书网、审判案例数据库等进行类案检索",将过往的司法经验与新案件进行对比,做到"同案同判"。① 而对于司法官来说,获取这种司法经验的重要方法之一就是实证研究(包括案例检索)。无论是学习司法文书的写作,还是总结前人对类案的裁判尺度,都可以通过对司法判决文书、裁判行为等进行实证研究和学习,进而达到事半功倍的技能提升效果。

同样道理,在今天,如果你是一名律师,有人来向你咨询问题(比如代孕合同有没有效、某某行为是否可以要求损害赔偿),你给他(她)的回答肯定不能是"这个法律需要进一步完善",而是在分析法律规范的基础上总结司法规律,告诉对方在什么情况下通常可以、在什么情况下一般不可以。这样才能帮助客户作出最优选择。而在这个过程中,对于司法规律进行实证研究,显然就是一种核心技能。此时,法学实证研究的能力往往跟法律职业技能中的案例检索、实地调研、给出法律意见书甚至辩护词等技能密切联系在一起,它们往往不同于我们在法学院接受的传统训练。

传统大陆法系国家法学院的教学多体现为法教义学的能力教育。简单来说,就是首先记住法律规范是什么,进而结合案例进行法律的适用分析,并循环往复地如此训练。法律职业资格考试所考查的能力也大体如此,考生们首先要对各种法律规范比较熟悉,然后能够将它们应用于解决具体案件和问题。这些无疑是法学这个学科千百年延续下来的基本训练模式,对于培养法科生成为真正的法律人、具备法律思维(以事实为依据,以法律为准绳)具有重要意义。但是,在当今时代,要想成为一个出色的法律职业人,光有这些技能还不够。他(她)还必须有出色的法律经验技能,知道在什么情况下某一类案件的司法裁判有什么样的倾向。除了从事司法工作长年累积之外,获取"司法经验"最好的办法就是对过往判决、法官行为等进行实证研究。这些是除了会背法条、会做案例分析题以外,法科生需要学习和掌握的技能。

---

① 参见《最高人民法院关于统一法律适用加强类案检索的指导意见(试行)》,最高人民法院官网,2020年7月27日,http://www.court.gov.cn/fabu-xiangqing-243981.html,2020年8月1日访问。

第二十章 法学实证研究

阅读材料

材料1 社科法学与法教义学之争[①]

细观此类学术交锋(社科法学与法教义学之争),可以发现一些颇有意思的问题。首要的便是各自借助的理论资源的差异。法教义学有着纯正的德国血统,因此最常为那些坚持法教义学立场的中国学者所引用的国外学者,乃是凯尔森、卢曼、拉伦茨等欧陆(主要是德国)法学家。社科法学主要引用的,则是霍姆斯、庞德、布兰代斯、科斯、波斯纳等美国学者的相关论著,而甚少引用欧陆学者的作品,至多有时会将埃利希引为同道。因此,法教义学和社科法学之争,某种程度上乃是德国法学传统和美国法学传统在中国法学界的狭路相逢。任教于德国弗赖堡大学法律系的卜元石曾意识到,德国法学家们治学的方法一般只有一个,即法教义学,而"美国的法学研究似乎可以运用法学外的任何方法,而法学自己的方法——法教义学的方法自20世纪20年代起一直处于一种逐步衰落的状态"。在他看来,必须认真对待如下争论:"法学在中国是应该更多学习美国的,引入其他社会科学及经济学方法,注重研究'活法',或是法律制度背后的经济学原理,而不是停留在纸面上的法律规范?还是延续一直以来效仿以德国为代表的欧陆式'正统的'法教义学方法,即通过解释法条来研究法律,着眼于概念的辨析与理论的构建的方法?"

这种所掌握的理论资源的差异,有时也会造成社科法学和法教义学的学者彼此之间存在一些误解。例如,一些社科法学研究者对法教义学的理解尚停留在"概念法学"阶段,或直接将之等同于美国的法律形式主义,而未能充分了解德国的自由法运动对"概念法学"的批评及其所促使的法教义学之更新发展,未能认识到今天德国的法教义学其实并未排斥价值判断;在一些法教义学研究者的眼中,社科法学研究者被认为轻视规范本身而热衷于从法学之外探讨规范与其他社会因素的相互影响。以社科法学旗下主力之一的法社会学为例,美国法社会学家理查德·埃贝尔曾调侃地说,法社会学"所有关于法律的事情都研究,只有法律规范除外"。但事实上,即便在法社会学的阵营中,对待法律规范的态度也各有差别,例如美国法社会学家菲利普·塞尔兹尼克领衔的伯克利学派就相

[①] 节选自尤陈俊:《不在场的在场:社科法学和法教义学之争的背后》,载《光明日报》2014年8月13日第16版。

当重视对法律规范本身的研究。

对今天的中国法学研究而言,真正有助益的不是两个正在成长的学派之间那种意气化的、截然对立式的立场宣誓,而是在立足于中国法律实践和充分了解对方的基础上的彼此欣赏和互鉴。唯有如此,才不至于使得本应对中国法学发展有益的学术争论,实际沦为那些"不在场的在场"的外国法学理论通过其中国代理人的学术演练,以至于在简单重复着当年德国的利益法学对概念法学的批评或美国的法律现实主义、批判法学对法律形式主义的抨击,又或者是固守于所谓的法学老传统而拒不思考政治性判断和政策考量在某些案件中的"正当性"。说到底,中国法律人最需要关注的,首先应该是中国法律实践这一本土之"物",而不是那些也可以与中国法律实践发生勾连的外来之"词"。

材料2 学术的真谛①

李拥军

一个学者常常以自己在做学术而感到欣慰或自豪,因为在一个学术圈子里人们会觉得只有做学术研究才是务正业。然而,我们在从事学术研究的过程中却时常会遭到这样的质疑:"这种研究有什么用?"这种质疑或许来自实践领域,或许来自学术界同仁,甚至就来自我们自身。在中国的场域中我们太容易问出或被问及这样的问题了,因为我们承继着深厚的实用主义的文化传统。"经世致用""学以致用""修齐治平""学而优则仕""为天地立心,为生民立命,为往圣继绝学,为万世开太平",这些命题都具有鲜明的实践指向性。在我们的文化中,一种学问如果不能为实践带来明显的功利,便是没有价值的,正如荀子对当时的名家所批判的:"好治怪说,玩琦辞,甚察而不惠,辩而无用,多事而寡功,不可以为治纲纪。"

回到问题上来,关于"研究有什么用"的质疑,其背后关联的是学术与实践的关系问题。解决这一疑问实际需要我们回答这样的一些问题:学术是否一定要有实践上的功用才有价值?学术的价值必须要体现在实践上吗?不能在实践上产生实际效果的研究就没有价值吗?这些问题在法学领域可能更复杂,因为法具有鲜明的实践性。

从词源上讲,作为"学术"的"academic"或"academy",来源于古老雅典之城

---

① 原载于2021年11月11日"法学学术前沿"微信公众号。少量内容有调整。

市墙壁之外的一个圣所,柏拉图在这里高谈阔论并启发他的追随者。在这里学生和老师一起思辨、追问、做思维层面的智力调动。因此,从本质上说,学术是启发人、锻炼思维的活动。从本源上讲,在西方,学术是和哲学思辨相孪生的。古希腊哲人之所以要作"万物皆水""万物皆火""万物皆气""万物皆数""万物源于四根""万物生于概念"的本体论追问,是因为他们不能接受眼见为实的命题,而要到复杂多样的现象背后去寻找决定它们存在的一个共同的东西。

寻找本体的这一活动与实践没有任何关系,也不会给当时的生产生活带来直接的影响。正因如此,我们看到了只会一心数星星却看不到脚下有坑从而掉到井里的泰勒斯;看到了光着脚,披着毯子,夹着书本,后面跟着一堆学生,到处与人辩论,辩论时先是顺着人家说,然后一点一点地将其带到"沟"里,持所谓的"知识助产术"的苏格拉底。也正因为这些人不是要从实践中去寻找研究的意义,所以才有了为了庆祝"$a^2+b^2=c^2$"定理的发现而举行百牛大宴的毕达哥拉斯(这在经济学上是绝对的不理性的行为,好比得了50元奖学金却花了2000元请客),才有了罗马人的刺刀已经指向他的身体但他还坚持要把算术题算完的阿基米德。显然他们的这些超越性动机不是源于实践,也不是基于实用主义,而是源于学术研究本身。

学术研究从本源上并不是为实践服务的,但并不是说它对实践没有作用。科学的发展是与哲学分不开的。自然科学的前身是哲学,或者说古希腊哲学是近代自然科学的"毛坯"版,统合它们的共同的东西是思辨、逻辑和理性。古希腊哲学锻炼了人的思维,发展了逻辑,凸显了理性,这些要素是后来近代自然科学的基础。当把这些要素落实到实验中,让它们与经验世界相结合的时候,近代实验科学便产生了。中国的文化传统特别强调学以致用,强调研究要为现实服务,是故近代自然科学没有偏爱中国(当然这里还有很多原因),以至于古代有着灿烂辉煌的科技文明的中国却在近代科学发展上落后了。这就是著名的"李约瑟之问"。其中重要的原因在于,实用主义阻碍了人们作更深沉的思考,而更深沉的思考是那些对现实直接思考的基础。

从这个角度讲,学术对现实的作用并不是直接的,而是间接的,是边缘性的。学术的直接作用是锻炼人的思维,是帮助人们做智力调动,让人们在既有的思想脉络中,在特有的概念体系下,在逻辑的框架内,借助一定的材料进行反思、追问、批判、建构、论证。这些工作并不一定是针对实践来做的,也不一定对实践就会产生什么功用。如果非要说对实践有作用的话,那么经过这些训练以后,人们可能更聪明了,对待实践问题比之没有受过这样训练的人站得更高了,看得更远了,思维更活跃了,分析得更透彻了,拿捏得更精准了,解决问题的办法更多了,在别人看不到问题的地方发现问题了,在别人无药可解的地方找到答案了,在别人无话可说的情况下能够长篇大论了。但是,需要强调的是,这也只是学术研究的副产品而已。

从这个意义上说,并不是所有的研究都是学术性研究。学术是有其内在规定性的,而这种规定性是以学术人形成广泛共识并在千百年来的历史长河中被践行的方式展现的。学术研究必须是在既有的思想脉络中,在专业性的概念体系下,通过逻辑的方式,借助一定的材料,对问题进行阐释或论证。因此,真正的学术研究离不开背景理论、概念体系、论证材料、逻辑方法四个要素。这一点是学术性研究和非学术性研究的区别。这里需要澄清的是,并不是说,只有学术性的研究才有意义,非学术性的研究就没意义。也不是说,学术性的研究结论就一定是对的,非学术性的研究结论就一定错。只能说,按照学术性标准进行的研究才是学术性研究,不按照学术性标准进行的研究即使再有社会意义,结论再正确无比,也依然不是学术性的。

学术上之所以不认同"民科""民哲""发烧友"式的研究,并不是因为研究者不努力,结论一定错,对社会没有任何意义,而是他们不按照学术的标准进行问题阐释,学术人没有办法与其进行深入的讨论和交流。先秦时期有一个叫惠子的人,擅长思辨,是庄子的好朋友。有人问他天下的中心在哪里,他说:"我知天下之中央,燕之北,越之南是也!"以当时人的经验来看,惠子无异于胡说,因为天下的中央在燕之南、越之北才靠谱。但是,以现在的经验来看,惠子说的是对的,因为地球是圆的,哪里都是它的中心。惠子的结论虽然是对的,但由于这种正确不是建立在背景理论、概念体系、论证材料、逻辑方法的基础上的,因此这种正确在学术上是没有意义的。正如卡尔·波普所说:科学经常是错的,而非科学的倒有时是对的。借用这种说法,学术有可能是错的,而非学术的倒有可能是对的。从逻辑的角度讲,从既有的前提出发进行逻辑论证,如果前提是错的,逻辑越严谨就越可能错。如中世纪的经院哲学,从《圣经》中的某一个论断出发进行论证,而且论证的都是一些诸如"一个针尖上能站多少个天使""天堂里的玫瑰花是否长刺""上帝能否创造一块连他自己也搬不动的石头""圣母生产耶稣后是否还是处女"这样现在看来无聊的话题。这些命题的讨论无所谓真假,或者说不可能在经验世界中被认定为真,因而也没有任何社会意义。但是,它们比预言或者算卦更接近学术,因为它们毕竟是在逻辑上在既有的概念体系下展开的论证。

还是沿着这一逻辑说,学术性的研究不一定就有现实意义,但非学术性的研究倒可能有相当大的现实意义。比如为政府提供的对策性咨询报告,给法律机关提供的专家建议。这些结论也是在研究的基础上取得的,但它们不是学术性的。因为它们基本不需要背景理论、概念体系和逻辑推演,对它们的评价也不以此为标准。这些研究是以解决实际问题为宗旨,具有鲜明的实用性。以此提供给国家机关、企事业单位的成果,应该言简意赅,通俗易懂,明确提出具有可行性的对策建议,不以此为目标所做的工作都是冗余的,其背后的逻辑是要把"复杂的问题简单化"。而在背景理论、概念体系的框架内、借助材料所进行的逻辑论证,其实质在于要把"简单的问题复杂化"。它强调以小见大,化简为繁,其主要功能不在于解决实际存在的问题,而在于向人们展示思维复杂性的一面。

学术性的研究并不一定都能够得出多深刻的思想,而非学术性的研究也不一定思想就不深刻,如随笔、杂文、散文、小说、剧本,其中很多作品思想性非常强,反思现实,针砭时弊,给人以新的视角、深刻的启发甚至引领时代的价值走向。但是,它们仍然不属于学术性的,它们依然不需要在背景理论、概念体系的框架内借助材料进行逻辑论证,它们更多地依靠体悟、移情、通感、修辞、共鸣、信仰来达致与读者、听众的沟通。它们虽然深刻,但依然简单,不能展示出学术所应该具有的思维复杂性的一面。

就学术的功能并不在于其能够解决实际问题这一点,对于法学学者来说接受起来比较困难,对于部门法学者接受起来更困难。很多学者会问,法律就是要解决实际问题的,法学不研究如何解决实际问题,如何称得上是法律之学呢?难道我们从事的这么多的研究都不是学术性的?对此,我可以用下面的例证来解释。

其一,要让从事学术研究的学者指导法官如何审案、律师如何打官司,他们是不能胜任的。一个真正的法官或律师是在实践中成长起来的,诸如当年爱德华·柯克大法官所说的作为法官必须具备的技艺理性(artificial reasoning),根本不是在书斋里通过学术性的训练取得的,那是在司法场域中摸爬滚打,在反复实践过程中形成的,是靠办案历练出来的。

其二,让实践工作者旁听学术性会议,他们往往不感兴趣。在实践中我观察到,很多法院虽然订有《法学研究》《中国法学》《中外法学》等刊物,但实际上很少有法官阅读,办案的时候也很少有参考这些文章的观点的。相反,他们看得更多的是恰恰是同行写的文章,是发表在《人民司法》《法律适用》《中国审判》等等具有更强的实践指向性的文章。反之,一个学者完全站在如何在实践领域解决问题的立场上,直接讲授解决问题的办法和经验,简单地通过"提出问题—分析问题—解决问题"的路径来写作,这样的文章通常也不会被学术界认可,不能在高级别的学术刊物上发表。

这说明,在学术上和实践中运行着两种思维,如果我们把前者表述为学术性的,后者就一定是非学术性的。学术性的文章之所以在实践领域不受青睐,就是因为它不能带来直接的效用。一个法官或律师更希望你能给他们提供解决问题的办法,他没工夫和兴趣看你在思维上绕来绕去。一个直接讲述实践经验的文章之所以不被学术界认可,是因为它在思维上不够复杂,或是缺失背景理论,或是没文献或实证材料,或是没有概念上的逻辑推演,或是视角单一老套,或是缺少问题意识,等等。其实,即使有了这些东西,也不一定能够帮助实际问题的解决。

对于法学研究来讲,法具有实践性,因此即使是学术性的研究,也要更多依托于实践,特别是部门法学的研究。但是,依托于实践不等于它要直接为实践服务。对于学术研究来讲,它也是要解决问题的,但它解决的问题是一个理论上的"question",而不是实践中的"problem"。即使你所从事的研究是从实践领域选材的,但是一旦把它放在学术的层面,经过学术性的建构以后,它呈现出来的也应该是一个理论上的"question"。在学术论文中,这样一个问题在学术史上有哪些学者做过研究,你是在哪一个层面上做研究?比之前人你的研究有哪些创新?弥补了哪些空白?颠覆了哪些既有的命题?澄清了哪些误区?这就是论文的文献综述和问题意识,所以学术研究需要背景理论,需要在背景理论中建构问题。然后,通过这个领域的专业性的概念,在逻辑的框架下,通过文献材料或实证材料解决这些问题。一个学术性的判断标准主要在于,该研究是否会运用专业性的概念,逻辑论证是否严谨充分,材料是否丰富扎实,建构出来的问题是否明确突出,这些概念、论证、材料是否围绕着该问题来展开。依靠这样的要素所展示出来的问题必然倾向于思维的复杂,所以学术研究的真谛就在于能够展示思维复杂性的一面。

由此说来,一项研究越能展示这种思维上的复杂性,其学术价值就越高,但前提必须是符合逻辑的复杂。一项研究结论越是能够满足"片面的深刻",它在学术上就越有意义,因为只有通过复杂的逻辑论证才能立住这个"片面的深刻"。

正因如此,当年的欧几里得、哥白尼、牛顿、爱因斯坦、华罗庚、陈景润等学者,在建构其理论体系的时候,关心的更多是逻辑上自洽,他们并不关心或者压根就没想过该理论在实践领域可能产生的功用。但是,这些理论对人类科学技术的发展确实起到了非常重要的作用,成为后来许多生活实践中科技发展依托的基础,极大地改变了人们的生活。但是,这种对生活的影响不是直接的,而是间接的。

对于法学研究来说也是如此。虽然某个问题取材于实践,但是一旦落实到论文中,它就是一个理论问题。研究者首先满足的是其在理论上自洽,在概念体系下的自圆其说,而不是设身处地为决策者寻找这个问题的解决办法。或许学术性研究对实际问题的解决确有帮助,但这不是它最主要的目的,该帮助作用能否发挥主要取决于实践部门自己的选择。但有一点是确定的,经过学术训练的人,思维变得活跃了,说理能力增强了,处理疑难案件能力提升了。当裁判推理的大前提不周延、小前提不确定时,他会想到更多的修复办法;当裁判推理结论呈现出多元状态而必须选择其一时,他能够实现充分的说理;当纠纷解决中合法性和合理性发生冲突时,他能够准确地把握这个尺度,实现两者的统一;等等。

搞清楚研究是否为学术性的,对于我们每一个学者来讲至关重要。因为作为一个高校教师来讲,面对的研究不一定都是学术性的,比如我们从事的社会服务,我们所做的一些实用性非常强的课题。这就需要一个学者要不断能够转换思维,面对学术性研究要待之以学术性的思维和标准,面对非学术性的研究要待之以非学术性的思维和标准。还是那句话,并不是非学术性的研究就没有价值。两种研究需要各得其所,相得益彰。在当下中国,一个学者常常被各种工作所包围,所以搞清楚这一点非常重要。

对于一个教师来说,只有搞清楚这一点才能很好做到人才培养。对于本科阶段的学生来讲,教师更多的是传授知识。教师需要借助教学方法把抽象的学术概念用通俗的语言给学生解释清楚,那么这里的逻辑是"把复杂的问题简单化",所以,此阶段的人才培养不应有太多的学术成分,相反,还应该通过教学方法来破解学术带来的复杂。如孙正聿先生所说,硕士研究生教学强调的是"学会研究"的专业训练,博士生教学强调的是"开展研究"的专业训练,由此而言,在研究生阶段的人才培养上,教师主要任务不是"教"而是"导"。既然如此,那么一个致力于从事学术研究的教师,其主要任务就是将学生从日常思维带入学术思维并使其掌握学术研究的方法。这是一个艰难而漫长的过程。

首先,在这一过程中要教导学生以平常心看待学术,要让学生知道,我们的努力只是在思维空间中完成一个理论问题的解答而已。那种认为我的研究就要对中国的实践起到多大作用,成为实践工作的重要参考甚至成为左右实践决策的重要理论资源的想法,不切实际地夸大了学术研究的作用,无论是对研究者本人还是对学术研究自身都是有害的。

其次,指导学生通过大量的阅读掌握本学科通行的专业概念、理论模型、思想脉络,让学生学会在概念体系中阐释问题,在思想的脉络中把握问题。就法理学来讲,法哲学以及一般人文社会科学领域著名学者的理论不能被跨越,诸如形式理性、程序正义、二阶观察、规则模式、法条主义、差序格局、抽象继承、法律二元观、结构功能主义等概念以及由此关联到的理论和思想不能被省略。

再次,培养学生收集、整理资料的能力,养成在前人研究的基础上、以材料说话、用逻辑阐释的习惯。

最后,培养学生在材料的佐证下建构一个问题并在概念体系下、在思想脉络中、在逻辑的框架内论证该问题的能力。

通过这样的训练,当他或她已经习惯于在上述条件下阐释或解决问题时,那么就说明其已经具有了学术思维和学术能力,导师也就完成了其在人才培养方面所肩负的学术任务。

经典案例

案例1 社会调查报告可以作为未成年人犯罪的量刑证据[①]

2011年6月19日,被告人王某、李某提议抢点钱来用,便同被告人赵某、朱某和党某翻墙进入某网吧,并强行向正在网吧上网的被害人陈某索要钱财。陈某不从,5名被告人便对陈某进行围殴,其中被告人李某用燃烧的烟头将陈某的左肩处烫伤,随后5名被告人又采取搜身的方式,抢走陈某随身携带的M16型EY手机及仿iPhone手机各一部、现金50元。次日,网吧老板得知陈某被抢后,便带其找到5名被告人拿回了被抢的财物。被抢手机经价格认证中心鉴定总计价值人民币264元;陈某的人体损伤程度经公安局物证鉴定室鉴定属轻微伤。

重庆市垫江县检察院以王某等人犯抢劫罪,向垫江县法院提起公诉。重庆

[①] 摘自卢君、陈立洋:《社会调查报告可以作为未成年人犯罪的量刑证据》,载《人民司法》2012年第8期。

市垫江县法院审理认为:被告人王某、李某、赵某、朱某、党某以非法占有为目的,采取暴力或胁迫的手段,强行劫取公民财物,其行为均已构成抢劫罪。王某、李某、赵某、党某、朱某作案时均不满18周岁,应减轻处罚。王某、李某在共同作案中提出犯意,并在抢劫过程中起主要作用,系主犯。赵某、党某、朱某在共同犯罪中起次要作用,系从犯,应从轻处罚。在案发后,该5人能如实供述自己的罪行,可从轻处罚。并在作案后退还了全部赃款赃物,应酌情从轻处罚。党某、朱某在共同作案中所起作用较小,案发后悔罪态度较好,适用缓刑确实不致再危害社会,可对其适用缓刑。判决被告人王某犯抢劫罪,判处有期徒刑一年八个月,并处罚金人民币1000元;被告人李某犯抢劫罪,判处有期徒刑一年两个月,并处罚金人民币800元;被告人赵某犯抢劫罪,判处有期徒刑一年,并处罚金人民币600元;被告人朱某犯抢劫罪,判处有期徒刑十个月,缓刑一年,并处罚金人民币500元;被告人党某犯抢劫罪,判处有期徒刑八个月,缓刑一年,并处罚金人民币500元。

被告人王某、李某不服,提出上诉。重庆市第三中级人民法院查明,案发后李某协助公安机关抓获了同案人。赵某如实供述了同案人的藏身地点,公安机关在藏匿地点抓获了同案人。

经社会调查查明,王某于2009年初中毕业后未再继续学业;李某、赵某于2009年辍学;党某父母离异,刚刚辍学,现随其父亲打工;朱某现为垫江职高学生。

重庆市第三中级人民法院审理认为:上诉人王某、李某,原审被告人赵某、朱某、党某以非法占有为目的,采取暴力或胁迫的手段,强行劫取公民财物,其行为均已构成抢劫罪。上诉人王某、李某,原审被告人赵某、党某作案时均不满18周岁,应减轻处罚。上诉人王某、李某在共同作案中提出犯意,并在抢劫过程中起主要作用,系主犯。原审被告人赵某、党某、朱某在共同犯罪中起次要作用,系从犯,应从轻处罚。在案发后,该5人能如实供述自己的罪行,可从轻处罚。并在作案后退还了全部赃款赃物,应酌情从轻处罚。原审被告人党某、朱某在共同作案中所起作用小,案发后悔罪态度好,可免予刑事处罚。

综上,原判认定事实清楚,定性和适用法律正确,审判程序合法。但由于二审出现新证据,导致原判量刑过重,应予改判。遂判决被告人王某犯抢劫罪,判处有期徒刑一年八个月,并处罚金人民币1000元。上诉人(原审被告人)李某犯抢劫罪,判处有期徒刑一年,并处罚金人民币 600 元。原审被告人赵某犯抢劫罪,判处有期徒刑十个月,并处罚金人民币 500 元。原审被告人朱某犯抢劫罪,免予刑事处罚。原审被告人党某犯抢劫罪,免予刑事处罚。

【说明】 本案在未成年人犯罪案件中引入了社会调查机制,承办法官实施了社会调查,并制作了社会调查报告作为量刑证据加以确认。本案凸显了社会调查的实证研究方法和相关社会科学知识在司法裁判中的应用。

案例 2 药家鑫案发放调查问卷①

2010 年 10 月 20 日晚,陕西省西安市某大学学生药家鑫开车途中将被害人张妙撞倒在地。药家鑫下车查看被害人时,因担心被害人记住其车牌号以后找麻烦,用随身携带的尖刀,对被害人连捅数刀,致其死亡。2011 年 4 月 22 日,西安市中院以故意杀人罪判处药家鑫死刑,剥夺政治权利终身。5 月 20 日,陕西省高院裁定,维持原判。2011 年 6 月 7 日,经最高人民法院核准,药家鑫被执行死刑。

2021 年 4 月 14 日《扬子晚报》报道称,在西安市中院开庭审理药家鑫一案时,现场 500 名旁听人员,每人都收到一份"旁听人员旁听案件反馈意见表",问卷上只有两个问题,其中一个就是"您认为对药家鑫应处以何种刑罚?"一名法官称判决将"参考调查问卷结果",受害者代理律师从媒体上得知这一情况后,向西安中院提出了坚决反对的意见。

【说明】 本案法官在一审判决作出前采用了问卷调查的实证研究方法,调查旁听人员对于此案的看法。由于这种问卷调查与法官依法独立审判之间存在一定的紧张关系,在当时引起热议。

案例 3 检察官运用大数据进行量刑预测②

为全面推进认罪认罚从宽制度落实,帮助检察官依法精准量刑,安徽省怀宁县检察院引入智能量刑辅助系统,提升了认罪认罚适用率、量刑精准率及法院采纳率。截至目前,怀宁县检察院运用该系统提出量刑建议共有 204 件、276 人,

---

① 摘自刘亚:《药家鑫案:大学城外的血案》,载《方圆》2019 年 Z1 期;李克杰:《旁听变"陪审"无益公正》,载《民主与法制》2011 年第 14 期。
② 摘自江晨、刘观清:《怀宁:三步完成高效量刑预测》,载《检察日报》2020 年 8 月 20 日第 3 版。

法院采纳率达98.91%。

该智能量刑辅助系统主要包括智能量刑预测、法律法规检索、刑事案例检索等功能,检察官只需通过三步操作即可完成量刑预测。在此,以黄某故意伤害案为例,介绍该系统的量刑预测功能。

2019年9月30日,黄某与朱某因琐事发生矛盾,黄某拿铁锹朝正在骑车的朱某拍打,导致朱某连人带车摔倒。后两人拉扯,黄某拽住朱某头发往地上按,并用脚踢朱某腰部。经鉴定,朱某肋骨损伤已达到轻伤二级。案发后,被告人黄某与朱某达成和解,已赔偿朱某人民币4.7万元,取得谅解。

第一步:区域和罪名选择。进入量刑预测界面后,因不同地区司法实践和数据存在差异,首先需要进行区域和罪名的选择。目前,该智能系统包括68个常用常见罪名,根据犯罪客体将罪名分为七大类,基本能满足基层院办案需要。本案中,我们选择安徽省安庆市,点击故意伤害罪。

第二步:定罪量刑情节选择。区域、罪名确认后,系统会进入定罪量刑情节选择界面。系统将定罪量刑情节分为定罪基准、从重情节、从轻情节和司法大数据中影响量刑的情节四大类,依次点击相应界面,系统会自动列出案件定罪、量刑情节,检察官可以根据具体情况进行选择。在选择、确认情节后,系统界面会更新预测刑期和法律依据。

本案中,点击定罪基准情节,系统会罗列出伤亡人数和伤残等级的定罪情节。首先,选择致一人轻伤二级情节确认后,系统显示出预测实时刑期为九个月至十二个月及相关定罪的法律法规。其次,点击从重情节,系统同样会罗列出前科、累犯、教唆犯等法定、酌定从重量刑情节,在选择"使用其他凶器实施伤害行为"并确认后,系统预测实时刑期变更为十个月至十三个月及相关从重情节的法律法规。再次,点击从轻情节,系统列出认罪认罚的时间段、坦白、自首等法定、酌定从轻量刑情节。本案中,选择"审查起诉阶段认罪认罚、坦白、已赔偿全部损失并取得谅解"三选项并确认后,系统预测实时刑期为六个月至八个月及相关从轻情节的法律法规。最后,点击司法大数据中影响量刑的情节,系统会罗列出对大数据分析的可能影响量刑的一些情节,若有相关情节,可进行勾选,本案没有相关情节,就点击退出。

第三步:一键生成预测报告。完成上述操作后,点击一键生成预测报告,系统能够实现一次操作,3秒内自动生成量刑预测报告。该报告分为简要案情、理论量刑预测、实际量刑分析三大部分。

理论量刑预测部分。包含对刑期预测结果、对预测结果的分析表格及相应定罪量刑的法律依据。系统根据输入的案件情节智能推荐量刑结果,并对量刑结果进行表格化分析。检察官通过表格可以对量刑结果进行审查判断,若量刑增减幅度与本区域存在差异,检察官可以手动调节量刑从重、从宽比例,系统会自动显示出调节后的确定刑。本案中,系统推荐的基准刑为九个月至十个月,系统推荐的"认罪认罚和坦白的减轻比例为15%""积极赔偿(全部损失)+谅解减轻比例为26%""使用其他凶器实施伤害行为从重比例为10.5%",系统预测刑期为六个月至七个月。该比例符合法律法规和本地司法实践,不需要调整。理论量刑预测最后部分是案件定罪和量刑情节的法律规定,便于检察官对照审查。

实际量刑分析部分。包含系统检索出相应的类案,对类案刑期适用范围、刑罚种类适用情况、刑罚执行方式、类案分布区域进行智能化分析并推送高度匹配的类案判决文书。本案中,系统检索出469551个故意伤害罪案例,智能匹配了安庆市91个类案,类案判决的刑期范围为三个月至十个月,平均刑期六个月。系统以柱形图的形式对刑期数量进行了统计,以饼状图形式对类案的主刑种类及刑罚执行方式进行了分析。

检察官根据系统量刑预测和分析,结合司法实践提出量刑建议。在本案中,检察官提出判处有期徒刑六个月至八个月并适用缓刑的量刑建议,法院审理后,判处被告人黄某有期徒刑六个月,适用缓刑,采纳了量刑建议。

【说明】 本案是检察官运用大数据进行量刑预测的典型案例,在一定程度上体现了定量的实证研究方法在司法裁判中的适用。

金句法谚

1. 法律的生命不是逻辑,而是经验。

——〔美〕小奥利弗·温德尔·霍姆斯

2. 正如欧几里得几何学可以解决那些直觉上难以处理的空间问题,法律系统如果实现了普遍形式化的体例,那么他就可以通过虽然复杂但无可置疑的推理去解决困难的争议。法律系统因此是可预期的。

——托马斯·格雷

3. 没有调查,没有发言权。

——毛泽东

4. 律师作为解释法律和契约的专门阶层,起作用就像一台投币自动售货机,只要投入事实(加上费用),便可得出判决(加上意见)。

——〔德〕马克斯·韦伯

5. 在绝大多数非陪审团审理的此类案件中,每一个案件的判决都是建立在碰巧审理该案的某个初审法官的特殊个性的基础上的。

——〔美〕杰罗姆·弗兰克

习题精选

习题1:

自2014年以来,法学界兴起了一股社科法学和法教义学之争的热潮,各大期刊也纷纷开设专栏或者组织会议讨论此争议。联系目前学界的争议内容及研究趋势,谈谈你对社科法学和法教义学之争的认识。

【解析】 社科法学和法教义学虽然本身都有各自的研究立场和方法,但是二者不是零和博弈的关系,而是相互合作的正和关系。社科法学有助于从外部视角发现法律在运作中的问题,进而助益于法律的完善,而法律本身的完善又最终需要法教义学的内部视角才能来完成。二者共同致力于法治中国的建设。

习题2:

近几年,中国法学学术界的研究出现了中国化、实证化、微观化、细腻化四大趋势,其中实证化的一个突出表现就是法学实证研究方法的运用,比如具体个案的定性分析、基于大数据全样本定量分析等。对此,请你谈谈法科生学习并掌握法学实证研究方法的意义。

【解析】 学习并掌握法学实证研究方法对于提升法科生的法律职业技能和学术研究能力都具有重大意义。

题3:以下关于法学实证研究方法的说法正确的是(　　)

A. 法学实证研究就是法律实证主义

B. 法学方法和法律方法在两大法系都是相同的含义

C. 一般认为,法学实证研究方法只包括定量研究

D. 法学实证研究具有一定的规范意义

【解析】 法学实证研究和法律实证主义不同,前者主要指通过经验方法研究法律现象的进路;而后者则泛指一种以实在法为基础的现代法学思潮,其超越的是自然法传统,所以 A 错误;法学方法和法律方法在英美法系具有不同的含义,因此 B 错误;一般而言,法学实证研究方法不仅包括定量研究,而且包括定性研究,所以 C 错误。本题正确答案为 D。

参考文献

1. 《法理学》编写组:《法理学(第二版)》,人民出版社、高等教育出版社 2020 年版。
2. 付子堂主编:《法理学进阶(第三版)》,法律出版社 2010 年版。
3. 《国家司法考试辅导用书(第一卷)》,法律出版社 2006 年版。
4. 国家统一法律职业资格考试辅导用书编辑委员会:《2018 年国家统一法律职业资格考试辅导用书(一)》,法律出版社 2018 年版。
5. 教育部考试中心编:《全国法律硕士专业学位研究生入学联考考试分析(2007 年版)》,高等教育出版社 2006 年版。
6. 教育部考试中心编:《全国硕士研究生招生考试(非法学)专业学位联考考试分析(2018 年版)》,高等教育出版社 2017 年版。
7. 全国法律硕士专业学位教育指导委员会组编:《2009 年在职攻读法律硕士专业学位研究生招生联考专业综合考试教程》,中国人民大学出版社 2009 年版。
8. 舒国滢主编:《法理学导论(第二版)》,北京大学出版社 2012 年版。
9. 姚建宗编著:《法理学——一般法律科学》,中国政法大学出版社 2006 年版。
10. 张文显主编:《法理学(第 1—5 版)》,高等教育出版社 1999—2018 年版。
11. 张文显主编:《法理学》,法律出版社 1997 年版。